वाणी इतिहास श्रृंखला

भारतीय इतिहास के महत्त्वपूर्ण पड़ाव : पुनर्व्याख्या

इरफ़ान हबीब

सम्पादन एवं अनुवाद

रमेश रावत

वाणी प्रकाशन

वाणी प्रकाशन
4695, 21-ए, दरियागंज, नयी दिल्ली 110 002
फ़ोन : +91 11 23273167 फ़ैक्स : +91 11 23275710

शाखाएँ
अशोक राजपथ, पटना 800 004, बिहार
कॉफ़ी हाउस कैम्पस, महात्मा गांधी मार्ग, इलाहाबाद 211 001, उत्तर प्रदेश
महात्मा गांधी अन्तरराष्ट्रीय हिन्दी विश्वविद्यालय, वर्धा 442 001, महाराष्ट्र

www.vaniprakashan.com
marketing@vaniprakashan.in
sales@vaniprakashan.in

Bharatiya Itihas Ke Mahattvapoorn Padav : Punarvyakhya
by Irfan Habib
Edited & Translated by Ramesh Rawat

ISBN : 978-93-5518-465-8
History

पेपरबैक प्रथम संस्करण 2022

मूल्य : ₹ 299

आर. टेक ऑफ़सेट प्रिंटर्स, दिल्ली-110 032 में मुद्रित

वाणी प्रकाशन का लोगो मक़बूल फ़िदा हुसेन की कूची से

सम्पादकीय

इस संग्रह में इरफ़ान हबीब के आठ निबन्ध संकलित हैं। निबन्धों में विषय का वैविध्य तो है, किन्तु इस अर्थ में एकसूत्रता है कि सभी निबन्धों में कमोबेश इस धारणा अथवा प्रचार के विरुद्ध एक बहस की गयी है कि भारतीय समाज परिवर्तनहीन और जड़ परम्पराओं से ग्रस्त रहा है। 'भारतीय इतिहास की व्याख्या' उनका महत्त्वपूर्ण निबन्ध है। इसमें वे स्थापित करते हैं कि इतिहास का पुनःपाठ एक निरन्तर प्रक्रिया है। हम अतीत की समीक्षा इस आशा में करते हैं कि शायद वह हमारे वर्तमान के लिए भी कुछ उपयोगी हो। जियाबर्नी ने इतिहास की व्याख्या करते हुए यह अवधारणा प्रस्तुत की थी :

"निम्न कोटि के अकुलीन, असभ्य, जंगली, निम्न, अधम, जिनके कुल-गोत्र के विषय में कोई जानकारी न हो, दुष्ट, अकिंचन, दरिद्र, अकुलीन तथा सड़कछाप आदमी का इतिहास से कोई सरोकार नहीं होता और न ही इतिहास का अध्ययन उसका पेशा हो सकता है उपर्युक्त वर्ग इतिहास-विज्ञान के अध्ययन से कोई लाभ उठा सकता है। इस वर्ग के लिए इसकी कोई उपादेयता नहीं होती, क्योंकि इतिहास में धर्म और राज्य से जुड़े व्यक्तियों के गुणों तथा महिमा का वर्णन होता है। अतः इतिहास-विज्ञान का अध्ययन वस्तुतः अमीरों, महत्त्वपूर्ण और महान लोगों और उनके पुत्रों का विशेषाधिकार है।"

परवर्ती इतिहासकार जैसे अबुल फ़ज़ल की विद्वत्ता ऊँचे दर्जे की है, किन्तु जहाँ तक इतिहास दृष्टि का प्रश्न है, वह बर्नी से अधिक व्यापक नहीं थी। इरफ़ान हबीब मानते हैं कि इतिहास में परिवर्तन यूरोप में आया। जहाँ सोलहवीं शताब्दी के प्रारम्भ में परिवर्तन की गति इतनी तीव्र हुई कि उसे साधारण जीवन में भी लक्षित किया जा सकता था। नये वर्गों—मध्यवर्ग और पूँजीवर्ग का उदय हुआ। इन्हीं वर्गों से सामान्यतः मुद्रित शब्दों का पाठक वर्ग निकल कर आया। इसी के साथ इतिहासकार की दृष्टि का भी विस्तार हुआ। इसी सन्दर्भ में वे भी मार्क्स की मौलिक दृष्टि की चर्चा करते हैं, जिसके अनुसार इतिहास समाजों

के निरन्तर विकास की प्रक्रिया में निहित होता है। परिवर्तन की इस प्रक्रिया में प्रमुख भूमिका भौतिक परिस्थितियों की होती है। इस निबन्ध में इरफ़ान हबीब ने भारत में इतिहास लेखन और विभिन्न इतिहास-दृष्टियों की समीक्षा की है।

'विवेकशीलता और इतिहास' में वे विवेकशीलता को कांट की तरह कोई दार्शनिक अवधारणा नहीं मानते, बल्कि उनकी राय में विवेकशीलता का वही अर्थ है जो सामान्य बोलचाल में लिया जाता है अर्थात किसी निर्णय तक पहुँचने के लिए तर्क और बुद्धि का इस्तेमाल। न कि किसी पूर्व निश्चित धारणा को आधार बनाना। उनके अनुसार जो इतिहासकार अपने अथवा किसी भी देश के इतिहास का अध्ययन करना चाहता है। वह किसी धार्मिक, राष्ट्रीय अथवा नस्ली सिद्धान्त को स्वीकार नहीं कर सकता। वे मार्क ब्लॉक की इस स्थापना का अनुमोदन करते हैं, जिसमें उसने कहा था कि "यदि इतिहास की कोई उपयोगिता नहीं तो उसका कोई अर्थ भी नहीं।" इस लेख में वह एक महत्त्वपूर्ण तथ्य का उद्घाटन करते हैं—"वास्तविकता यह है कि दुनिया का कोई भी देश विदेशी आक्रमण से मुक्त नहीं रहा है। चाहे वह चीन हो, इंग्लैंड हो, फ्रांस हो या रूस। प्राक्-आधुनिक काल में विदेशी आक्रमण अपनी समस्त विनाशलीला के बावजूद एक ऐसा माध्यम थे, जिनके द्वारा विभिन्न देशों के बीच पारम्परिक रूप से सांस्कृतिक उर्वरता उत्पन्न हुई तथा तकनीक का प्रसार हुआ।"

यद्यपि जातीय व्यवस्था के विषय में उन्होंने अपने लेखों में जगह-जगह टिप्पणियाँ की हैं, किन्तु 'भारतीय इतिहास में जाति' लेख में उन्होंने जाति व्यवस्था के सन्दर्भ में विस्तार से विचार किया है—विशेष रूप से लुई ड्यूमाँ की पुस्तक 'होमो हायरार्किकस' के सन्दर्भ में। वे जाति की विचारधारा को शुद्ध रूप से ब्राह्मणवादी नहीं मानते। जाति-प्रथा हमेशा वर्गीय शोषण का आधार रही, जिसका सर्वाधिक लाभ शासक वर्ग ने उठाया। 'ब्रिटिश-पूर्व भारत में भू-सम्पत्ति का सामाजिक वितरण' शीर्षक लेख में इरफ़ान हबीब ने भू-सपत्ति की विभिन्न अवस्थाओं और वर्गीय शोषण के विभिन्न रूपों का अध्ययन किया है।

'विटफोगिल के सिद्धान्त : प्राच्य निरंकुशतावाद का एक परीक्षण' लेख में उन्होंने इस समस्या पर विचार किया है—"क्या कारण है कि एशियाई देश अपनी अर्थ व्यवस्थाओं तथा सामाजिक, राजनीतिक पद्धतियों का आगे विकास नहीं कर सके और पश्चिमी उपनिवेशवाद के शिकार हो गये अथवा सामन्ती यूरोप पूँजीवादी यूरोप में कैसे विकसित हो सका, जबकि एशिया में आधुनिक परिवर्तन विकास के आन्तरिक नियमों के द्वारा नहीं हुआ, बल्कि उपनिवेशीय विजय के प्रत्यक्ष अथवा परोक्ष परिणाम के द्वारा हुआ।'

इस संग्रह में इरफ़ान हबीब के आठ निबन्ध संकलित हैं। निबन्धों में विषय का वैविध्य तो है, किन्तु इस अर्थ में एकसूत्रता है कि सभी निबन्धों में कमोबेश इस धारणा अथवा प्रचार के विरुद्ध एक बहस की गयी है कि भारतीय समाज परिवर्तनहीन और जड़ परम्पराओं से ग्रस्त रहा है। 'भारतीय इतिहास की व्याख्या' उनका महत्त्वपूर्ण निबन्ध है। इसमें वे स्थापित करते हैं कि इतिहास का पुनःपाठ एक निरन्तर प्रक्रिया है। हम अतीत की समीक्षा इस आशा में करते हैं कि शायद वह हमारे वर्तमान के लिए भी कुछ उपयोगी हो।

यद्यपि जातीय व्यवस्था के विषय में उन्होंने अपने लेखों में जगह-जगह टिप्पणियाँ की हैं, किन्तु 'भारतीय इतिहास में जाति' लेख में उन्होंने जाति व्यवस्था के सन्दर्भ में विस्तार से विचार किया है—विशेष रूप से लुई ड्यूमाँ की पुस्तक 'होमो हायरार्किकस' के सन्दर्भ में। वे जाति की विचारधारा को शुद्ध रूप से ब्राह्मणवादी नहीं मानते। जाति-प्रथा हमेशा वर्गीय शोषण का आधार रही, जिसका सर्वाधिक लाभ शासक वर्ग ने उठाया। 'ब्रिटिश-पूर्व भारत में भू-सम्पत्ति का सामाजिक वितरण : एक ऐतिहासिक सर्वेक्षण' शीर्षक लेख में इरफ़ान हबीब ने भू-सम्पत्ति की विभिन्न अवस्थाओं और वर्गीय शोषण के विभिन्न रूपों का अध्ययन किया है।

प्रस्तुत संग्रह में 'मार्क्सवादी इतिहास-लेखन' के सम्बन्ध में उनके तीन महत्त्वपूर्ण लेख हैं। 'मार्क्सवादी इतिहास विश्लेषण की समस्याएँ' लेख में मार्क्स की इतिहास-दृष्टि की पड़ताल की है। मार्क्स ने भारतीय समाज की निष्क्रियता और परिवर्तनहीनता की व्याख्या जातियों में जकड़े परम्परागत ग्रामीण समुदाय के रूप में की थी जो भारतीय कृषि-व्यवस्था को बरकरार रखने के लिए आवश्यक सिंचाई के साधनों के लिए पूरी तरह एशियाई निरंकुशता पर आश्रित रहने को बाध्य था। इस सन्दर्भ में उन्होंने मार्क्स के एशियाई उत्पादन पद्धति के सिद्धान्त की समीक्षा भी की है और स्थापित किया है कि मार्क्स ने अपने परवर्ती लेखन में इस स्थापना को छोड़ दिया था।

इरफ़ान हबीब ने वस्तुतः भारत के सन्दर्भ में जड़त्व की अवधारणा का ज़ोरदार और तथ्यपरक खण्डन किया है। इन लेखों के अध्ययन से पाठक को अपने ज्ञान में थोड़ी भी वृद्धि होती है या इतिहास-दृष्टि के विषय में नया आलोक मिलता है, तो मैं अपना श्रम सार्थक समझूँगा।

—रमेश रावत

प्रस्तुत संग्रह में 'मार्क्सवादी इतिहास-लेखन' के सम्बन्ध में उनके तीन महत्त्वपूर्ण लेख हैं। 'मार्क्सवादी इतिहास विश्लेषण की समस्याएँ' लेख में मार्क्स की इतिहास-दृष्टि की पड़ताल की है। मार्क्स ने भारतीय समाज की निष्क्रियता और परिवर्तनहीनता की व्याख्या जातियों में जकड़े परम्परागत ग्रामीण समुदाय के रूप में की थी जो भारतीय कृषि-व्यवस्था को बरकरार रखने के लिए आवश्यक सिंचाई के साधनों के लिए पूरी तरह एशियाई निरंकुशता पर आश्रित रहने को बाध्य था। इस सन्दर्भ में उन्होंने मार्क्स के एशियाई उत्पादन पद्धति के सिद्धान्त की समीक्षा भी की है और स्थापित किया है कि मार्क्स ने अपने परवर्ती लेखन में इस स्थापना को छोड़ दिया था। वह मुग़लकाल में पूँजीवाद के विकास की सम्भावना नहीं देखते, बल्कि ऐसी सम्भावना तलाश करने में उन्हें एक ऐसा ख़तरा दिखाई देता है कि ऐसा करने पर अगला क़दम राष्ट्रीयताओं की खोज तथा शिवाजी जैसे सरदार को किसान नेता तथा मराठा जाति के नायक के रूप में खड़ा किया जायेगा।

'मार्क्सवादी इतिहास-लेखन की समस्याएँ' लेख में उन्होंने मार्क्सवाद के बुनियादी सिद्धान्तों की चर्चा की है। वे यहाँ 'सबॉल्टर्न स्कूल' की समीक्षा करते हुए यह कहते हैं कि हमारी भूमिका महज़ एक मुंशी की नहीं होनी चाहिए, जिन 'सबॉल्टर्न वर्गों को हम मेहनत-कश वर्ग कहते हैं, उनकी शोषण से मुक्ति भी हो।'

'भारत के सन्दर्भ में मार्क्स की दृष्टि' लेख में वे मार्क्स पर हीगेल के प्रभाव को लक्षित करते हैं—हिन्दुओं का कोई इतिहास नहीं है, कम-से-कम ज्ञात इतिहास तो बिल्कुल नहीं है, जिसे हम उनका इतिहास कहते हैं, वह वास्तव में एक के बाद एक आने वाले आक्रान्ताओं का इतिहास है, जिन्होंने प्रतिरोधहीन समाज के निष्क्रिय आधार पर अपने साम्राज्य स्थापित किये। ऐसी स्थापनाएँ वस्तुतः हीगेल से ली गयी हैं। इरफ़ान हबीब ने वस्तुतः भारत के सन्दर्भ में जड़त्व की अवधारणा का ज़ोरदार और तथ्यपरक खण्डन किया है। इन लेखों के अध्ययन से पाठक को अपने ज्ञान में थोड़ी भी वृद्धि होती है या इतिहास दृष्टि के विषय में नया आलोक मिलता है, तो मैं अपना श्रम सार्थक समझूँगा।

रमेश रावत
प्रोफ़ेसर एवं अध्यक्ष
हिन्दी विभाग
अलीगढ़ मुसलिम विश्वविद्यालय, अलीगढ़

अनुक्रम

अध्याय एक

भारतीय इतिहास की व्याख्या

I

इन व्याख्यानों के शीर्षक में 'व्याख्या' शब्द पर जो बल है, वह वस्तुतः 'इतिहास' तथा 'सुनिश्चित विज्ञानों' के बीच विद्यमान तात्विक वैषम्य को रेखांकित करता है। वैज्ञानिकों (जो प्रयोगशाला के अन्दर नियन्त्रित प्रयोगों के माध्यम से अपने परिणाम प्राप्त करते हैं) को यह समझने में कठिनाई आती है कि समान सूचनाओं के होते हुए भी इतिहासकार क्यों भिन्न-भिन्न मत स्थापित करते हैं। इसका कारण यह है कि (वैज्ञानिकों से भिन्न) इतिहासकार उन घटनाओं की व्याख्या करता है जो अब अतीत बन चुकी है। तथा उसके पास उन घटनाओं के विषय में उपलब्ध सूचनाओं को सत्यापित करने का ठीक उसी प्रकार का कोई साधन नहीं होता, जिस प्रकार एक वैज्ञानिक अपने प्रयोग को दोहराकर सत्यापित कर लेता है। इसका एक कारण यह भी है कि बीती हुई घटनाओं की सूचना उन प्रेक्षकों द्वारा उपलब्ध कराई गयी होती है जिसके वर्णन में हमेशा ही इनके पूर्वग्रह कार्य करते हैं। अतः यदि वैज्ञानिकों की भाषा में कहा जाये तो ऐतिहासिक साक्ष्य हमेशा ही दूषित होता है अथवा विकृत होता है। यह विकार अत्यन्त जटिल होता है। सत्य तक पहुँचने के लिए उस विकार का परिमार्जन आवश्यक है। किन्तु इसके लिए ज्यामितीय ढंग के आधारभूत सिद्धान्तों अथवा परिकल्पनाओं के समान यान्त्रिक रूप से ऐसे सुनिश्चित नियम नहीं जिनके तहत सभी इतिहासकार अपने तथ्यों की समान ढंग से व्याख्या कर सकें। इसके अतिरिक्त इतिहासकार अपनी सामग्री से उस तरह अलगाव नहीं रख सकता जैसे कि एक वैज्ञानिक दो रासायनिक पदार्थों की पारम्परिक प्रतिक्रिया के सन्दर्भ में अपना प्रयोग शुरू करते हुए रख लेता है। किसी एक घटना के अन्य घटनाओं के साथ इतने जटिल अन्तःसम्बन्ध होते हैं कि उस घटना को अन्य घटनाओं से अलगाना अथवा सभी घटनाओं का एक साथ विवेचन करना असम्भव है। अध्येता को घटनाओं के उस विशाल

समुच्चय में से कतिपय उन निश्चित घटनाओं का चुनाव करना पड़ता है, जिनके अन्तःसम्बन्ध अध्ययनाधीन विशेष तथ्य के सन्दर्भ में अधिक प्रासंगिक हैं। अतः समग्र ऐतिहासिक साक्ष्य न केवल विकृत होता है अपितु अनन्त रूप से चयनात्मक भी होता है और इस प्रकार के चयनाधारित साक्ष्य की व्याख्या में इतिहासकार की वैयक्तिक दृष्टि प्रायः निर्णयात्मक भूमिका अदा करती है।

इ. एच. कार ने अपनी पुस्तक 'व्हाट इज़ हिस्ट्री' में जो कुछ इतने निश्चयात्मक ढंग से कहा है उसे दोहराने का जोखिम उठाते हुए भी मैं ऐतिहासिक साक्ष्य की चयनात्मकता के सन्दर्भ में तथा इस सन्दर्भ में इतिहासकार से अपेक्षित योग्यताओं के बावत कुछ टिप्पणियाँ करना चाहूँगा। इतिहास के प्रारम्भिक काल के सन्दर्भ में साक्ष्य प्रवृत्या चयनात्मक होते हैं चूँकि वे बहुत कम होते हैं—संयोगवश जो बच जाते हैं अथवा थोड़ा उनसे अधिक। रिक्त स्थान उन स्थानों की अपेक्षा अधिक महत्त्वपूर्ण हो सकते हैं जिनके सन्दर्भ में हमारे पास सूचनाएँ हैं। तब उस ख़ाली स्थान को कैसे भरा जाये? अन्य उपकरणों, परवर्ती समाजों (हमारे अपने समाज सहित) की जानकारी के द्वारा और इस सबसे अतिरिक्त जो कुछ हम जीवित लोगों-पुरुषों और स्त्रियों के विषय में जानते हैं, उस सबके द्वारा हम उसकी भरपाई कर सकते हैं। इस प्रकार के ज्ञान का कोई भी संश्लेषण अत्यधिक परिवर्तनीय होगा जो अन्ततः न केवल इतिहासकार की विद्वत्ता अपितु व्यक्तिगत न्याय-बुद्धि पर भी निर्भर करेगा।

जैसा कि आधुनिक युग में दिखाई पड़ता है जहाँ साक्ष्य प्रभूत रूप से उपलब्ध हैं अथवा यों कहना चाहिए कि अत्यधिक हैं, वहाँ इतिहासकार को चयन करना पड़ता है। आज यदि कोई अपने आपको दिल्ली के अख़बारों में स्थान पाने वाली घटनाओं तक ही सीमित रखे तो वह यह सोच सकता है कि केन्द्रीय सरकार के मन्त्रियों को सुनना और क्रिकेट दिखाना ही हिन्दुस्तान के लोगों की दो महत्त्वपूर्ण गतिविधियाँ रही हैं। हो सकता है उसकी अपनी समझ में यह सही भी हो किन्तु तब वह कुछ अन्य लोगों को इसकी अनुमति प्रदान कर रहा होता है, (उक्त सन्दर्भ में जैसे अख़बार के सम्पादकों को) कि वे उसके लिए साक्ष्य का चुनाव करें। और हमें इन महानुभावों से पूछना चाहिए कि उन्होंने वह चुनाव किस आधार पर किया है? उन्हें यही दो बातें, जिसका मैंने अभी-अभी ज़िक्र किया है क्यों सर्वाधिक महत्त्वपूर्ण लगती हैं—क्या इसके पीछे समाचारपत्रों के मध्यवर्गीय पाठकों के हित रहे हैं अथवा शायद, मौजूदा सरकार को प्रसन्न करने की दृष्टि। स्पष्टतः यह कार्य इतिहासकार का है कि वह इस प्रकार के असन्तुलनों को दूर करे। किन्तु वह कैसे करे? सिवाय इसके कि वह स्वयं यह मूल्यांकन करे कि

साक्ष्यों पर आधारित घटनाओं में से कौन अधिक महत्त्वपूर्ण है तथा वह उन उपादानों का मूल्यांकन भी करे जो एक विशेष परिस्थिति में तो उपलब्ध हो सकते है किन्तु जो मौजूदा परिस्थिति में नहीं हैं। दूसरे शब्दों में, एक इतिहासकार को एक विशेष परिस्थिति में सम्भावित बहु-विकल्पों (जो उसके साक्ष्यों से उपलब्ध होते हों) के विषय में सोचना चाहिए और तब इसकी जाँच की जानी चाहिए कि क्यों एक ही विकल्प चुना गया। ये सब परिमाणन की किसी भी प्रक्रिया के विषय-क्षेत्र से परे होगा यद्यपि जहाँ तक परिमाणन (क्वॉटिफ़िकेशन) का सम्बन्ध है, वह हमेशा ही उपयोगी होता है। अन्ततः इतिहासकार का अपना मूल्यांकन घटनाओं के वर्णन के सन्दर्भ में निर्णायक महत्त्व रखता है (वर्णन, निस्सन्देह, वास्तविक तथ्यों पर आधारित होता है)। जहाँ स्वयं इतिहासकार के पास इस प्रकार के सुसंगत मूल्यांकन का अभाव होता है (जैसाकि इतिहास की बहुत-सी पाठ्यपुस्तकों में दिखाई पड़ता है), उस स्थिति में इतिहास लेखक अनजाने ही मात्र अन्य लोगों के बहुविध संश्लेषण को भी सम्प्रेषित करता है। इस प्रकार, वह कोई विषयगत निष्ठता प्राप्त नहीं कर पाता; केवल दूसरों के व्यक्तिगत विचारों को ही स्वीकार कर लेता है।

अब अधिक-से-अधिक प्रश्न यह उठता है कि हमारे अपने मूल्यांकन किस प्रकार निर्धारित होते हैं। उन्नीसवीं शताब्दी के एक जर्मन इतिहासकार रैंके का यह विश्वास था कि भाषिक आलोचना की सख़्ती से लागू करके और समकालीनता पर बल देकर यदि हम अपने स्रोतों को अध्ययन करें तो जो कुछ जिस रूप में घटित हुआ है, उसे उसी रूप में जान सकते हैं। जैसा कि हमने देखा है, इसके बाद भी ख़ाली स्थानों को भरने तथा चुनाव करने की समस्या बनी रहती है। इसके अतिरिक्त, यदि रैंके की प्रविधि का पूरी तरह अनुसरण किया जाता तो उससे वर्णनात्मकता में शुद्ध रूखापन होता और महत्त्वहीन तथ्यों का महिमामण्डन। इससे पूर्व कि रैंके की प्रविधि को लागू किया जाये, या यों कहना चाहिए कि इसके साथ-साथ यह भी आवश्यक है कि अपने अध्ययनकाल से पूर्व तथा बाद में जो कुछ घटित हुआ है, उसके विषय में भी एक समझ हो, तथा यह भी विवेक होना चाहिए कि विभिन्न समाजों का कार्य-व्यापार किस प्रकार सम्पन्न होता है तथा विभिन्न स्थितियों-परिस्थितियों के लोग किन कारणों से प्रेरित होते हैं और उनमें क्या कुछ करने की क्षमता होती है। यह विवेक भी, स्वभावतः स्वयं इतिहास के उद्घाटित होने की प्रक्रिया से प्रभावित होता है। जैसे-जैसे अतीत लम्बा होता जाता है अर्थात जितना अधिक-से-आधिक हम इसके विषय में जानते चले जाते हैं और जिस प्रकार हमारे चारों ओर तथा अपने समाजों में जो परिवर्तन घटित होते हैं, उन सबसे भी वह विवेक प्रभावित होता है।

मैं इस तथ्य को एक उदाहरण के द्वारा समझाना चाहूँगा, जिसमें इस शताब्दी का एक बहुत बड़ा इतिहास भी शामिल है। फ्रांसीसी क्रान्ति ने अपनी पहली बाढ़ (1789 ई.) में सामन्ती अधिकारों को समाप्त कर दिया और आगामी वर्षों में देश से निष्कासितों तथा सन्देहस्पदों की भू-सम्पत्तियों को हड़प लिया। इंग्लैंड के विपरीत, जहाँ भू-स्वामियों ने किसानों को ज़मीन से बेदखल करके खदेड़ दिया था, ऐसा प्रतीत होता था कि फ्रांसीसी क्रान्ति की उपलब्धि इंग्लैंड के ठीक विपरीत है। क्रान्तिविरोधी इतिहासकारों ने इसके कृषि सम्बन्धी विभिन्न उपायों का विवेचन 'सम्पत्ति पर असह्य आक्रमण' के रूप में किया तथा क्रान्ति से सहानुभूति रखने वाले इतिहासकारों ने उन उपायों का स्वागत किया क्योंकि उन उपायों के तहत कृषि में अभूतपूर्व परिवर्तन उपस्थित हुआ जहाँ किसान अन्ततः अपनी भूमि का स्वामी बन गया। क्रान्ति के बाद जो अनेक विशाल सम्पत्तियाँ शेष रह गयी थीं अथवा उनके द्वारा ग़रीब किसानों तथा खेतिहर मज़दूरों को हुई उपलब्धियों की जो सीमिति सी प्रकृति थी, उसकी ओर कोई विशेष ध्यान नहीं दिया गया। किन्तु '1917' की सोवियत क्रान्ति के साथ ही फ्रांसीसी क्रान्ति अपने अनूठे महत्त्व को खो बैठी। अनिवार्य रूप से अब उसकी तुलना इस हाल की क्रान्ति से की गयी जहाँ 'भूमि-अधिग्रहण' तथा भूमि पुनर्वितरण की दृष्टि से एक भी ऐसा अपवाद नहीं था। अतः मार्क ब्लॉक की पुस्तक 'फ्रेंच रूरल हिस्ट्री' (1929-31) में फ्रांसीसी क्रान्ति का संशोधित मूल्यांकन दिखाई पड़ता है। वे कहीं भी 'रूसी क्रान्ति' को सन्दर्भित नहीं करते। किन्तु यह निश्चित रूप से अकल्पनीय है कि फ्रांसीसी क्रान्ति का उनका मूल्यांकन '1909-11' में लिखते हुए भी ठीक वही होता, बीस वर्ष बाद की तुलना में—जिस समय तक यह स्पष्ट हो चुका था कि वास्तव में 'राज्य' सभी जागीरों (भू-सम्पत्तियों) को समाप्त कर सकता था केवल कुछ को ही नहीं।

अतः अतीत का पुनःपाठ एक निरन्तर प्रक्रिया है। किन्तु इस सबको पढ़ने का उद्देश्य क्या है? मार्क ब्लॉक ने अपनी पुस्तक 'दि हिस्टोरिकल क्राफ्ट' को अपने पत्र के माध्यम से इस सवाल के साथ शुरू किया कि 'इतिहास का उपयोग क्या है?' दूसरे शब्दों में, निश्चित रूप से हम अतीत को इस आशा में टटोलते हैं कि वह हमारे लिए शायद आज कुछ उपयोगी हो सके।

इस विषय की विस्तृत चर्चा आवश्यक है क्योंकि इसका सम्बन्ध इतिहास के वास्तविक उद्देश्यों से सम्बन्धित है। क्या डायनोसिस के साथ मिलकर यह कहा जा सकता है कि इतिहास उदाहरणों द्वारा पढ़ाये जाने वाला दर्शन है। इस सन्दर्भ में तुरन्त यह आपत्ति की जा सकती है कि इतिहास की उपयोगिता का

अर्थ यह नहीं हो सकता कि वह अतीत की एक ऐसी सजग खोज है, जिसके तहत पूर्व-प्रचलित परम्पराओं, रीति-रिवाज़ों तथा विश्वासों को औचित्य प्राप्त होता हो। इस प्रकार का औचित्य तो मिथक शास्त्र के द्वारा बेहतर ढंग से प्राप्त किया जा सकता है और ऐसी सभ्यताएँ रही हैं—हमारी अपनी सभ्यता की भाँति जहाँ प्राचीनकाल में मिथक शास्त्र ने यही भूमिका बड़ी दक्षता के साथ अदा की तथा जिसके इतिहास को ही पूरी तरह अपदस्थ कर दिया। उदाहरण के लिए, बुद्ध के पूर्व-जन्मों से सम्बन्धित कहानियों, जातकों तथा स्वयं बुद्ध के ऐतिहासिक जीवन परिचय की अपेक्षा दुर्बलता को देखें। जातकों ने भली-भाँति नैतिक उद्देश्यों की पूर्ति की तथा बुद्ध को महिमामण्डित करने की आवश्यकता को भी पूरा किया। और इस प्रकार उस महान शिक्षक का अपना जीवन इस विशाल मिथक शास्त्र के सम्मुख गौण हो गया।

इसी बिन्दु पर इतिहास की आवश्यकता अथवा मनुष्य के अतीत के अपेक्षाकृत अधिक तथ्यपूर्ण चित्रण का प्रश्न उठता है—यदि हमारी दिलचस्पी, चाहे वह कितनी भी कम और सीमित क्यों न हो, पूर्व स्वीकृत संस्कारों अथवा नैतिक मान्यताओं से आगे जाती है। एक विशेष नियन्त्रण के अधीन कल्पना पर आधारित साहित्य से अतीत के सृजनशील वृत्तान्त के रूप में प्रस्थान की प्रक्रिया कभी-कभी समाज में अधिकृत रूप से निर्धारित मान्यताओं के विपरीत क्रियाशीलता को उत्पन्न कर देती है। इस सन्दर्भ में हमें यूनान और रोम की सभ्यताओं की पुनर्खोज की भूमिका की याद करा देती है जिसने यूरोप में सामन्ती और पौरोहित्य व्यवस्था को उखाड़ फेंकने में अपनी भूमिका अदा की थी। अतः उस सीमा तक इतिहास के प्रति आदर, अर्थात किसी को सभ्यता में वास्तविक अतीत के प्रति सम्मान उस सभ्यता की उस क्षमता के प्रति संकेत है जिसके तहत कोई सभ्यता अपने अन्दर परिवर्तन की गुंजाइश रखती है तथा उसके परिवर्तन के प्रति सहिष्णुता प्रदर्शित करती है। इससे हमें स्मरण हो आता है कि इतिहास (कम-से-कम चीन के बाहर) यूनान (जो इस प्रकार के सांस्कृतिक विकास के लिए अपनी विशाल क्षमताओं के लिए सुप्रसिद्ध है) के हेरोडोटस तथा थ्यूसीडाइडीज से शुरू होता है। क्या इससे आगे बढ़कर यह नहीं कहा जा सकता कि किसी समाज में सामूहिक़ चेतना की ओर होने वाली प्रगति, क्रियाशीलता के सन्दर्भ में सायास रूप में अर्जित क्षमता की अधिक पूर्ण प्राप्ति का सूचकांक है—ठीक उसी प्रकार जैसे कि कोई व्यक्ति कल के अपने अनुभव को ठीक-ठीक जाँचते हुए भावी कल के लिए अपनी कार्य योजना निर्धारित करने की अधिक क्षमता रखता है।

अभी तक हमने सामान्य बातों के सन्दर्भ में इतिहास की उपयोगिता के प्रश्न की चर्चा की है। किन्तु शायद हमें यह पूरक प्रश्न भी करना चाहिए था कि उपयोगिता किसके लिए? क्योंकि यदि हम यह कल्पना भी करें कि मानव समाज अन्तिम रूप से आन्तरिक एकता की ओर बढ़ रहा है तो यह भी सही है कि मानव-सभ्यताएँ हमेशा ही आन्तरिक अन्तर्विरोधों से ग्रस्त रही हैं तथा उनके तत्त्व एक-दूसरे से शाश्वत टकराव की स्थिति में रहे हैं। युद्धग्रस्त शिविरों में यह इतिहास किसकी सेवा करे?

इससे पूर्व कि मेरे पाठकों में इसके प्रति आक्रोश उत्पन्न हो कि समूचा इतिहास पक्षपातपूर्ण होता है, मैं उनके सम्मुख एक उदाहरण प्रस्तुत करना चाहूँगा कि किस प्रकार इस पेशे को अपनाने वाला अपने मस्तिष्क में अपने पाठक वर्ग का नक़्शा तैयार करता है और उसे सम्बोधित करता है और सामान्यतः उसी के दृष्टिकोण से इतिहास को देखता है।

जो उदाहरण मैं दे रहा हूँ, वह एच.ए.एल. फिशर का है। अपनी पुस्तक 'हिस्ट्री ऑफ़ यूरोप' (1935) की भूमिका में उसने कहा कि प्रगति प्रकृति का नियम नहीं है। उसने यह स्वीकार नहीं किया कि इतिहास में किसी कथानक, लय अथवा पूर्व-निर्धारित प्रतिरूप को तलाश किया जाये। दूसरी ओर, उसने एक आपात-स्थितियों के बाद दूसरी आपात-स्थिति को लक्षित किया और इतिहासकार को एक परामर्श दिया कि वह मानव-नियतियों के विकास में आकस्मिक और अदृश्य की भूमिका को मान्यता प्रदान करें। इन चेतावनियों के साथ कोई भी फिशर से यह अपेक्षा रख सकता था कि उन्होंने अपने मूल पाठ में उन आपात घटनाओं के सिलसिलों तथा वृत्तान्तों के विषय में लिखा होगा जिनके सन्दर्भ और दिशा अज्ञात हैं। किन्तु ज्यों ही हम उनके मूल पाठ की ओर मुड़ते हैं तो हमें ऐसे सामान्यीकरण मिलते हैं जो एक दीघ पूर्व निर्धारित क्रम अपना लेते हैं। पुस्तक शुरू से ही इन शब्दों के साथ है—'हम यूरोपवासी हेलास की सन्तानें हैं।' यह एक वास्तविक कथानक अथवा पूर्व-निर्धारित प्रारूप ग्रहण कर लेता है जिसका विस्तार 2500 वर्षों से कम ही है। उसके अतिरिक्त, सभी यूरोपवासियों के लिए प्रथम पुरुष के बहुवचन का प्रयोग उस पाठक वर्ग का संकेत देता है जिसके लिए फिशर लिख रहे हैं। पुनः एक अन्य सामान्यीकरण आता है कि यूरोपवासी अथवा गोरे लोगों ने मानवजाति के इतिहास में एक भिन्न क़िस्म की और अन्ततः निर्णायक भूमिका अदा की। क्योंकि, फिशर कहते हैं, न केवल यह कि जैसे ही एक यूरोपवासी से मिलते ही उसे पहचान जाते हैं और इसलिए हमारी सभ्यता विशिष्ट है अपितु अपनी सर्वव्यापकता और प्रभुत्व के कारण भी यह स्पष्ट है।

और उस प्रथम अध्याय में ही फिशर आगे चलकर इस छोटे-से महाद्वीप के लिए, जो उस समय समूचे विशाल भूमण्डल पर अपना प्रभुत्व जमाये हुए था इतिहास की शिक्षाओं का सार प्रस्तुत करता है। यहाँ ऐतिहासिक व्याख्या के प्रति जहाँ एक ओर महा उपेक्षा है तो दूसरी ओर निम्नकोटि की पक्षपातपूर्णता। इस सन्दर्भ में ऐसे प्रगल्भ वक्तव्य की कल्पना भी कठिन होगी। इतना सब कुछ ही पन्नों के भीतर (ज्ञान के माध्यम से प्रकृति पर प्राप्त विजय के सन्दर्भ में एशियाई लोगों का योगदान नगण्य रहा है।) इस उदाहरण से हम उन लोगों के विषय में स्वस्थ आशंका कर रहे हैं जो इतिहास को बिना किसी पूर्वग्रह के केवल इतिहास के लिए पढ़ने का दावा करते हैं।

जियाबर्नी, जो सल्तनत काल की चौदहवीं शताब्दी का इतिहासकार है, ने स्पष्ट शब्दों में इतिहास की प्रकृति की निश्छल व्याख्या की और उस अवधारणा को मुखर बनाया जो अपने परवर्ती इतिहासकारों के लेखन में अन्तर्निहित है–

"निम्न कोटि के, अकुलीन, असभ्य जंगली, निम्न, अधम, जिनके कुल-गोत्र के विषय में कोई जानकारी न हो, दुष्ट, अकिंचन, दरिद्र, अकुलीन तथा कुली कबाड़ी का इतिहास से कोई सरोकार नहीं होता और न ही उसका अध्ययन उनका पेशा हो सकता है। उपर्युक्त वर्ग इतिहास-विज्ञान के अध्ययन से कोई लाभ नहीं उठा सकते। उनके लिए इसकी कभी कोई उपयोगिता नहीं होती क्योंकि इतिहास में धर्म और राज्य से जुड़े बड़े लोगों के गुणों तथा महिमा का वर्णन होता है। अतः इतिहास-विज्ञान का अध्ययन यक़ीनन अमीरों तथा महत्त्वपूर्ण तथा महान लोगों और उनके पुत्रों का विशेषाधिकार है।" (तारीख़े फ़ीरोज़शाही, पृ. 9-11)

यह एक दरबारी का संयोगवश दिया गया वक्तव्य नहीं है यद्यपि बर्नी सल्तनत के अभिजात वर्ग के ही एक सदस्य थे। यदि इतिहास का कोई उपयोग है तो वह उपयोग किसी भी पर्यवेक्षक के कर्मगत महत्त्व के सन्दर्भ में ही है किन्तु मध्यमकालीन समाजों के इस प्रकार के कर्म का समस्त प्रत्यक्ष स्रोत या तो दरबार तथा अभिजात वर्ग (विजयों, प्रशासनिक कार्य-कलापों आदि के सन्दर्भ में) में निहित होता था अथवा धार्मिक लोगों में (किसी धर्म के प्रचार-प्रसार, विभिन्न मत-सम्प्रदायों के उद्‌भव के सन्दर्भ में) निहित होता था। इसलिए बर्नी के यहाँ धर्म तथा राज्य का विशेष सन्दर्भ आया है। यदि कभी साधारण जन उनकी दृष्टि में अनचाहे प्रवेश भी करता था तो उत्पीड़न के शिकार के रूप में अथवा असफल विद्रोहियों के रूप में। इसके अतिरिक्त प्रत्येक लेखक अपने पाठकों के लिए ही लिखता है और उस काल में केवल उच्च वर्ग ही इतना शिक्षित होता था कि इतिहास के कार्य को पढ़ सके।

इतिहास का जो उद्देश्य बर्नी ने परिभाषित किया उसके अनुसार उसकी अन्तर्वस्तु हठात् उन कार्यों तक सीमित हो गयी जिनका अभी-अभी मैंने ज़िक्र किया है। अधिक-से-अधिक वह शासक वर्ग के अनुभव की समालोचना भर हो सकती है। इसे बर्नी सहज रूप से स्वीकार भी कर लेता है (और यही वस्तुतः उसने तारीख़े फ़ीरोज़शाही के करने में कोशिश की है)।

इतिहास-लेखन के लिए एक महत्त्वपूर्ण शर्त यह है कि यह इतिहासकार का धार्मिक कर्तव्य है कि जब वह किसी बादशाह या किसी अमीर द्वारा किये गये उपकार, दान, न्याय अथवा सद्कार्यों को लिखता है तो उसे उसके बुरे और असत् कार्यों को भी नहीं छिपाना चाहिए। इस प्रकार के आलोचनात्मक वर्णन से ही कोई पाठक सत्ता के लाभ और ख़तरों तथा सांसारिक प्राणियों के अच्छे-बुरे कार्यों के प्रति अवगत हो सकता है।

मैंने बर्नी को इतने विस्तार के साथ इसलिए उद्धृत किया है क्योंकि मध्यकालीन भारतीय लेखकों में वह अपनी संकीर्ण दृष्टि तथा पूर्वाग्रहों के बावजूद निश्चित रूप से एक चिन्तनशील लेखक तथा मात्र इतिवृत्तकार से कहीं अधिक आगे हैं। जो इतिहासकार बर्नी के बाद आये उनकी विद्वत्ता इस अर्थ में अत्यन्त ऊँचे दर्जे की है कि उन्होंने विभिन्न स्रोतों से तथ्यों का आलोचनात्मक ढंग से संग्रह किया। अबुल फ़ज़ल के सन्दर्भ में यह बात विशेष रूप से उल्लेखनीय है; किन्तु जहाँ इतिहास-दृष्टि का प्रश्न है वह बर्नी से अधिक व्यापक नहीं थी। उनकी दृष्टि भी बादशाहों और दरबारियों के क्रिया-कलापों तक ही सीमित थी।

निश्चित रूप से वह दृष्टि भिन्न हो भी नहीं सकती थी। इतिहास-विज्ञान में महत्त्वपूर्ण परिवर्तन अन्यत्र आया—अर्थात यूरोप में जहाँ सोलहवीं शताब्दी के प्रारम्भ से परिवर्तन की गति इतनी तीव्र हुई कि उसे साधारण जीवन में भी लक्षित किया जा सकता था—जैसे व्यापार और वाणिज्य, प्रौद्योगिकी, कपड़ा और यह परिवर्तन ज्ञान-विज्ञान के क्षेत्र में भी कम नहीं था। गिबन ने अपने ग्रन्थ 'डिक्लाइन एंड फॉल दि रोमन ऐम्पायर (1776)' में यह प्रीतिकर निष्कर्ष निकाला कि संसार में प्रत्येक आने वाले युग ने मानव जाति के धन-वैभव, प्रसन्नता, ज्ञान तथा शायद गुण में भी वृद्धि की है और अभी भी करता है। सामाजिक जीवन स्पष्ट रूप से दिखाई देने वाली प्रगति से एक नये वर्ग, मध्यवर्ग या पूँजीपति वर्ग का उद्भव भी जुड़ा है जो व्यापार के क्षेत्र में अपनी जड़ें जमाये बैठा था तथा जो बाद में उद्योग से भी जुड़ गया। इसी नये वर्ग से सामान्यतः मुद्रित शब्दों का पाठक वर्ग निकलकर आया तथा उसी के साथ ही इतिहासकार की दृष्टि का भी विस्तार हुआ—विशेष रूप से उसके आर्थिक इतिहास पर भी दृष्टिपात

किया—जहाँ पहली बार कोई छिटपुट परिवर्तन नहीं अपितु परिवर्तनों की एक शृंखला देखी जा सकती थी।

जैसे-जैसे इस रूप में इतिहास का क्षेत्र-विस्तार हुआ, पूँजीवाद के प्रभुत्व के कारण सामाजिक अन्तर्विरोधों के प्रति एक नयी जागरूकता उत्पन्न हुई तथा मज़दूर के उदय के साथ-साथ ही इतिहास के सन्दर्भ में नया दृष्टिकोण भी बना। इतिहास के इस नवीन दृष्टिकोण की सर्वोत्तम अभिव्यक्ति कार्ल मार्क्स (1818-83) की रचनाओं में हुई, जिसने पूँजीवाद की समालोचना को ऐतिहासिक-विकास के सामान्य सिद्धान्त के सन्दर्भ में देखा।

मार्क्स की दृष्टि में इतिहास समाजों के निरन्तर विकास की प्रक्रिया में निहित होता है। परिवर्तन की इस प्रक्रिया में प्रमुख भूमिका भौतिक परिस्थितियों की होती है, जिन्हें उन्होंने उत्पादन के सम्बन्धों के नाम से ही पुकारा। इन्हीं के आधार पर वैधानिक तथा राजनीतिक संस्थानों का ढाँचा खड़ा होता है। ये बौद्धिक जीवन की दिशा भी तय करते हैं क्योंकि मनुष्य की चेतना उसके अस्तित्त्व का निर्धारण नहीं करती अपितु मनुष्य का अस्तित्त्व उसकी चेतना का निर्धारण करता है। ज्योंही अतिरिक्त उत्पादन शुरू हुआ, समाज वर्गों में विभक्त हुए और इसीलिए वर्ग-संघर्ष इतिहास का सार तत्त्व बना। मार्क्स ने सामाजिक संरचनाओं में एक क्रमबद्धता देखी। जैसे-जैसे विकसित आर्थिक सम्बन्धों और वैधानिक-राजनीतिक ढाँचे के बीच अन्तर्विरोध बढ़ते हैं, प्रत्येक सामाजिक संरचना अपनी पूर्ववर्ती संरचना को अपदस्थ करके उसका स्थान ग्रहण करती है। यही अन्तर्विरोध (जो इतिहास के मूल में निहित है) सामाजिक क्रान्तियों को जन्म देते हैं। इन निष्कर्षों की नये सिरे से छानबीन की आवश्यकता थी तथा यह भी आवश्यक था कि उन ऐतिहासिक तथ्यों का (उनके प्रस्तोताओं के अपने विचारों से स्वतन्त्र होकर), विश्लेषण किया जाये। मार्क्स ने तर्क दिया कि जैसे किसी व्यक्ति का मूल्यांकन इस आधार पर नहीं किया जा सकता कि वह अपने बारे में क्या सोचता है ठीक उसी प्रकार परिवर्तन से सम्बन्धित किसी काल को उसकी चेतना के आधार पर जाँचा-परखा नहीं जा सकता। रैंके के इतिहास के सन्दर्भ में—जो समकालीन दस्तावेज़ों की भावना तथा तथ्यों पर श्रद्धाभाव की सीमा तक निर्भर था—यह एक उपयुक्त संशोधन था।

मार्क्स के अनुयायियों ने आदिम साम्यवाद, दास-प्रथा, सामन्तवाद, पूँजीवाद के काल निर्धारण पर यान्त्रिक ढंग से बल देकर तथा सभी समाजों को इन क्रमबद्ध सामाजिक संरचनाओं के आधार पर वर्गीकृत करके मार्क्स के प्रति अन्याय ही किया है। जैसा कि स्पष्ट है कि मार्क्स की अपनी पद्धति, उसका प्रयोग चाहे

उन्होंने पूँजीवाद के विकास के सन्दर्भ में किया हो (जैसा कि उन्होंने अपने ग्रन्थ कैपिटल में किया है) या राजनीतिक इतिहास के सन्दर्भ में (जैसा कि ब्रूमेर तथा फ्रांस में गृहयुद्ध में किया है), कहीं अधिक परिमार्जित और समृद्ध है। और न यह सही है कि मार्क्स सम्पूर्ण विचार मात्र को भौतिक जगत् का प्रतिबिम्ब समझते हैं। इसके विपरीत न केवल यह कि मार्क्स ने यह चेतावनी दी थी कि विचारधारात्मक रूपों को प्राकृतिक विज्ञानों की यथातथ्यता के अनुरूप निर्धारित नहीं किया जा सकता अपितु उन्होंने मानवता की यात्रा को 'आवश्यकता के क्षेत्र से' निकलकर स्वतन्त्रता के क्षेत्र की ओर बढ़ते हुए भी देखा। इस फॉर्मूले का, सिवाय इसके, और क्या अभिप्राय हो सकता है कि मानव-जाति के विकास के प्रत्येक चरण के साथ भौतिक परिस्थितियों पर मानव मस्तिष्क का प्रभुत्व बढ़ता चला जाता है। इसके अतिरिक्त, मार्क्स ने नेमियरवादियों की इस अवधारणा में निश्चित ही संशोधन किया, लोग व्यक्तिगत तौर पर मुख्यतः और अनिवार्यतः अपनी स्वार्थपूर्ति के लिए ही कार्य करते हैं।

यह स्पष्ट है कि मार्क्स की इतिहास-विषयक अवधारणा उन क्षेत्रों में शोध की आवश्यकता को रेखांकित करती है जो क्षेत्र पहले इतिहास से सम्बन्धित नहीं समझे जाते थे। इस प्रकार अपने ग्रन्थ कैपिटल की एक पाद टिप्पणी में मार्क्स ने यह अफ़सोस ज़ाहिर किया है कि प्रौद्योगिकी के इतिहास का अध्ययन नहीं है। अब, वह अपने-आप में एक पूर्ण ज्ञान शाखा है और इस क्षेत्र में जे. नीधम तथा लिन व्हाइट ने उल्लेखनीय कार्य किया है। या पुनः चेतना के स्तर पर विचार कीजिए, मैक्सिन रोडिन्सन का यह विश्वास है कि (मोहम्मद में) मार्क्स और फ्रायड को मिलाया जा सकता है। किन्तु फ्रायडियन विश्लेषण से पृथक् (जिसे ऐतिहासिक व्यक्तित्त्वों के विश्लेषण के वास्तविक प्रयोग में अभी सफलता प्राप्त करनी है) जन-साधारण की चेतना से सम्बन्धित अनेक अध्ययन अत्यन्त लाभकारी सिद्ध हुए हैं। इस सन्दर्भ में इंग्लैंड में हॉब्सवॉम के कार्य तथा फ्रांस में द लादूरी के कार्य (विशेष रूप से 'दि पीजेंट्स ऑफ़ लैग्यूजॉक में') को देखा जा सकता है। इस प्रकार के कार्य ने अप्रत्याशित जटिलताओं का उद्घाटन किया तथा साथ ही मानवीय अनुभव की अनोखी एकता को भी उजागर किया है। ज्ञानानुशासन के रूप में इतिहास का जो क्षेत्र-विस्तार हो रहा है तथा दृष्टि में जो पैनापन आ रहा है, मेरे द्वारा की गयी उक्त टिप्पणियों से उनकी सन्तोषजनक तस्वीर नहीं उभरती। जिन आवेगों के तहत इतिहास की व्याख्या बदली है तथा वाद-विवाद के क्षेत्र में जो परिवर्तन हुआ है, उसका कारण स्पष्टतः आधुनिक युग में सामाजिक सम्बन्धों में आये मूलभूत परिवर्तन हैं। हम उत्तरोत्तर अपने

अतीत को अपने पूर्ववर्तियों की तुलना में एक भिन्न दृष्टि से देखने को बाध्य हैं। जो विचार-बिन्दु पहले अपना केन्द्रीय महत्त्व रखते थे, वही अब पृष्ठभूमि में जाने लगे हैं। अन्य बातों को अन्धकार से मुक्त कर उजागर किया जा रहा है। अब हम जनता के इतिहास की माँग भी उसी उत्साह से करते हैं जिस उत्साह के साथ हम सार्वजनिक मताधिकार की माँग करते हैं। ये सब ठीक है। किन्तु सही दृष्टिकोण से स्वतः कोई प्रबोधन नहीं होता। ऐतिहासिक व्याख्या अन्तहीन, जटिल घटनाओं तथा सम्बन्धों के सामान्यीकरण से निर्मित होती है। प्रामाणिकता के लिए साक्ष्य का अनुसन्धान (जिसे पर्याप्त मात्रा में बार-बार दोहराया जाना चाहिए) तथा पूर्वधारणाओं की पुनःपर्रीक्षा की जानी चाहिए।

भारतीय इतिहास की महत्त्वपूर्ण परिघटनाओं तथा उनसे सम्बन्धित विभिन्न व्याख्याओं की जाँच-पड़ताल के दौरान निर्मित मेरी पूर्वधारणाओं के औचित्य प्रतिपादन के रूप में ही मेरे इन सामान्य कथनों को लिया जाना चाहिए तथा उन कारणों के सन्दर्भ में भी कि मैं क्यों किसी तर्क पद्धति विशेष को अन्य तर्क प्रणालियों की अपेक्षा अधिक विश्वसनीय मानता हूँ, इन टिप्पणियों पर विचार करना चाहिए। अतः जाति-प्रथा के इतिहास की समस्याओं से अपनी बात शुरू करने के लिए मुझे अतिरिक्त खेद प्रकट करने की आवश्यकता नहीं है।

II

सन् 1947 से पहले स्कूलों में जब हम इतिहास पढ़ते थे तो हमारी पाठ्यपुस्तकों में अनिवार्य रूप से जाति-प्रथा का एक अनुभाग या अध्याय हुआ करता था जिसमें कम-से-कम दो अनुच्छेद जाति-प्रथा के गुण और दोष पर व्यय होते थे। सन् 1966 में 'इंडियन हिस्ट्री कांग्रेस' की अध्यक्षता करते हुए एक सुप्रसिद्ध विद्वान ने हमें बताया कि 'जाति-व्यवस्था' एक अच्छी व्यवस्था थी किन्तु दुर्भाग्यवश समय के साथ उसमें विकृति आती चली गयी।

यदि हम प्रत्येक जाति को एक वियुक्त इकाई (जिसमें एक इकाई दूसरी पर अपना आधिपत्य जमाती हो) की अपेक्षा विशिष्ट आदर्शों तथा प्रथाओं के प्रतिनिधि के रूप में मान्यता दें तो क्या इससे जाति-प्रथा के हमारे मूल्यांकन में कोई सुधार या संशोधन नहीं होगा। ब्राह्मण संरक्षक और परिरक्षण के प्रतीक थे, क्षत्रिय प्रगति और परिवर्तन के, वैश्य आर्थिक जीवन की प्रोन्नति तथा शूद्र कला तथा हस्तशिल्प के क्षेत्र में तकनीकी आविष्कारों के। इन विचारों को रूढ़ और पुरातन विचारों का अवशेष माना जाता है। किन्तु इनसे मेरे द्वारा पूर्व सन्दर्भित बिन्दु को बल मिलता है कि ज्यों ही हमारी अनुकूल आधारभूमि बदलती है,

ऐतिहासिक घटनाओं तथा संस्थानों के हमारे मूल्यांकन में बदलाव आना शुरू हो जाता है। 'भारतीय इतिहास कांग्रेस' के सभापति ने जो कुछ कहा, निकट अतीत में उन लोगों को जो जाति-व्यवस्था के उच्चासन पर विराजमान थे, स्वतः सिद्ध लगा होगा। किन्तु शूद्रों को अपनी दासता के प्रति व्यक्त किया गया प्रशंसा भाव अपेक्षाकृत कम प्रीतिकर लगा होगा। यदि हम स्वयं शूद्रों तथा निम्न जातियों से जोड़कर देखें तो निस्सन्देह जाति-प्रथा की ऐतिहासिक भूमिका के सन्दर्भ में हमारा ठीक वही मूल्यांकन कभी नहीं हो सकता जो इसके विद्वान प्रशंसकों का है।

लगभग बीस वर्ष पहले लुई ड्यूमाँ ने अपनी एक महत्त्वाकांक्षी पुस्तक 'होमो हायरार्किकस' (1970) प्रकाशित की थी। इतनी महत्त्वाकांक्षी योजना के तहत यह पुस्तक लिखी गयी कि लेखक के दिमाग़ में शुरू से ही विभिन्न यूरोपीय भाषाओं में इसके अनुवाद के प्रकाशन की कल्पना थी। एक आलोचक के शब्दों में ड्यूमाँ 'जाति' के सन्दर्भ में ब्राह्मणवादी दृष्टिकोण को पुनः आख्यायित करता है। किन्तु वह वस्तुतः इससे भी अधिक करता है। वह यूरोपीय समाजों के समतावाद के विरुद्ध श्रेणीबद्धता की अवधारणा के सन्दर्भ में भारतीय समाज के अनूठेपन को बलपूर्वक रेखांकित करता है। 'यूरोपियन समतावाद' जैसे वक्तव्य पर हँसी भी आ सकती है किन्तु ड्यूमाँ द्वारा प्रतिपादित 'भारतीय जाति-समाज' के सिद्धान्त की गहरी छानबीन की जानी चाहिए। यद्यपि एक स्थान पर वे स्वीकार करते हैं कि जाति-प्रथा सामाजिक उत्पादन में श्रम-विभाजन के उद्‌भव के बाद अस्तित्त्व में आयी तथापि, वे जाति-प्रथा के सन्दर्भ में किसी प्रकार के आर्थिक महत्त्व को स्वीकार नहीं करते। इसका ढाँचा पवित्रता की विचारधारा में निहित श्रेणीबद्धता के सिद्धान्त पर आधारित है और यदि इसके कोई आर्थिक परिणाम रहे भी हैं तो वे केवल आकस्मिक ही हैं। यहाँ ड्यूमा के सिद्धान्त का विस्तृत विवेचन सम्भव नहीं है किन्तु इस सन्दर्भ में शायद यह सुझाव दिया जा सकता है कि यह भी अपेक्षाकृत अधिक आधुनिक इतिहास से ही बहुत हद तक प्रभावित है। यद्यपि समूचा नहीं तो जाति-व्यवस्था के उस अधिकांश आर्थिक आधार को—जो मार्क्स के अनुसार, विशेष रूप से लघु उत्पादन से जुड़ा है, आधुनिक उद्योग ने ध्वस्त कर दिया है। चूँकि जाति इस आक्रमण से भी बच निकली है, इसलिए ड्यूमाँ को लगता है कि आनुवंशिक श्रम-विभाजन इसका आवश्यक ऐतिहासिक तत्त्व नहीं है। यह स्पष्ट है कि वह शायद ही इस निष्कर्ष पर पहुँचता यदि वह सन् 1800 के आसपास लिख रहा होता। उदाहरण के लिए, उसके सामने उस काल के दक्षिणी तथा पूर्वी भारत के बुकानन द्वारा किये गये सर्वेक्षणों का विशाल साक्ष्य होता—जिसके बाद इस सन्दर्भ में और सूचना नहीं मिली है।

जहाँ, यह देखा जा सकता है कि गत सौ वर्षों में घटित आर्थिक परिवर्तनों की 'जाति-व्यवस्था' के सन्दर्भ में ड्यूमाँ के विचारों के निर्माण में क्या भूमिका रही किन्तु इसका अभिप्राय यह नहीं है कि ड्यूमाँ अपने विचारों में अनिवार्य रूप से सही हैं। आज जिस रूप में 'जाति-व्यवस्था' हमारे सामने मौजूद है उसके आधार पर जाति की परिभाषा करना तथा शास्त्रोक्त अवधारणाओं के आधार पर 'इतिहास' में उसकी छवि देखना—जाति-प्रथा की ऐतिहासिक भूमिका को सर्वथा ग़लत रूप में प्रस्तुत करना होगा।

मेरी राय में ड्यूमाँ के किसी भी सामान्यीकरण की अपेक्षा डी.डी. कोसम्बी का एक वक़्तव्य 'जाति' के ऐतिहासिक महत्त्व के सन्दर्भ में अधिक गहन अन्तर्दृष्टि प्रदान करता है। डी.डी. कोसम्बी का कहना है कि उत्पादन के आदिम स्तर पर जाति एक वर्ग के रूप में सामने आती है (कल्चर एंड सिविलाइजेशन, पृ. 50)। इस वक़्तव्य से उनकी एक अन्य दृष्टि की पुष्टि होती है कि 'जातियाँ' सामान्य समाज में जनजातीय तत्त्वों के सम्मिश्रण के द्वारा बनीं तथा सामान्य समाज के अन्दर श्रम-विभाजन ने जब एक निश्चित स्तर प्राप्त कर लिया तभी सजातीय विवाह को स्थायित्व मिल सका। यह कहने का अभिप्राय विचारधारा की भूमिका को नकारना बिल्कुल नहीं है। संसार के अन्य भागों में जनजातीय तत्त्वों के सामान्य जनसंख्या में घुलने-मिलने से जाति-पद्धति का निर्माण नहीं हुआ। वस्तुतः, डी.डी. कोसम्बी ने ब्राह्मणों की, जनजातीयता के इतर, पुरोहिती भूमिका के सन्दर्भ में भी विस्तार में चर्चा की है। ब्राह्मणों के नेतृत्व में ही 'आर्मीकरण' की प्रक्रिया सम्पन्न हुई तथा उन्होंने 'जाति-समाज' के निर्माण के लिए नियम बनाये। डी.डी. कोसम्बी और आर.एस. शर्मा दोनों ही कृषि-विस्तार तथा व्यापक स्तर तक प्राक्-सामन्ती भू-सम्पत्ति के विकास के सन्दर्भ में ब्राह्मणों की विशिष्ट भूमिका को स्वीकार करते हुए से प्रतीत होते हैं। उस सीमा तक जहाँ तक ब्राह्मण 'जाति' की विचारधारा के प्रवक़्ता प्रतीत हों, ड्यूमाँ को भी इस व्याख्या से कोई आपत्ति नहीं होगी। उसने स्वयं भी बड़े सुविधाजनक ढंग से बौद्ध धर्म, सहित अन्य सभी धार्मिक पद्धतियों को उन पद्धतियों की अपेक्षा, पृष्ठभूमि में डाल दिया है जिन्हें तथाकथित तपस्वियों (ड्यूमाँ द्वारा प्रयुक्त शब्द) ने बनाया था। वस्तुतः जब उन पद्धतियों ने ब्राह्मणों के सम्मुख प्रतिद्वन्द्वी के रूप में चुनौती प्रस्तुत की तो उसका ऐतिहासिक परिणाम जातिगत विचारधारा के और आगे विकास के रूप में सामने आया। इस प्रकार ड्यूमाँ के अनुसार बौद्ध धर्म' जैन धर्म ने अहिंसा पर जो बल दिया, उसके परिणामस्वरूप ब्राह्मणों ने अपने खान-पान में निरामिषता

को स्वीकार कर लिया और इस प्रकार अपनी 'पवित्रता' तथा 'प्रदूषण' की अवधारणा में एक अतिरिक्त कसौटी को सम्मिलित कर लिया।

इस बिन्दु पर मैं अपनी आशंका व्यक्त करना चाहूँगा। 'जाति' की विचारधारा को केवल ब्राह्मणों ने ही सृजित नहीं किया। कर्म सिद्धान्त, जिस पर बौद्ध और जैन धर्म ने इतना ज़्यादा बल दिया, एक ऐसी प्रभावशाली शक्ति थी जो वर्तमान के दायित्व अथवा कर्तव्य को एक जाति विशेष से जोड़कर देखने का औचित्य प्रदान करती थी। पुनर्जन्म में विश्वास तथा 'जाति' की विचारधारा के बीच सम्बन्ध वस्तुतः बौद्ध काल के बाद का है। मनुस्मृति में इसको दृढ़ अभिव्यक्ति मिलती है।

अहिंसा के सिद्धान्त का भी 'जाति' के सन्दर्भ में विशेष महत्त्व है किन्तु शायद उस रूप में नहीं जिस रूप में ड्यूमाँ ने उसे प्रतिपादित किया है। कोसम्बी का विचार था कि यह वस्तुतः पशुपालक, खेतिहर वैश्यों का अतीत के मांसभक्षी पशुचारणवाद—महान 'वैदिक बलि' जिसका प्रमुख कर्मकाण्डी प्रतीत होता था, के प्रति विद्रोह था। यह अविश्वसनीय प्रतीत नहीं होता किन्तु मुझे ऐसा प्रतीत होता है कि इसके एक अन्य सामाजिक आयाम पर भी विचार करने की आवश्यकता है। भोजन संग्रह करने वालों, जानवरों को मारने वाले जंगली जन-समूहों का दमन तथा उन्हें चाण्डालों के समकक्ष भृत्य जातियों में उनका रूपान्तरण भी अहिंसा के सिद्धान्त द्वारा एक सैद्धान्तिक औचित्य प्राप्त करता रहा है। अशोक की स्तम्भ राजाज्ञा v तथा कन्धार के द्विभाषी अभिलेख में पशुहत्या पर पाबन्दी तथा शिकार और मछली पकड़ने के व्यवसायों पर प्रतिबन्ध का ज़िक्र मिलता है। अगला क़दम मनुस्मृति में मिलता है जहाँ अधिकांश अवैध मिश्रित जातियों को या तो शिकार करना पड़ता है अथवा पशुओं की खालों का व्यापार करना पड़ता है। अहिंसा का पुनः विस्तार 'हल चलाने' तक की निन्दा में होता है जिससे पृथ्वी के जीवधारियों की हानि होती है। यह निन्दा मनुस्मृति में उतनी ही कठोर है जितनी परवर्ती बौद्धधर्म में। इसी के आधार पर किसान समुदायों का वैश्य से शूद्र रूप में वर्णाधम होने—जो वस्तुतः किसानों की स्थिति में स्पष्ट रूप से ह्रास का प्रतीत है तथा जिसकी ओर आर.एस. शर्मा ने सर्वप्रथम ध्यान आकृष्ट किया—की सैद्धान्तिक व्याख्या की जा सकती है।

अन्त में जाति-प्रथा से सम्बन्धित एक प्रश्न और है जो मेरी दृष्टि में अत्यन्त महत्त्वपूर्ण है तथा जिसकी ओर आधुनिक व्याख्याओं ने बहुत कम ध्यान दिया है, वह प्रश्न है कि जाति-प्रथा का जो भी ढाँचा था, उससे प्रमुख रूप से लाभ उठाने वाले कौन लोग थे? शायद ड्यूमाँ का निःसंकोच उत्तर यह होगा कि चूँकि (उनकी—दृष्टि में) जाति-सोपानकर्ता का धन और सत्ता से कोई सम्बन्ध नहीं है,

अतः जाति-सोपानकर्ता में सर्वोच्च स्थान पर विराजमान ब्राह्मण ही उनकी दृष्टि में प्रमुख रूप से लाभार्थी रहे होंगे। शायद इतना ही कहा जा सकता है। डी.डी. कोसम्बी जाति-कथा को आर्थिक परिघटना मानते हैं किन्तु उनके विवेचन में यह धारणा अन्तर्निहित है कि पुरस्कार और भूमि के रूप में ब्राह्मणों ने ही इस तन्त्र का सर्वाधिक लाभ उठाया।

जाति-प्रथा के द्वारा ब्राह्मणों को होने वाला लाभ स्पष्ट है। प्रत्येक पुरोहित वर्ग उस धार्मिक तन्त्र से लाभ उठाता है जिसका वह समर्थक होता है—यदि वह तन्त्र सफल होता है तो। किन्तु जिस प्रश्न पर हम विचार कर रहे हैं वह यह है कि क्या जाति-प्रथा के लाभ उठाने वालों में ब्राह्मण प्रमुख थे? और यह एक भिन्न बात है।

पहले हम यह देखें कि जाति-प्रथा के आर्थिक परिणाम क्या हुए? इसने भृत्य जातियों का दमन किया जिसके कारण खेती के लिए सस्ता श्रम सुलभ हुआ। गाँव के स्तर पर विशेष रूप से आनुवांशिक ग्रामीण कारीगरों तथा नौकरों की सेवाएँ उपलब्ध कराकर उसने किसान के लिए ज़रूरी औज़ारों, वस्तुओं तथा सेवाओं पर होने वाले ख़र्चे को कम कर दिया। इस प्रकार उसने किसानों के भरण-पोषण के लिए ज़रूरी खेती का एक भाग कम कर दिया। इससे अतिरिक्त उत्पादन को विस्तार मिला। शासक वर्ग को अपना राजस्व इसी अतिरिक्त उत्पादन से प्राप्त होता था। इसके साथ ही, 'जाति' ने वंशानुगत तौर पर हस्त कौशल को हस्तान्तरित करके दस्तकारी वस्तुओं को सस्ता कर दिया और इस प्रकार सामान्य रूप से मज़दूरी की लागत को कम कर दिया। अतः जाति-व्यवस्था का प्रमुख आर्थिक परिणाम यह हुआ कि कृषि और दस्तकारी दोनों से ही शासक वर्ग की आय में वृद्धि हुई।

जाति-व्यवस्था के इस आर्थिक परिणाम पर इससे कोई फ़र्क़ नहीं पड़ता कि शासक वर्ग जाति के मानकों के अनुसार उसी का अंग है जैसे क्षत्रिय है अथवा उसकी उत्पत्ति जाति-व्यवस्था से बाहर की है। जाति-व्यवस्था ने सभी शासक वर्गों—चाहे वे हिन्दू-यूनानी, कुषाण अथवा राजपूत रहे हों या मुसलिम अथवा अपने प्रारम्भिक दौर में अंग्रेज़ रहे हों—की समान भाव से सेवा की है। जब तक लघु-उत्पादन उत्पादन का प्रमुख रहा तब तक जाति—व्यवस्था ने प्रत्येक शासन में अपने अकूत महत्त्व को बनाये रखा। अधिकांश मामलों में यदि शासकों की उत्पत्ति वाह्य रही तो ब्राह्मणों की मध्यस्थता के माध्यम से उन्हें जाति-व्यवस्था में स्वीकृत कर लिया गया। यदि उनकी उत्पत्ति आन्तरिक किन्तु निम्न वर्ग की थी तो उसी माध्यम से (सत्रहवीं शताब्दी में शिवाजी का उदाहरण हमारे सामने है)

अपने ढाँचे के साथ सामंजस्य और उसमें पूर्ण अन्तर्लीनता आवश्यक नहीं थी। मध्यकाल में यद्यपि मुसलमानों का सम्बन्ध जाति-विहीन प्रचारवादी धर्म से था किन्तु वे बाहर से जाति-व्यवस्था की सुरक्षा करते रहे। मध्यकाल में मुसलमानों द्वारा जाति-व्यवस्था की आलोचना नहीं हुई (केवल अलबरूनी की एक सहानुभूति पूरक विद्वत्तापूर्ण टिप्पणी मिलती है)। शासक वर्ग को इससे जो लाभ मिला, उसके कारण उन्होंने धर्मान्तरण के उद्देश्यों की पूर्ति के लिए भी जाति-व्यवस्था को चुनौती देने की किसी भी चिन्ता को शान्त कर दिया।

शायद हम इसी बिन्दु पर जाति-व्यवस्था के उस रहस्य को तलाश सकते हैं कि कैसे वह इतने व्यापक स्तर पर आर्थिक अथवा सामाजिक संरचनाओं (गौतम बुद्ध के समय से उन्नीसवीं शताब्दी तक, जब तक कि ये संरचनाएँ लघु उत्पादन पर आधारित थीं तथा वंशानुगत ढंग का जिनका श्रम विभाजन था) के लिए उपयोगी सिद्ध हुई।

III

जहाँ जाति-व्यवस्था एक ऐसी महत्त्वपूर्ण प्रक्रिया रही है जिसके तार प्राचीन भारत के साथ जुड़े रहे हैं, वहीं समान महत्त्व का एक अन्य क्षेत्र भी है जिसके विषय में हमारी समझ को गहरे उतरने की आवश्यकता है। यह क्षेत्र है सामाजिक संरचनाओं की क्रमबद्धता की पहचान। कोई भी सामाजिक संरचना 'श्रम प्रक्रिया के रूपों' के (जो दासत्व की सीमा तथा बाज़ारू उत्पादन, अतिरिक्त उत्पादन को हड़पने के ढंग—जैसे कर, लगान आदि तथा अतिरिक्त उत्पादन के वितरण की प्रणाली—जैसे सम्पत्ति के अधिकार आदि) विभिन्न तत्त्वों द्वारा निर्धारित होती है। ये वे तत्त्व हैं जिन्हें मार्क्सवादी विचारक निर्णायक मानते हैं। किन्तु मार्क ब्लॉक के 'सामन्तवाद' नाम की अपनी सुप्रसिद्ध परिभाषा में उक्त तत्त्वों में कुछ शुद्ध रूप से राजनीतिक अथवा सांस्कृतिक तत्त्वों को भी जोड़ा है।

मार्क्सवादी विचारक समग्र इतिहास को सामाजिक संरचनाओं की क्रमबद्धता के रूप में देखते हैं जिनका शास्त्रीय क्रम आदिम साम्यवाद, दासता, सामन्तवाद, पूँजीवाद के रूप में स्थापित किया गया है। जैसा कि मैंने कहा है कि इसमें सन्देह है कि इस योजना को सार्वभौमिक रूप से लागू किया जा सकता है। किन्तु, इसमें सन्देह नहीं है कि एक विशेष काल के आर्थिक सम्बन्धों को पूर्ववर्त्ती तथा परवर्त्ती समय के सम्बन्धों के साथ तुलना करके अवश्य देखना चाहिए ताकि सामाजिक विकास की दिशा को ठीक ढंग से निर्धारित किया जा सके। इस प्रकार की तुलना द्वारा हम तत्समान आर्थिक सम्बन्धों पर आधारित काल-विशेष

की रूपरेखा प्रस्तुत कर सकते हैं। तथा साथ ही संक्रमण के अपेक्षाकृत छोटे तथा मध्यवर्ती कालों का प्रभेद भी दिखा सकते हैं। दुर्भाग्यवश प्राचीन भारत के सन्दर्भ में उपलब्ध साहित्यिक साक्ष्यों को कालक्रमानुसार संयोजित करना मुश्किल है (अर्थशास्त्र तथा मनुस्मृति की तिथियाँ इसके उल्लेखनीय उदाहरण हैं) प्राचीन भारत के आर्थिक इतिहास की पुनर्रचना अत्यन्त कठिन है।

तथापि, इसी साक्ष्य के आधार पर किंचित अभिलेखीय साक्ष्यों पर बल देते हुए डी.डी. कोसम्बी तथा आर.एस. शर्मा ने भारतीय सामन्तवाद के अपने सिद्धान्त का प्रतिपादन किया है, जिसके विषय में उनका विश्वास है कि उसका विकास प्रथम सहस्राब्दी के उत्तरार्द्ध में हुआ। इस सिद्धान्त का कड़ा प्रतिरोध डी.सी. सरकार ने किया तथा उतनी ही शक्ति के साथ बी.एन.एस. यादव ने उस सिद्धान्त को समर्थन दिया। यह स्पष्ट है कि अभी बहुत से ख़ाली स्थान हैं जिनको भरने की आवश्यकता है और यह अभी भी स्थापित नहीं हो सका है कि दासता जो यूरोपीय सामन्तवाद का एक प्रमुख अंग थी, भारत में भी उसी रूप में प्रचलित थी, यद्यपि व्यक्तिगत दासता के साक्ष्य भी उपलब्ध होते हैं। किन्तु ठीक इसी अन्तर के कारण हमसे यह अपेक्षा की जाती है कि हम 'भारतीय सामन्तवाद' के 'भारतीय' शब्द पर अधिक बल दें।

तब, भारतीय सामन्तवाद का सारतत्त्व क्या है? कोसम्बी और शर्मा दोनों इस ढंग से लिखते हैं जैसे यह मामला वस्तुतः भूमि पर वंशानुगत नियन्त्रण तथा उच्च अधिकारों का था। जब राजाओं ने भूमि अनुदान में दी तो कोसम्बी ने उस प्रक्रिया को 'अभिजात वर्गीय सामन्तवाद' (फ्यूडलिज़्म फ्रॉम बिलो, नाम दिया। जब गाँवों के अन्दर से बड़े-बड़े ज़मींदार जन्म लेने लगे तो उस प्रक्रिया को उन्होंने 'लोकोद्‌भूत सामन्तवाद' (फ्यूडलिज़्म फ्रॉम बिलो) नाम दिया। कोसम्बी के अनुसार ये दोनों प्रक्रियाएँ क्रमशः घटित होती हैं। पहले 'अभिजात वर्गीय सामन्तवाद' का जन्म होता है उसके बाद 'लोकोद्‌भूत सामन्तवाद'। शर्माजी इस भेद को स्वीकार तो नहीं करते किन्तु स्पष्टतः उसकी आलोचना भी नहीं करते। तथापि वे भूमि अनुदान पर अधिक बल देते हैं। ये भूमि अनुदान जो प्रथम शताब्दी से ब्राह्मणों को दिये जाने लगे वैसे ही वंशानुगत अनुदानों का पूर्ववर्त्ती रूप थे जो बाद में शासक लोग अपने परिजनों, अधिकारियों तथा सामन्तों को देते थे तथा जिनके लिए अभिलेखीय साक्ष्य उत्तर भारत में सन् 1000 ई. से मिलते हैं। शर्माजी 'राजनीतिक सामन्तवाद' का उत्कर्ष काल ग्यारहवीं-बारहवीं शताब्दियों को मानते हैं। किन्तु वे इस काल को व्यापार और वाणिज्य के क्षेत्र में होने वाले पुनरुत्थान को देखते हुए सामन्ती अर्थव्यवस्था के टूटने का काल भी मानते हैं।

मुझे ऐसा लगता है कि धर्मनिरपेक्ष ढंग के ये भूमि-अनुदान सत्ता से विस्तार का माध्यम तो थे किन्तु वे अपने-आप में भारतीय सामन्तवाद के प्रमुख प्रेरक तत्त्व नहीं थे। अपितु ये अनुदान भारतीय सामन्तवाद की देन थे। दो तत्त्व जिनसे हम इसकी प्रकृति के विषय में कुछ निष्कर्ष निकाल सकते हैं वे हैं—आन्तरिक व्यापार में गिरावट तथा अश्वारोही सेना का उद्भव। वाणिज्यिक अधःपतन का तर्क ग्यारहवीं शताब्दी तक उत्तर गुप्तकालीन मुद्रा के सापेक्षिक अभाव (निरपेक्ष रूप से नहीं) के सन्दर्भ में दिया जाता है। यह निष्कर्ष कि अन्तर्देशीय व्यापार संकुचित हुआ होगा, अपरिहार्य है और इसकी पूरी सम्भावना है जैसा कि पुरातात्विक साक्ष्यों से स्पष्ट है कि शहरी जीवन स्तर में भी गिरावट आयी। बी.डी. चट्टोपाध्याय ने इस बाद वाले निष्कर्ष का प्रतिवाद किया है किन्तु उनका प्रतिवाद पर्याप्त रूप से आश्वस्तिपरक नहीं है। किसी ने यह नहीं कहा कि शहर ग़ायब हो गये थे किन्तु ऐसा अवश्य लगता है कि उनका आकार तथा उनकी संख्या संकुचित हो गयी थी। कोसम्बी के मतानुसार गाँव के प्रभुत्व का उभरना (जिस परिघटना की पहचान मार्क्स और एंगेल्स दोनों ने ही यूरोप के सामन्तवाद में की थी) जिसे उन्होंने प्रथम सहस्राब्दी में तलाश किया, पर्याप्त सन्तोषजनक लगता है। हालाँकि ग्रामीण समाज किसी भी तरह समतावादी समाज नहीं था।

कामसूत्र (चौथी शताब्दी) का एक सुप्रसिद्ध उद्धरण है जिसमें यह दिखाया गया है कि किस प्रकार एक कृषक-पुत्र मुखिया तथा स्थानीय अधिकारी की भाँति अनेक ग्रामीण महिलाओं को अपने नियन्त्रण में रखता था और वे उसकी बेगार करती थीं। उसके खेतों और घर में काम करती थीं। उससे कपास तथा रेशे वाली सामग्री ले जाती थीं तथा बुनी हुई चीज़ें वापस करती थीं। उच्च वर्ग द्वारा इस प्रकार के शोषण से गाँव के अन्दर एक तीव्र विभाजन उत्पन्न हुआ। मिलिन्द पान्हो (प्रथम शताब्दी से पाँचवीं शताब्दी तक) में एक ऐसा उद्धरण आता है जिसकी ओर कम ध्यान दिया गया है। नागसेन मिलिन्द को बतलाता है कि 'गामिका' शब्द से अभिप्राय अनिवार्य रूप से सभी ग्रामीण नहीं हैं। जब मुखिया डोड़ी पीटने वाले को सभी गाँव वालों को इकट्ठा करने का आदेश देता है तो घर का प्रमुख ही आता है। बहुत से लोग नहीं आते औरतें, आदमी, दासों की लड़कियाँ, दास, मज़दूरी पर काम करने वाले, नौकर, किसान (गामिका), बीमार, बैल, भैंस, भेड़, बकरी तथा कुत्ते—इन सबकी कोई गिनती नहीं होती। जिस प्रवृत्ति को कोसम्बी ने 'लोकोद्भूत सामन्तवाद' नाम से अभिहित किया है, उसके लिए यह बहुत ही अच्छा उदाहरण है; वे इसका काल बहुत बाद में निर्धारित करते हैं।

दूसरा तत्त्व है अश्वारोही सेना का उद्भव और राजनीतिक सैनिक संगठन के सन्दर्भ में उसकी भूमिका जिसकी ओर अभी पर्याप्त ध्यान दिया गया है। सातवीं शताब्दी तक रथ प्रचलन-बाह्य हो गये थे तथा आठवीं शताब्दी के प्रारम्भ में अरबों को सिन्ध में पाँच हज़ार घुड़सवार मिले जिसको उन्होंने राजपुत्र कहकर पुकारा, जो स्पष्टतः राजपूत का ही स्थानान्तरण है। कूलबॉर्न ने संयोग से राजपूत की तुलना यूरोपीय सामन्तवाद के नाइट से की है किन्तु उनकी यह तुलना असंगत नहीं है। रावत (राजपूत का ही परिवर्तित रूप) उत्तर भारत में तथा दखन के भी अधिकांश भाग में योद्धाकोटि में आते हैं। ग्रामीण क्षेत्र में उनके फैलाव की विशेषता थी। छह की संख्या के आधार पर गाँवों के समूहों के नये विभाजन। लेखा पद्धति से पता चलता है कि किस प्रकार राजपूतों को गाँववार तैनात किया जाता था तथा अनुमानतः वे गाँव के प्रमुखों और मुखियाओं (खोत और मुकद्दम) के पुरखे थे जिनका चौदहवीं शताब्दी में घोड़ों पर चढ़ने, अच्छे कपड़े पहनने तथा पान खाने का सन्दर्भ मिलता है जिससे अलाउद्दीन ख़िलजी (1296-1316) को बड़ी चिढ़ थी। घुड़सवार सेना के साथ गाँवों का नियन्त्रण कुछ ही हाथों तक सीमित किया जा सकता था तथा नये सामन्त (नाइट) खानदानी विजय के कारण जम गये थे जो 'अभिजातवर्गीय सामन्तवाद' का ही एक रूप था। गाँव में संस्तरीकरण विकसित होने के बाद, जैसा कि हमने देखा है रावत तथा योद्धा-मुखियाओं ने गाँव स्तर पर पहले से ही जमे उच्चस्तरीय तत्त्वों पर या तो अपना प्रभुत्व स्थापित कर लिया था या उनका स्थान स्वयं ले लिया था। जब तक आन्तरिक व्यापार सुस्त रहा, राजनीतिक सत्ता अपने-आपको स्वतः स्फूर्तभाव से केन्द्रीभूत नहीं कर सकी तथा क्षेत्रीय निरंकुशताओं का विकास (परवर्ती काल में वंशानुगत भू-अनुदान के माध्यम से मान्यता प्राप्त करके) स्वाभाविक था।

इससे पहले कि 'भारतीय सामन्तवाद' की इस बहस को समाप्त करूँ, अल्प महत्त्व के एक अन्य बिन्दु को स्पर्श करने की आवश्यकता है। अलबरूनी ने भारत का जो शानदार वृत्तान्त दिया है उससे ऐसा आभास मिलता है कि उसके समय (ग्यारहवीं शताब्दी) में जाति-प्रथा अत्यन्त कठोर थी। कुछ इतिहासकारों जैसे प्रो. मोहम्मद हबीब ने इससे यह आशय लिया कि इस काल में हस्त शिल्प से सम्बन्धित जातियों का बहुत ज़्यादा विरोध था। हो सकता है कि यह ठीक भी हो किन्तु इस सन्दर्भ में अलबरूनी का ही साक्ष्य पर्याप्त नहीं है। एक विद्वान होने के नाते उसने सामाजिक ढाँचे को उसी रूप में स्वीकार कर लिया जैसा कि विधि-संहिताओं में परिभाषित किया गया था तथा ब्राह्मणों ने जैसी व्याख्या उन विधि-संहिताओं की उसके लिए की। हो सकता है वास्तविकता इससे नितान्त भिन्न रही हो।

बहरहाल, पंचतन्त्र, जिसमें एक यह कहानी आती है कि एक जुलाहे ने विष्णु का छद्म रूप धारण करके एक राजकुमारी से शादी कर ली, इसी काल में, अपने अन्तिम रूप में प्रस्तुत हुआ। इससे पता चलता है कि जन-सामान्य की नैतिकता मनुस्मृति की नैतिकता से अपेक्षाकृत भिन्न थी। जैसाकि हमने पहले ही सुझाव दिया है जाति-प्रथा उस सामन्ती व्यवस्था के लिए अत्यन्त उपयोगी थी; उतनी ही उपयोगी वह परवर्ती मुसलिम शासक-वर्गों के लिए भी रही। किसी भी तरह वह 'भारतीय सामन्तवाद' की नितान्त निजी विशिष्टता नहीं थी।

IV

भारतीय इतिहास की व्याख्याओं का अधिकांश भारत में इसलाम के प्रवेश से सम्बद्ध रहा है। एक ऐसा धर्म जो भारत के अतीत से स्वतन्त्र था, जिसके क़ानून शास्त्रों के क़ानून से भिन्न थे तथा जिसकी अपनी एक सांस्कृतिक परम्परा थी। इसी धर्म से भारत के सबसे बड़े अल्पसंख्यक समूहों को जन्म दिया तथा उसके आगमन को बहुत-से लोगों के मन में भारत-विभाजन की एक लम्बी भूमिका के रूप में देखने का लालच भी रहा। भारत में इसलाम की भूमिका के सन्दर्भ में यही विशिष्ट दृष्टि हिन्दू और मुसलिम साम्प्रदायिक इतिहासकारों को एक्यबद्ध करती है। 1961 में दिल्ली में सम्पन्न हुई 'इंडियन हिस्ट्री कांग्रेस' में मैंने दोनों विचारधाराओं का प्रतिनिधित्व करने वाले इतिहासकारों की तुलना की—प्रो. आर.सी. मजूमदार जो भारतीय विद्या भवन के 'हिस्ट्री एंड कल्चर ऑफ़ इंडियन पीपुल' के लिए लिख रहे थे और भारत सरकार ने उदारतापूर्वक सहयोग दिया था तथा इश्तियाक़ हुसैन कुरैशी जो 'हिस्ट्री ऑफ़ फ्रीडम मूवमेंट' का प्रकाशन कर रहे थे तथा जो पाकिस्तान का अर्ध-सरकारी प्रकाशन था।

ये दोनों ही विद्वान इस बिन्दु पर एक-दूसरे से सहमत हैं कि मध्यकालीन सरकारें मुसलमानों की थीं तथा एक समुदाय के रूप में बिरादरी भाइयों में अद्भुत समानता थी। (मजूमदार) तदनुसार हिन्दू एक पराधीन जाति थे। दोनों के बीच 'सामान्यता' का कोई आधार नहीं था। दोनों कभी एक-दूसरे से मिलेंगे भी नहीं (मजूमदार)। कुरैशी की दृष्टि में मुसलिम शासन को अपने शालीन पदबन्ध में 'मराठा गिद्धों के समय तक' दोनों ओर से ख़तरा था—शासन में हिन्दुओं की घुसपैठ भी और शासन का विरोध भी।

मजूमदार भी वही कहते हैं—"जैसी कि कल्पना की जा सकती है—मुसलमानों के प्रति हिन्दुओं का दृष्टिकोण खीझभरी तिक्तता का था। हिन्दुओं ने भारत की

मुसलिम विजय का प्रतिरोध किया तथा हसरत के साथ उस दिन की कल्पना करने लगे जब म्लेच्छों (मुसलमानों) के उच्छेदन के बाद उसके इस देश आर्य-भूमि का नाम एक बार पुनः 'आर्यावर्त' होगा।"

इन विचारों का महत्त्व इस दृष्टि से है कि वे इतिहास-लेखन के सन्दर्भ में समकालीन परिवर्तनों के प्रभाव की ओर संकेत करते हैं। उपनिवेशकालीन आधुनिकता के प्रभाव के तहत हमारी व्यापक-निष्ठाएँ विकसित होने लगीं। भारतीय राष्ट्र की एक सशक्त चेतना बनी, किन्तु साथ ही परिष्कृत रूप से एक संगठित हिन्दू-समुदाय की अवधारणा (ब्रह्म समाज/आर्य समाज) भी विकसित हुई तथा एकताबद्ध मुसलिम समुदाय (बहावी/अखिल इसलामावाद) की धारणा भी विकसित हुई। जैसे ही ये परस्पर विरोधी अस्मिताएँ निर्मित हुईं तो मध्यकालीन अतीत को कुछ इस ढंग से पुनर्जीवित किया जाने लगा जैसे कि ये दो समुदाय दो राष्ट्र हों। इस प्रकार, एक ओर तो आर.सी. मजूमदार हिन्दू धर्म के विषय में जो मत स्थापित करते हैं वह स्पष्ट रूप से प्राक्-सुधार काल का है। ब्राह्मण और मन्दिर जिसके दो अनिवार्य तत्त्व हैं। दूसरी ओर, वे मानकर चलते हैं कि, बहरहाल, हिन्दू एक संगठित जन-समुदाय थे और उसी वैरभाव से तमाम जातिगत सीमाओं के ऊपर उठकर मुसलमानों के विषय में भी यही धारणा रखते हैं। इसी सन्दर्भ में यदि इश्तियाक़ हुसैन कुरैशी की ओर मुड़कर देखा जाये तो वे भी मुसलमानों की कल्पना दक्षिण अफ्रीका के गोरे शासन के इसलामी संस्करण के मताधिकार प्राप्त नागरिकों के रूप में करते हैं।

ब्रिटिश साम्राज्यवादी इतिहासकारों का आधुनिक साम्प्रदायिक शाखा के विकास पर जो प्रभाव पड़ा वह भी पहचानना चाहिए। सन् 1844 ई. में सर एच.एम. इलियट ने अपने इरादों को घोषित कर दिया था कि वह मध्यकालीन इतिवृत्तात्मक साहित्य के समुच्चय से वे सब सन्दर्भ संकलित करेगा जिसका सम्बन्ध बलात् धर्म परिवर्तन तथा विवाह, प्रतिबन्ध, सम्पत्ति को हड़प लेना, हत्या तथा नरसंहार आदि से है। उसने अपने निश्चित और घोषित लक्ष्य के तहत ऐसा ही किया तथा उसका उद्देश्य उन बंगाली बाबुओं को रोकना भी था जो अपनी देशभक्ति बघारते थे तथा ब्रिटिश शासन के तहत अपनी दुरव्यवस्था का रोना रोते रहते थे। परिणामस्वरूप, जब राष्ट्रीय आन्दोलन को ध्वस्त करने के लिए मुसलिम अलगाव को प्रोत्साहित करना ब्रिटिश नीति का एक निश्चित अंग बन गया तो स्थिति पूरी तरह बदल गयी। उदाहरण के लिए वी.ए. स्मिथ ने इस तथ्य की ओर संकेत किया कि, बहरहाल, यूरोपवासियों की तरह मुसलमान भी 'ठण्डी जलवायु' से आये थे।

एक विघटनवादी प्रवृत्तियों के बरख़िलाफ़ राष्ट्रीय आन्दोलन से प्रेरणा ग्रहण करने वाले इतिहासकार प्राक्-उपनिवेशीय अतीत की अपेक्षा अधिक सहानुभूतिपूर्ण तस्वीर निर्मित करने लगे। यहाँ मैं दो ग्रन्थों को उद्धृत करना चाहूँगा जो दोनों ही इस शताब्दी के दूसरे दशक (1990) के प्रारम्भ में प्रकाशित हुए। डॉ. ताराचन्द ने 'इन्फ्लुएन्स ऑन इंडियन कल्चर' (1992) में यह मत व्यक्त किया कि इसलाम ने न केवल कला तथा संस्कृति के विकास में अपनी भूमिका निभाई अपितु हिन्दू धर्म के सन्दर्भ में अत्यन्त गहरे जाकर धार्मिक विचारों को भी प्रभावित किया। इस ग्रन्थ में उपलब्ध विस्तृत ज्ञान से हमें उस युग को पुनः जीने में सहायता मिलती है, जिसमें कहा जाता है कि हिन्दू और मुसलमान दोनों ही कबीर के मृत शरीर पर अपना दावा स्थापित करने गये थे। ताराचन्द ने उस प्रवृत्ति पर बल दिया है जो 'भारतीय सभ्यता की सामाजिक प्रकृति' के रूप में सामान्य कथन बन चुका है तथा जिसके विकास में इसलाम ने प्रभावी योगदान दिया।

दूसरी पुस्तक मौ. हबीब की 'सुल्तान महमूद ऑफ़ गजनी' थी जो लेखक के अनुसार 1924 के लखनऊ के दंगों के दौरान लिखी गयी थी तथा जिसकी तुरन्त ही उर्दू प्रेस में कड़ी आलोचना की गयी थी। मौ. हबीब ने महमूद की ऐतिहासिक तस्वीर प्रस्तुत करने की कोशिश की। मुसलिम सम्प्रदायवादी महमूद के प्रति अत्यन्त उच्च कोटि का प्रशंसा भाव रखते थे। प्रो. हबीब का अपना निष्कर्ष दो टूक था—"महमूद की विजयों से हिन्दू धर्म का नैतिक आत्म विश्वास तो नहीं डिग सका, अपने धर्म को अपयश ज़रूर मिला।"

अपने समकालीनों की ओर देखते हुए उन्होंने लिखा—"परवर्ती पीढ़ियों के लिए महमूद की छवि एक धर्मोन्मादी की बन गयी, यद्यपि वह ऐसा नहीं था। अभी भी वह उसी रूप में उन मुसलमानों द्वारा पूजा जाता है जिन्होंने छोटे-छोटे देवताओं की भक्ति में भगवान कृष्ण की शिक्षाओं को त्याग दिया है।"

डॉ. ताराचन्द और प्रो. हबीब के ये अध्ययन राष्ट्रवादी इतिहास-लेखन की ओर से की गयी भव्य गोलाबारी थी किन्तु इसका यह अभिप्राय नहीं है कि उनके अध्ययनों में वस्तुगतता का अभाव है। इसकी श्रृंखला में ही अन्य अध्ययन सामने आये। इस सन्दर्भ में इलाहाबाद 'स्कूल' द्वारा किये गये कार्य विशेष रूप से उल्लेखनीय हैं। इलाहाबाद 'स्कूल' में शोध-सामग्री का विस्तृत अध्ययन करके साम्प्रदायिक 'स्कूल' की अवधारणाओं को चुनौती दी। आर.पी. त्रिपाठी की पुस्तक 'एस्पेक्ट्स ऑफ़ मुसलिम एडमिनिस्ट्रेशन' इस सन्देश का पूरी तरह निवारण करती है कि राज्य किसी विशेष समुदाय से सम्बन्धित है। दोनों ही ओर के विशाल जन-समुदाय समान रूप से निरंकुश राज्य के अधीन थे।

मोरलैण्ड के साथ हुए वाद-विवाद के दौरान आर्थिक क्षेत्रों में शोध की सम्भावनाएँ और बढ़ीं तथा ब्रजनारायण और राधा कमल मुकर्जी के मुग़ल भारत के आर्थिक इतिहास में विशेष योगदान दिया। के. एम. अशरफ़ ने पुस्तक 'लाइफ एंड कंडीशंस ऑफ़ दी पीपुल ऑफ़ हिन्दुस्तान' में दिल्ली सल्तनत की समाज व्यवस्था और अर्थव्यवस्था के विश्लेषण का प्रथम प्रयास किया। उनका यह कार्य इस दृष्टि से महत्त्वपूर्ण है कि उनकी राष्ट्रवादी भावनाएँ उनके आलोचनात्मक विवेक को धूमिल नहीं कर पातीं। इस प्रकार के कार्यों से भारत में वस्तुगत इतिहास-लेखन की नींव पड़ी।

V

राष्ट्रवादी इतिहासकारों को यह अभिवादन प्रस्तुत करने के बाद मैं उस प्रश्न की चर्चा करना चाहूँगा, जिसकी उन्होंने सिवाय के. एम. अशरफ़ के और वह भी अंशतः ही, सामान्यतः उपेक्षा की। वह प्रश्न है सामाजिक विकास का प्रश्न या दूसरे शब्दों में कहा जाये तो तेरहवीं शताब्दी के आस-पास ग़ौर-तुर्कों की विजयों के बाद स्थापित सामाजिक संरचना की विशेषताओं से जुड़ा प्रश्न।

जब मार्क्स ने भारत की प्राक्-उपनिवेशकालीन समाज व्यवस्था का विश्लेषण किया तो उन्होंने जो तस्वीर खींची, उसे एशियाई समाज के नाम से अभिहित किया। इस समाज में अतिरिक्त उत्पादन का आधार अलग-थलग पड़े ग्राम-समुदाय थे जो अनिवार्यतः जातिवाद आधार पर संगठित थे। वह अतिरिक्त उत्पादन राज्य द्वारा हड़प लिया जाता था। चूँकि राज्य कर तथा लगान समरूप ही थे। कर तथा लगान की यही एकरूपता 'पूर्वी-निरंकुशता' का आधार थी। बड़े दिलचस्प ढंग से अनुमान करते हुए मार्क्स ने यह संकेत दिया कि भूमि में व्यक्तिगत सम्पत्ति की अनुपस्थिति अर्थात 'राज्य-सम्पत्ति' की अवधारणा को मुसलमानों द्वारा लागू किया गया। उनका विचार था कि अधिकांश कर तथा लगान वस्तु के रूप में ही संगृहीत किया जाता था। किन्तु 'राज्य' बाद में उसे बेच देता था। अतः ऐसा अनुमान है कि पर्याप्त रूप से अन्तर्देशीय वाणिज्य होता था यद्यपि गाँव स्वयं ही मौद्रिक सम्बन्धों के भँवर-जाल से बाहर नहीं रहता था। नगर राज्य (अदालत तथा अभिजात वर्ग) द्वारा किये गये व्यय पर आधारित थे और यह निर्भरता नगरों को 'एक शिविरनुमा नगर' का चरित्र प्रदान करती थी। हालाँकि, मार्क्स का विश्वास था कि केवल अतिरिक्त उत्पादन को हड़पने में ही रुचि रखने के अकारण निरंकुश राज्य गाहे-बगाहे सिंचाई के साधनों की व्यवस्था कर देता था।

अतः मार्क्स उपनिवेश काल से पूर्व के समाज को सामान्यतः अपरिवर्तनशील मानते हैं। अतः सन् 1853 में उन्होंने यह भी कहा कि ब्रिटिश विजय के पहले भारत का कोई इतिहास नहीं रहा।

सम्भव है कि अपने जीवन के परवर्ती काल में मार्क्स ने 'एशियाई उत्पादन पद्धति' की अपनी अवधारणा के सन्दर्भ में आशंका व्यक्त की हो। आज हम निश्चित रूप से अनेक रूपों में इसमें संशोधन की आवश्यकता महसूस करते हैं। एक तो यह कि मार्क्स ने गाँव के अन्दर होने वाले वर्ग-भेद तथा असहायता के विकास के प्रति पर्याप्त ध्यान नहीं दिया जो बाज़ारू उत्पादन तथा किसानों पर व्यक्तिगत भू-कर के वितरण पर आधारित था। कर को लगान के साथ जोड़ते हुए ज़मींदारों (तथा खेती के अतिरिक्त उत्पादन के विभिन्न हिस्सों पर अपना अधिकार रखने वाले अन्य समकक्ष वंशानुगत दावेदारों) के हिस्से पर भी विचार करना चाहिए। इसके अतिरिक्त, यद्यपि मार्क्स ने पूर्व उपनिवेश कालीन भारत को कपास की माँ कहकर सम्बोधित किया था किन्तु शायद वे भारतीय अर्थव्यवस्था में विशाल शहरी हस्तशिल्प के संस्थान का समुचित महत्त्व नहीं आँक पाये थे। मध्यकाल में कुछ प्रौद्योगिकीय परिवर्तन भी हुए। उदाहरण के लिए 'चरखा', 'करघों के पायदान', 'क़ाग़ज का निर्माण', 'दाँतेदार पनचक्की', 'बारूद' तथा 'तोपख़ाना' आदि का आविष्कार इसी युग की देन हैं। दूसरी ओर मार्क्स के इस विश्वास की साक्ष्यों के आधार पर पुष्टि नहीं होती कि राज्य की सिंचाई के साधनों की व्यवस्था में दिलचस्पी रखता था। राज्य को खेती के सुधार के सम्बन्ध में अर्पित की गयी अपनी सेवाओं के कारण भू-राजस्व प्राप्त नहीं होता था अपितु प्रायः बल प्रयोग ही भू-राजस्व की वसूली का आधार था।

यदि हम इन सब बिन्दुओं को भी मार्क्स द्वारा प्राक्-आधुनिक भारत के प्रतिभाशाली किन्तु किंचित सरलीकृत विवेचन में सम्मिलित कर लें तो शायद हम इस सम्बन्ध में अधिक सही अवधारणा का विकास कर सकते हैं। किन्तु क्या वांछित संशोधन के उपरान्त हमें एक विशिष्ट और सुस्पष्ट उत्पादन के दर्शन होते हैं।

मार्क्स ने पद्धति (मोड़) तथा सामाजिक संरचना (सोशल फोरमेशन) पदों को ठीक-ठीक परिभाषित नहीं किया है। 'पूँजी' में जिसे वे 'लघु-उत्पादन' पद्धति कहते हैं उसी को अपनी पुस्तक 'प्रिफेस टू टि क्रिटीक ऑफ़ पोलिटिकल इकोनॉमी' में प्रस्तुत उत्पादन पद्धतियों को क्रमागत सूची में स्थान नहीं दिया है। तब हमें यह स्वीकार कर लेना चाहिए कि शास्त्रीय ग्रन्थों से हमें सुचिन्तित परिभाषा उपलब्ध नहीं होती। कोई भी उत्पादन पद्धति अथवा सामाजिक संरचना तीन बिन्दुओं

पर आधारित होती है। (अ) श्रम-प्रक्रिया का स्वरूप (जैसे—दासता, भू-दासता, उजरती श्रम)। (ब) अतिरिक्त उत्पादन का शोषण (जैसे—लगान, मुनाफ़ा) तथा (स) अतिरिक्त उत्पादन का विवरण जो प्रायः किन्तु अनिवार्य रूप से नहीं, 'ब' से मिलता-जुलता ही होता है। मध्यकालीन भारत के सन्दर्भ में श्रम-प्रक्रिया लघु-उत्पादक से सम्बन्धित थी जो नाममात्र के लिए स्वतन्त्र होता था किन्तु उसे अनेक वर्जनाओं के तहत कार्य करना पड़ता था—विशेष रूप से जाति का बन्धन (भूमिहर मज़दूर, किसान तथा कारीगर के रूप में) उसके पैसे को निर्धारित करती थी और एक सीमा तक उसका नियन्त्रण भी होता था। (यद्यपि भू-दासों वाला नियन्त्रण वह न होता था)। यह स्थिति सन् 1200 ई. के भारत से कितनी भिन्न थी, नहीं कहा जा सकता। किन्तु आर.एस. शर्मा और वी.एन.एस. यादव उस काल में किसानों पर अधिक प्रतिबन्ध देखते हैं। किन्तु परवर्ती काल में उस तरह के प्रतिबन्धों के साक्ष्य नहीं मिलते। जहाँ तक अतिरिक्त उत्पादन को हड़पने का प्रश्न है, कर तथा लगान की वास्तविक एकरूपता का अभिप्राय था—केन्द्रीभूत निरंकुश राज्य पर आधारित विशाल राजनीतिक ढाँचा जो एक विशाल किन्तु शहरी परजीवी अर्थव्यवस्था का आधार था। मैं यह समझता हूँ कि ये ही दो पहलू 'हमारी मध्यकालीन अर्थव्यवस्था' को एक स्वतन्त्र सामाजिक संरचना के रूप में वर्गीकृत किये जाने का औचित्य प्रदान करते हैं। मैं यहाँ सभी का ध्यान मार्क्स की चेतावनी की ओर आकृष्ट करना चाहूँगा और इस समाज को 'सामन्ती' कहना नहीं चाहूँगा जैसे कि हमारे सोवियत साथी कहते हैं। ऐसा करने से सामन्तवाद की अवधारणा इतनी वायवीय हो जाती है (वस्तुतः इस समझ के आधार पर वह किसी भी प्राक्-पूँजीवादी कृषि-व्यवस्था के रूप में न्यूनीकृत हो जाती है) कि इसके तहत तुलनात्मक पद्धति के माध्यम से अन्तर्दृष्टि प्राप्त करने की कोई सम्भावना नहीं रहती।

मार्क्सवादी विश्लेषण पद्धति का इस्तेमाल करते हुए यह पूछा जा सकता है कि मध्यकालीन भारतीय संरचना के प्रमुख अन्तर्विरोध क्या हैं? तथा उसकी प्रमुख प्रेरक शक्ति क्या है? अपनी पुस्तक 'ऐग्रेरियन सिस्टम ऑफ़ मुग़ल इंडिया' में मैंने यह तर्क दिया है कि प्रमुख अन्तर्विरोध केन्द्रीभूत शासक वर्ग तथा किसान वर्ग के बीच है। किन्तु राज्य और ज़मींदारों के बीच भी अन्तर्विरोध हैं जिसके कारण ज़मींदारों द्वारा किसानों को अपने सहयोगी के रूप अथवा राज्य के विरुद्ध अपने हितों के टकराव के दौरान तोप का चारा बना दिया जाता था। भृत्य सर्वहारा वर्ग तथा शेष समाज के बीच कुछ ऐसे सम्भावनापूर्ण अन्तर्विरोध भी थे (जो अभी विकसित नहीं हुए थे) तथा सीमान्त पर जनजातियों और विकसनशील जातियों

वाले कृषक समुदायों के बीच एक स्पष्ट टकराव दिखाई पड़ता था। द्वितीय कोटि के अन्तर्विरोधों में जहाँ एक ओर कारीगर वर्ग का शहरी श्रमिक वर्ग के साथ अन्तर्विरोध था तो दूसरी ओर राज्य के साथ। कर-राजस्व की प्रेरणा मुख्य प्रेरणा मानी जा सकती है। विशाल शहरी क्षेत्र भू-राजस्व पर आधारित था। किन्तु और अधिक वसूली के दबाव के कारण देश को गम्भीर क्षति पहुँची, ज़मींदार नाराज़ हुए क्योंकि इसके कारण अतिरिक्त उत्पादन में उनके हिस्से पर प्रतिकूल प्रभाव पड़ा और इसके कारण किसान-विद्रोह हुए। इन प्रवृत्तियों से इस बात का संकेत मिलता है कि समाज वर्ग संघर्षों से परिपूर्ण था। अतः यदि मार्क्सवादी शब्दावली में कहा जाये तो इसका अपना एक सम्पन्न इतिहास था यद्यपि मार्क्स ने स्वयं भारतीय समाज के इतिहास के बारे में प्रारम्भ में यह दुर्भाग्यपूर्ण निर्णय दिया था कि इसका अपना कोई इतिहास नहीं है।

VI

विल्फ्रेड सी. स्मिथ ने हमें किसान-विद्रोहों के सन्दर्भ में मुग़लकालीन साक्ष्य से परिचित कराया। मेरे अनुसन्धान का एक हिस्सा इन विद्रोहों से सम्बन्धित सामग्री का संकलन करना रहा है और मैं यहाँ पाठकों के सम्मुख उस सूचना का 'सार-संग्रह' प्रस्तुत करना चाहूँगा।

जहाँ विद्रोहों को किसान-विद्रोहों के रूप में व्याख्यायित किया जाता है, वहाँ वे सामान्यतः राजस्व के भुगतान के सन्दर्भ में राज्य को दी जानेवाली क्षेत्रीय चुनौती हैं। चूँकि मुग़ल अधिकारियों ने इस चुनौती के सन्दर्भ में किसानों के परिवारों तथा पशुओं का क़ब्ज़ा करके (जिस काल में भूमि की प्रचुरता हो, वहाँ केवल भूमि पर क़ब्ज़ा करने का कोई अर्थ नहीं होता) अपनी प्रतिक्रिया व्यक्त की फलतः उसका परिणाम सशस्त्र संघर्ष हुआ। किसान विद्रोहियों पर विभिन्न क्षेत्रों तथा मार्गों को लूटने का आरोप लगाया जाता है। 'मानव दिखने वाले इन जंगली जानवरों' (जैसा कि मुग़लकालीन एक स्रोत में अभिहित किया गया है) का दमन अत्यन्त कठिन था। दमन के दौरान बड़ी संख्या में लोगों को क़त्ल किया जाता था। और उन्हें बन्दी बना लिया जाता था।

ये शुद्ध किसान विद्रोह प्रायः, अपेक्षाकृत रूप से, अपने आकार में छोटे रहे। उनके फलक और तीव्रता से उस समय वृद्धि हुई जब वे सतनामियों और सिखों के साथ महान मध्यकालीन एकेश्वरवादी आन्दोलन की विभिन्न धाराओं से सम्बद्ध हो गये। इसकी सम्भावना इसलिए है, क्योंकि, जैसा हम सतनामियों

तथा सिखों, दोनों के विद्रोहों के सन्दर्भ में देख सकते हैं कि विद्रोहियों ने जातिगत सीमाओं का अतिक्रमण किया तथा अपनी परिधि में वे भृत्य जातियों को भी ले आये। साथ ही, धार्मिक विचारधारा ने उस वर्ग-चेतना को आच्छादित कर लिया जो अपने प्रारम्भिक रूप में इन किसानों में रही होगी।

अन्ततः किसान विद्रोहों ने अपना विशालतम फलक उस समय अर्जित किया जब मराठों तथा जातों के साथ किसानों का नेतृत्व ज़मींदारों के हाथ में चला गया तथा जो वस्तुतः शिवाजी के 'बरगीस' की भाँति उन मुखियाओं के अल्प वेतन भोगी या अवैतनिक सशस्त्र अनुयायी हो गये। अन्त में, कुछ किसानों को रियासती काश्तकारी भी मिली (जैसाकि महाराष्ट्र में किसान सिपाही मीरासरदार बन गये। इस संवृत्ति का अध्ययन फौकूजामा ने किया है)। किन्तु सामान्यतः इन विद्रोहों का परिणाम ज़मींदारों की सत्ता की वापसी के रूप में हुआ तथा कहीं-कहीं पुराने ज़मींदारों के स्थान पर नये ज़मींदार आ गये (जैसे कुछ क्षेत्रों में राजपूतों का स्थान जातों ने ले लिया)। निश्चित रूप से अठारहवीं शताब्दी के मराठा परिसंघ तथा जात राज्य किसी भी रूप में किसान राज्य नहीं कहे जा सकते।

सत्रहवीं शताब्दी के किसान-विद्रोहों की असफलता से कोई आश्चर्य नहीं होता। सारे संसार में किसान-विद्राहों की यही स्थिति रही। किन्तु, किसान विद्रोहियों के प्रारम्भिक ढंग की वर्गीय चेतना के अभाव की व्याख्या करना कठिन है। हमारे पास सामान्य रूप से किसानों के भू-राजस्व को कम करने अथवा अन्य अयोग्यताओं और बोझ को हटाने के सम्बन्ध में कोई रिकार्ड नहीं हो सकता है। आंशिक रूप से यह हमारे रिकार्ड की सीमा हो। माँगें रखी गयी हों लेकिन वे हम तक नहीं पहुँच सकी हों। किन्तु, अपने साक्ष्य की प्रकृति के सन्दर्भ में यह छूट देने के बाद भी इन विद्रोहियों की चेतना के स्तर तथा 1381 ई. के इंग्लैंड के विद्रोहियों की चेतना (जहाँ वे 'दासता' को समाप्त करने की माँग रखते हैं) या सोलहवीं शताब्दी के जर्मनी अथवा चीनी महान कृषि-विद्रोही (जहाँ किसान स्पष्ट रूप से एक वर्ग के रूप में अपने-आपको खड़ा पाते हैं) की चेतना के स्तर की भिन्नता को स्वीकार करना पड़ेगा।

किसान चेतना के इस पिछड़ेपन का निश्चित रूप से अध्ययन होना चाहिए। 1857 के विद्रोह के बारे में भी हमारी यही खोज है। 1857 के किसान-विद्रोहियों तथा अपनी समतावादी माँगों के सन्दर्भ में चीन के ताइपेन (जिसने कभी कार्ल मार्क्स का ध्यान आकृष्ट किया था) के बीच कितना स्पष्ट अन्तर है। देखने की बात यह है कि क्या जाति-व्यवस्था ने किसानों तथा खेतिहर सर्वहारा वर्गों को विभाजित कर तथा कृषक जातियों को भी एक-दूसरे से पृथक् कर किसान

चेतना के क्षितिज को अत्यन्त संकीर्ण दायरे में क़ैद करके निर्णायक भूमिका अदा नहीं की? यदि ऐसा है तो जाति-व्यवस्था के शासक वर्ग (जो सामान्यतः उसकी परिधि से बाहर रहा) की जो सेवा की है, निस्सन्देह, उसका असीमित महत्त्व है।

VII

सोवियत इतिहासकार राइजनर तथा आर.पी. दत्त ने अपनी पुस्तक 'इंडिया टुडे' में यह सुझाव दिया कि प्राक्-आधुनिक अर्थव्यवस्था में पूँजीवादी विकास की सम्भावनाएँ थीं। उन तत्त्वों ने राष्ट्रीयताओं के उद्भव में सहायता दी जो मुग़ल शासन के विघटन के सन्दर्भ में महत्त्वपूर्ण उपकरण थे। इस दोहरी प्रक्रिया को अंग्रेज़ों के आगमन से धक्का लगा। हाल ही में, इस प्राक्-पूँजीवादी विकास की सम्भावना में पुनः विश्वास व्यक्त किया गया है तथा आंशिक रूप से तपन राय चौधरी ने भी 'कैम्ब्रिज इकोनॉमिक हिस्ट्री ऑफ़ इंडिया', भाग-1 में जो लिखा है, उसमें इसी मत को समर्थन दिया गया है। तथा साथ ही इस विश्वास को पूँजीवाद के विकास के सन्दर्भ में बॉलेरेस्टाइन के यूरोप-केन्द्रित विचारों पर किये जाने वाले आक्रमणों से प्रेरणा मिली है (देखें—फ्रैंक पर्लिन)। मुग़लकालीन भारत के सन्दर्भ में 'करेन लियोनार्ड' द्वारा प्रयुक्त 'ग्रेट फर्म' के सिद्धान्त में भी यह अन्तर्निहित है।

इसमें कोई सन्देह नहीं कि वाणिज्यिक पूँजीवाद की कुछ विशेषताएँ मुग़लकालीन भारत में थीं। जमा-बैंकिंग, हुण्डियों का व्यापक इस्तेमाल (इस सीमा तक कि कुछ बड़े बाज़ारों में उन्होंने भुगतान के माध्यम के रूप में रुपये का स्थान ले लिया था)। बीमा, व्यापारी, साहूकार, एजेंटों तथा दलालों का व्यापक तन्त्र आदि तत्कालीन विशेषताएँ थीं। बड़ी संख्या में व्यक्तिगत रूप से अत्यन्त धनी व्यापारी थे, जहाज़ी बेड़ों की भी बहुत बड़ी संख्या थी। हस्त-शिल्प के क्षेत्र में, कारीगर जो सामान्यतः स्वतन्त्र उत्पादक थे, प्रायः कच्चा माल ख़रीदने के लिए व्यापारियों की पेशगी पर निर्भर करते थे।

इन सभी तथ्यों से उपभोक्ता वस्तुओं के व्यापक उत्पादन तथा लम्बी दूरी वाले व्यापार का संकेत मिलता है। किन्तु ये सब मिलकर पूँजीवाद के उद्भव के लिए आवश्यक तत्त्वों का निर्माण नहीं करते। पूँजीवाद के उद्भव के लिए आवश्यक तत्त्व हैं—कारख़ाने के अन्तर श्रम-विभाजन, प्रौद्योगिकीय परिष्कार ऐसी गति से होना कि यन्त्र या मशीनें पूँजीपति के नियन्त्रण में पहुँच जायें। मुग़लकालीन भारत में व्यापारियों के कारख़ाने होते थे किन्तु सामान्यतः केवल अत्यधिक क़ीमती सामान के लिए (जैसे गहने, सिल्क की बुनाई आदि के लिए)। दूसरी ओर तकनीकी परिष्कार अत्यन्त धीमा था तथा सत्रहवीं शताब्दी

में विकासशील यूरोपीय प्रौद्योगिकी के प्रति अत्यन्त खेदजनक उपेक्षाभाव था। (देखें, ए.जे. क़ैसर)। एक अन्य स्थल पर मैंने कहा कि शायद प्रथमतः इसका एक कारण तो भारत में उपलब्ध सस्ता श्रम रहा होगा (जिसके कारण श्रम की बचत करने वाले यन्त्रों के निर्माण का निषेध किया गया) तथा दूसरे शासक वर्ग तथा उस निर्भर बुद्धिजीवी वर्ग की, उत्पादन तकनीक के प्रति उपेक्षाभाव के रूप में, वास्तविक विचारधारात्मक असफलता। यह तर्क देना कि भारत में पूँजीवाद का विकास हो रहा था, भरपूर और जीवन्त व्यापार को पूँजीवादी उत्पादन पद्धति के साथ गड्डमड्ड कर देना है।

पश्चिमी यूरोप में राष्ट्र राज्यों तथा राष्ट्रीयताओं का उद्‌भव पूँजीवाद की वेला में हुआ था। हिन्दी की उपभाषाओं तथा दूसरी क्षेत्रीय भाषाओं में लोकप्रिय एकेश्वरवादी साहित्य की रचना को राष्ट्रीयताओं (भाषाओं के आधार पर) की उत्पत्ति के प्रारम्भिक स्वरूप के साक्ष्य के रूप में देखने का लालच स्वाभाविक रूप से अत्यन्त प्रबल है। उसी तरह रानाडे के काल से शिवाजी को महाराष्ट्र धर्म से जोड़ने तथा उन्हें राष्ट्रवादी उभार का नायक बनाने की भी प्रवृत्ति रही है। तभी से, शिवाजी पूजा को सरकारी आशीर्वाद भी प्राप्त है तथा उन्हें सैद्धान्तिक रूप से मराठा राष्ट्र के निर्माता के रूप में स्वीकार कर लिया गया है। उसी तरह पंजाब के सिख-राज्य के उद्‌भव में कुछ लोग पंजाबी राष्ट्रीयता का उषःकाल तलाशते हैं।

इन धारणाओं के सन्दर्भ में कुछ महत्त्वपूर्ण शंकाएँ भी हैं। किसी भाषा का उद्‌भव, अथवा बोलचाल की भाषा में किसी साहित्य का उद्‌भव अपने-आप में किसी राष्ट्रीयता के उद्‌भव की ओर संकेत नहीं करता। सभी साहित्यिक भाषाएँ, चाहे वे किसी विशेष काल में बोलचाल की भाषा न भी रही हों (संस्कृत तथा लैटिन आदि) मूल रूप से बोलचाल की भाषाएँ ही थीं। तब, क्या हम प्राचीन काल में राष्ट्रीयताओं की तलाश करें। क्या हम अरब राष्ट्रीयता को सातवीं शताब्दी में कुरान के साथ, उभरता हुआ देखें अथवा ईरानी राष्ट्रीयता को (ग्यारहवीं शताब्दी) शाहनामा से जोड़कर देखें। क्षेत्रीय राज्यों के बारे में उद्‌भव के आधार पर (जो हमें भारत और चीन के इतिहास में दिखाई पड़ता है) स्वतःस्फूर्त ढंग से भी राष्ट्र-राज्यों की परिकल्पना नहीं करनी चाहिए। इस सन्दर्भ में महत्त्वपूर्ण मानक यह है कि हम यह देखें कि क्या एक विशेष क्षेत्र के लोग स्पष्ट रूप से, दूसरों से भिन्न, अपनी एकता के प्रति सजग हैं? और उन्होंने अपना एक स्वतन्त्र राज्य बनाने की आकांक्षा व्यक्त की है? इस प्रकार की चेतना सत्रहवीं-अठारहवीं शताब्दी के समूचे क्षेत्रीय साहित्य में सिरे से नदारद है। स्वयं शिवाजी ने जब

राजमुकुट धारण करने की इच्छा व्यक्त की तो अपने मराठा पद (स्टेटस) को अस्वीकार कर दिया और एक ऐसी वंशावली तैयार करवाई जिसमें उन्हें मेवाड़ के शिशोदियाओं के वंशज के रूप में उच्च कालीन राजपूत का दर्जा दिया गया।

इस प्रकार पूँजीवाद और राष्ट्रीयता के उद्‌भव की घटनाएँ एक-दूसरे से अन्तःसम्बन्धित हैं, जिनका सम्बन्ध आधुनिक भारत से है, जो मार्क्स के शब्दों में पुनर्जागरण का परिणाम था और उपनिवेशी शासन का अनचाहा नतीजा था। अतीत में उसकी तलाश करना अनैतिहासिक है।

VIII

ब्रिटिश शासन के अन्तर्गत भारतीय अर्थव्यवस्था के रूपान्तरण की प्रकृति 'ब्रिटिश राज' के आलोचक तथा प्रवक्ताओं और समर्थकों के बीच लम्बे अरसे तक बहस का विषय रही है। कैम्ब्रिज इकोनॉमिक हिस्ट्री, भाग-2, के सन्दर्भ के उठे विवाद से पता चलता है कि वह बहस अभी भी जारी है। प्रमुख मुद्दे हैं—उद्योगीकरण तथा अशहरीकरण तथा लम्बे अरसे तक सतत रूप से अठारहवीं शताब्दी के उत्तरार्द्ध में और समूची उन्नीसवीं शताब्दी में धन का अपवाह (ड्रेन ऑफ़ वैल्थ) मार्क्स से लेकर आर.सी. दत्त तक ब्रिटिश शासन के आलोचकों ने भारतीय हस्तशिल्प के विनाश, विशेष रूप से कताई-बुनाई और विशाल भारतीय नगरों की जनसंख्या में आयी गिरावट के सन्दर्भ में सभूत रूप से साक्ष्य इकट्ठे किये थे। 'ब्रिटिश राज' के समर्थकों ने इसका उत्तर उक्त घटनाओं (उद्योगीकरण आदि) का खण्डन करके नहीं दिया अपितु उनकी आवश्यकता को बलपूर्वक रेखांकित किया। यदि भारतीयों को सस्ता अंग्रेज़ी कपड़ा उपलब्ध होता तभी वे अधिक कपड़ा पहन सकते थे। यदि उन्हें नगरों में रोज़गार नहीं मिला तो वे खेती की ओर मुड़ सकते थे। और विदेशी व्यापार के लिए अधिक अफ़ीम, कपास, तिलहन और जूट उगा सकते थे। हरेक के लिए, भारतीयों सहित 'मुक्त व्यापार' ही सर्वोत्तम था। यह तो केवल अब जबकि 'विकास के अर्थशास्त्र' ने 'नितान्त मुक्त व्यापार' में हमारे विश्वास को हिला दिया है, अब तक के स्वीकृत तथ्य अस्वीकार किये जा रहे हैं। मॉरिस जे मॉरिस ने तो यह भी नहीं माना कि हस्तशिल्प के उत्पादन में कोई गिरावट आयी थी तथा कैसिन्जर और एल. तथा पी. विसारिया तो इसके प्रति भी शंका व्यक्त करते हैं कि अनगरीकरण जैसी कोई प्रक्रिया घटित हुई थी।

इन परिस्थितियों में यह आवश्यक है कि एक बार पुनः इन घटनाओं के सन्दर्भ में उपलब्ध विशाल तथ्यात्मक और परिमाणात्मक साक्ष्यों का अवलोकन करना चाहिए। हाल ही में एक आलेख में [साउथ एशिया स्टडीज़, 19(2)]

मैंने इस प्रकार के प्रकाशित साक्ष्य का, जितना मुझसे बन पड़ा है, सार प्रस्तुत किया है। मैं उसे यहाँ दोहराना नहीं चाहूँगा किन्तु संक्षिप्त-सी चर्चा उस साक्ष्य के विषय में अवश्य करूँगा। अमलेन्दु गुहा का एक महत्त्वपूर्ण कार्य है, जिसमें उन्होंने यह दिखाया है कि हथकरघा उद्योग के लिए सूत की कुछ उपलब्धता (आयातित सूत सहित) 1850 में 419 मिलियन पौण्ड से घटकर 1870 में 240 मिलियन रह गयी तथा सन् 1900 में 184 अथवा 221 मिलियन रह गयी। यह गणना उत्पादन के अनुमान पर आधारित है। जब मैं इन व्याख्यानों को तैयार कर रहा था तो मुझे माइकेल जे. ताउनी का एक लेख देखने को मिला (एक्सप्लोरेशन इन इकोनॉमिक हिस्ट्री, नं. 20, 1983) जिन्होंने अपनी गणना उपभोग तथा अन्य आँकड़ों के आधार पर की है। उनका निष्कर्ष यह है कि कुल टैक्सटाइल हस्तशिल्पी रोज़गार 1850 में छह मिलियन से घटकर 1880 में 2.5 मिलियन रह गया। केवल बुनकरों का 1.8 से घटकर 1.0 मिलियन रह गया। इन आँकड़ों से मॉरिस के वे अनुमान समाप्त हो जाते हैं कि भारतीय बुनाई उद्योग आयातित सूत पर आधारित था तथा उनकी यह सुप्रसिद्ध मान्यता भी निरस्त हो जाती है कि भारत में कपड़े की माँग की 'वक्रता' दाहिनी ओर मुड़ गयी थी।

जहाँ तक शहरी जनसंख्या का प्रश्न है—हमेशा ही जनगणना से पूर्व के अनुमानों की 1872 की 'वास्तविक गणना' तथा परवर्ती जनगणनाओं से तुलना करने पर सन्देह की स्थिति बनी रहती है। एस. भट्टाचार्य का इस पर बल देना तो सही है किन्तु सभी अनुमान बढ़ा-चढ़ाकर प्रस्तुत किये गये होंगे, उनका ऐसा मानना आश्वस्तिपरक नहीं लगता। वस्तुतः जनसंख्या के सामान्य सन्दर्भ में इस प्रकार के अनुमान 1872 की गणना के समय एक सामान्य नियम के रूप में काफ़ी कम थे। दुर्गाप्रसाद भट्टाचार्य के प्रति उनके पूर्व-जनगणना-अनुमानों के संग्रह के लिए हम सब ऋणी हैं। उन्होंने पूर्वी भारत के सन्दर्भ में जो सूचना संकलित की है उससे 1800 तथा 1872 के बीच शहरी जनसंख्या में आयी एक निरपेक्ष गिरावट का पता चलता है। सन् 1838 में बटर ने दक्षिणी अवध में 5000 तथा उससे ऊपर की जनसंख्या वाले नगरों की जनसंख्या के 'अनुमान' प्रस्तुत किये थे। इनकी जनसंख्या 3,74,000 से 3,85,000 के बीच थी। 1911 में उन्हीं की 4500 तथा ऊपर वाले नगरों की जनसंख्या केवल 1,86,483 थी। लखनऊ की जनसंख्या 1857 तक 10,00,000 थी जो 1869 में 2,84,779 तथा 1911 में 2,59,798 हो गयी। आगे की जनगणनाओं में यह गिरावट बदस्तूर जारी रही। ये केवल नमूने हैं।

मुझे ऐसा लगता है कि उद्योगीकरण तथा अशहरीकरण की प्रक्रिया की वास्तविकता का विरोध करते हुए एक विशेष बिन्दु दृष्टि से ओझल हो जाता है। सन् 1800 में प्रति व्यक्ति कृषि उत्पादन सम्भवतः वही था जो 1900 में था। किन्तु ग़ैर-कृषि क्षेत्र में स्थिति एकदम भिन्न थी। सन् 1800 में ग़ैर-कृषि क्षेत्र का उत्पादन काफ़ी कम था। भाँति-भाँति के व्यवसासों का बाहुल्य था। लगभग प्रत्येक उपभोक्ता वस्तु का भरपूर उपयोग होता था और छोटी-से-छोटी प्रक्रिया पर अत्यधिक समय व्यय किया जाता था। अतः जीवन निर्वाह की बुनियादी आवश्यकता के लिए भी अपेक्षाकृत भारी रोज़गार की आवश्यकता होती थी। दूसरे शब्दों में, यह विश्वास कि प्राक्-उपनिवेशी अर्थव्यवस्था खेतिहर रही होगी तथा ग़ैर-कृषि क्षेत्र अनिवार्य रूप से छोटा रहा होगा, सैद्धान्तिक रूप से असम्भव जान पड़ता है। यह और भी असम्भव जान पड़ता है कि जब हम यह याद करते हैं कि भूमि-कर के रूप में कृषि क्षेत्र की बचत का बड़ा हिस्सा क़स्बों की ओर जाता था (भोजन के रूप में और कच्चे माल के रूप में) तथा उससे विशाल शहरी जनसंख्या का भरण-पोषण होता था।

अंग्रेज़ों की विजय के साथ जब भू-राजस्व का एक बड़ा हिस्सा धन के अपवाह का हिस्सा बन गया तो संसाधनों की दिशा मौजूदा शहरों की ओर न होकर भिन्न हो गयी। हस्तशिल्प के क्षेत्र से सम्बन्धित रोज़गार में गिरावट आयी। सन् 1800 तक धन के अपवाह की प्रक्रिया ने बंगाल से सिल्क का सूती वस्तुओं का विशाल मात्रा में निर्यात का रूप लिया किन्तु हस्तशिल्प के क्षेत्र में आयी गिरावट की आंशिक रूप से क्षति पूर्ति भी होती रही। किन्तु जो रोज़गार उपलब्ध हो रहा था उससे पर्याप्त रूप से क्षतिपूर्ति नहीं हो रही थी चूँकि ये निर्यात अन्तर्देशीय वाणिज्य का समुद्रपारीय वाणिज्य की दिशा में परिवर्तन का प्रतिनिधित्व करते थे। और इस प्रकार भी इन्होंने हस्तशिल्पों का गला दबा दिया। उदाहरण के लिए गुजरात में, जहाँ के बुनकर औरंगरेज बंगाल की सिल्क पर निर्भर करते थे। सन् 1800 के बाद सूती वस्तुओं के निर्यात की वास्तविक समाप्ति के साथ सीमित स्तर पर उपलब्ध होने वाला क्षतिपूर्तिपरक रोज़गार भी हाथ से जाता रहा।

ब्रिटिश वस्तुओं के आयात, विशेष रूप से सूती वस्त्रों के आयात, जो 1813 के चार्टर एक्ट के बाद शुरू हुआ तथा जो उन्नीसवीं शताब्दी के उत्तरार्द्ध में रेल-निर्माण के साथ तथा अपनी चरम सीमा पर पहुँचा, के द्वारा न केवल उन कारीगरों, कातने वालों, बुनने वालों, लुहारों, लोहे के खनिज मज़दूरों आदि के रोज़गार को नष्ट किया—जिनकी उत्पादित वस्तुओं के साथ ब्रिटिश वस्तुओं की सीधी प्रतियोगिता थी, अपितु उससे श्रम प्रधान घरेलू हस्तशिल्प तथा उत्पादित

वस्तुओं की माँग में भी गिरावट आयी चूँकि अब वह माँग अनेक प्रकार की अन्य आयातित वस्तुओं की ओर मुड़ गयी। ब्रिदनियों द्वारा थोपे गये मुक्त बाज़ार का यह एक अन्य पक्ष है जो प्रायः ज़िलों में रहता। अमिय बागची ने बुकानन द्वारा, उन्नीसवीं शताब्दी के प्रारम्भ के पूर्वी भारतीय ज़िलों के सन्दर्भ में किये गये सर्वेक्षणों में उद्घाटित हस्तशिल्प के क्षेत्र में पाये जाने वाले व्यापक रोज़गार पर प्रकाश डाला है। एक शताब्दी के बाद उसमें जो संकुचन हुआ, जिसे वे जनगणनाओं की तुलना द्वारा प्रकट करते हैं, उससे लघु उत्पादकता वाले हस्तशिल्प के विशाल क्षेत्र के सामान्य विनाश का पता चलता है। हम केवल यह अनुमान लगा सकते हैं कि जो लोग अपने छोटे-छोटे धन्धों से उखड़ गये, वे भूमिहीन मज़दूरों की क़तार में खड़े हो गये और इनमें से असंख्य लोग इस शताब्दी के अन्त में पड़ने वाले अकालों में मर-खप गये।

इंग्लैंड की ओर होने वाला धन-अपवाह जो 1757 में प्लासी के युद्ध के साथ शुरू हुआ भारतीय आर्थिक इतिहास का एक अनवरत अंग बन गया। उस धन अपवाह के आकार को नापने के लिए बहुत-सा कार्य हुआ है। 'फर्बर' ने 1780 के सन्दर्भ में अथक परिश्रम किया है तथा दादाभाई नौराजी, एस.वाई. पंडित, एस.बी. सॉल तथा ए.के. बनर्जी ने 19वीं शताब्दी में ब्रिटेन को किये वार्षिक नक़द भुगतान का अनुमान लगाया है। ये सभी अध्ययन एलन हेस्टन के अधोमुखी आँकड़ों—जो हवाई और अविश्वसनीय हैं—की तुलना में कहीं अधिक परिष्कृत हैं। उनके ये आँकड़े कैम्ब्रिज इकोनॉमिक हिस्ट्री ऑफ़ इंडिया, भाग-2 में दिये गये हैं तथा केवल अनुमान पर आधारित हैं। किन्तु यदि हम 1880 के सन्दर्भ में 'सॉल' के अनुमान को सही मानें तो उस समय जैसे कि हेस्टन का अनुमान है यह अपवाह राष्ट्रीय आय का 4.14 प्रतिशत है।

विस्तार पाती हुई, आधुनिक अर्थव्यवस्था में जिस पैमाने पर बचत (सेंविंग) होती है, यह प्रतिशत उसका प्रतिनिधित्व करता है। किन्तु भारत के सन्दर्भ में यह बार-बार होने वाली हानि का प्रतिनिधित्व करता था—यह हानि किसी एक वर्ष या कुछ वर्षों ही नहीं रही अपितु डेढ़ शताब्दी तक यह सिलसिला जारी रहा। 'आर्थिक सिद्धान्त' अभी तक केवल क्षणिक क्षतियों से ही जूझ रहा है। उदाहरण के लिए, यूरोप में उन क्षतिपूर्तियों के सम्बन्ध में जो विजेता राष्ट्रों द्वारा विजित राष्ट्रों पर थोपी जाती रही। उसने कभी भारत द्वारा अठारहवीं-उन्नीसवीं शताब्दियों के लम्बे अरसे तक उठाई गयी हानि के दुष्परिणामों पर विचार नहीं किया। राष्ट्रवादियों (दादाभाई नौराजी तथा अन्य) के इस निष्कर्ष में छिद्र ढूँढ़ना तो आसान है कि धन के अपवाह ने भारत को निरन्तर और संचई रूप में

ग़रीब बनाया; किन्तु जब तक आर्थिक सिद्धान्त इस तथ्य की व्याख्या में सफल नहीं होता कि किस प्रकार धन का हस्तान्तरण प्राप्तकर्ता को लाभ पहुँचाता है। किन्तु खोने वाले को हानि नहीं पहुँचाता तब तक राष्ट्रवादियों की आलोचना की प्रासंगिकता बनी रहेगी।

ब्रिटिश शासन के दौरान उभरने वाली भारत की तस्वीर—अच्छी सरकार के अधीन जिसका ब्रिटेन ने भारत को निर्यात किया था—बढ़ती हुई बेरोज़गारी, शहरी जनसंख्या का ह्रास तथा व्यापक ग़रीबी से सम्बन्ध रखती है।

हेस्टन आदि ने जो सांख्यिकीय परिश्रम किया है कि '1860 से 1920' के बीच प्रति व्यक्ति आय में धीमी किन्तु निरन्तर वृद्धि हुई है, सन्देहास्पद है। जैसा कि मैंने 'मॉडर्न एशियन स्टडीज़', 19 (2) में विस्तार से दिखाने की चेष्टा की है। सच्ची कहानी का पता पुरुषों की औसत आयु में होने वाले निरन्तर ह्रास में चलता है। '1872-81' में दुखद रूप से 23.67 वर्ष थी तथा जो '1911-21' में घटकर अविश्वसनीय ढंग से 19.40 वर्ष रह गयी। उपनिवेशवाद ने भारतीय जनता को इस प्रकार के फल प्रदान किये।

IX

मैं चाहूँगा कि इन व्याख्यानों को राष्ट्रीय आन्दोलन के सन्दर्भ में प्रस्तुत अपेक्षाकृत दो नये प्रयासों पर अपनी टिप्पणी देते हुए समाप्त करूँ।

सर लुइस नेमियर ने एक ऐसे इतिहास-विज्ञान की शुरुआत की जो अठारहवीं शताब्दी की इंग्लैंड की संसदीय राजनीति के लिए अत्यन्त उपयुक्त प्रतीत होती थी। उन्होंने सार्वजनिक जीवन में लोकप्रिय छवि रखने वाले व्यक्तियों की उद्घोषणाओं को उनके व्यक्तिगत प्रपत्रों में व्यक्त उनके आन्तरिक विचारों तथा उनके व्यक्तिगत हितों के साथ मिलाकर देखा। इसमें अपने-आप में कुछ भी आपत्तिजनक नहीं है। इसके विपरीत, इस प्रकार की पद्धति का उपयोग करके न केवल मन्तव्यों को उद्घाटित किया जा सकता है बल्कि कार्य-कारण-सम्बन्धों पर भी प्रकाश पड़ता है। किन्तु उनमें केवल एक ही कठिनाई है कि पेड़ों को इतने सूक्ष्म ढंग से देखने पर जंगल की ग़लत तस्वीर बनने का ख़तरा रहता है। जब नेमियरवादी पद्धति को राष्ट्रीय आन्दोलन के सन्दर्भ में उन प्रयोगकर्ताओं द्वारा लागू किया जाता है जो अपने-आपको 'संशोधनवादी' अथवा 'मूर्तिभंजन' के रूप में प्रस्तुत करने की आकांक्षा रखते तो उस समय इस प्रकार के ख़तरों का बाहुल्य दिखाई पड़ता है। इस स्कूल (नेमियरवादी) के प्रमुख व्याख्याकार स्वर्गीय 'जैक गैलॅगर' के नेतृत्व में अपना विशेष स्थान प्राप्त कर लिया है।

अनिल सील की पुस्तक 'इमरजेन्स ऑफ़ इंडियन नेशनलिज़्म' कदाचित् इस धारा की आज की तिथि तक सर्वोत्तम तथा सर्वाधिक प्रातिनिधिक देन है।

सील कहते हैं कि 'भारतीय राष्ट्रवाद के प्रादुर्भाव की व्याख्या के सन्दर्भ में मैं 'वर्ग' के स्थान पर अभिजात-वर्ग की अवधारणा का सहारा लेना चाहूँगा।' जहाँ तक इसका केवल यह अर्थ है कि कांग्रेस के प्रारम्भिक नेता एक छोटे-से शिक्षित समूह के सदस्य थे तो उनकी यह सूचना हमारे लिए कोई नयी सूचना नहीं है। उन नेताओं ने स्वयं अपने अभिजात होने की घोषणा की थी किन्तु 'सील' उनके व्यक्तिगत सम्बन्धों पर दृष्टिपात करते हुए उनमें कुछ और अधिक देखते हैं। यद्यपि उनका 'पाश्चात्यीकरण' हो चुका था तथापि उनकी निष्ठाएँ अपनी जाति और समुदाय के साथ थीं तथा उनकी राजनीति उनके अपने चिरकालिक समूह की स्थिति को सुधारने तथा उसे सुरक्षा प्रदान करने की दृष्टि से महज़ एक लबादा थी। कांग्रेस की प्रेरक शक्ति विदेशी सत्ता की विरोधी नहीं थी अपितु अंग्रेज़ों से अपने लिए और अधिक सुविधाएँ बटोरने की आन्तरिक प्रतियोगिता थी। एक समूह अपने लिए कुछ रियायतें बटोर लेता था तो दूसरा उसका विरोध करता था। अतः ब्रिटिशराज और कांग्रेस के बीज़ जो बहुत-से संघर्ष हुए वे महज़ दाँवपेंच ही थे—दो बेजान मूर्तियों के बीच दशहरे का-सा द्वन्द्वयुद्ध था जो वस्तुतः गतिहीन और छद्‌म था।

इस निष्कर्ष तक पहुँचने के लिए 'भारतीय राष्ट्रीय आन्दोलन' (उद्धरण चिह्नों के साथ इसी रूप में प्रस्तुत) के सन्दर्भ में, जो हमें साइमन कमीशन की घोषणा की याद दिलाता है, सील अनेक मान्यताएँ बनाते हैं जिन्हें वे अपुष्ट छोड़ देते हैं।

पहली मान्यता तो यह कि ब्रिटेन द्वारा भारत का कोई शोषण नहीं हुआ। वे यह वक़्तव्य भी देते हैं कि 'भारत के ब्रिटेन की प्रतिबद्धता बहुत भारी थी तथा अलाभदायक थी।' कदाचित् भारत ही ब्रिटेन का शोषण करता हो। अतः ब्रिटिश शासन में आर्थिक प्रभावों की समूची राष्ट्रवादी समीक्षा उस दम्भी अभिजात-वर्ग द्वारा निरर्थक कार्यवाही मानी जानी चाहिए जो समूची जाति की आवाज़ बनने का दम्भ पाले हुए था। अतः यह केवल संयोग नहीं है कि सील बिपिन चन्द्र द्वारा अपनी पुस्तक 'राइज़ एंड ग्रोथ ऑफ़ इकोनॉमिक नेशनलिज़्म इंडिया' में प्रस्तुत राष्ट्रवादी समीक्षाओं के विस्तृत विश्लेषण की पूर्णतः उपेक्षा करते हैं। वे उस पुस्तक को अपनी पुस्तक सूची में अंकित भर करते हैं। इस सन्दर्भ में वे केवल इतना कहना पर्याप्त समझते हैं कि इन राष्ट्रवादी समीक्षाओं का कांग्रेस के प्रस्तावों में कोई ज़िक्र नहीं मिलता। इसी के साथ ही सील की दूसरी मान्यता का सन्दर्भ भी समझ में आ जाता है। वे भारतीय राष्ट्रीय आन्दोलन को केवल

कांग्रेस तक सीमित कर देते हैं—अत्यन्त सरलीकृत ढंग से तथा औपचारिक रूप से कांग्रेस का अध्ययन उन्होंने महज़ एक संगठन के रूप में किया है। जहाँ एक ओर व्यक्तिगत रूप में राष्ट्रवादी नेताओं की जाति के समुदायगत सूत्रों की तलाश की गयी है, वहीं अंग्रेज़ों की आर्थिक नीतियों के विरुद्ध दिये उनके तर्कों तथा लेखों पर विचार नहीं किया गया है चूँकि वे कांग्रेस की औपचारिक कार्यवाहियों का हिस्सा नहीं थे। यहाँ तक कि अंग्रेज़ों द्वारा थोपे गये 'मुक्त व्यापार' (फ्री ट्रेड) के विरुद्ध सन् 1878 के किये जाने वाले उस संघर्ष के प्रति भी चुप्पी साध ली गयी है जिसकी प्रेरणा शुद्ध रूप से पूँजीवादी थी।

सील द्वारा व्यक्तियों के विषय में उपलब्ध तथ्यों के प्रस्तुतीकरण को लेकर हमारा उनसे कोई विवाद नहीं है। उन सन्दर्भित व्यक्तियों के व्यक्तिगत इतिहास से मैं भलीभाँति परिचित भी नहीं हूँ। सील तथा कैम्ब्रिज स्कूल के उसके सहयोगियों की मुख्य असफलता सामान्य रूप से यह है कि उन्होंने तथ्यों को नहीं बल्कि उनके क्रम-विन्यास को ग़लत ढंग से प्रस्तुत किया है। भारतीय जनता के कष्ट तथा क़रीबी और उपनिवेशवाद की भूमिका जो इस सन्दर्भ में रही, उसके विषय में प्रारम्भिक राष्ट्रवादियों को कोई भ्रम नहीं था। उस सीमा तक उनका जो भी व्यावहारिक आचरण रहा हो—किन्तु यह निर्विवाद है कि उन्होंने इस देश के लाखों लोगों के असन्तोष को वाणी दी। उन्हें 'बुर्जुआ' कहकर पुकारा जा सकता है लेकिन इसलिए नहीं कि वे अपने-आपको एक कारख़ानेदार के रूप में स्थापित करना चाहते थे बल्कि, अनिवार्यतः इस आधार पर कि वे इंग्लैंड की दिशा में अथवा कालान्तर में जो स्थिति जापान की बनी, भारत का विकास देखना चाहते थे। जहाँ तक ब्रिटिश साम्राज्य की उन माँगों से नरमी का प्रश्न है, इसमें सन्देह नहीं कि वे एक छोटे-से शिक्षित समुदाय के सदस्य थे जिनकी जनसाधारण को उन प्रारम्भिक दिनों में संगठित करने की क्षमता अत्यन्त सीमित थी। उल्लेखनीय यह नहीं है जिस पर सील ने बल दिया है—अर्थात इन व्यक्तियों की जाति और समुदायगत निष्ठाओं की निरन्तरता, बल्कि उल्लेखनीय है अपने संकीर्ण हितों का उनका अतिक्रमण चाहे वह आंशिक ही था। यदि यह अतिक्रमण न होता तो राष्ट्रीय आन्दोलन भी न होता अर्थात राष्ट्रीय आन्दोलन को कोई बुर्जुआ नेतृत्व भी न मिला होता।

सील की नेमियरवादी दृष्टि की विशेषता यह है कि जन-साधारण को संगठित करने की जो क्षमता कांग्रेस के बाद में विकसित की, उसे भी 'अभिजनों' की पारम्परिक प्रतियोगिता के रूप में व्याख्यायित किया गया है। कांग्रेस के अन्दर जो साधनहीन लोग 'पद' के लिए संघर्ष कर रहे थे, वे बाद में उग्र विचारों के

समर्थक हो गये। 'उग्रवाद' (एक्स्ट्रमिज़्म) कोई विचारधारा नहीं अपितु असहमति की एक तकनीक थी। यह पुनः परवर्ती काल में कांग्रेस को जो व्यापक जन समर्थक प्राप्त हुआ, उसका श्रेय सर्वाधिक विकृत काल-क्रम के आधार पर 1935 के अधिनियम को दिया गया है, जिसके आधार पर तीन करोड़ लोगों को मताधिकार प्रदान किया गया तथा भारतीय राजनीतिज्ञों को उनकी लड़ाई का पारितोषिक प्रदान किया गया। भारतीय जन-साधारण पर गाँधीजी का पूर्ववर्ती प्रभाव, वामपन्थी शक्तियों का उदय, मज़दूर-संगठनों तथा किसान-सभा आदि को 1935 में ब्रिटेन द्वारा प्रदत्त प्रान्तीय स्वायत्तता के (प्रत्यक्ष रूप से) परिस्थितिगत संयोग की तुलना में निरर्थक सिद्ध कर दिया गया है। सरलीकृत और सामान्यीकृत प्रासंगिक अभिमतों से भरा इस प्रकार का इतिहास मनोरंजक और विचारोत्तेजक तो हो सकता है किन्तु उससे अधिक कुछ नहीं।

राष्ट्रीय आन्दोलन के इतिहास की एक अन्य दृष्टि प्रोफ़ेसर रणजीत गुहा तथा उनके समानधर्मा उन नवयुवक इतिहासकारों से जुड़ी है, जिन्होंने रणजीत गुहा द्वारा सम्पादित ग्रन्थ 'सबॉल्टर्न स्टडीज़' में अपना योगदान दिया है। ये इतिहासकार इस बात पर बल देते हैं कि किसान-मज़दूरों 'उपाश्रित-वर्गों' (सबॉल्टर्न क्लासिज) के पास प्रतिरोध की स्वतःस्फूर्त, स्वतन्त्र रूप से विकसित हुई। राष्ट्रवादी नेतृत्व ने उन्हें दबाये रखने का प्रयास किया अथवा नेतृत्व के उपयोग के लिए उनकी दिशा परिवर्तन करने का प्रयास किया। सील द्वारा व्यक्तियों के विषय में प्रस्तुत तथ्यों की ही भाँति 'उपाश्रित' (सबॉल्टर्न) स्कूल के अनुयायी इतिहासकारों द्वारा किसान-संघर्षों के प्रस्तुत तथ्यों के सन्दर्भ में बहुत कुछ से सहमत हुआ जा सकता है। जैसा कि माजिद सिद्दीक़ी ने संकेत किया है और आर.पी. दत्त ने अपने दो बुनियादी वक्तव्यों में इनकी पूर्व कल्पना की है—अर्थात अनेक किसान संघर्षों की स्वतःस्फूर्तता (या जिसे आप निकटस्थ स्वायत्तता कहना चाहें) तथा राष्ट्रवादी नेतृत्व की किसानों को संघर्ष में खींचकर लाने के प्रति घोर उदासीनता। यदि ऐसा है तो जो कुछ कहा जा रहा है, उसमें नया क्या है? दावा यह है कि इतिहास-विज्ञान की एक नयी पद्धति विकसित की जा रही है।

रणजीत गुहा ने अपनी पुस्तक 'सबॉल्टर्न स्टडीज़' के प्रथम भाग के प्रारम्भ में अनेक अभिधारणाओं (थीसिस) के रूप में यह दावा प्रस्तुत किया है। गुहा ने अपने नये इतिहास-विज्ञान को राष्ट्रीय आन्दोलन के सन्दर्भ में मौजूद व्याख्याओं के प्रतिपक्ष में प्रस्तुत किया है—जिन्हें वे 'उपनिवेशवादी आभिजात्यवाद' (कॉलोनियल इलीटिज़्म) अर्थात साम्राज्यवादी तथा 'बुर्जुआ' 'राष्ट्रवादी आभिजात्यवाद' (राष्ट्रवादी) के रूप में वर्गीकृत करते हैं। गुहा यह तथ्य स्वीकार करते हैं कि

राष्ट्रवादी इतिहास-विज्ञान के एक से अधिक रूप हैं। वे इस प्रकार के दो रूपों का ज़िक्र करते हैं जिन्हें हम किंचित मोटे रूप में 'संविधानवादी' तथा आदर्शवादी रूप कहते हैं। लेकिन पता नहीं क्यों वे मार्क्सवादी इतिहास-लेखन की पूर्णतः उपेक्षा करते हैं और कुछ इस तरह बात करते हैं मानो राष्ट्रवादी खेमे में मार्क्सवादी स्कूल का कोई अस्तित्त्व ही न हो। हम पहले ही यह बता चुके हैं कि 'आर.पी. दत्त' ने इन बिन्दुओं की ओर संकेत किया था जिसकी इतनी ज़्यादा गुहा और उसके सहयोगी उपेक्षा करते हैं। जो एकमात्र फ़र्क़ दिखाई पड़ता है वह यह है कि गुहा से भिन्न दत्त ने 'अभिजात' (इलीट) शब्द का प्रयोग अपने व्यापक अर्थ में उन व्यक्तियों के लिए नहीं किया जो मध्यमवर्ग तथा ज़मींदारों के उच्च अथवा अधिक उच्च वर्गों के सदस्य होने के नाते स्वयं किसान अथवा मज़दूर नहीं थे। किन्तु, तब 'क्रान्तिकारी आतंकवादियों' को क्या कहेंगे? उसमें तथा कांग्रेस के नेताओं में वर्गीय भेद बहुत कम है। क्या उन्हें 'अभिजात' माना जायेगा या उपाश्रित (सबॉल्टनी)। ये वे 'अभिजात' थे (जैसा कि वे थे—यदि गुहा की परिभाषा को आधार माना जाये।) तब यह कैसे कहा जा सकता है कि अभिजात-वर्ग के लोगों का संघटनीकरण (मोबिलाइजेशन) अपेक्षाकृत रूप से वैधानिक था तथा उपाश्रित वर्गों का अपेक्षाकृत रूप से अधिक हिंसक।

उसी प्रकार, गुहा के विश्लेषण में साम्यवादी दल, समाजवादियों तथा अन्यों का कोई स्थान नहीं है जिन्होंने निश्चित रूप से अपने उच्चवर्गीय स्थानों से नीचे उतरकर मज़दूरों और किसानों को संगठित किया। मज़दूर-संगठनों तथा किसान-सभा के आन्दोलनों में जो व्यापक उभार आया, उसका श्रेय अधिकांश रूप से इन्हीं को जाता है तथापि, गुहा कहते हैं कि अभिजातवर्गीय राजनीति के क्षेत्र में जो संघटनीकरण (मोबिलाइजेशन) हुआ—वह ऊर्ध्वरूप में था जबकि उपाश्रित वर्गों (सबॉल्टर्न क्लासिज) की राजनीति में क्षैतिज ढंग का।

मुझे ऐसा लगता है कि जहाँ 'उपाश्रित (सबॉल्टर्न) स्कूल' के अनुयायियों की यह चिन्ता, कि मज़दूरों, किसानों तथा जनजातीय लोगों के संघर्ष को प्रकाश में लाया जाये, स्वागत योग्य है, वहीं यह भी स्पष्ट है कि उनके संकुचित ऐतिहासिक परिप्रेक्ष्य को स्वीकार नहीं किया जा सकता। यह एक तथ्य है कि 'उपाश्रित (सबॉल्टर्न) वर्गों' पर समाज में सामान्य रूप से प्रचलित विचारों का प्रभाव अथवा अभिजात वर्ग के विचारों का भी प्रभाव कम नहीं होता जैसा कि गुहा समझते हैं, अपितु उसकी केन्द्रीय भूमिका होती है। वस्तुतः ग्राम्शी ने, जिसकी पाण्डुलिपि के रूप में उपलब्ध रचनाओं से यह शब्द लिया गया है, इस बात से इनकार किया था कि किसान-वर्ग अपनी किसी विचारधारा को जन्म दे सकता है अथवा उसका

अपना कोई बुद्धिजीवी वर्ग हो सकता है। जैसे ही राष्ट्रीय आन्दोलन क्षितिज पर आया, जनान्दोलनों की प्रकृति में गुणात्मक और परिमाणात्मक परिवर्तन हुआ। 1857 के उद्देश्यहीन कृषक-विद्रोह (जैकरीज) ('जैकरीज' शब्द वस्तुतः फ्रांस के सामन्तों के विरुद्ध कृषक-विद्रोहों के लिए प्रयुक्त होता है।) गुहा के वर्णनानुसार 1920 तथा 1930 के किसान आन्दोलनों से नितान्त भिन्न थे। समाज सुधारकों द्वारा 'जाति' की आलोचना कर देने के बाद ही, व्यापक स्तर पर जनता को संगठित करने के सन्दर्भ में जातिगत बन्धनों को तोड़ने की बात सोची जा सकती थी। तर्क दिया जा सकता है कि राष्ट्रीय आन्दोलन के ठीक उसी तरह किसानों में वर्गीय बोध को उत्पन्न किया अथवा बोधगम्य रूप से सघन बनाया जैसे कि किसान असन्तोष ने राष्ट्रीय आन्दोलन के सन्दर्भ में एक महत्त्वपूर्ण उत्प्रेरक उपकरण की भूमिका निभाई।

इसका अभिप्राय यह नहीं है कि 'सबॉल्टर्न (उपाश्रित) स्कूल' का यह कहना सही नहीं है कि जनान्दोलनों तथा आन्दोलन के विभिन्न हिस्सों के रणनीतिक तथा कार्यनीतिक उद्देश्य के बीच हितों का वैषम्य था। किन्तु यह मेरी समझ में नहीं आता कि 'अभिजात-नेतृत्व' की सामान्य ढंग से भर्त्सना करना मार्क्सवाद के उस बोध से किस रूप में अधिक उपयोगी तथा परिष्कृत है जो उस नेतृत्व के विभिन्न हिस्सों को वर्गीय समीकरणों के आधार पर विश्लेषित करता है। संचरण (ट्रांसमिशन) तथा अन्तर्लन (अब्जॉर्प्शन) की प्रक्रिया के तहत उन विचारों द्वारा किसान चेतना में हुए परिवर्तनों की उपेक्षा करना भी उचित प्रतीत नहीं होता जिनकी उत्पत्ति किसान परम्परा के अन्तर्गत नहीं हुई। अतः विच्छिन्न रूप में तथा तात्कालिक अर्थ में यदि विचार किया जाये तो वह संघर्ष स्वायत्त प्रतीत होगा; जो परिवर्तन चेतनागत स्तर पर हुए तथा जो उस संघर्ष की प्रेरक शक्ति थे उनका अध्ययन राष्ट्रीय आन्दोलन द्वारा उत्पन्न विचारों के प्रचार-प्रसार से अलग करके नहीं किया जा सकता।

अध्याय दो

विवेकशीलता और इतिहास

मुझे ऐसा लगता है कि आज आधुनिक इतिहास की समूची भारतीय परम्परा सन्देह के घेरे में खड़ी है, जिसे विशेष रूप से राष्ट्रवादी इतिहासकारों ने पुष्पित और पल्लवित किया था। राष्ट्रवादी इतिहासकारों ने अपने इतिहास लेखन को तर्कसंगत और वैज्ञानिक आधार प्रदान किया था। आज अतीत की पुनर्रचना के सन्दर्भ में विवेकशीलता के इस्तेमाल पर आक्रमण किया जा रहा है। एक पेशेवर इतिहासकार के रूप में मैं उन प्रमुख बिन्दुओं पर विचार-विमर्श करूँगा जो उक्त आक्रमण के दौरान उभरकर सामने आये हैं। मैं प्रारम्भ में ही यह स्पष्ट करना चाहूँगा कि विवेकशीलता से मेरा कोई दार्शनिक अभिप्राय नहीं है, कांट की अवधारणा की तरह। मेरे मस्तिष्क में विवेकशीलता का वही अर्थ है जो सामान्य बोलचाल में लिया जाता है। अतः मेरे नज़दीक विवेकशीलता का अर्थ है, किसी निर्णय तक पहुँचने के लिए तर्क और बुद्धि का इस्तेमाल, न कि किसी पूर्व निश्चित धारणा को आधार बनाना। मैं यह मानकर चलता हूँ कि जो इतिहासकार अपने अथवा किसी भी देश के इतिहास का अध्ययन करना चाहता है, वह किसी धार्मिक, राष्ट्रीय अथवा नस्ली सिद्धान्त को स्वीकार नहीं कर सकता। इसके विपरीत उसे एक ऐसी दृष्टि का इस्तेमाल और विकास करना चाहिए, जिसे कोई भी व्यक्ति चाहे उसकी कोई पृष्ठभूमि, धर्म या देश हो, इस्तेमाल कर सके। दूसरे शब्दों में, उसे अपने देश के इतिहास को सार्वभौमिक दृष्टि से देखना चाहिए। भारतीय इतिहास अफ़ग़ानिस्तान अथवा इंग्लैंड के इतिहास में भिन्न धर्म और ईसाइयत के सन्दर्भ में विकसित मानकों के आधार पर ही होगा। एक इतिहासकार के रूप में कोई यह नहीं कह सकता कि कोई विशेष धर्म ही सच्चा है अथवा फलाने देश की आत्म-छवि ही प्रामाणिक है। गम्भीर इतिहासकारों के लिए यह ग़ौरतलब है कि जब प्रथम विश्वयुद्ध शुरू हुआ था तो इंग्लैंड के जो बड़े इतिहासकार थे, उन्होंने एक वक्तव्य देकर युद्ध के लिए जर्मनी को ज़िम्मेदार ठहराया था और जो जर्मनी के बड़े इतिहासकार थे, उन्होंने प्रतिवाद करते हुए

कहा कि पूरा दोष फ्रांस और इंग्लैंड का है। इस घटना से यह सबक मिलता है कि हम किस तरह तर्कहीन संकीर्णतावाद के शिकार हो जाते हैं। इतिहासकार घटनाओं की अपने-अपने देश हितों की दृष्टि से व्याख्या करते हैं। भारत के सन्दर्भ में यह प्रसंग बड़ा शिक्षाप्रद है। हमें भारतीय अतीत की व्याख्या लोक सम्पर्कवादी दृष्टि से नहीं करनी चाहिए। इस चेतावनी को ध्यान में रखते हुए हमें भारत की अवधारणा पर विचार करना चाहिए।

भारत एक देश है। यह एक राष्ट्र भी है, किन्तु सभी देश राष्ट्र नहीं हैं। वस्तुतः सभी भौगोलिक क्षेत्र देश की परिभाषा में नहीं अँटते। एक विशेष ऐतिहासिक प्रक्रिया के तहत भौगोलिक क्षेत्र देश बनते हैं और उसी प्रक्रिया में आगे चलकर देश राष्ट्र बनते हैं। उदाहरण के लिए, ब्रिटेन के सन्दर्भ में जहाँ इस विषय में कोई विवाद नहीं है कि ब्रिटेन द्वीप भौगोलिक दृष्टि से यूरोप से पृथक् है। किन्तु रोमनों ने ब्रिटेन पर आधिपत्य स्थापित किया तो उस समय वह देश नहीं था। अतः अंग्रेज़ इतिहासकार रोमन इंग्लैंड की बात नहीं करते, वे रोमन ब्रिटेन की बात करते हैं। इंग्लैंड ने एक देश के रूप में उस समय धारण किया जब पुरानी अंग्रेज़ी इसकी भाषा बन गयी और यह घटना नौवीं सदी से पहले की नहीं है। किन्तु वह सोलहवीं सदी तक राष्ट्र नहीं बना। वह ट्यूडोर राजतन्त्र के तहत ही राष्ट्र-राज्य बना। उसी तरह भारत में भी भारत की अवधारणा छठी सदी ई. पू. से पहले तलाश नहीं की जा सकती तथा सोहल जनपदों की गणना की जाती है और शायद दृढ़ता के साथ भी इस अवधारणा की तीसरी सदी से पहले नहीं किया जा सकता। इस तरह के अशोक लघु शिलालेखों में एक देश के रूप में जम्बूद्वीप की चर्चा मिलती है।

दूसरी ओर, एक राष्ट्र के रूप में भारत बहुत नया है। उक्त प्रसंग में राष्ट्र की परिभाषा की जाँच-पड़ताल बहुत ज़रूरी है। जॉन स्टुअर्ट मिल ने अपनी परिभाषा में इस बात पर बहुत बल दिया था कि कोई देश उस समय राष्ट्र बनता है जब उसके रहने वाले यह सोचने लगें कि उन पर शासन उन्हीं के बीच के लोगों का हो। जहाँ राजनीतिक एकता की चेतना मौजूद नहीं होती, वहाँ राष्ट्र का जन्म नहीं होता। अतः देश राष्ट्र से भिन्न होता है। मैं इस प्रसंग में राजा राममोहन राय के निम्नलिखित वक्तव्य को प्रायः उद्धृत करता हूँ जो उन्होंने 1830 में दिया था कि 'भारत एक राष्ट्र में नहीं हो सकता क्योंकि वह जातियों में विभक्त है।' उन्होंने धार्मिक समुदायों के विभाजन की बात नहीं कही थी। चाहते तो कह सकते थे। 1870 में केशवचन्द्र सेन ने अपने भाषणों में इंग्लैंड में यह कहा था कि भारत एक राष्ट्र बन रहा है, क्योंकि वह समाज में व्याप्त पुराने ढंग के अन्यायपूर्ण

विधि-विधानों और विभाजनों के विरुद्ध संघर्ष कर रहा है। उसमें नयी शिक्षा के द्वारा सामाजिक सुधार की जागृति उत्पन्न हो रही है। उन्होंने ब्रिटेन से भी बेलाग तरीक़े से यह आग्रह किया था कि वह भारत के आधुनिक बनने में उसकी सहायता करे। अतः यह कहा जा सकता है कि भारतीय राष्ट्र का निर्माण काफ़ी नयी घटना है। भारत अपने अतीत की अनेक नाइंसाफ़ियों को निरस्त करने की प्रक्रिया में ही राष्ट्र बना है। साथ ही, वह अपने अतीत की उपलब्धियों पर गर्व करते हुए भी राष्ट्र बना है। इन दोनों प्रक्रियाओं (अर्थात अतीत की उपलब्धियों पर गर्व तथा उनकी कमज़ोरियों का परिहार) जिसके कारण हम बँटे रहे कि आधुनिक भारतीय राष्ट्र निर्माण में महत्त्वपूर्ण भूमिका रही है। मैं यह बलपूर्वक रेखांकित करना चाहूँगा कि यदि हम अपने अतीत की व्याख्या विवेकशीलता के आधार पर करना चाहते हैं तो उक्त दोनों दृष्टियाँ अपरिहार्य होंगी।

निस्सन्देह ऐसे इतिहासकार भी हैं जो इतिहास को महज़ एक आख्यान के रूप में देखते हैं अर्थात जो इतिहास के विश्लेषण में कार्यकारिणी के किसी तार्किक आधार को आवश्यक नहीं मानते। अतः इतिहास उनके लिए घोषित रूप से कोई महान सन्देश नहीं देता। उदाहरण के लिए, फिशर ने यह दावा किया था कि उसे इतिहास में कोई प्रवाह या लयात्मक गति दिखाई नहीं पड़ती। मार्क ब्लाख इस सदी का सबसे बड़ा इतिहासकार था। इस प्रसंग में हमें उसके निम्नलिखित वक़्तव्य को ध्यान में रखना चाहिए। जर्मनों द्वारा फ़ाँसी पर लटकाये जाने से पहले अपनी अन्तिम पुस्तक 'हिस्टोरियंस क्राफ्ट' में उन्होंने कहा था कि 'यदि इतिहास की कोई उपयोगिता नहीं है तो उसका कोई अर्थ नहीं है।' हम अपने अतीत की ओर यह जानने के लिए मुड़ते हैं कि हमने पीछे क्या ग़लतियाँ की हैं ताकि भविष्य में उन्हें दोहराने से बचा जा सके और साथ ही, उसमें यह भी देख सकें कि हमने अतीत में क्या उपलब्धियाँ अर्जित की हैं ताकि आत्मविश्वासपूर्वक भविष्य का सामना कर सकें। अतः यह कहा जा सकता है कि इतिहास ने राष्ट्र के निर्माण में महत्त्वपूर्ण भूमिका निभाई है। उसी के ज़रिये हमने अतीत की अपनी कमज़ोरियों और ग़लतियों के विषय में जाना—किस प्रकार ब्रिटिश साम्राज्यवाद ने हमारा शोषण किया, साम्राज्यवाद का विरोध क्यों किया जाना चाहिए आदि-आदि। इसी सन्दर्भ में हमें राष्ट्र निर्माण की आवश्यकता भी महसूस हुई। इसमें कोई आश्चर्य नहीं है कि इसी वजह से प्रारम्भिक राष्ट्रवादियों की इतिहास में गहरी दिलचस्पी थी। रमेश दत्त ने प्राचीन भारत की सभ्यता के बारे में लिखा और शायद आर्थिक इतिहास के बारे में लिखने वाले सबसे बड़े लेखक थे। दादाभाई नौराजी न केवल बड़े अर्थशास्त्री थे, अपितु वे महत्त्वपूर्ण आर्थिक इतिहासकार भी थे।

उन्होंने धन-अपवाह की प्रक्रिया के स्रोतों की तलाश की। उन्होंने यह भी बताया कि किस प्रकार ब्रिटिश शासन के तहत भारत की ग़रीबी उग्र से उग्रतर हुई है। और किस प्रकार वह भारत को आधुनिक राष्ट्र नहीं बनने दे रहा है।

निश्चित रूप से अपने इतिहास के प्रति तर्कसंगत दृष्टिकोण का यह सार-तत्त्व है इसका अभिप्राय यह है कि हम अपने देश को व्यापक सांस्कृतिक परम्परा के विकास के रूप में देखते हैं। साथ ही, हम उसे विश्व के एक अंग के रूप में भी देखते हैं। भारत एक राष्ट्र के रूप में विकसित ही नहीं होता यदि यहाँ आधुनिक विचारों का आगमन नहीं होता। भारतीय संकीर्णतावादियों अथवा इसलामी फंडामेंटलिस्टों के आधुनिक समर्थक ही नहीं, कुछ दूसरे लोग भी इस बात पर बहुत बल देते हैं कि ये विचार पुराने दर्शनों और पुरानी संस्कृतियों में भी मिलते हैं। वे विचार इतने वायवीय रूप में होते हैं कि उनमें कोई सार-तत्त्व ही नहीं होता। यदि प्राक्-आधुनिक विचारधाराओं की अन्तर्वस्तु और उसके सार-तत्त्व की गहरी छानबीन की जाये तो पता चलेगा कि उक्त विचारों को औपचारिक रूप में कोई पूर्व परम्परा नहीं मिलती। पुरानी संस्कृतियों की विचारधाराओं में जो कुछ आकस्मिक और अव्यवस्थित रूप से बिखरा मिलता है, वह फ्रांसीसी क्रान्ति (1789) तथा उन्नीसवीं सदी के समाजवादी आन्दोलन के तहत आधुनिक पश्चिमी संस्कृति का बुनियादी आधार था। पश्चिम के वैचारिक स्रोत की मौजूदगी के बाद यह तर्क निराधार है कि आधुनिक भारत का विकास उनके प्रभावों से मुक्त रहते हुए भी हो सकता था। प्रायः यह महसूस किया जाता रहा है कि पश्चिम के प्रभाव को स्वीकार करना अथवा उपनिवेशवाद की कोई रचनात्मक भूमिका स्वीकार करना (जैसा कि मार्क्स ने वक्तव्य दिया था) हमारे राष्ट्रीय स्वाभिमान के प्रतिकूल है। अतः हमें इस प्रकार के किसी प्रभाव को स्वीकार नहीं करना चाहिए। यह वस्तुतः शुतुरमुर्गीय मानसिकता है।

हमारे अन्दर एक और प्रवृत्ति घर करती जा रही है और वह यह कि हम सारी गुणवत्ता अथवा महानता भारत की वर्तमान राजनीतिक सीमाओं के इस पार ही देखते हैं। मौजूदा राजनीतिक सीमाओं के अन्तर्गत सोचने की संकीर्णता की हद यह है कि 1992 में जब मैं इंडियन कौंसिल ऑफ़ हिस्टोरिकल रिसर्च का अध्यक्ष था तो उक्त संस्था द्वारा अकबर की 450वीं जन्म शताब्दी मनाने का निश्चय किया गया। कुछ भाजपाई मित्रों ने यह तर्क दिया कि अकबर भारतीय नहीं था चूँकि वह उमरकोट में पैदा हुआ था जो अब पाकिस्तान में है। यह कोई आपवादिक घटना नहीं है। पुरातात्विक विज्ञान की दृष्टि से जिसे पूरी दुनिया में अब 'सिन्धु घाटी की सभ्यता' के नाम से जाना जाता है (यहाँ तक कि पाकिस्तान

के पुरातात्विक विज्ञान विभाग द्वारा भी उसे इसी नाम से अभिहित किया जाता है) उसे अब हड़प्पा कर दिया गया है, मानो वह कोई बहुत बड़े राजनीतिक महत्त्व का मसला हो। हालाँकि हड़प्पा पाकिस्तान में है। हमारी चिन्ता हमेशा यह रहती है कि 1947 के बाद जो भारत हमें प्राप्त हुआ है हम उसे भी अधिकाधिक प्राचीनता प्रदान करें। 1947 से पहले हम सिन्धु घाटी की सभ्यता पर उतना ही अभिमान करते थे जितना कोई और करता था। अब हमारा ध्यान पश्चिमी उत्तर प्रदेश और हरियाणा की 'चित्रित धूसर भांड संस्कृति' पर सकेन्द्रित किया जा रहा है। जब यह स्थिति पेशेवर इतिहासकारों और पुरातत्त्ववेत्ताओं के स्तर तक पहुँच जाये तो हमें पाठ्य पुस्तकों में यह पढ़कर आश्चर्यचकित नहीं होना चाहिए कि हमारे देश को हमेशा ही विदेशी आक्रान्ताओं द्वारा पददलित किया जा रहा है। मुसलमान विदेशी हैं। वे बारहवीं सदी से इस देश को लूट रहे हैं। ऐसे प्रश्न भी पूछे जाते हैं कि क्या भारत 700 वर्षों से गुलामी झेल रहा है या 200 वर्षों से।

जो यह मानते हैं कि भारत 700 वर्षों से गुलाम है, वे तर्क देते हैं कि दिल्ली सुलतान और मुग़ल बादशाह दोनों ही विदेशी शासक थे। प्रोफ़ेसर अर्जुनदेव ने एक बार टिप्पणी की थी कि जब मुसलमानों के बारे में ऐसे वक्तव्यों के प्रति आधिकारिक रूप से रोक लगाने की कोशिश की गयी तो पाठ्य पुस्तक लेख भारतीय संस्कृति के दोषों–जैसे स्त्रियों को अलग-थलग डाले रखने, सतीप्रथा और ऐसी ही अन्य बुराइयों को हूणों के मत्थे मढ़ने लगे जबकि तथ्य यह है कि अभी तक एक भी हूण शासक की पहचान नहीं की जा सकी है–तोरमाण तथा मिहिरकुल ने कभी भी अपने आपको अपने अभिलेखों में हूण नहीं कहा है।

वास्तविकता यह है कि दुनिया का कोई भी देश विदेशी आक्रमण से मुक्त नहीं रहा है, चाहे वह चीन हो, इंग्लैंड हो, फ्रांस हो या रूस। आधुनिक समय से पहले ये विदेशी आक्रमण अपनी समस्त विनाशलीला के बावजूद एक ऐसा माध्यम थे जिनके द्वारा विभिन्न देशों के बीच पारम्परिक रूप से सांस्कृतिक उर्वरता उत्पन्न हुई तथा तकनीक का प्रसार हुआ। दुनिया के स्तर पर तेरहवीं सदी का मंगोल साम्राज्य अपने आतंक के बावजूद तकनीक का सबसे बड़ा सम्प्रेषण था। बारूद, चुम्बकीय कुतुबनुमा छापाख़ाना और चरखा जैसी चीज़ें चीन और मध्य एशिया से उन मार्गों द्वारा यूरोप पहुँचे जो खानाबदोशी आक्रमणों के तहत खोले गये, इन्होंने तकनीकी विकास का वह आधार तैयार किया जिसने सामन्तवाद को नष्ट करके आधुनिक यूरोप के बीज बोये। कोई यह कैसे कह सकता है कि विदेशी आक्रमणों से भारतीय संस्कृति को कुछ भी प्राप्त नहीं हुआ। हम गन्धार कला, यूनानी खगोलशास्त्र, फ़ारसी साहित्य और चित्रकला की ओर ध्यान दें।

क्या विदेशी विजयों की अनुपस्थिति में भारत द्वारा इन उपलब्धियों की कल्पना की जा सकती है?

मध्यकाल से पूर्व के इतिहास के बारे में ऐसी ही विवेकहीन दृष्टि का वर्चस्व है। भारतीय राष्ट्र की अवधारणा को सुदूर अतीत में खोजने का आग्रह किया जाता है। लगभग सिन्धु घाटी की सभ्यता तक उसका इतिहास तलाशा जाता है। और यह भी कहा जाता है कि हिन्दी धर्म का बुनियादी स्वरूप यथावत रहा है, उसमें कोई ऐतिहासिक विकास नहीं हुआ है। उसकी जड़ें सिन्धु घाटी की सभ्यता तथा ऋग्वेद काल में मिलती हैं। और यह कि भारतीय संस्कृति ने अपनी शिखर उपलब्धियाँ उसी सुदूर अतीत में अर्जित कर ली थीं। यों तो इस तरह के संकीर्णवादी दावे घोषित रूप से कभी नहीं किये गये, किन्तु दुर्भाग्यवश भारतीय इतिहासकारों और पुरातत्ववेत्ताओं में भारत को आर्यों का मूल निवास स्थान मानने का पूर्वग्रह सामान्य रूप से मिलता है। जब आर.सी मजूमदार 'भारतीय विद्या भवन शृंखला' (हिस्टरी एंड कल्चर ऑफ़ इंडियन पीपुल) का सम्पादन कर रहे थे तो के.एम. मुंशी जो उस शृंखला के संरक्षक थे, ने उनसे आग्रह किया कि वे यह लिख दें कि 'आर्य भारत से बाहर गये थे'। आर.सी. मजूमदार ने प्राचीन भारत के वैभव और ग़ौरव के बारे में बहुत कुछ लिखा था। यहाँ तक कि उसके उपनिवेशों के बारे में भी लिखा, किन्तु इस घनघोर 'मिथ' को वे स्वीकार नहीं कर सके। उन्होंने आर्यों पर बहुत विद्वत्तापूर्ण और सूचनापूर्ण अध्याय दिया था, तथापि उन पर यह दबाव डाला गया कि परिशिष्ट में आर्यों की देशज उत्पत्ति का उल्लेख कर दें। उस समय इसको एक सनक समझा गया। किन्तु आज तो लगता है कि आर्यों की देशज उत्पत्ति की अवधारणा ने एक शासकीय स्तर प्राप्त कर लिया है। 1979 में जनसंघ ने अपने दूसरे अवतार के रूप में सरकार में अपनी स्थिति को सुदृढ़ कर लिया था तो उसी समय आर.एस.एस. द्वारा गठित 'इंडियन हिस्टरी एंड कल्चर' का दूसरा सत्र आयोजित किया गया तो उसके अध्यक्ष प्रोफ़ेसर ख़ालिक अहमद निजासी ने इतिहासकारों से आग्रह किया कि वे समय को देखें। वस्तुतः वे उस दृष्टि का ज़िक्र कर रहे थे जो पूर्ववर्ती वैज्ञानिक दृष्टि से भिन्न थी। बी.बी. लाल जो इस बदले हुए समय पर नज़र रखे हुए थे, ने एक लेख लिखा जो 1981 में उसी संस्था द्वारा प्रकाशित इतिहास लेखन के पूर्वग्रह नामक ग्रन्थ में छपा। इसमें उन्होंने भारोपीय भाषाओं की विदेशी और भारतीय उत्पत्तियों को एक ही धरातल पर रखा। अतः जो बात 1950 में एक सनक थी और जो आर.सी. मजूमदार को अस्वीकार्य थी, अब उसे भारोपीय भाषाओं के प्रसार के सन्दर्भ में वैज्ञानिक दृष्टि का आवरण पहनाया जा रहा था।

हद तो यहाँ तक पहुँच गयी है कि प्रख्यात पुरातत्त्ववेत्ता एस.आर. राव ने यह दावा किया है कि उन्होंने वैदिक संस्कृति के आधार पर सिन्धु घाटी की लिपि को पढ़ लिया। उनके इस दावे की महादेवन ने आलोचना की है और गम्भीर भाषा वैज्ञानिकों ने भी राव के इस दावे को स्वीकार नहीं किया है। तथापि लोथल के सम्बन्ध में आर्कियोलाजिकल सर्वे ऑफ़ इंडिया ने अपने एक आधिकारिक प्रपत्र में उन्हीं के पाठ को निर्विवाद और असमीक्षित रूप में जारी किया है। उनके पाठ के अनुसार संस्कृत बहुत प्राचीन एकाक्षरी भाषा ठहरेगी। उसमें हमारे गहरे संस्कृति-प्रेम की भी चर्चा की गयी है। यहाँ तक कि यदि यह सिद्ध किया जा सके कि सिन्धु घाटी के लोग आर्य थे तो हम संस्कृत और उसकी महानता का भी बलिदान करने को तैयार हैं। उसी पुस्तका में भारतीय इतिहास लेखन के पूर्वग्रह में के.सी. वर्मा ने एक लम्बा लेख लिखा है जिसमें उन्होंने यह स्थापित किया है कि द्रविड़ भाषाओं से कुछ भी नहीं लिया है। अतः हम एक विघटनकारी बहस का सूत्रपात कर रहे हैं यदि हम यह आग्रह करते हैं कि इंडो-यूरोपियन अथवा आर्य भारत के बाहर गये और यदि हम यह कहते हैं कि द्रविड़ों का अतीत बहुत ग़ौरवशाली नहीं रहा है। वे उत्तर भारतीय अर्थात आर्य संस्कृति का ही अंग रहे हैं।

हमारे विद्वानों में जो नव आर्य हैं, वे यह भूल जाते हैं कि कोई भी एक नस्ल ऐसी नहीं है जिसे इंडो-यूरोपियन के रूप में पहचाना जा सके। अधिकांश भारतीय तथा पूर्वी ईरानी अफ्रीकनों और आस्ट्रेलियाइयों के समान लम्बे सिर वाले होते हैं। यूरोपियनों स्लाव तथा पश्चिमी ईरानियों के समान चौड़े सिर वाले नहीं होते जिनसे हम आर्यों को जोड़ना चाहते हैं। अतः यह असम्भव है कि एक ओर कोई ऐसी नस्ल थी जिससे स्लाव तथा यूरोपियनों का विकास हुआ और दूसरी ओर भारतीय आर्यों की, अथवा उनकी जो भारतीय आर्यों जैसी अवधारणा में विश्वास करते हैं, उत्पत्ति हुई। सिन्धु घाटी से मिलने वाले आधे से ज़्यादा कंकालों को आज के उत्तर भारतीय लोगों की तरह भूमध्यसागरीय कोटि के रूप में वर्गीकृत किया गया है। उत्तर भारत में इन्हीं की बहुलता है। भौतिक नृतत्त्वशास्त्रियों के अनुसार इसके शुद्ध प्रतिनिधि न तो यूरोप में पाये गये और न गढ़वाल हिमालय में, अपितु अरब प्रायद्वीप में मिलते हैं जो सभी भाषाओं का हृदय प्रदेश है।

इसके अतिरिक्त जब से डेविड मैकेल्पिन ने प्रोटो इलैमाइट तथा द्रविड़ भाषाओं के बीच सम्बन्ध सूत्र की तलाश की है, भाषित इतिहास ने यह स्पष्ट कर दिया है कि एक समय ऐसा भी था नवपाषाण युग में कि जब पश्चिमी ईरान से लेकर दक्षिण भारत तक प्रोटो-इलैमो और द्रविड़ भाषाओं के बीच सम्बन्ध सूत्रों की एक शृंखला रही थी। अतः यह बहुत सम्भव है कि भारतीय लोग जो भारत

में रहते थे 2000 ई.पू. में किसी भारोपीय भाषा के बजाय आद्य इलैमाइट तथा आद्य द्रविड़ भाषाएँ अथवा उनसे जुड़ी हुई भाषाएँ बोलते थे। मैं प्रसंग में और अधिक विस्तार में नहीं जाना चाहूँगा, किन्तु इतना अवश्य कहूँगा कि तुलनात्मक कालक्रम विज्ञान (ग्लोटो क्रोनालोजी), घोड़े के पुरातात्विक साक्ष्य तथा हरमट्टा द्वारा स्थापित इंडो-ईरानी बोलियों का फिनो-उग्रियान के साथ भाषित सम्बन्ध आदि के आधार पर यह भली भाँति स्थापित कर दिया गया है कि 2000 ई.पू. के आसपास भारोपीय भाषाएँ अथवा शब्दावली भारत की दिशा में कालक्रमागत रूप से बढ़ रही थी। उक्त साक्ष्य के बावजूद राव और दूसरे लोग कभी ऋग्वेद और कभी-कभी तो महाभारत को बड़ी सरलता से चौथी सहस्राब्दी ई.पू. में स्थापित कर देते हैं। यह तो कुछ इसी तरह होगा जैसे कोई डार्विन के विकासवाद के सिद्धान्त को पहले आदम की कहानी के समकक्ष ठहरा दे।

आज स्थिति यह है कि यदि आप अपना अख़बार खोलें तो लगभग हर सप्ताह या पन्द्रह दिन बाद टाइम्स ऑफ़ इंडिया जैसे अख़बार में छपा हुआ मिलेगा कि अमुक व्यक्ति ने सिन्धु घाटी की लिपि को पढ़ लिया है और उसने उसे ऋग्वेद से जोड़ा है या अमुक व्यक्ति कहता है कि महाकाव्य की कोई घटना 3600 ई.पू. घटित थी। ऐसी ऊलजलूल बातें नयी महत्त्वपूर्ण खोज के रूप में प्रकाशित कर दी जाती हैं। इन मुद्दों पर गोष्ठियाँ और सम्मेलन होते रहते हैं। मैं 1993 में इंडियन हिस्टरी कांग्रेस के वार्षिक अधिवेशन में मैसूर गया था। कांग्रेस के सम्पन्न होने के फ़ौरन बाद एक सेमिनार आयोजित किया गया ताकि कांग्रेस के दूषित प्रभावों को दूर किया जा सके। उसमें यह स्थापित किया गया कि आर्यों का मूल निवास स्थान भारत था। मुझे यह देखकर बड़ा आश्चर्य हुआ कि उस सेमिनार में देश के प्रतिष्ठित इतिहासकार और पुरात्ववेत्ता भी मौजूद थे। अतः कहीं-न-कहीं कुछ गड़बड़ तो है। मैं यह महसूस करने लगा हूँ कि अब सही समय आ गया है कि लोगों को यह बताया जाये कि अन्ध लोकवाद इस देश के लिए कितना घातक है। आर्यों के मूल निवास के बारे में हमारे पूर्वग्रह से हमारी संस्कृति के द्रविड़-स्रोतों और आर्य-स्रोतों के पुजारियों के बीच विवाद उत्पन्न हो जायेगा, हालाँकि हमारी सभ्यता के विकास को समझने की दृष्टि से इस तरह के विवाद का कोई अर्थ नहीं है, किन्तु इससे नस्ली कटुता और बढ़ेगी।

इतिहास के एक अन्य क्षेत्र में भी यह विवेकहीनता लगातार बढ़ रही है। पिछले 200 वर्षों में हमने इस तथ्य को स्वीकार कर लिया है कि हमारे समाज में अनेक प्रकार की नाइंसाफ़ियाँ थीं, विशेष रूप से जाति व्यवस्था के सन्दर्भ में इस तथ्य को बलपूर्वक रेखांकित किया गया। राजा राममोहन राय से लेकर केशवचन्द्र सेन,

गोखले से गाँधी तक ने अतीत की इस केन्द्रीय संस्कृति की आलोचना की। हमारी राष्ट्रीय चेतना और हमारा राष्ट्रीय आन्दोलन इसे निरस्त करते हुए ही आगे बढ़ा। अब हम जिस अन्दाज़ में अपने अतीत को महिमामण्डित करते हैं और जिसकी हम कोई सीमा तय नहीं करते, न उसकी वस्तुनिष्ठ समीक्षा करते हैं उसके परिणामस्वरूप इन अन्यायपूर्ण व्यवस्थाओं की आलोचना का प्रभाव हमारी चेतना से तिरोहित होता जा रहा है। मध्य प्रदेश, राजस्थान तथा उत्तर प्रदेश में इतिहास की पाठ्य पुस्तकों में जो कुछ हुआ, वह वहाँ की सरकारों को ध्यान में रखते हुए किया गया। हालाँकि जनता ने बाद में उन सरकारों को बदल दिया, किन्तु उनकी वापसी की आशंका तो थी ही। इतिहास की पाठ्य पुस्तकों में जाति व्यवस्था की जो आलोचना की गयी या तो उसे हटा दिया गया अथवा उसमें भारी फेरबदल कर दिया गया। दुर्भाग्यवश इन परिवर्तनों और संशोधनों के विरुद्ध जो प्रतिक्रिया हुई वह बहुत शक्तिशाली नहीं थी जैसी कि अपेक्षा थी। अतः यह एक आम धारणा बन गयी है कि हमारी प्राचीन संस्कृति में कोई ग़ैर-बराबरी थी ही नहीं या बहुत कम थी। इस तर्क को पश्चिमी विद्वान भी एक भिन्न परिप्रेक्ष्य में बल दे रहे थे। उदाहरण के लिए, लुई ड्यूमाँ ने अपनी पुस्तक 'होमो हायरार्किकस' (जिसका फ्रांसीसी संस्करण, 1970 में छपा था) में यह तर्क दिया था कि भारतीय संस्कृति के सन्दर्भ में पश्चिमी दृष्टि लागू नहीं की जा सकती। लूई ड्यूमाँ ने यह भी तर्क दिया है कि जाति व्यवस्था के इतिहास के सन्दर्भ में अर्थशास्त्र के नियमों को लागू नहीं किया जा सकता, क्योंकि एक विज्ञान के रूप में अर्थशास्त्र का उदय बहुत नया है और भारतीयों को अर्थशास्त्र के विषय में कोई जानकारी नहीं थी। जैसा कि मैंने अन्यत्र भी कहा है कि यदि हम इस तर्क को मान लें तो हम उस व्यक्ति का कोई जीवन चरित्र ही नहीं लिख सकते जिसने अपना कोई आत्मचरित न लिखा हो अथवा सामन्तवाद के विघटन के आर्थिक कारणों की समीक्षा ही नहीं कर सकते, क्योंकि यूरोप में चौदहवीं-पन्द्रहवीं सदी में अर्थशास्त्र था ही नहीं। ड्यूमा का यह दावा कि भारतीय संस्कृति को उसके ही मानकों के आधार पर समझा जाये अर्थात पवित्रता और प्रदूषण पर आधारित सोपानक्रम की विचारधारा के सन्दर्भ में देखा जाये। यह दृष्टि पूरी तरह विवेक विरुद्ध है किन्तु फिर भी, चूँकि भारत के सन्दर्भ में यहाँ स्वतन्त्र वैचारिक परिप्रेक्ष्य पर बल दिया गया है, अतः यह हमारे राष्ट्रीय अहम् को तुष्ट करता है। इसके अतिरिक्त, चाहे हम स्वदेशी की कितनी ही बात क्यों न करें, किन्तु ज्योंही यूरोपियन विद्वान हमारी अद्वितीयता का उल्लेख करता है तो हमारे अन्दर एक विशेष प्रकार का उत्साह भर जाता है। किन्तु वेबर ने तर्क दिया है कि जाति व्यवस्था

भारतीय गतिशीलता में बाधक थी और उसका सांस्कृतिक विकास जाति व्यवस्था की संकीर्ण व्याख्या पर आधारित था। मौरिस डि मौरिस ने अपने एक महत्त्वपूर्ण लेख 'वैल्यूज ऐज आब्सटेल्स टू इकोनॉमिक ग्रोथ इन साउथ एशिया' में यह भी उल्लेख किया है कि जाति व्यवस्था एक सामाजिक संस्था है और जैसे अन्य समाजों में आर्थिक प्रभाव सक्रिय रहते हैं, उसी तरह जाति व्यवस्था भी उनसे प्रभावित होती है। जाति व्यवस्था हमारे समाज का एक महत्त्वपूर्ण तत्त्व है। इसने वर्गीय शोषण को और अधिक मज़बूत किया है। मैंने जो तर्क अन्यत्र दिया है, उसी को यहाँ दोहराना चाहूँगा कि जाति व्यवस्था हर शासक वर्ग के लिए लाभप्रद रही है, चाहे वह गुप्त साम्राज्य हो, दिल्ली सल्तनत हो, मुग़ल हों या ईस्ट इंडिया कम्पनी। इसके अतिरिक्त इसने उत्पादन को बढ़ाने में सहायता पहुँचाई जिसे सेवा-श्रमिकों, जाति बहिष्कृतों तथा निम्न जाति के लोगों से वसूला जा सकता था। सिर्फ़ यही नहीं था कि इसके तहत पवित्रता के आधार पर बने सोपानक्रम में ब्राह्मण सबसे ऊपर बैठ गये थे। यह एक ऐसी संस्था थी जिसने सभी शासक वर्गों को लाभ पहुँचाया, वे चाहे वैष्णव थे, शैव थे, मुसलिम या ईसाई। अतः यह कहना बेतुकी बात है, जैसा इंडियन हिस्टरी कांग्रेस के एक अध्यक्ष ने 1960 में कहा था और जो हम 1940 के आसपास ब्रिटिश शासनकाल में इतिहास की पाठ्य पुस्तकों में पढ़ते थे कि जाति व्यवस्था में गुण थे, जबकि निम्न वर्गों और स्त्रियों की दृष्टि से इसमें दोष ही दोष हैं। इस सन्दर्भ में निश्चय ही यह प्रश्न उभरता है कि इतिहासकार अपने को किनके साथ जोड़कर देखता है। 1928 में नेहरू समिति की रिपोर्ट तथा 1931 में कांग्रेस के कराची प्रस्ताव के बाद राष्ट्रीय आदर्श के रूप में स्वीकृत वयस्क मताधिकार के तहत् बहुमत का सर्वोच्च कल्याण ही इतिहासकारों की चिन्ता का विषय होना चाहिए और जाति व्यवस्था के सन्दर्भ में भी उन्हें वही रुख अपनाना चाहिए जैसा कि वे अन्य संस्थाओं के सन्दर्भ में अपनाते हैं।

अब मैं उस तीसरे बिन्दु पर आता हूँ जहाँ लोग और वे इतिहासकार भी जिनकी धार्मिक आस्थाएँ हैं, लगातार यह कहते रहते हैं कि मार्क्सवादी लोग इतिहास में धर्म की भूमिका को पर्याप्त महत्त्व नहीं देते हैं। उनकी आलोचना को बल इसलिए भी मिला है कि एडवर्ड सईद ने अपनी पुस्तक 'ओरिएंटलिज़्म में साम्राज्यवादियों और समाज वादियों को एक साथ खड़ा कर दिया है। उसने विलियम जोंस और मार्क्स दोनों को एक ही टोकरी में डाल दिया है। 1978 में उक्त पुस्तक के प्रकाशन के बाद जिस प्रकार ड्यूमाँ भारतीय अपवादवाद अथवा वैशिष्ट्यवाद के पैगम्बर बन गये हैं, उसी तरह सईद उन लोगों के पैगम्बर बन गये हैं

जो यह मानते हैं कि एशियाई धर्म और संस्कृति का अध्ययन उसी के मानकों के आधार पर करना चाहिए, आधुनिक विचारों अथवा आधुनिक मानकों के आधार पर नहीं जिनका पल्लवन यूरोप में हुआ। सईद की पुस्तक एक नयी बाइबिल बन गयी है, जिसे इसलामी इतिहासकार बार-बार सन्दर्भित और सम्बोधित करते हैं। आप इसलाम का अध्ययन तब तक नहीं कर सकते जब तक कि आप मुसलमान नहीं हैं अर्थात यदि आप इलहाम में आस्था नहीं रखते और शरीयत को स्वीकार नहीं करते। मेरे मित्र प्रोफ़ेसर अतहर अली ने बड़ा सटीक प्रश्न किया था कि तब पैगम्बर काल में यहूदियों और ईसाइयों के इतिहास का अध्ययन कैसे किया जा सकता है। क्या एक ही समय में तीन इतिहास लिखे जायेंगे अर्थात सातवीं सदी 'हैजाज' में यहूदियत के आधार पर यहूदियों के इतिहास का अध्ययन, उसी क्षेत्र और उसी काल में ईसाइयत के मानकों के आधार पर इसलामी इतिहास का अध्ययन। अन्तर्विरोधों से ग्रस्त अर्थ-इतिहासों की भूलभुलैयों में अरब ही नहीं हैजाज के इतिहास की पुनर्रचना भी सम्भव नहीं है। अतः इतिहास की उस अवधारणा को स्वीकृत नहीं करूँगा जो किसी व्यक्ति विशेष के मानकों के आधार पर बनी हो, अपितु मैं और भी आगे जाना चाहूँगा। यह कि यदि इतिहास में धर्म की भूमिका महत्त्वपूर्ण रही है तो धर्म के सन्दर्भ में इतिहास की भूमिका भी महत्त्वपूर्ण रही है। धर्मों की स्थापना और उनका विकास भी ऐतिहासिक परिघटना के रूप में हुआ है। अतः उनका अध्ययन भी निष्पक्ष रूप से तथा समालोचनापरक ऐतिहासिक दृष्टि से किया जाना चाहिए। मैं अपने व्यक्तिगत अनुभव से यह जानता हूँ कि जब-जब मैंने विश्वविद्यालय के श्रोताओं के सामने यह कहा कि सभी धर्म इतिहास-सापेक्ष होते हैं तो सामान्यतः इसकी अनुकूल प्रतिक्रिया नहीं हुई। किन्तु सचाई यही है कि सभी धर्मों का विकास होता है। धर्म की आत्मछवि बड़ी हद तक उस अर्थ अथवा आशय से निर्धारित होती है जो उस धर्म के अनुयायी धार्मिक ग्रन्थों के शब्दों को प्रदान करते हैं। उन परिस्थितियों से प्रभावित होती है जिसमें उस धर्म के अनुयायी रहते हैं। तथा उस प्रक्रिया के तहत भी बनती है जिसमें उस धर्म के अनुयायी सामंजस्य और टकराव के साथ अन्य धर्मों के सम्पर्क में रहते हुए उन धर्मों की छवि गढ़ते हैं। यदि आप पहले से ही हिन्दू धर्म अथवा इसलाम की परम्पराओं को वैध मान लेते हैं, तो हिन्दुस्तान के धर्मों का इतिहास नहीं लिख सकते। यदि कोई हिन्दू धर्म को ही एकमात्र वैध परम्परा मान लेता है तो वह निश्चित रूप से इसलाम की वह छवि बनायेगा जो मुसलमानों द्वारा निर्मित इसलाम की छवि से पूरी तरह भिन्न होगी।

मैं उक्त प्रसंग में दो उदाहरण पेश करना चाहूँगा, पहला आर.सी. मजूमदार का जो इसलाम की कथित हिन्दू छवि पेश करती हैं; 'हिन्दुओं ने भारत की मुसलिम विजय के प्रति आक्रोश व्यक्त किया। वे बड़ी हसरत के साथ उस दिन की प्रतीक्षा में थे जब वे मुसलमान (म्लेच्छों) का समूल विनाश करके हिन्दुओं की भूमि आर्यावर्त का नाम सार्थक करेंगे'। 'मुसलमानों का विनाश' (इन शब्दों को स्वयं मजूमदार ने कोष्ठक में रखा है) के द्वारा ही हिन्दुओं की भावनाओं को शान्त किया जा सकता है प्रसन्नवश, यह उल्लेख भी आवश्यक है कि इस प्रकाशन-योजना (ग्रन्थ) को भारत सरकार ने छठे दशक के प्रारम्भ में अनुदान भी दिया था। दूसरे पक्ष की ओर से इश्तियाक़ हुसैन क़ुरैशी का उदाहरण भी द्रष्टव्य है जो 1947 से पहले दिल्ली के एक प्रमुख बुद्धिजीवी थे :

हिन्दू धर्म इसलाम के लिए बहुत ख़तरनाक है, चूँकि यह सहज, सूक्ष्म और गहरा है, किन्तु इसके परिणाम बहुत घातक हैं। यह चुपचाप बरगद के पेड़ की शाखाओं की तरह फैलता है। अतः इसलाम की रक्षा के लिए आपका कर्तव्य यह है कि आप हिन्दू धर्म के इस बरगद को काट दें।

क्या कोई इतिहासकार दोनों धर्मों की एक-दूसरे के द्वारा प्रस्तुत छवि को स्वीकार कर सकता है? यह आश्चर्यजनक नहीं है कि इन परस्पर विरोधी छवियों में, चाहे वह म्लेच्छों की हो या काफ़िरों की, कोई भी छवि सही नहीं है। आर.सी. मजूमदार मुसलमानों के अन्दर जनतान्त्रिक विचारों का प्रायः ज़िक्र करते हैं। उनकी राय में इसलाम के अनुयायियों में आपस में अद्भुत ढंग की समानता है इश्तियाक़ क़ुरैशी भी लगभग उसी शैली में बात करते हैं। किन्तु जब हम तेरहवीं-चौदहवीं सदी के मूल मुसलिम स्रोतों को देखते हैं तो वहाँ 'समानता' जैसा शब्द दिखाई भी नहीं पड़ता। बरनी जो उस काल का एक विद्वान धर्मशास्त्री और इतिहासकार है, जन्म पर आधारित श्रेष्ठता की वकालत करता है। वह कहता है कि समाज के लिए यह सोपानक्रम बहुत ज़रूरी है और शरीयत द्वारा शासित समाज बिना सोपानक्रम के सुचारु रूप से नहीं चल सकता। यदि हम मुसलिम ग्रन्थों में हिन्दुओं की आलोचना पर नज़र डालें तो चाहे वे सूफ़ी हों और पुराणपन्थी, तो वहाँ जाति व्यवस्था की आलोचना नहीं मिलती। उनकी दृष्टि में जो निन्दनीय है वह बहुदेववाद और मूर्तिपूजा है। वस्तुतः अमीर ख़ुसरो तो सतीप्रथा की प्रशंसा करता है। आठवीं सदी में जब मुहम्मद बिन कासिम ने सिन्ध पर क़ब्ज़ा किया तो ब्राह्मण उसके पास पहुँचे और उन्होंने कहा कि सिन्ध के जात भी चरागाही खानाबदोश हैं, वे बड़े घृणित क़िस्म के नौकर हैं और उनके बारे में नियम यह रहा है कि वे पगड़ी नहीं पहनेंगे, न जूते पहनेंगे।

वे जहाँ भी जायेंगे, कुत्ते अपने साथ रखेंगे। वे जीनधारी घोड़ों पर नहीं चढ़ेंगे। ये सारे प्रतिबन्ध मनुस्मृति में चाण्डालों के लिए निर्धारित थे। मुहम्मद बिन कासिम ने उक्त सभी नियमों को अनुमोदित कर दिया और उन सभी अयोग्यताओं को पुष्ट कर दिया। अरब शासन के तहत जातों को कोई राहत नहीं मिली। बालाजुरी अमरान, जो ख़लीफ़ा मुतासिम विल्लाह के वहत सिन्ध का गवर्नर था, नौवीं सदी में यह आदेश दिया कि जात कुत्तों के लिए ही घूम-फिर सकते हैं। मुसलमानों को 'समानता' के जिहादी के रूप में चित्रित करना अनैतिहासिक है। हिन्दू और मुसलमान दोनों ही मुसलिम शासकों की प्रजा थे। मुसलिम शासकों ने कभी जाति व्यवस्था के साथ छेड़छाड़ नहीं की। वस्तुतः इस व्यवस्था के तहत वे अतिरिक्त उत्पादन को हड़प लेते थे और यदि जाति व्यवस्था न होती तो उनके लिए कभी यह सम्भव न था। इसके अतिरिक्त यह भी नहीं भूलना चाहिए कि बन्धकों को दास बनाना तथा युद्ध के साथ-साथ दासों के लिए धावा बोलना आम बात थी। दास आम तौर पर मुसलमान बन जाते थे और नीचे के शासक वर्गों ने भी इसलाम स्वीकार किया था। उनके धर्म-परिवर्तन के पीछे उनकी धार्मिक निष्ठा भी थी और राजनीतिक दबाव भी। यह धर्म-परिवर्तन के कारण इसलाम का प्रसार तो हुआ, किन्तु किसी भी सुलतान के तहत धर्म-परिवर्तन राज्य की नीति का हिस्सा नहीं बना। बरनी के अनुसार, जब एक धर्मशास्त्री ने इल्तुतमिश को यह सुझाव दिया कि वह हिन्दुओं के सामने यह विकल्प रखे कि या तो वे इसलाम स्वीकार करें अथवा तलवार का सामना करें तो इल्तुतमिश भी इस सुझाव से जोश में आ गया। किन्तु उसका वज़ीर निज़ामुलमुल्क जुनैदी उसे एकान्त में ले गया। उसने कहा, 'क्या बात है? यदि आपने ऐसी कोई कोशिश की तो हम सब क़त्ल कर दिये जायेंगे। हम आटे में नमक के बराबर हैं।' इस प्रकार सुलतान को आत्मघाती क़दम उठाने से रोक दिया गया। अतः देखा जा सकता है कि इतिहास की ठोस वास्तविकता दोनों समुदायों के प्रवक्ताओं की व्याख्या से कितनी भिन्न है। राष्ट्रवादी इतिहासकार इस बिन्दु पर लगातार बल देते रहे हैं। मैं यहाँ प्रोफ़ेसर मो. हबीब के प्रसिद्ध उद्धरण को प्रस्तुत करना चाहूँगा जो उन्होंने 1924 में अपनी पुस्तक महमूद 'गजनी' में दिया। उन्होंने बेलाग तरीक़े से कहा था कि 'महमूद की पूजा मुसलमान करते हैं जिन्होंने भगवान श्रीकृष्ण के उपदेश को भुलाकर छोटे-छोटे देवताओं की पूजा करना शुरू कर दिया है।' आज किसी इतिहासकार के लिए ऐसा साहसपूर्ण वक़्तव्य देना मुश्किल होगा। ऐसे मुसलमानों के हिन्दू प्रतिरूपों के लिए भी यही बात दोहराई जा सकती है।

मैं ऐसा नहीं मानता कि अरबों और सुलतानों की विजयों के कारण भारतीय अर्थव्यवस्था और संस्कृति में कोई परिवर्तन नहीं हुआ। 1956 में डी.डी. कोसम्बी ने अपनी पुस्तक 'एन इंट्रोडक्शन टू दी स्टडी ऑफ़ इंडियन हिस्टरी' में यह कहा था कि इसलामी आक्रान्ताओं ने कई तकनीकों के इस्तेमाल के प्रसार में पुरानी रूढ़ियों को ध्वस्त कर डाला। शायद इस वक्तव्य के सन्दर्भ में पी.के. गोडे के अनुसन्धानों के प्रभाव को तलाशा जा सकता है। पी.के. गोडे एक विलक्षण संस्कृतज्ञ थे जिसकी पक्षपात विहीन वैज्ञानिक दृष्टि हम सबके लिए मानक हो सकती है। प्रौद्योगिकी के इतिहास के अध्ययन के आधार पर हम यह जानते हैं कि समकोणीय दन्त-चक्र, जो रहँट द्वारा पानी उठाने की दृष्टि से बहुत महत्त्वपूर्ण था, चरखा जिसे गाँधीजी ने स्वदेशी का प्रतीक बना दिया था। यह यन्त्र भी प्राचीन भारत में मौजूद नहीं था। इसका प्रथम ज़िक्र इसामी (1350) ने अपने माप सम्बन्धी इतिहास में किया है। जहाँ तक शराब के आसवन का प्रश्न है, मुसलमानों ने और अधिक बुदबुदहीन (बिना झाग का) बनाने में अपना महत्त्वपूर्ण योगदान दिया। तेरहवीं सदी में शराब का आसवन न केवल देहली में होता था, अपितु कोल (अलीगढ़) में भी होता था जो मेरा गृहनगर है, अलीगढ़ विश्वविद्यालय का केन्द्र। मुसलमान अपने साथ क़ाग़ज भी लेकर आये और उनके साथ समूचा सांस्कृतिक, राजनीतिक, आर्थिक परिदृश्य भी बदला।

डाट, गुम्बद, चूना और जिप्सम का इस्तेमाल करते हुए मेहराबों और ईंटों द्वारा निर्माण कार्य शुरू हुआ। उक्त चीज़ें सूरसेनी स्थापत्य कला की विशेषताएँ थीं। सबसे पहले इनका इस्तेमाल दिल्ली में शुरू हुआ। वहाँ से अन्यत्र फैला। करघे में पैडल पन्द्रहवीं सदी से पहले आया। इससे बुनाई की गति बहुत बढ़ गयी थी। रेशम का उत्पादन बंगाल और कश्मीर में शुरू हुआ। प्रोफ़ेसर आर.एस. शर्मा ने 300 ई. तथा 1000 ई. के बीच शहरों का पराभव दिखाया है और उसके बाद उनका पुनरोद्भव। किन्तु तेरहवीं और चौदहवीं सदी में क़सबों का बड़ी तेज़ी से विस्तार हुआ। ए.एस.आई. द्वारा तुगलाबाद शहर का जो हवाई फ़ोटो लिया गया है, उससे भी उक्त तथ्य की पुष्टि होती है। अन्य शहरों के सतही अवशेषों तथा यात्रियों द्वारा दिये गये विवरणों तथा वृत्तान्तों से भी सल्तनत काल के नगरों और शहरों का पता चलता है। वैचारिक स्तर पर अरबी तथा फ़ारसी के माध्यम से यूनानी बुद्धिवाद और विज्ञान से व्यापक परिचय हुआ। इसलाम के यूनानी ज्ञान ने जो वैज्ञानिक चेतना निर्मित की उसी का शानदार उदाहरण अलबरूनी की प्रसिद्ध पुस्तक 'किताबुलहिन्द' (1035 ई.) थी। उक्त पुस्तक में भारतीय दर्शन और विज्ञान का जैसा वस्तुनिष्ठ विवेचन किया गया है, वह बेजोड़ है।

इस बुद्धिवाद का अकबर के दरबार में पुनर्जागरण हुआ। मध्यकालीन यूनानी-अरबी विज्ञान का अन्तिम उदाहरण सवाई राजा जयसिंह के रूप में दिखाई पड़ता है। वह जयपुर का शासक था और बहुत बड़ा खगोलाशास्त्री था। इसलामी सम्पर्कों के फलस्वरूप मुग़लकाल में चित्रकला तथा स्थापत्य कला में भी अद्भुत विकास हुआ। धार्मिक दृष्टि से दो धर्मों की उपस्थिति के कारण उनमें टकराव भी हुआ और मेलजोल भी। चुनौती और उसकी प्रतिक्रिया के आवेशित परिवेश में एक नितान्त मौलिक और भिन्न ढंग की चीज़ पैदा हुई जिसके तहत दोनों धर्मों को अस्वीकार कर दिया गया। निम्न वर्गों से आये नामदेव, कबीर, सैन तथा रैदास और नानक के एकेश्वरवाद का प्रचार-प्रसार किया। सोलहवीं सदी के इस वैचारिक आन्दोलन की परिवर्तनकामी शक्ति का अभी भी ठीक-ठीक मूल्यांकन नहीं हो सका है। अकबर और जहाँगीर के काल के एक मुसलिम धर्मशास्त्री अब्दुल हक़ मुहदिस देहलवी ने एक बार अपने पिता के बहुत बुद्धिमत्तापूर्ण वक्तव्य का हवाला देते हुए कहा था :

मुसलमान हैं और हिन्दू काफिर भी हैं, किन्तु एक तीसरी श्रेणी भी है जिन्हें मुवाहिद कहा जाता है, एकेश्वरवादी। वे न हिन्दू हैं, न मुसलमान। समाज में उनकी स्थिति को तब तक नहीं समझा जा सकता जब तक कि आदमी में परिपक्वता न आ जाये। हाल ही में इंडियन हिस्टरी कांग्रेस के अध्यक्ष ने यह ठीक ही पूछा था कि क्या हिन्दुस्तान के लोग इतने परिपक्व हुए हैं या नहीं कि वे यह समझ सकें कि हिन्दू धर्म और इसलाम ही हर चीज़ का अन्तिम सत्य नहीं है।

अन्त में, उपनिवेशवाद और राष्ट्रीय आन्दोलन के सन्दर्भ में विवेकशीलता की स्थिति की छानबीन करना चाहूँगा। पश्चिमी विश्वविद्यालयों और पश्चिमी विद्वानों द्वारा जैसा शोध कार्य हो रहा है, जैसे ड्यूमाँ का जाति विषयक दृष्टिकोण, यह हमारे संकीर्ण राष्ट्रवाद के समर्थकों को बड़ा अनुकूल लगता है। इन नये साहबों का दृष्टिकोण पूर्ववर्ती आधिकारिक दृष्टिकोण से भिन्न है। पहले यह माना जाता था कि भारतीय राज्य पूर्वी निरंकुश तन्त्र हैं। भूराजस्व लगान (रेंट) के बराबर है। अतः जो भी शासक होता था, उसका समाज में नियन्त्रण होता था। मिल और मैकाले की यही धारणा थी और प्रकारान्तर से वे यही स्थापित कर रहे थे कि अंग्रेज़ों ने मुग़लों को सत्ताच्युत करके भारत को भी अपने हित में नियन्त्रित और ढालने की कोशिश की थी। भारतीय जनता का हित उनकी दृष्टि में गौण था। मुख्य रूप से यही उपनिवेशवाद की आत्मछवि थी। किन्तु दूसरी ओर अब यह तर्क दिया जाता है कि अंग्रेज़ों की विजय कोई महत्त्वपूर्ण घटना नहीं थी, अपितु यह एक सतही घटना थी। अतः राष्ट्रीय आन्दोलन हवाई था; वह काल्पनिक शत्रुओं

के विरुद्ध लड़ाई थी। इससे यह निष्कर्ष भी निकलता है कि ब्रिटिश निज़ाम से पूर्व न कोई शक्तिशाली राज्य था, न साम्राज्य। और जब अंग्रेज़ों ने उन हवाई राज्यों को विस्थापित किया तो भी वस्तुतः उन्होंने किसी उपनिवेशीय शासन की स्थापना नहीं की। बर्टन स्टाइन के 1980 में अपने 'सेगमेंटरी स्टेट' (विखंडित राज्य) सिद्धान्त के ज़रिये एक नयी बहस की शुरुआत की। फसमैन ने 1982 में अपने एक लेख में मौर्य साम्राज्य पर पुनर्विचार करते हुए उक्त सिद्धान्त को बल प्रदान किया और एक केन्द्रीय राज्य के रूप में उसकी प्रामाणिकता पर प्रश्नचिह्न लगाया। सी.ए. बेली ने अपनी पुस्तक 'रूलर्स, टाउन्समैन एंड बाज़ार्स' (1983) में मुग़ल नौकरशाही का विश्लेषण किया है और अपने 'कारपोरेट ग्रुप्स' की तलाश की है। उन्होंने अपने हित में मुग़लों को छोड़कर अंग्रेज़ों के प्रति अपनी निष्ठा घोषित कर दी और इस प्रकार भारतीय साम्राज्य की निर्मित में अपना योगदान दिया। वस्तुतः ब्रिटिश विजय जैसी कोई घटना घटित ही नहीं हुई थी। अंग्रेज़ों के विस्तार और प्रसार और भारतीयों का मिला-जुला उद्यम निहित था। शायद उनमें अंग्रेज़ों से भी ज़्यादा भारतीयों का योगदान था। 1986 में आन्द्रे-बिंक ने अपनी पुस्तक 'सोवेरेंटी इन इंडिया' में यह तर्क दिया है कि राज्य की कोई नीति नहीं थी। भारतीय राज्य व्यवस्था में एक फितना था अर्थात एक समझौता था (अरबी शब्द का विचित्र अर्थ उन्होंने किया है)। फ्रैंक पर्लिन ने एक अन्य अरबी शब्द वतन के द्वारा यह स्थापित किया है। भारतीय राजनीति में राज्य के बजाय स्थानीय स्तर पर 'काश्तकारी' (भूमिधारी) की प्रमुख भूमिका थी। न्यू कैम्ब्रिज योजना के अन्तर्गत जो लेखन हो रहा है, उसमें यह स्थापित किया गया है कि यह उपनिवेशीय संक्रमण था अर्थात भारतीय समाज का उपनिवेशीय व्यवस्था में उसकी तरह संक्रमण था जिस प्रकार सामन्ती यूरोप का पूँजीवादी यूरोप में हुआ। न्यू कैम्ब्रिज स्कूल का भी यही कहना है कि ब्रिटिश सम्राज्य जैसी किसी चीज़ का अस्तित्त्व नहीं था; जो था, वह भारतीय साम्राज्य था (भाग 2), 'ट्रांज़ीशन टू कोलोनियलिज़्म' तथा भाग 3, भारतीय समाज। मेरे मित्र हरबंस मुखिया का कहना है कि उपनिवेशीय समाज 'उपनिवेशीय राज्य' की रचना नहीं है। ऊपरी तौर पर यह भारतीयों की अपनी निर्मित है प्रकारान्तर से यह भी कहा जा सकता है कि अमेरिका की स्पेनिश विजय का श्रेय अजटेक्स तथा इन्कास को जाता है।

ऐसा लगता है कि हम इतिहास नहीं कोई परीकथा पढ़ रहे हैं, जहाँ न कोई दस्तावेज़ी साक्ष्य का कोई अर्थ है, न सांख्यिकी का। जैसे डिनर के बाद के मनोरंजन के लिए पेश की गयी कहानियाँ हों। किसी चीज़ की कोई प्रामाणिकता नहीं। बेली ने अमीर ख़ुसरो की मज़ार को इलाहाबाद में बता दिया।

उसकी पहली पुस्तक इलाहाबाद पर ही थी। उन्हें तो इलाहाबाद के बारे में बेहतर ढंग से जानना चाहिए था। वे अपनी इस खोज से इतने आत्ममुग्ध हुए कि उन्होंने इलाहाबाद के ख़ुसरो बाग़ को एक धार्मिक स्थल मान लिया और यह भी कल्पना कर ली कि वह इलाहाबाद के मुसलिम बुद्धिजीवियों का केन्द्र रहा होगा। डिनर के बाद की इन कहानियों में ऐसी अनेक दिलचस्प ग़लतियाँ मिलेंगी। सबको सुनाने का अवकाश यहाँ नहीं है। फिर भी, आँकड़ों को लेकर जो उपेक्षा मिलती है, उसका उल्लेख आवश्यक है। दादाभाई नौराजी तथा आर.सी. दत्त ने तो आँकड़ों का ही विश्लेषण किया था, किन्तु आश्चर्य है कि अनिल सील की सुप्रसिद्ध पुस्तक (जो राष्ट्रवाद पर है) में कहीं भी आर्थिक सांख्यिकी का ज़िक्र नहीं है। अतः वे यह कह सकते हैं कि उन्नीसवीं सदी के उत्तरार्ध में भारत ब्रिटेन के लिए एक बोझ था। उल्लेखनीय है कि उस समय भारत के धन का अपवाह अपने चरम पर था। वे कोई आर्थिक आँकड़े नहीं देते। जो कुछ आँकड़े उन्होंने दिये हैं, वे आधुनिक शिक्षा के बारे में हैं या फिर ऐसी सूचनाएँ हैं कि दादाभाई नौराजी को बम्बई के बनियों और वकीलों से कितना पैसा मिलता था और वे उस धन पर कितना निर्भर थे। हमें यह याद रखना चाहिए कि ईस्ट इंडिया कम्पनी के सरकारी आँकड़ों के मुताबिक़ 1780 में सालाना अपवाह लगभग 0.5 मिलियन पौंड या 0.9 मिलियन पौंड था जो उस समय बंगाल के राजस्व से ज़्यादा था। उसके बाद उन्नीसवीं सदी में वि-उद्योगीकरण शुरू हुआ। इस बाबत पर्याप्त बहस हो चुकी है। राष्ट्रीय आन्दोलन के निर्माण में उक्त कारकों की महत्त्वपूर्ण भूमिका रही है। कैम्ब्रिज स्कूल और उसके समर्थक इनको नज़रअन्दाज़ करते हैं। मुझे लगता है कि सबॉल्टर्न स्कूल के हमारे मित्रों (प्रोफ़ेसर रणजीत गुहा और उनके अनुयायी) के लिए ब्रिटिश साम्राज्यवाद और भारतीय राष्ट्रवाद (मज़दूर वर्ग, किसान और पूँजीपति वर्ग जिसके प्रमुख घटक थे) के बीच का अन्तर्विरोध कोई ख़ास अर्थ नहीं रखता। उसके लिए सबॉल्टर्न वर्गों (जिनमें वे ज़मींदारों को भी शामिल करते हैं) की स्वायत्तता ज़्यादा महत्त्वपूर्ण है। सबॉल्टर्न इतिहासकार भी राष्ट्रीय आय और निर्यात के आँकड़ों, धन-अपवाह, कराधान (परोक्ष कराधान से भारतीय किसान वर्ग के शोषण का पता चलता है) आदि पर कोई विचार नहीं करते। किन्तु, यदि हम यह जानना चाहते हैं कि उस समय भारत की क्या स्थिति थी तो हमें राष्ट्रीय स्तर की सांख्यिकी को अवश्य ध्यान में रखना होगा। हमें यह देखना चाहिए कि भारत की अधिसंख्य जनता पर क्या गुज़र रही थी; तब उपनिवेश का अर्थ समझ में आयेगा और यह भी समझ में आयेगा कि राष्ट्रीय

आन्दोलन क्यों उठ खड़ा हुआ। अतः दादाभाई नौराजी और दत्त के समान हमारे निष्कर्ष भी इन्हीं बिन्दुओं पर आधारित होने चाहिए।

अन्त में, मैं क्षमा चाहूँगा कि मुझे इतिहास में विवेकशीलता के पक्ष में इतना समय लेना पड़ा। मैंने यह महसूस किया है कि यदि भारतीय इतिहासकारों और पुरातत्त्ववेत्ताओं को अपनी प्रतिष्ठा की रक्षा करनी है तो विवेक विरोधी दृष्टियों से टकराना ही होगा। क्या हम भारत को एक आधुनिक राष्ट्र बनाना चाहते हैं? एक ऐसा राष्ट्र जो सामाजिक बराबरी पर आधारित हो, जिसके लिए राष्ट्रीय आन्दोलन के दौरान लड़ाई लड़नी पड़ी थी। यह हम एक विभाजित और खण्डित राष्ट्र चाहते हैं? ज़ाहिर है कि ऐसे राष्ट्र की परिणति हमारे महाविनाश में होगी। इतिहासकार और साधारण नागरिक के रूप में यह हम सबका कर्तव्य है कि हम सब कन्धे से कन्धा मिलाकर भारतीय राष्ट्र की रक्षा के लिए सन्नद्ध हों।

अध्याय तीन

भारतीय इतिहास में जाति

I

जाति भारत में सर्वाधिक विलक्षण और कई लोगों के अनुसार अनोखी सामाजिक संस्था है। हमारे इतिहास और संस्कृति की कोई भी व्याख्या जाति प्रथा को शामिल किये बिना पूरी नहीं हो सकती है। डी.डी. कोसम्बी की विद्वता की चिरकालिक उपलब्धियों में से एक मानववैज्ञानिक अन्वेषण की जीवन्त भावना के साथ ऐतिहासिक विकास की समालोचनात्मक व्याख्या को एकसूत्र में बाँधने की उनकी क्षमता है। मुझे उम्मीद है कि इस व्याख्यान के विषय के रूप में भारतीय इतिहास में जाति की भूमिका को चुनकर मैं कोसम्बी की सर्वाधिक अन्तर्दृष्टि पर कुछ चर्चा कर सकूँगा।

ऐसे किसी प्रयास के पहले जाति की परिभाषा की समस्या से निपटना ज़रूरी है। इसमें आश्चर्य नहीं है कि ऐसा करना कठिन होगा लेकिन शायद प्रस्थान बिन्दु के रूप में इस्तेमाल के लिए एक कामचलाऊ परिभाषा निकालने की कोशिश की जा सकती है। हम कह सकते हैं कि जाति काफ़ी सुस्पष्ट, पृथक् समुदाय है जिसके अलग-अलग सदस्य एक-दूसरे के साथ सजातीय विवाह (और अनुलोम विवाह) के माध्यम से और प्रायः सामान्य पारम्परिक वास्तविक या काल्पनिक पेशा या कार्य से जुड़े होते हैं। लेकिन ऐसा प्रतीत होता है कि कई समाजशास्त्री इस परिभाषा को बिल्कुल अपर्याप्त मानते हैं। वे कहते हैं कि अन्य जातियों की तुलना में, वह दर्जा जिसकी अभिव्यक्ति अपनी जाति के सापेक्ष अन्य जातियों की 'शुचिता' और 'अशुचिता' के रूप में और प्रत्येक जाति को प्रदत्त या अनुसरण किये जाने वाले विशिष्ट कर्मकाण्डों और रिवायतों में होती है।[1] होमो हाइरार्किकस[2] में लुई ड्यूमाँ मानते हैं कि पदसोपान का सिद्धान्त जाति प्रथा का मुख्य अवयव है इसके बिना कोई जाति नहीं होगी।

हमें हमारे द्वारा सुझाई गयी, सरल परिभाषा का अनुसरण करना चाहिए या जिस प्रकार की परिभाषा ड्यूमाँ द्वारा दी गयी है उसका यह महज़ अर्थ-मीमांसा

का मामला नहीं है, यह जाति प्रथा और हमारी सभ्यता के इतिहास को समझने के लिए काफ़ी महत्त्वपूर्ण है, इसलिए मैं चाहूँगा कि पाठक ड्यूमाँ के विचारों की कुछ विस्तृत पड़ताल करें।

ड्यूमाँ के अनुसार जाति प्रथा को अनिवार्य रूप से धार्मिक (हिन्दू) विचारधारा के अर्थ में समझा जाना चाहिए जो इसके विभिन्न रूपों में व्याप्त हैं। यह अन्तहीन, जटिल, यहाँ तक कि अन्तर्विरोधी, पदसोपान में प्रतिबिम्बित होता है, जिसमें ब्राह्मणों को सर्वोच्च स्थान प्राप्त है और वह इसके कर्मकाण्डों का नियन्त्रण करता है।[3] यह दर्जा सत्ता या धन के वास्तविक वितरण से उत्पन्न नहीं होता है, न ही इससे इसका कोई मेल है, बल्कि यह शुचिता या प्रदूषण के मौलिक सिद्धान्त के विश्लेषण से उत्पन्न होता है। इस प्रकार जातियाँ न तो वर्गों का आत्यन्तिक रूप[4] हैं, न ही जाति प्रथा सामाजिक स्तरीकरण की प्रणाली है धन या सत्ता के वितरण से इसका सम्बन्ध न तो है, न होना ज़रूरी है।[5] ड्यूमाँ ज़ोर देकर कहते हैं कि जाति को 'सम्पूर्णता के एक भाग' (उनका पसन्दीदा मुहावरा) के रूप में समझा जाना चाहिए। इसका मतलब है कि सम्पूर्ण समाज को जातियों में बाँटना ज़रूरी है और इसमें कोई उल्लेखनीय अवशेष नहीं होना चाहिए। इस प्रकार प्रभावी रूप में जाति या तो सामाजिक संगठन के सबसे सशक्त और एकमात्र रूप में मौजूद हो या इसका बिल्कुल भी अस्तित्त्व न हो।[6]

यदि यह सब स्वीकार किया जाये यानी जाति प्रथा 'शुचिता' की विचारधारा से उत्पन्न हुई जो 'सापेक्ष' 'शुचिता' के आधार पर वरीयताक्रिया के विस्तार के रूप में प्रकट हुई, और आर्थिक परिघटना से इसका सम्बन्ध नहीं था, तो निश्चित ही भारतीय समाज में आर्थिक संवेग काफ़ी कमज़ोर रहा होगा। इसके अलावा यदि जाति प्रथा ने भारत को परिवर्तनशील सामाजिक पदसोपान दिया तो भारत का ऐसा कोई इतिहास नहीं रहा होगा जिसकी पहचान इस रूप से की जा सके। ड्यूमाँ इन दोनों विचारों का तत्परतापूर्वक समर्थन करते हैं।

वह कहते हैं 'मैं पारम्परिक भारत के साथ आर्थिकी की श्रेणी के लागू होने के प्रश्न को उठाना चाहूँगा।' इस 'मूलभूत' तथ्य के औचित्य में वह कहते हैं कि हमारे अपने पश्चिमी समाज में भी अठारहवीं सदी के अन्त में ही अर्थशास्त्र एक सुस्पष्ट श्रेणी के रूप में उभरा जो 'राजनीति से स्वतन्त्र' था।[7] यह तर्क इतना अतार्किक है कि इस बात पर सन्देह होने लगता है कि ड्यूमाँ को सही-सही समझा गया या नहीं। यह तथ्य कि किसी समय में समाजविज्ञान नहीं था इसका मतलब यह नहीं है कि इस विज्ञान के आगमन के पहले कोई समाज नहीं रहा था; इस प्रकार अठारहवीं सदी के पहले एक विज्ञान के रूप में अर्थशास्त्र मौजूद नहीं था,

इसका मतलब यह नहीं है कि इंग्लैंड के गृह युद्ध, या इसके पूर्व की किसी ऐतिहासिक घटना के पीछे आर्थिक कारकों की बात नहीं की जा सकती है।

इसी प्रकार भारत भी इतिहास से वंचित है :

सामान्य रूप में भारतीय साहित्य और सभ्यता में समय, घटनाओं, इतिहास के प्रति उदासीनता इतिहासकार के काम को बहुत कठिन बना देना है। लेकिन इन स्थितियों में क्या उस अर्थ में भारत का कोई इतिहास है जिस अर्थ में ईसाई सभ्यता या यहाँ तक कि चीन का इतिहास है?[8] दूसरे शब्दों में, क्या हम कहेंगे कि उस व्यक्ति की जीवनी नहीं लिखी जा सकती जिसने अपनी कोई आत्मकथा नहीं लिखी।

ड्यूमाँ यहाँ-वहाँ यह उदाहरण पेश करते हैं कि कोई किस प्रकार भारत 'की' अनैतिहासिकता (नॉन-हिस्ट्री) की व्याख्या कर सकता है। सबसे प्रभावशाली उदाहरण उनकी बौद्ध धर्म के उत्थान और पतन की व्याख्या है। वह कहते हैं, 'जाति प्रथा की विचारधारा व्यक्तियों से समाज के त्याग की माँग करती है।'[9] कुछ 'त्यागियों' ने ब्राह्मणों से प्रतिस्पर्द्धा शुरू कर दी। इसी प्रतिस्पर्द्धा ने बौद्ध धर्मावलम्बियों और जैनियों ने अहिंसा के सिद्धान्त का प्रतिपादन किया और पशुवध व मांस-भक्षण की प्रदूषणकारी कार्य के रूप में भर्त्सना की। इसके फलस्वरूप ब्राह्मणों ने पशु बलि छोड़ दी और अपने प्रतिद्वन्द्वियों की तुलना में अधिक ज़ोर और व्यवस्थित ढंग से शाकाहारवाद पर ज़ोर दिया।[10] इस प्रकार बौद्ध मतावलम्बियों को कुंठित कर दिया गया। शाकाहारवाद शुचिता का एक और प्रतीक बन गया और ब्राह्मण चैन से सोते रहे जब तक कि अगले प्रतिद्वन्द्वी (यानी लिंगायत) विचित्र प्रतिस्पर्द्धी प्रतिपादनों के साथ सामने नहीं आये। आरम्भिक बौद्ध धर्म की सफलता की व्याख्या के लिए कोसम्बी चरागाह जीवन से कृषि में परिवर्तन, आर.एस. शर्मा शहरों के अभ्युदय और वाणिज्य के विकास को उपयोग कर सकते हैं लेकिन उनका प्रयास व्यर्थ है। इसके पीछे एकमात्र कारक या 'शुचिता की धारणा' के प्रति अधिक सफल अपील और जिस चीज़ ने इस अपील को सम्भव बनाया वह पुनः 'त्याग' की परिघटना थी।

यदि जाति प्रथा के बारे में किसी समकालीन पाश्चात्य समाजवैज्ञानिक की धारणा को सही साबित करने के लिए भारत का इतिहास ऐसा होना है, तो क्या इस बात की सम्भावना अधिक नहीं है कि भारतीय इतिहास की धारणा के बजाय इस धारणा में कुछ गड़बड़ है? दरअसल ड्यूमाँ के जाति प्रथा के बारे में बहुत ही संकीर्ण विचार का काफ़ी अच्छा ऐतिहासिक विश्लेषण हो सकता है। पिछले सौ वर्षों और अधिक समय के दौरान श्रम का पारम्परिक विभाजन यदि समाप्त

नहीं हुआ तो कम-से-कम काफ़ी हद तक कम हो गया है।[11] नतीजतन यह पहलू जाति के बचे-खुचे दायरे की पृष्ठभूमि में चला गया है।[12] लेकिन विशुद्ध रूप से धार्मिक और व्यक्तिगत पहलू कम प्रभावित हुए हैं। (यह देखा जा सकता है कि यह केवल भारत में ही नहीं हुआ है : धार्मिक विचारधारा उस समाज के समाप्त होने के काफ़ी समय बाद तक भी चलती रहती है जिसे विवेकपूर्ण बनाने का काम उस धर्म विशेष ने किया था)। जाति प्रथा के बचे हुए तत्त्वों (मुख्य रूप से धार्मिक) को मुख्य तत्त्व मानना और ह्रासोन्मुख पहलुओं (आर्थिक) को गौण या बेकार मानना स्पष्ट रूप से प्रलोभनकारी है। ड्यूमाँ इस प्रलोभन के न केवल वशीभूत हो जाते हैं, वरन वह भारत की व्याख्या करने के लिए एक ग़लत धारणा पर पूरी सैद्धान्तिक संरचना तैयार कर लेते हैं। लेकिन भारत में जिस पदसोपानी व्यक्ति की अवधारणा का वे प्रतिपादन करते हैं उसे स्वीकार करना उतना ही कठिन है जितना उनकी यह अवधारणा कि आज पाश्चात्य समाज 'समतामूलक' है।

II

तब यदि होमो हाइरार्किकस एक निश्चित राय बनाने में हमारी मदद नहीं करती है तो हमारे लिए उस दृष्टिकोण का उपयोग करना महत्त्वपूर्ण है जिसे कोसम्बी ने स्पष्ट रूप से प्रस्तुत किया और निरन्तर अनुसरण किया, वही दृष्टिकोण जिसकी कार्ल मार्क्स ने शुरुआत की। जाति को प्रमुख रूप से विभिन्न सामाजिक संरचनाओं में इसकी भूमिका के रूप में देखा जाना चाहिए जिसकी उत्पत्ति क्रमिक रूप में हुई है। एक सामाजिक संरचना (फॉर्मेशन) चूँकि 'श्रम प्रक्रिया' के रूप पर आधारित होती है, इसलिए इसकी उत्पत्ति समाज में उत्पादकों के 'अधिशेष' उत्पन्न करने में सक्षम होने के बाद उत्पन्न होती है। इस अवस्था के आने के पहले जाति जैसी सामाजिक संस्था की मौजूदगी की उम्मीद करना व्यर्थ है। सचमुच ड्यूमाँ खुद भी यह मानते हैं क्योंकि वह स्वीकार करते हैं कि जातियों की उत्पत्ति के लिए श्रमविभाजन ज़रूरी है जोकि आदिम समाजों में नहीं पाया जा सकता है।[13] ऋग्वेद में पुरुषसूक्त को चार वर्णों का मूल सूक्त या कथन माना जाता है। यह जाति की बजाय सामाजिक वर्गों का वर्णन है। राजन्य, कुलीन वर्ग, ब्राह्मण, पुजारी वर्ग, विष जनसामान्य (मुख्य रूप से कृषक वर्ग) का शूद्र, जो कि दस्यु से व्युत्पन्न है, दास समुदायों का प्रतीक है। वैदिक काल में भी आनुवंशिक श्रम विभाजन या किसी प्रकार के सगोत्र विवाह का संकेत नहीं है। इस प्रकार वर्णव्यवस्था, जाति प्रथा की कोई ख़ास पूर्व सूचना नहीं देती है जो बाद में विकसित होने वाली थी।

कोसम्बी ने ऐन 'इंट्रोडक्शन टू द स्टडी ऑफ़ इंडियन हिस्ट्री' में कहा है कि जातियाँ मूल वैदिक समाज में वर्णों के आन्तरिक विभाजन से उत्पन्न नहीं हुईं बल्कि यह बिल्कुल बाहरी प्रक्रिया से उत्पन्न हुईं। 'भारतीय इतिहास का सम्पूर्ण कालक्रम यह दर्शाता है कि जनजातीय तत्त्व सामान्य समाज में आकर मिले। यह परिघटना भारतीय समाज की सबसे उल्लेखनीय विशेषता अर्थात जाति की बुनियाद में है।'[14] इस विचार की पुष्टि जाति शब्द के उपयोग से की जा सकती है। जब यह कहा जाता है कि बुद्ध शाक्य जाति के थे तो स्पष्ट रूप से इस शब्द का अभिप्राय जनजाति से होता है। जब उसी साहित्य में हम उत्कृष्ट और निम्न जाति के बारे में पढ़ते हैं तो स्पष्ट रूप से इसका अभिप्राय जातियों से होता है।[15] जनजातियाँ प्रायः सख़्त रूप से सगोत्र विवाह करती हैं; इसीलिए बुद्ध की कहानी शाक्य भाइयों की है जो अपनी बहनों से विवाह करते थे ताकि जनजाति के बाहर विवाह न करना पड़े।[16] क्या हम यह मान सकते हैं कि जनजातियाँ 'सामान्य समाज' में शामिल हुईं, और अपनी सगोत्रीय विवाह की प्रथाएँ उस समाज में लेकर आयीं? यदि जनजातीय लोग पहले ही कृषि समुदाय थे तो वे शीघ्र ही अपने प्रदेश की कृषक जाति में तब्दील हो जायेंगे।

बहरहाल, 'सामान्य समाज में प्रवेश करने वाली' जनजातियों में बड़ी संख्या में जंगलों में रहने और शिकार करने वाली या भोजन एकत्र करने वाली आदिम जनजातियाँ भी शामिल होंगी, जिन्हें प्रगतिशील कृषक समुदायों द्वारा दमन किया जाता था। इसका विश्लेषण शाक्यों और कोलियों के बीच संघर्ष से किया जा सकता है।[17] कोसम्बी ने, नागाओं, जो जंगलों में रहते थे पर काफ़ी बड़ा अनुच्छेद लिखा है। ये आर्यों के आगमन से पहले पीछे हट गये लेकिन उनके अवशेष ब्राह्मण लोककथाओं और उत्तर वैदिक कर्मकाण्डों में मिलते हैं।[18] जैसाकि आहार संग्रहकर्ताओं का दमन किया गया, वे निम्नतम जाति के बन गये, वे इतने निम्न थे कि वर्णव्यवस्था से भी बाहर हो गये।[19] मनुस्मृति में 'मिश्रित जातियों' की गणना इस प्रकार के समुदायों की अधिकता दर्शाती है : साइर आंध्रा जानवर पकड़ते हैं, क्वार्ता मल्लाह हैं, निषाद मछली पकड़ते हैं, मेदास, आंध्रा, चुंचु और मागडस 'जंगली पशुओं के वध' से जीवित हैं, क्षत्री, उग्र, और पुक्कस 'बिलों में रहने वाले पशुओं को पकड़कर और मारकर' आजीविका चलाते हैं, कारवारा और घीग्वंश चमड़े का काम करते और पांडूसोपका गन्ने (केन) का काम करते हैं (मनुस्मृति, X, 32, 34, 36-37, 48-49)। बौद्ध ग्रन्थों में चाण्डाल और निषाद दोनों शिकारी के रूप में उल्लिखित हैं। वे मूल 'अछूत' जातियाँ थीं।[20] चूँकि वे कृषि कार्य से बहिष्कृत थीं, और उनका अपना मूल या परिवर्तित पेशा मामूली

या मौसमी महत्त्व का था, इसलिए वे बड़ी संख्या में उपलब्ध, गुलाम, भूमिरहित मज़दूर थे, जो किसानों का श्रेष्ठ ज़मीन मालिकों को न्यूनतम लागत पर उपलब्ध थे। इस विचार से बचना कठिन है कि इन मज़दूर जातियों के लिए शेष आबादी ने जो कटु शत्रुता प्रदर्शित की है वह हितों के इस मौलिक टकराव से उत्पन्न है। 'शुचिता' और 'प्रदूषण' की अवधारणाएँ इसी मौलिक तथ्य की युक्ति संगत व्याख्याएँ थीं।

कृषक वर्ग और सेवक जातियों का विभाजन बहुत ही सामान्यीकृत रूप में श्रम विभाजन को दर्शाता है। लेकिन आर. एस. शर्मा ने दूसरी शहरी क्रान्ति की ओर ध्यान आकर्षित किया (पहली हड़प्पा संस्कृति द्वारा दर्शायी गयी) जो बौद्ध धर्म के अभ्युदय की सन्ध्या को हुई।[21] इसका अभिप्राय यह है कि अनेक उत्पादक कौशल का विकास हुआ। गोर्डन चाइल्ड ने कई नये पूर्णकालिक विशेषज्ञों के उभरने के लिए नये उपकरणों और श्रम की बचत करने वाली युक्तियों के महत्त्व पर ज़ोर दिया, जैसे क़ब्ज़ेदार चिमटा, कतरनी, हँसिया घूमने वाली चक्की।[22] इसमें से कुछ औज़ार (कैंची, चक्की) प्रथम सदी में तक्षशिला में मिलते हैं।[23] जातक कथाओं में 'विनिर्माताओं के गाँव' का परिचय मिलता है, जहाँ लोहार और बढ़ई रहते हैं।[24] सम्भव है सामान्य समाज में थोक में आयी जनजातियों ने उभरते श्रम विभाजन के दबाव में पुराने विभाजन को छोड़ना शुरू कर दिया। मूल जनजाति से अलग हुए विभिन्न शिल्पकारों की विशिष्ट जातियाँ बन गयीं। इन मनुस्मृति (X, 47-48) में 'मिश्रित जाति' में बढ़ई, सारथि और चिकित्सक शामिल हैं। वाणिज्य के विकास के आधार पर इसी प्रकार की विभेदन की प्रक्रिया के फलस्वरूप वणिक जातियों की उत्पत्ति हुई, जिसका जातक में प्रमुखता के साथ उल्लेख मिलता है। समय के साथ उनका अपना विशिष्ट वैश्य वर्ण बन गया।

जाति के ढाँचे में ब्राह्मणों का स्थान स्वाभाविक रूप से उनके पूजा सम्बन्धी कार्यों और जाति प्रथा की रक्षा करने वाले धर्म के संरक्षण की भूमिका से व्युत्पन्न था। कोसम्बी सुझाव देते हैं कि उनका यह स्थान आंशिक रूप से कैलेंडर की उनकी समझ के कारण था जोकि कृषि कार्यों के विनिमय के लिए आवश्यक था।[25]

जातीय संरचना के एक भाग जिसमें परिवर्तन की सर्वाधिक सम्भावना थी वह शासक और योद्धा वर्ग का था यानी क्षत्रिय (राजन्य) वर्ग का था। आक्रमण और विद्रोह के कारण सैन्य शक्ति का आनुवंशिक एकाधिकार बहुत मुश्किल था, जैसाकि पुराणों में इसका बहुत अधिक प्रमाण मिलता है। इस प्रकार तार्किक दृष्टि से जाति प्रथा जहाँ सबसे मज़बूत होनी चाहिए थी वहाँ यह सबसे कमज़ोर थी यानी शासक वर्ग समुदाय में। इस तरह पूरी जातीय संरचना में शोषण प्रणाली

की प्रकल्पना है जिसके प्रमुख लाभार्थी, प्रायः अधिकार क़ब्ज़ा करने वाले या बाहरी रहे हैं।

III

प्रायः हर कोई सहमत प्रतीत होता है कि भारत में जाति प्रथा को सार्वभौम बनाने में ब्राह्मणों ने प्रमुख भूमिका अदा की और जाति के सिद्धान्त को धर्म के साथ मिलाकर ब्राह्मणों ने जाति प्रथा और ब्राह्मणवाद को अभिन्न बना दिया है। इन प्रकल्पनाओं का एक नतीजा यह हुआ है कि जाति निर्माण की प्रक्रिया में बौद्ध धर्म की भूमिका प्रायः लोगों की नज़र से बच गयी है।

कोई भी व्यक्ति जो कौटिल्य की पुस्तक 'अर्थशास्त्र' को पढ़ता है जिसमें वर्णव्यवस्था पर बहुत अधिक ज़ोर दिया गया है और उसके बाद अशोक के शिलालेखों को पढ़ता है तो उसे दोनों में ज़बर्दस्त विरोधाभास मिलता है। अशोक के पाठ में पर्ण (जाति) शब्द कहीं भी दिखाई नहीं देता है; वर्ण नियमों का अनुपालन अव्यक्त रूप में भी इस धम्म का हिस्सा नहीं है जिसका अशोक ने प्रसार किया और जिसके सिद्धान्तों को शिलाओं और स्तम्भों पर लिखवाया। चूँकि बौद्ध धर्म ने ब्राह्मणों की धार्मिक श्रेष्ठता को अस्वीकार किया इसलिए इसने वेदों से विरासत में मिले वर्ण विभाजन की वैधता पर प्रश्न खड़ा किया है।

और फिर भी यह पूछा जा सकता है कि क्या जाति प्रथा के विकास में बौद्ध धर्म का अपना कोई योगदान था। कई सिद्धान्त, या आत्माओं के देहान्तरण में विश्वास जोकि बौद्ध दर्शन का आधार था, जाति प्रथा का आदर्श विवेकवादी व्याख्या था। जो इसके सर्वाधिक पीड़ित व्यक्तियों में भी इसके औचित्य के विचार का संचार करता था। मनुस्मृति (XI, 24-26) में यह पहले ही जाति के सिद्धान्त के अहम अंग के रूप में दिखाई देता है।

दूसरा, अहिंसा पर ज़ोर दिया गया था। कोसम्बी बौद्ध धर्म में पशुवध से बचने पर ज़ोर का मुख्य कारण चरागाही व्यवस्था के स्थान पर व्यवस्थित कृषि व्यवस्था आ जाने के बाद भी ब्राह्मणों द्वारा बलि के नाम पर बड़े पैमाने पर पशुवध करने की निरर्थकता को मानते हैं।[26] स्वाभाविक है कि कोसम्बी हिंसा या क्रूरता की अस्वीकृति के प्रति बुद्ध की संजीदगी की निन्दा करना नहीं चाहते थे (और आख़िर अशोक ने कलिंग में उसकी सेना द्वारा किये गये नरसंहार की भर्त्सना की)[27] उनका अभिप्राय केवल यह था कि बड़े पैमाने पर पशुवध की कोई भी आलोचना 'पशु पालन करने वाले वैश्यों' में लोकप्रिय होगी। लेकिन मैं विनम्रतापूर्वक सुझाव देना चाहूँगा कि अहिंसा क्यों एक लोकप्रिय सिद्धान्त बन

गया और इसका अपेक्षाकृत अधिक विश्वसनीय कारण क्या था। यह भोजन एकत्र करने वाले समुदायों के दमन और गुलाम बनाने का कारण भी था। शिकार और मछली मारने के विरुद्ध अशोक के शिलालेखों में निहित निर्देश[28] और बौद्ध धर्म ग्रन्थ 'पशु वध करने वाली जातियों' को उतना ही निकृष्ट मानते हैं जितना ब्राह्मणवादी धर्म ग्रन्थ।

सचमुच, यहाँ बौद्ध धर्म ने भी वर्णव्यवस्था में कृषक वर्ग को अन्तिम स्थान देने में योगदान दिया। कृषक वर्ग को वैश्य की बजाय शूद्र की श्रेणी में आना चाहिए, आर.एस. शर्मा की यह व्याख्या व्यावहारिक रूप से उन्हें परिभाषित करती है।[29] इस निन्दा में अहिंसा सिद्धान्त ने भी अहम भूमिका अदा की। मनु (X, 84) हल उपयोग की भर्त्सना करता है क्योंकि इसकी लोहे की नोक से जीवित जन्तुओं को ज़ख़्म पहुँचता है। बाद में बौद्ध धर्म में भी यह बात सुनाई पड़ती है; इत्सिंग कहता है कि बुद्ध ने बौद्ध भिक्षुओं को खेती करने से मना किया क्योंकि इसमें हल जोतने और खेत में पानी लगाने से जीवों का नाश होता है।[30]

इसलिए यह मानना ग़लत होगा कि इस घटनाक्रम में जाति की विचारधारा विशिष्ट रूप से ब्राह्मणवादी है।

IV

तब बौद्ध धर्म के अभ्युदय से लेकर गुप्तकाल (चौथी और पाँचवीं सदी तक) तक के समय को भारतीय जाति प्रथा और इसकी सहयोगी 'विचारधारा' का निर्माण काल माना जा सकता है। यह उल्लेखनीय है कि बाहरी पर्यटक इस प्रथा के 'वरीयता क्रम' को नहीं बल्कि आनुवंशिक पेशों को देखकर आश्चर्यचकित थे। मेगास्थनीज (300 ई.पू.) जो सात जातियों के बारे में बताते हैं और ह्वेनसांग दोनों इस सम्बन्ध में अनधिकृत वक्तव्य देते हैं। बाद के समय के विदेशी प्रेक्षकों जैसे बाबर और बर्नियर ने भी ऐसी ही बात कही है।[31]

जाति प्रथा श्रम विभाजन का बहुत ही सख़्त रूप थी और इसलिए यह उत्पादन सम्बन्धों का अहम हिस्सा थी। लेकिन जाति प्रथा श्रम की दो अलग-अलग दुनिया में काम करती थी और इसलिए जाति प्रथा और जिस सामाजिक संरचना का यह हिस्सा थी, दोनों को समझने के लिए इन दोनों के बीच फ़र्क़ को समझना ज़रूरी है। मार्क्स ने रिचर्ड जोन्स से बहुत ही महत्त्वपूर्ण अन्तर्दृष्टि प्राप्त की जब उन्होंने गाँव के कारीगरों और शहर के कारीगरों के बीच अन्तर किया जो पूरी तरह बाज़ार की अनिश्चितता पर निर्भर थे। एक मामले में जातीय श्रमिक प्राकृतिक अर्थव्यवस्था से सम्बन्धित था दूसरे में वस्तु या मौद्रिकृत क्षेत्र से।[32]

भारतीय ग्रामीण समुदाय पर मार्क्स के लेखन से जो परिचित हैं, वे स्मरण कर सकते हैं वह इसकी अर्थव्यवस्था का आधार दो विपरीत तत्त्वों जो साथ-साथ मौजूद हैं, में बताते हैं, कृषि और विनिर्माण कार्यों का घरेलू सम्मिश्रण जिससे विनिमय का दायरा गाँव के भीतर सीमित हो जाता था, और 'अपरिवर्तनीय श्रम विभाजन' जिसमें किसी ख़ास जातियों के कारीगर और मज़दूर पूरे गाँव के नौकर के रूप में काम करते थे। इन्हें वस्तु रूप में या ज़मीन के आबंटन के रूप में पारम्परिक भुगतान के ज़रिये रखा जाता था और पुनः वस्तु विनिमय किया जाता था।[33] मैक्स वेबर ने इस प्रकार के जाति निर्धारित श्रम को विश्वकर्मा की प्रकृति के श्रम (डेमिअर्जिकल लेबर) का नाम दिया।

डब्ल्यू.एच. बाइजर के बाद के समय से आधुनिक समाजशास्त्री इस विचार पर ठण्डा पानी छिड़कते रहे हैं। उनके अनुसार वास्तविक प्रणाली विश्वकर्मा की प्रकृति के श्रम की नहीं बल्कि जजमानी प्रथा थी। एक ऐसी प्रथा जिसमें कारीगर केवल कुछ ख़ास परिवारों की सेवा करते थे। लुई ड्यूमाँ के लिए जैसी कि उम्मीद की जानी चाहिए, यह तुरन्त किसी ऊँची जाति के परिवारों और 'शुचिता' के विशेषज्ञों जैसे ब्राह्मणों और नाई के बीच कर्मकाण्डीय सम्बन्ध बन जाता है। बाद में जिसका विस्तार अन्य कारीगरों और श्रमिक जातियों के बीच हुआ। इसलिए हमें बताया जाता है; अन्तिम विश्लेषण में, श्रम विभाजन धार्मिक या ग़ैर-धार्मिक या आर्थिक कार्यों का कम या अधिक अकारण सम्बन्ध नहीं दर्शाता है बल्कि यह अन्तर्निर्भरता के धार्मिक आधार और धार्मिक अभिव्यक्ति दोनों को दर्शाता है। इसके अलावा यह अन्तर्निभरता धर्म से करता है।[34] शायद ड्यूमाँ ने अपने संस्करण को वर्तमान ऐतिहासिक शोध पर ग़ौर किये बिना चलने दिया है। 1972 में हिरोशी फुकोयामा ने अठारहवीं सदी के रिकॉर्ड्स की अपनी पड़ताल को प्रकाशित किया जिसमें महाराष्ट्र काफ़ी समृद्ध था। उनका निश्चित निष्कर्ष, जो कि दस्तावेज़ी साक्ष्य पर आधारित था, यह था कि जजमानी प्रथा केवल परिवारों में पुजारी के लिए लागू थी, पारम्परिक 12 बलुत (बढ़ई, लोहार, कुम्हार, मोची, नाई आदि) मूल रूप से गाँव के सेवक थे और उनका भुगतान ज़मीन (वतन) और किसानों की फ़सलों से किया जाता था। फुकोयामा का साक्ष्य[35] इतना पक्का है कि इसके परिणामस्वरूप यह कहा जाता है कि यदि आधुनिक गाँव के कारीगर केवल कुछ परिवारों के सेवक प्रतीक होते हैं तो यह आधुनिक स्थितियों में पुरानी प्रथा के क्षरण के कारण है।

गाँव के सेवकों के लिए ऐतिहासिक साक्ष्य दरअसल काफ़ी पहले से मौजूद हैं। कोसम्बी पाँचवीं सदी में उत्तर भारत के गाँवों में बढ़ई के पास ज़मीन होने

का पुरालेखीय साक्ष्य प्रस्तुत करते हैं।[36] इसी प्रकार बी.एन.एस. यादव लेखा पद्धति दस्तावेज़ों (गुजरात, C. 1000) की ओर ध्यान आकर्षित करते हैं जिसमें गाँव के पाँच कारीगरों (पंच कारक) यथा—बढ़ई, लोहार, कुम्हार, नाई और धोबी का उल्लेख है, जो किसान से मुट्ठी भर अनाज प्राप्त करने के हक़दार थे।[37] अलाउद्दीन ख़लजी के कराधान के उपायों (चौदहवीं सदी के आरम्भ में) के बारे में बरनी के विवरण में बालाहार या गाँव के सेवक के पास सबसे कम ज़मीन होने की बात कही गयी है।[38]

इस प्रकार गाँव की आन्तरिक प्राकृतिक अर्थव्यवस्था और इसकी आत्मनिर्भरता को बनाये रखने के लिए परम्परागत कारीगर और दास बहुत महत्त्वपूर्ण थे। इस प्रकार की आत्मनिर्भरता गाँव को, न केवल पृथक् करती थी बल्कि शासक वर्ग को अधिशेष का एक बड़ा हिस्सा प्रदान करने की इसकी क्षमता का भी विस्तार करती थी क्योंकि इसे अपने प्रयोजनों के लिए विनिमय हेतु बहुत अधिक अतिरिक्त उपज की आवश्यकता नहीं थी।

अधिशेष उत्पाद जब गाँव के बाहर ले जाया जाता था, यह वस्तु विनिमय के क्षेत्र में प्रवेश करता था जैसाकि मार्क्स ने कैपिटल, खण्ड I, में भारतीय ग्रामीण समुदाय के बारे में अपने एक अनुच्छेद में लिखा था। गाँव के बाहर कारीगर बाज़ार में अपने बर्तन बेचते हुए दिखते हैं। 'पीढ़ी दर पीढ़ी' 'विशेष कौशल' प्राप्त करने के लिए जाति आधारित खानदानी पेशा अपनाना ज़रूरी था।[39] खानदानी रूप से पेशों के अनुसरण का कौशल बना रहता था। इसके अलावा जाति प्रथा के शासक वर्ग को एक और लाभ था। इससे कई कारीगर जातियों को निम्नतर दर्जा प्राप्त होता था। मनुस्मृति में कारीगर, जातियाँ मिश्रित जातियों के रूप में दिखती हैं; ग्यारहवीं सदी में अलबरूनी आठ पेशों का उल्लेख करते हैं। इसमें बुनकरों और चर्मकारों को अन्त्यजों (जाति प्रथा के बाहर रखे गये) में शामिल किया गया था।[40] कारीगरों की दमित स्थिति और गमनशीलता की कमी के कारण ही उनमें प्रतिरोध की शक्तियाँ कम रही होंगी और इसके कारण उनकी मज़दूरी भी कम होगी।

इसलिए जाति प्रथा अपने पुराशास्त्रीय रूप में प्राकृतिक अर्थव्यवस्था और बाज़ार उन्मुख व्यवस्था दोनों में समान रूप से चल सकती थी। दोनों ही स्थितियों में यह काल्पनिक जातीय शुचिता को बनाये रखने में नहीं (और यदि यह ऐसा करती भी तो संयोगवश) बल्कि किसी अन्य कठोर व्यवस्था के समान ही वर्ग शोषण की प्रणाली को बनाये रखने में मदद करती थी।

V

तेरहवीं सदी की शुरुआत कई मामलों में भारतीय इतिहास में एक 'विच्छेद' को दर्शाती है। यह विच्छेद केवल इसलाम के आगमन से उत्पन्न नहीं होती है; बल्कि हम एक ऐसे सामाजिक निर्माण को देखने लगते हैं जोकि अन्ततः 'भारतीय सामन्तवाद' के पूर्ववर्ती युग जिसकी व्याख्या कोसम्बी और आर.एस. शर्मा ने की है, के विपरीत मार्क्स के 'प्राच्य निरंकुशतावाद' के क़रीब है। लेकिन उपनिवेशपूर्ण भारत के लिए मार्क्स ने जितनी कल्पना की थी उससे कहीं अधिक वस्तु उत्पादन और शहरीकरण की हमें कल्पना करनी चाहिए।

गाँवों और शहरों दोनों जगहों में जाति संरचना अनिवार्य रूप से वैसी ही बनी रही जैसी पूर्व की अवधि में थी। जैसाकि हमने पूर्ववर्त्ती भाग में कहा कि व्यावहारिक तौर पर खानदानी जातीय श्रम के साक्ष्य गाँवों और शहरों में प्राचीन भारत से लेकर अठारहवीं सदी तक निरन्तर मिलते हैं। यह सच है कि इसलाम अपने क़ानून में केवल स्वतन्त्र व्यक्ति और गुलाम (और पुरुष और स्त्री) के आधार पर फ़र्क़ करता है। इसलिए जाति इसकी क़ानून प्रणाली के लिए अजनबी चीज़ है। फिर भी जाति प्रथा के प्रति मुसलमानों का नज़रिया किसी भी हाल में अस्वीकृति का नहीं था। 711-14 ई. में जब अरबों ने सिन्ध पर आक्रमण किया तो उसके सेनापति मुहम्मद बिन कासिम ने पूर्व शासनकाल में जातों पर लगे तमाम प्रतिबन्धों को शीघ्र ही मंजूरी दे दी जो मनुस्मृति में चाण्डालों पर लगे प्रतिबन्धों से बहुत मिलते-जुलते थे।[41] पूरे मध्यकाल में मुसलमानों द्वारा हिन्दू धर्म की निन्दा इसके बहुदेववाद और मूर्ति पूजा पर केन्द्रित थी। उन्होंने जातीय असमानता के प्रश्न को कभी नहीं छुआ। एकमात्र व्यक्ति जिसने इसकी बहुत हलकी आलोचना की वह वैज्ञानिक (न कि धर्मशास्त्री) अलबरूनी (1030 ई.) था जिसने कहा : 'ज़ाहिर है कि हम मुसलिम समुदाय के लोग इस प्रश्न के दूसरी ओर खड़े हैं, क्योंकि धार्मिकता को छोड़कर हम सभी इन्सान को समान मानते हैं।'[42] लेकिन इस प्रकार का समतामूलक वक्तव्य लगभग अप्रतिम है। चौदहवीं सदी के इतिहासकार बरनी ने अपनी पुस्तक 'तारीख़-ए-फिरूज-शाही' में जन्म के आधार पर पदानुक्रम की पुरज़ोर वकालत की, यद्यपि वह जातियों की बजाय वर्ग के रूप में सोचते थे और उपयुक्त उदाहरण के रूप में हिन्दू परम्परा को उद्धृत नहीं करते हैं।

चूँकि जाति प्रथा से गाँवों से अधिक राजस्व प्राप्त करने और शहरों में मज़दूरी लागत कम करने में मदद मिलती थी, इसलिए भारतीय मुसलिम शासकों के पास इसकी रक्षा करने का हर कारण था, यद्यपि वे मुख्य मूर्तिपूजक के रूप में

ब्राह्मणों के विरुद्ध कितने भी उदासीन क्यों न हों। (क्या इसका मतलब यह भी नहीं है कि जाति प्रथा को जारी रखने के लिए ब्राह्मणों की श्रेष्ठता को बरकरार रखना ज़रूरी नहीं था?) फिर भी जाति प्रथा में काफ़ी समायोजन और परिवर्तन करना पड़ा, जिसे सुल्तानों की नीति के फलस्वरूप नहीं बल्कि नयी परिस्थितियों के कारण महत्त्वपूर्ण माना जाना चाहिए।

सर्वप्रथम, नये शासक वर्गों और उनके आश्रितों ने न केवल नये उत्पादों और नयी तरह की सेवाओं की माँग की बल्कि वे मध्य और पश्चिमी एशियाई पृष्ठभूमि से कई तरह की शिल्प प्रौद्योगिकी भी लेकर आये। कोसम्बी ने हमेशा की तरह अपनी तीक्ष्ण समझ से कहा कि 'मुसलिम आक्रमणकारियों ने नयी तकनीकों के अंगीकरण और संचरण में संकीर्ण रीति-रिवाज़ों को तोड़ा।'[43] तेरहवीं और चौदहवीं सदी के आरम्भ में आने वाले प्रौद्योगिकीय उपकरणों में समकोणीय पहिया (पर्सियन व्हील के अन्तिम रूप के लिए) चरखा, क़ाग़ज निर्माण, गुम्बद निर्माण, बिटुमिन और चूना-सीमेंट, नाल आदि की तकनीक शामिल हैं।[44] कुछ मामलों में इनके फलस्वरूप नये पेशों (जैसे क़ाग़ज बनाने वाला, लाइममिक्सर्स) का सृजन और अन्य मामलों में सामान्य तौर पर नयी युक्तियों के बारे में सीखना आवश्यक हो गया। माना जा सकता है कि भारतीय इतिहास की 'तीसरी' शहरी क्रान्ति के साथ चलने के लिए कारीगरों की आबादी में विस्तार की बहुत अधिक आवश्यकता थी।

नयी परिस्थितियों के दबाव के फलस्वरूप आरम्भ में बड़े पैमाने पर गुलामों का व्यापार शुरू हुआ और तेरहवीं और चौदहवीं सदी के दौरान गुलाम श्रमिक का अभ्युदय श्रम का महत्त्वपूर्ण घटक था। सुल्तान के प्रतिष्ठानों में गुलामों की संख्या बहुत अधिक थी (अलाउद्दीन ख़लजी के अधीन 50,000 और फिरूज तुग़लक के अधीन 1,80,000)। बरनी मूल्यों के स्तर का निर्णय गुलामों के मूल्यों के सन्दर्भ में करते हैं। गुलामों की उपस्थिति लगभग सर्वव्यापी थी। दरअसल गुलामों की जाति से वंचित कर उन्हें इसलाम में धर्मांतरित कर दिया गया था। उन्हें कोई भी काम करने के लिए दिया जा सकता था और कोई भी पेशा सीखने के लिए कहा जा सकता था। आने वाले वाले समय में दासत्व से मुक्ति के बाद शायद वे कारीगर आप्रवासियों के साथ कई मुसलिम कारीगर और श्रमिक समुदायों के मुख्य भाग बन गये। आने वाले समय में स्वतन्त्र तत्त्वों का भी धर्मांतरण हुआ। कई मामलों में ऊँचे दर्जे प्राप्त करने या ऐसे पेशे अथवा रियायतें अपनाने के लिए, जिनकी अनुमति पूर्व में उन्हें नहीं थी, अपनी मूल जातियों से अलग हुए लोगों का धर्मान्तरण हुआ। समय के साथ मुसलिम आबादी में काफ़ी वृद्धि हुई।[45]

निस्सन्देह इन समुदायों पर जाति का प्रभाव बना रहा। उनकी रियायतों के अनुसार जैसाकि उन्नीसवीं सदी से कहा जाता रहा है, बुनकर, कसाई, नाई और अन्यों में अपनी जातियों में ही विवाह की ज़बर्दस्त प्रवृत्ति थी। सेवक जातियाँ मुसलिमों में कमीन समुदायों के रूप में थीं। वे अछूत नहीं थीं लेकिन उन्हें अलग रखा जाता था और घृणा की दृष्टि से देखा जाता था। फिर भी यह कहना सही होगा कि समुदायों का कुछ भाग जाति के ढाँचे से बाहर रहा, और यह ढाँचा भी कमज़ोर रहा क्योंकि पेशे और सजातीय विवाह में परिवर्तन हो सकता था।[46] दूसरे शब्दों में इसमें काफ़ी अधिक लचीलापन था।

यह प्रश्न किया जा सकता है कि क्या इस प्रकार के अपेक्षाकृत जाति रहित समुदायों की उपस्थिति ने जाति प्रथा के महत्त्व को कम किया। हो सकता है कि इन समुदायों ने मौजूदा जातियों की संरचनाओं में कोई बाधा उत्पन्न किये बिना नये पेशों या रोज़गारों के लिए आरक्षित श्रम उपलब्ध कराकर अपनी उपस्थिति मज़बूत की हो। लेकिन इसमें भी सन्देह है कि क्या जाति प्रथा गमनशीलता की क्षमता से पूरी तरह रिक्त थी जैसाकि मैक्स वेबर ने कल्पना की है। मॉरिस डी मॉरिस ने एक उल्लेखनीय शोधपत्र में तर्क दिया है कि वास्तविक व्यवहार में जाति प्रथा क़ानून की किताबों—या ड्यूमाँ जिसे इसकी विचारधारा कहते हैं, के आधार पर जिस रूप में इसे काम करना चाहिए था उससे काफ़ी भिन्न रही है।[47] जातियाँ विभाजित हुईं ताकि एक भाग नये पेशे अपना सके। फुकोयामा अठारहवीं सदी के महाराष्ट्र का एक उदाहरण पेश करते हैं जिसकी पुष्टि दस्तावेज़ों से होती है। इसमें दर्ज़ियों के एक भाग में रंगाई का और पुनः नील से रंगाई का पेशा अपनाया और सजातीय विवाह वाली उपजातियाँ बनायीं।[48] ऐतिहासिक रूप से बिल्कुल अलग उदाहरण जातों का है। यह अठारहवीं सदी में सिन्ध में चरवाहा के प्रकार की चाण्डाल जैसी उपजाति थी जिसे ग्यारहवीं सदी में शूद्र का दर्जा प्राप्त था (अलबरूनी) जो सत्रहवीं सदी तक आते-आते (वैश्यों से) उत्कृष्ट कोटि के भूमिहीन किसान बन गये थे (दाबिस्तान-ए-मज़ाहिब)।[49] खेती में अन्तरण के साथ-साथ सम्भवतः या उसके 'संस्कृतीकरण' की प्रक्रिया उस समय भी चल रही थी जब सत्रहवीं सदी में जात विद्रोह के दौरान जातों का कुछ वर्ग ज़मींदार और राजपूत का दर्जा पाने की कोशिश कर रहा था।

इसके अलावा संस्कृतीकरण जहाँ विफल रहा या बहुत धीमा था, वहाँ एकेश्वरवादी आन्दोलनों को महत्त्व दिया जाने लगा जो जाति प्रथा की विचारधारा की भर्त्सना करते थे। हो सकता है कि इसलाम की ऐकश्वरवादी मान्यता और मुसलिम समुदाय की क़ानूनी समानता का इन आन्दोलनों पर कुछ प्रभाव था।

लेकिन समानता पर उसके ज़ोर और जाति व कर्मकाण्ड की भर्त्सना निश्चित तौर पर किसी भी समकालीन इसलामिक उपदेश से अधिक थी। इसके अधिकांश महान उपदेशक निम्न जाति के थे : नामदेव, एक छीपी; कबीर, एक बुनकर; रैदास, एक मेहतर; साई, एक नाई; दादू, एक रूई धुनने वाला; धन्ना, एक जात किसान। धन्ना जात के नाम सिखों के पाँचवें गुरु (अर्जन) ने एक बहुत ही सुन्दर दोहा लिखा जिसमें उन्होंने कहा कि निम्न जाति के भक्तों पर ईश्वर की विशेष कृपा होती है।

इन पन्थों के दरवाज़े सभी जातियों के लोगों के लिए खुले थे। एक विवरण के अनुसार सतनामी सम्प्रदाय (जो सत्रहवीं सदी में शुरू हुआ) में सोनार, बढ़ई, मेहतर और चर्मकार शामिल थे[50] और दूसरे विवरण में भूमिहीन किसान और छोटे व्यापारी थे।[51] सत्रहवीं सदी में सिख समुदाय में जात किसान बड़ी संख्या में थे और अगली सदी के आरम्भ में यह शिकायत की जा रही थी कि 'सबसे निम्न मेहतर और चमार, जिनसे अधिक नीची हिन्दुस्तान में कोई जाति न हो।'[52] इन पन्थों की रिवायतों में समुदाय के भीतर जातीय भेदभाव की मनाही थी। इन पन्थों में सगोत्रीय विवाह की प्रवृत्ति थी जैसाकि सतनामियों में थी जिनके धर्मग्रन्थों में ऐसा धार्मिक पन्थों का निर्माण हुआ जिसके अनुयायी जातीय ढाँचे में आये लेकिन अन्ततः वे उसी ढाँचे में लौट गये हालाँकि आमतौर पर अपनी जाति के प्रस्थान के समय की तुलना में उच्चतर 'दर्जे' के रूप में वापस आये।[53] यह पहले भी हुआ था। कर्नाटक में लिंगायत इसका उदाहरण है। सोलहवीं और सत्रहवीं सदी के इन आन्दोलनों ने जाति प्रथा में इसी प्रकार के आवश्यक परिवर्तन किये लेकिन इसका विघटन नहीं किया।

इसलिए जाति प्रथा मध्यकाल में वर्ग शोषण व्यवस्था का एक महत्त्वपूर्ण स्तम्भ बनी रही। जैसाकि हमने पहले कहा, इसका सबसे अधिक लाभ शासक वर्ग को हुआ। मध्यकाल के मामले में इसका सर्वाधिक लाभ कुलीन वर्ग को मिला और दूसरा, ग्रामीण उच्चतर वर्ग यानी ज़मींदारों को। इस सीमा तक राजनीतिक व्यवस्था ज़मींदारों के हाथों में रही, जाति प्रथा महत्त्वपूर्ण थी क्योंकि ज़मींदार मोटे तौर पर 'प्रभावशाली जातियों' के थे जो शक्ति के बल पर अपना दर्जा बनाये रख सकते थे। यहाँ एक स्मरण करना महत्त्वपूर्ण होगा कि जब अबुल फ़ज़ल 'आईन-ए-अकबरी' (1595-96) में मुग़ल साम्राज्य की विस्तृत सांख्यिकीय सारणी में प्रत्येक क्षेत्र के ज़मींदारों की जातियों का ब्यौरा देते हैं। इस सूचना के बाद इसके पार ज़मीन कितनी थी इसका ब्यौरा वह नहीं देते बल्कि उनके सैनिक घोड़ों का, पैदल सिपाहियों की संख्या का उल्लेख करते हैं।[54] इसलिए जातीय प्रभुत्व और सैन्य शक्ति के बीच निस्सन्देह एक सम्बन्ध था।

बैरिंग्टन मूर जूनियर इस बात पर आश्चर्य व्यक्त करते हैं कि मुग़ल भारतीय अर्थव्यवस्था के विस्तृत वर्णन में डब्ल्यू.एच. मोरलैंड ने जाति पर इतना कम प्रकाश डाला।[55] यह बात मेरी अपनी पुस्तक के लिए भी लागू होती है। शायद इसकी वजह यह है कि जब कोई विशिष्ट सम्बन्धों को देखता है, जैसे भूमिहीन किसानों और कर वसूलने वाले के बीच या छोटे उत्पादक और व्यापारी के बीच तो जाति तुरन्त दिखाई नहीं देती है। जाति जो मुख्य काम करती थी वह यह थी कि यह इन सम्बन्धों के परिवेश के काफ़ी बड़े भाग का निर्माण करती थी। यह कृषक वर्गों को दो विरोधी खेमों में बाँटती थी, जाति किसान और सेवक मज़दूर; और यह अति लघु उत्पादन में श्रम विभाजन को स्थिरता प्रदान करती थी। लेकिन यह प्रश्न किया जा सकता है कि क्या ये कार्य इतने महत्त्वपूर्ण थे कि यह प्रतिपादित किया जा सके कि जाति मध्यकालीन भारत (1200-1750 ई.) में श्रम प्रक्रिया के रूप को परिभाषित करती थी। जैसाकि हमने देखा कि कुछ हद तक गमनशीलता और प्रतिस्पर्द्धा के कारक मौजूद थे। मध्यकाल में ईरान भी अपने आर्थिक और राजनीतिक संगठन के मामले में भारत से बहुत मिलता-जुलता था, लेकिन वहाँ जाति प्रथा नहीं थी। क्या फिर भी हम कह सकते हैं कि मुग़ल भारत और सफाविद ईरान में दो अलग-अलग सामाजिक संरचनाएँ थीं सिर्फ़ इसलिए कि एक में जाति प्रथा थी और दूसरे में इसका अभाव था। इस विषय पर अभी कोई भी टिप्पणी अन्तिम ही होगी और इस विषय पर और अधिक चर्चा होनी चाहिए।

लेकिन मध्यकालीन भारत में जाति के प्रश्न को छोड़ने के पहले अन्तिम बात की जा सकती है। मध्यकालीन भारतीय समाज जैसे किसी वर्ग संरचना में आन्तरिक तनाव पैदा होना ज़रूरी था जिसकी अभिव्यक्ति दमितों के संघर्षों में मुखर रूप में हुई है। भारत में किसान आन्दोलनों का इतिहास काफ़ी पुराना है जो ग्यारहवीं सदी में बंगाल के भैंस सवार कैवतों के विद्रोह के आरम्भ होता है।[56] लेकिन सत्रहवीं सदी में भी हम किसान विद्रोहों के सबसे अधिक साक्ष्य देख पाते हैं। यूरोप या चीन के किसान विद्रोहों से तुलना करने पर इन विद्रोहों की जो सबसे बड़ी कमज़ोरी दिखाई देती है वह यह थी कि इन विद्रोहियों में वर्ग चेतना का अभाव था। किसान विद्रोही ज़मींदारों के अनुयायी या धार्मिक पन्थों (सिख, सतनामी) या जातियों या जनजातियों (जात, अफ़गान) के सदस्य प्रतीत होते हैं; वे ख़ुद को भूमिहीन किसान समझने या किसानों के किसी वर्ग के लिए आर्थिक या सामाजिक माँग करने में विफल प्रतीत होते हैं। मुझे लगता है कि इस विफलता के कई कारणों में जाति भी एक बड़ा कारण था। इस कारण एक

जाति के किसान दूसरी जाति के किसानों के साथ एकजुट नहीं हो पाये और एक वर्ग के रूप में कृषक वर्ग के बीच स्व-चेतना विकसित नहीं हो सकी।

VI

पूर्व के पृष्ठों में जाति के इतिहास को आधुनिक समय के काफ़ी क़रीब ला दिया गया है। मैं इसे और आगे लेकर नहीं जाना चाहता हूँ लेकिन निष्कर्ष के तौर पर कुछ बातें ज़रूर कहना चाहूँगा।

1853 में ब्रिटिश शासन के परिणाम की चर्चा करते हुए मार्क्स ने भविष्यवाणी की कि 'आधुनिक उद्योग' जो रेलवे प्रणाली के फलस्वरूप विकसित हुआ, श्रम के आनुवंशिक विभाजन को समाप्त कर देगा जिस पर भारतीय जातियाँ आधारित हैं, जो भारत की प्रगति और भारत की सत्ता में निर्णायक रूप से बहुत बड़ी बाधा है। 'इस वक्तव्य की आलोचना (लुई ड्यूमाँ द्वारा) करना प्रचलन हो गया है। इसे अति आशावादी वक्तव्य बताया जाता है।'[57] लेकिन यह अस्वीकार करना व्यर्थ होगा कि आधुनिक स्थितियों ने जाति प्रथा के आर्थिक आधार को ज़बर्दस्त रूप से हिला दिया है। ऐसा सिर्फ़ इसलिए नहीं है कि फैक्ट्री की बेंच पर कई जातियों के मज़दूर एक साथ बैठते हैं, और एक बार ऐसा होते ही पारम्परिक श्रम विभाजन टूटने लगता है। इससे भी महत्त्वपूर्ण तथ्य यह है कि औद्योगिक उत्पादन ने अनेक पेशेवर या कारीगर जातियों की पूरी शिल्प शृंखला को नष्ट कर दिया है। यह प्रक्रिया लंकाशायर कपड़ों के आयात से शुरू हुई जब मार्क्स ने लिखना शुरू भी नहीं किया था। एक और वजह से श्रम का जातीय विभाजन कमज़ोर हुआ है। जैसाकि सुरेन्द्र जे. पटेल ने कहा है, कृषि के वाणिज्यकरण ने बड़ी संख्या में भूमिहीन किसानों को भूमिहीन मज़दूरों में तब्दील कर दिया, और अब भूमिहीनता केवल सेवक जातियों का ही एकाधिकार नहीं यद्यपि अधिकांश क्षेत्र में उनकी सबसे बड़ी संख्या है।[58]

लेकिन यदि जाति प्रथा का आर्थिक आधार समाप्त हो गया है तो क्या यही बात इसकी विचारधारा के बारे में कही जा सकती है? सगोत्र विवाह जाति को अभी भी मज़बूत कर रहा है और परस्पर पहचान और समावेशन के माध्यम से जातियों के प्रादेशिक विस्तार की प्रक्रिया जारी है। 'संस्कृतीकरण' जिसका आधुनिकीकरण एक स्तर पर ज़बर्दस्त समर्थन करता है, इस प्रथा के पूर्व पीड़ितों को इसका समर्थक बना रहा है। जब तक भूमिहीन श्रम और भूमिधारक वर्गों के बीच हितों का टकराव है, अछूतों, जिन्हें हम आलंकारिक रूप में अनुसूचित

जातियाँ कहते हैं, के ख़िलाफ़ सभी जातियों के एकजुट होने के लिए प्रोत्साहन है। जाति अभी भी हमारे देश में शायद सबसे महत्त्वपूर्ण विभाजनकारी कारक है।

उन सभी के लिए जो अपने भौतिक और आध्यात्मिक मुक्ति के संघर्ष में सभी भारतीयों को एकजुट देखना चाहते हैं, यह नितान्त आवश्यक है कि लोगों के दिमाग़ पर जाति का जो प्रभाव है उसे समाप्त करने के नये सिरे से प्रयास करें। तभी मार्क्स ने जिसे भारत के विकास में निर्णायक बाधा कहा, उसे दूर किया जा सकता है और जाति को इतिहास के कूड़ेदान में डाला जा सकता है जो इसकी उचित जगह है।

सन्दर्भ और टिप्पणियाँ

1. जे.एच. हटन, *कास्ट इन इंडिया,* चतुर्थ संस्करण, बॉम्बे, 1969 (पुनर्मुद्रित), पृ. 71 और यत्र-तत्र।
2. मेरे सभी सन्दर्भ पालादिन संस्करण से हैं, लन्दन, 1972
3. *होमो हाईआर्किकस,* पृ. 300। (ऊँच-नीच का भेद ब्राह्मणों में सर्वाधिक था)।
4. वही, पृ. 288
5. वही, पृ. 300
6. वही, पृ. 262, 274, तदनुसार ड्यूमाँ के लिए 'हिन्दू और मुसलमान दो अलग-अलग समाज का निर्माण करते हैं' (पृ. 257)
7. वही, पृ. 209
8. वही, पृ. 242
9. वही, पृ. 230-31
10. वही, पृ. 192-95
11. ड्यूमाँ अपरिवर्तनशील जातीय ढाँचे के बारे में अपनी टिप्पणी में इस परिवर्तन के बारे में जानकारी का लगभग पूर्ण अभाव दर्शाते हैं।
12. इसलिए ड्यूमाँ अब कह सकते हैं, 'जाति प्रथा में राजनीतिक-आर्थिक पहलू सापेक्षिक रूप से गौण और पृथक् हैं', वही, पृ. 283
13. वही, पृ. 260, 331-32 कोसम्बी के इस कथन की तुलना करें कि 'उत्पादन के आदिम स्तर पर जाति वर्ग है।' *कल्चर एंड सिविलाइजेशन ऑफ़ एंशिएंट इंडिया इन हिस्टोरिकल आउटलाइन,* लन्दन, 1965, पृ. 50
14. डी.डी. कोसम्बी, *ऐन इंट्रोडक्शन टू द स्टडी ऑफ़ इडियन हिस्ट्री,* बॉम्बे, 1956, पृ. 25
15. नरेन्द्र वागले, *सोसाइटी ऑफ़ द टाइम ऑफ़ द बुद्धा,* बॉम्बे, 1966, पृ. 22-23
16. वही, पृ. 103-4
17. कोसम्बी, *इंट्रोडक्शन,* पृ. 122
18. वही, पृ. 121-23
19. कोसम्बी, *कल्चर एंड सिविलाइजेशन ऑफ़ एंशिएंट इंडिया,* पृ. 15 देखें
20. विवेकानन्द झा, *इंडियन हिस्टोरिकल रिव्यू* (आईएचआर), *II*, (*1*), पृ. 22-23

21. ए. घोष की *द सिटी इन अर्ली हिस्टोरिकल इंडिया* (शिमला, 1973), आईएचआर, I, (1), पृ. 98-103
22. वी. गोर्डन चाइल्स, *सोशल इवोल्युशन*, सम्पादन, सर मोरटाइमर व्हीलर, 1963, पृ. 110
23. सर जॉन मार्शल, *तक्षशिला, II*, कैम्ब्रिज, 1952, पृ. 486 (घूर्णन चक्की) और 555 (कैंची)।
24. आर. फ़िक़, *सोशल ऑर्गनाइजेशन ऑफ़ नॉर्थ-ईस्ट इंडिया इन बुद्धाज टाइम*, अंग्रेज़ी अनुवाद, कलकत्ता, 1920, पृ. 280-85
25. कोसम्बी *इंट्रोडक्शन*, पृ. 236-37
26. वही, पृ. 158-59
27. शिला अभिलेख 13 में दर्ज।
28. विशेष रूप से पी.ई.वी. और द्विभाषीय कन्धार अभिलेख।
29. आर.एस. शर्मा, *शूद्राज इन एंशिएंट इंडिया*, दिल्ली, 1958, विशेष रूप से पृ. 232-34
30. *अ रिकार्ड ऑफ़ द बुद्धिस्ट रिलिजन ऐज प्रैक्टिस्ड इन इंडिया एंड द मलय आर्किपेलेगा*, अनुवाद, जे. ताकाकाशु, ऑक्सफोर्ड, 1986, पृ. 62
31. मेगास्थनीज के लिए आर.सी. मजूमदार, *द क्लासिकल अकाउंट्स ऑफ़ इंडिया*, कलकत्ता, 1960, पृ. 224-26; 263-268; ह्वेनसांग, *बुद्धिस्ट रिकार्ड्स ऑफ़ द वेस्टर्न वर्ल्ड*, I, अनुवाद, एस.बील, लन्दन, 1984, पृ. 82; बाबर, *बाबरनामा*, अनुवाद, ए.एस. बीवरिज, लन्दन, 1921, पृ. 520; फ्रैंसिस बर्नियर, *ट्रैवेल्स इन द मुग़ल* एम्पायर, 1655-68, अनुवाद ए. कांस्टबल, सम्पादन बी.ए. स्मिथ, ऑक्सफोर्ड, 1916, पृ. 259
32. कार्ल मार्क्स, *थ्योरीज ऑफ़ सरप्लस वैल्यू, खण्ड* 3, अंग्रेज़ी अनुवाद, मॉस्को, 1971, पृ. 425
33. *कैपिटल*, I, सम्पादन दोना तोर, अनुवाद मोर और एवलिंग, लन्दन, 1938, पृ. 351
34. ड्यूमाँ, *होमो हाईआर्किकस*, पृ. 150
35. हिरोशी फुकोयामा, 'अठारहवीं सदी के महाराष्ट्र के गाँवों में ग्राम सेवक-पुरोहिताई और जजमानी प्रथा', हितोत्सुबशि जर्नल ऑफ़ इकोनॉमिक्स (एचजेई), I, (2), 1972, पृ. 14-40
36. कोसम्बी, *इंट्रोडक्शन*, पृ. 312
37. बी.एन.एस. यादव, *सोसाइटी एंड कल्चर इन नॉर्दर्न इंडिया इन ट्वेल्थ सेंचुरी*, इलाहाबाद, 1973, पृ. 267
38. जियाउद्दीन बरनी, *तारीख-ए-फिरूज़शाही*, सम्पादक, सैयद अहमद ख़ान, डब्ल्यू.एन. लीज और कबीरुद्दीन, कलकत्ता, 1960-62, पृ. 267, बलाहार पर एच.एम. इलियेट की *मेमोयर्स ऑफ़ द हिस्ट्री, फॉकलोर एंड डिस्ट्रिब्यूशन ऑफ़ रेसेज इन द नॉर्थ-वेस्टर्न प्रोविंसेज*, 2, सम्पादन, जोन बीम्स, लन्दन, 1869, पृ. 249; और इरफ़ान हबीब *एग्रेरियन सिस्टम ऑफ़ मुग़ल इंडिया*, पृ. 120-21 देखें।
39. मार्क्स, *कैपिटल*, I, पृ. 331-32

40. एडवर्ड सी सचाउ, *अलबरूनीज इंडिया,* I, लन्दन, 1910, पृ. 22-23
41. *अनाम, चचानामा, तेरहवीं सदी का फ़ारसी संस्करण,* सम्पादन, उमर दाउदपोटा, हैदराबाद, डीएन, 1939, पृ. 124-16; (पृ. 47-48 भी देखें) बाद के एक अरब गवर्नर ने इस बात पर बल दिया कि पहचान के लिए जातों के साथ हमेशा कुत्ते होने चाहिए; इलियेट और डॉसन, *हिस्ट्री ऑफ़ इंडिया ऐज टोल्ड बाय इट्स ओन हिस्टोरियंस,* I, लन्दन, 1867, पृ. 129
42. *अलबरूनीज इंडिया,* 1, लन्दन, 1910, पृ. 100
43. कोसम्बी, *इंट्रोडक्शन,* पृ. 370
44. इरफ़ान हबीब, *मध्यकालीन भारत में प्रौद्योगिकीय परिवर्तन,* स्टडीज़ इन हिस्ट्री II, 1, (1980), पृ. 15-39
45. यह अनुच्छेद मेरे द्वारा *कैम्ब्रिज इकोनॉमिक हिस्ट्री ऑफ़ इंडिया,* खण्ड I, कैम्ब्रिज, 1982, पृ. 89-93 में पहले ही प्रस्तुत साक्ष्य पर आधारित है जहाँ स्रोतों के विस्तृत सन्दर्भ देखे जा सकते हैं।
46. पश्चिमी पंजाब की स्थिति के बारे में डी. एबरसन की टिप्पणी, 'इसलाम ने काफ़ी हद तक ब्राह्मणों का अधिक्रमण कर लिया', देखें, पंजाब कास्ट्स, लाहौर, 1916, पृ. 10-11
47. मॉरिस डी. मॉरिस, 'दक्षिण एशिया में आर्थिक विकास के बाधा के रूप मूल्य', जर्नल ऑफ़ इकोनॉमिक हिस्ट्री (जेईएच), XXVII, पृ. 588-607
48. IX (1), 1968, पृ. 39
49. इस साक्ष्य की पड़ताल मेरे शोध निबन्ध 'पंजाब और सिन्ध के जात', *पंजाब पास्ट एंड प्रजेंट : एसेज इन ऑनर ऑफ़ डॉ. गंडा सिंह,* सम्पादन, हरबंस मुखिया और एन.जी. बेरियर, पटियाला, 1976, पृ. 92-103
50. साकी मुस्तैद ख़ान, *मासिर-ए-आलमगीरी,* सम्पादन, आगा अहमद अली, कलकत्ता, 1870-73, पृ. 14-15
51. खफ़ी ख़ान, *मुंतखाब उल लुबाब,* सम्पादन, कबीरुद्दीन, कलकत्ता, 1860-70, खण्ड 2, पृ. 252
52. मुहम्मद शफ़ी वारिद, *मितातुल वारिदात,* ब्रिटिश लाइब्रेरी, लन्दन, एमएस, ऐड 6579, एफ 117बी।
53. *सतनामी धर्मग्रन्थ,* जिसमें ये आदेश है का शीर्षक पोथी ज्ञान बानी साध है। यह रॉयल एशियाटिक लाइब्रेरी, लन्दन में सुरक्षित है। कोई प्रति ज्ञात नहीं है।
54. यह बिन्दु जैरेट के *आईन-ए-अकबरी* के अनुवाद में खो गया है क्योंकि अनुवादक ने इस कॉलम के क्रम को बदल दिया, मेरी पुस्तक *एग्रेरियन सिस्टम ऑफ़ मुग़ल इंडिया,* बॉम्बे, 1963, पृ. 139 देखें।
55. *सोशल ऑरिजिन ऑफ़ डिक्टेटरशिप एंड डेमोक्रेसी,* 1977, पृ. 317-18
56. आर.एस. शर्मा, *इंडियन फ्यूडलिज़्म,* दूसरा संस्करण 1980, पृ. 220
57. *होमो हाईआर्किकस,* पृ. 265
58. सुरेन्द्र ज. पटेल, *एग्रिकल्चरल लेबरर्स इन इंडिया एंड पाकिस्तान,* बॉम्बे, 1952, विशेष रूप से पृ. 9-20, 63-65

अध्याय चार

ब्रिटिश-पूर्व भारत में भू-सम्पत्ति का सामाजिक वितरण : एक ऐतिहासिक सर्वेक्षण

[यह शोधपत्र विशेष रूप में अगस्त 1965 में म्यूनिख में आयोजित इंटरनेशनल इकोनॉमिक हिस्ट्री कॉन्फ्रेंस के लिए लिखा गया था। इसमें भू-सम्पत्ति (लैंडिड प्रॉपर्टी) के सामाजिक वितरण पर अलग सत्र रखा गया था।]

चूँकि 'लैंडिड प्रॉपर्टी' का अर्थ अलग-अलग लोगों के लिए अलग-अलग हो सकता है। इसलिए यहाँ मैं स्पष्ट कर देना चाहता हूँ कि मैंने इसका सबसे व्यापक अर्थ में उपयोग किया है। इस सम्बन्ध में मैंने उस सत्र के अध्यक्ष प्रोफ़ेसर जे. हबाकुक द्वारा दिये निर्देश की पुष्टि की है। इसमें मैंने मिट्टी की उपज में किसी के भी द्वारा की गयी दावेदारी के सभी हिस्सों ख़ासतौर पर अतिरिक्त उपज में हिस्सों (अर्थात उत्पादक के जीवन-निर्वाह के लिए न्यूनतम ज़रूरत के अधिक उत्पादक हिस्सों) को शामिल किया है। ज़मीन जोतने वाले व्यक्ति या उसके श्रम पर अधिकार को भी भू-सम्पत्ति का रूप माना गया है। 'वितरण' का अभिप्राय केवल भूभागीय वितरण (अर्थात जोतों के आकार) से नहीं है, बल्कि उस ज़मीन से प्राप्त अधिशेष में सभी हिस्सों (अर्थात विभिन्न शोषण वर्गों द्वारा एक साल किये गये हिस्सों के दावों के वितरण) से भी है।

इस शोधपत्र में ब्रिटिश हुकूमत के स्थापित होने तक भू-सम्पत्ति के रूपों और वितरण में परिवर्तनों का ऐतिहासिक सर्वेक्षण करने का प्रयास किया गया है। इसका उद्देश्य पहले किये गये शोध कार्यों के परिणामों का सार प्रस्तुत करना और विवाद और समस्याओं को इंगित करना साथ ही इस पर चर्चा को आगे बढ़ाना है। यह शोध-निबन्ध मध्यकाल के उल्लेख के दौरान कुछ बिन्दुओं को छोड़कर अन्यत्र कहीं भी इस लेखक के शोध के आधार पर कोई नयी सामग्री प्रदान करने का बहाना नहीं करता है। भाग 1 (प्राचीन भारत) में मैंने जान-बूझकर आधुनिक इतिहासकारों द्वारा दिये गये स्रोतों की व्याख्या का अनुसरण करने की

कोशिश की है। मैंने मूल स्रोतों (या इनके अनुवाद) जहाँ वे उपलब्ध थे, को उद्धृत करके अपने कन्धों पर ज़िम्मेदारी लेने से भी परहेज किया है।

दुर्भाग्यवश प्रोफ़ेसर आर.एस. शर्मा की महत्त्वपूर्ण पुस्तक 'इंडियन फ्यूडलिज़्म, 300-1200 ई.। (कलकत्ता, 1965), जिसमें उनके पुराने लेखों के कई महत्त्वपूर्ण बिन्दुओं को शामिल नहीं किया गया है, काफ़ी देर से आयी और मैं अपने इस शोधपत्र के संशोधन में इसका पर्याप्त उपयोग नहीं कर सका।

I

1. भारत में भू-सम्पत्ति का इतिहास ईसा पूर्व तीसरी सहस्राब्दी में सिन्धु घाटी सभ्यता से शुरू होता है। लेकिन सीमित पुरातात्विक साक्ष्यों और कुछ शिलालेखों के अब तक नहीं पढ़े जाने के कारण इस सभ्यता के कृषि सम्बन्धी पहलुओं के बारे में पूरे विश्वास के साथ कुछ भी कहना कठिन है। ऐसा प्रतीत होता है कि सिन्धु घाटी के लोगों द्वारा खेती सिन्धु नदी घाटी के आस-पास के सूखे क्षेत्रों तक सीमित थी। लोहे या कुल्हाड़ी का उपयोग नहीं जानने के कारण वे गंगा के मैदानी इलाकों के घने जंगलों को साफ़ नहीं कर पाये होंगे। उनकी फ़सलें सम्भवतः सिन्धु प्रणाली की नदियों प्राकृतिक बाढ़-चैनलों पर या मौसमी नालों पर बाँध—ऋग्वेद में उल्लिखित वृत्रा—बनाते थे। इस बात के ठोस प्रमाण नहीं हैं कि वे हल का उपयोग करना जानते थे। वे अपनी प्रमुख फ़सलों जैसे गेहूँ, जौ और कपास की खेती के लिए केवल एक दाँतदार हेंगा का उपयोग करना जानते थे।[1]

तब हमें यह मानना चाहिए कि सिन्धु घाटी सभ्यता की ग्रामीण आबादी मोटे तौर पर नदियों और बाढ़ से बने जलाशयों के किनारे समूह में बसती थी। हड़प्पा और मोहनजोदड़ो दोनों शहर दूरी के हिसाब से एक-दूसरे से काफ़ी अलग हैं। और बाँधों के निर्माण और मरम्मत के लिए अपेक्षित मज़दूरों को एकत्र करना इस बात का संकेत देता है कि काफ़ी हद तक स्वायत्त नियन्त्रण था।[2] यह तक दिया जाता है कि यह नियन्त्रण व्यापक रूप से अपरिवर्तन 'जाई' कर्मकाण्ड द्वारा दिया जाता था।[3] लेकिन यह स्पष्ट नहीं है कि शासक वर्ग में 'पुजारी राजा' या व्यापारी (ऋग्वेद के पाणि) या दोनों शामिल थे। साथ ही यह भी सम्भव है कि कृषक समुदाय के लोग दास-ऋग्वेद के दस्यु या दास थे। शहरों में दास श्रमिकों की उपस्थिति के प्रमाण पुरातात्विक अवशेषों के मिले हैं।[4]

2. व्यापक रूप से स्वीकृत कालक्रमों के अनुसार सिन्धु घाटी सभ्यता के तुरन्त बाद आर्य आये और सम्भवतः उन्होंने ही सिन्धु घाटी सभ्यता को नष्ट किया। माना जाता है कि उनका आगमन 1700 ई.पू. में आरम्भ हो गया था।

1500-1400 ई.पू. में काबुल नदी और गंगा नदी के बीच के क्षेत्र में ऋग्वेद की रचना हुई।

प्राचीन इण्डो-यूरोपीय भाषाओं के भाषा विज्ञान सम्बन्धी अनुसन्धान और ऋग्वेद के विशद अध्ययन से हमें आरम्भिक आर्यों की उत्पादन प्रणाली और सामाजिक संरचना की झलक मिलती है। घोड़े को पालतू बनाकर आर्यों से तीव्र गति प्राप्त कर ली थी। क्योंकि पशुचारण करते थे। गाय और मवेशी उनकी नज़रों में धन का मुख्य रूप थे। वे खेती और चरवाही साथ-साथ करते थे और हल का उपयोग करना जानते थे। फिर भी आरम्भ में वे केवल जौ और कुछ अन्य अनाज उपजाते थे।[5] उनका कोई शहर नहीं था और अन्यों ने जो शहर बनाये इन्द्र, उनके ईश्वर, द्वारा विनाश किये जाने पर गर्व-महसूस करते थे।[6]

इस सबसे पता चलता है कि आरम्भ में आर्यों की सामाजिक संरचना सरल थी। वे जनों में विभक्त थे और गाँवों में रहते थे। ऋग्वेद में तीन स्पष्ट वर्गों : क्षत्रिय या राजन्य, ब्राह्मण और विस का उल्लेख मिलता है।[7] प्रथम दो वर्गों के धन की गणना (युद्ध और उपहार से प्राप्त धन के सन्दर्भ में) भूमि के रूप में नहीं बल्कि गाय, घोड़े और दासों के रूप में की जाती है।[8] ग्राम प्रमुखों को दिया जाने वाला एकमात्र भुगतान बलि कहलाता था। यह उपहार था न कि कर।[9] भूमि पर किसी का मालिकाना हक़ प्रतीत नहीं होता है। यह न तो जन प्रमुख, ग्रामणी (ग्राम प्रधान) न किसी अन्य के पास होता था।

इस विचार के समर्थन में ऋग्वेद से कुछ उद्धरण दिये गये हैं कि घर और कृषि योग्य भूमि के मामलों में निजी भू-स्वामित्व था और इसलिए कोई सामुदायिक स्वामित्व नहीं था।[10] इन उद्धरणों से अधिक-से-अधिक यह पता चलता है कि भूमि खेतों में विभक्त थी जिन पर अलग-अलग कृषकों द्वारा खेती की जाती थी और जिन्हें इन खेतों का मालिक (क्षेत्रपति आदि) कहा जाता था। चरागाह की भूमि सम्भवतः अविभाजित थी और यह समूचे गाँव के मवेशियों के लिए खुली होती थी। खेतों पर मालिकाना अधिकार स्थायी था या खानदानी या सामुदायिक आबंटन के द्वारा बदला जा सकता था यह ठीक-ठीक नहीं कहा जा सकता है। दरअसल खेती स्थायी नहीं बल्कि प्रवासी प्रकृति की थी, जिसकी सम्भावना भूमि की प्रचुरता की स्थिति में अधिक होती है और स्वयं आर्य लोग भी अर्द्ध खानाबदोश चरवाहों की ज़िन्दगी जीते थे, इसलिए ऐसे में किसी ख़ास खेत पर स्थायी रूप से खेती करने, इसके स्वामित्व की तो बात ही छोड़िए, कि अवधारणा सम्भवतः विकसित नहीं हुई होगी। इस बात की भी सम्भावना है कि ऋग्वेद में इसके साथ नहीं होने के बावजूद कुछ आर्य जनजाति साझा ज़मीन में खेती

करती थी जैसा कि अलेक्जेंडर के समय पंजाब में कुछ जनजातियाँ करती थीं जोकि ऋग्वेद का पालना है।[11]

समय के साथ आर्यों[12] के ग्राम्य समाज की 'समतामूलक' संरचना देसी शत्रुओं के साथ उनके संघर्षों से निश्चित तौर पर प्रभावित हुई होगी। सभी दासों की हत्या नहीं की जाती थी; कुछ को दास बनाकर रखा जाता था। इसीलिए ऋग्वेद के अनुसार दास और दासियाँ दोनों ही वांछनीय उपहार के रूप में प्राप्त किये जाते थे।[13] दासों का आर्य समुदाय में भी शामिल करने के साक्ष्य हैं जिसे कोसम्बी ने बड़े ही सटीक ढंग से प्रस्तुत किया है।[14] चूँकि ऋग्वेद में इन लोगों को नगरवासी कहा गया है, इसलिए इस बात की अधिक सम्भावना है कि वे अपेक्षाकृत अधिक विकसित वर्ग संरचना के तत्त्व अपने साथ लेकर आये हों। यह सम्भव है कि उनके अधीन आये दास और प्रजा जिनके ऐसे आर्य भी आ गये जो आपसी युद्ध में दास या बन्दी बनाये गये[15], उनसे शूद्र वर्ग का उदय हुआ। ऋग्वेद के अन्तिम भाग में शूद्रों का उल्लेख है। केवल एक स्थान पर उनका उल्लेख किया गया है। और उन्हें चौथे वर्ग, जिन्हें वैश्यों, प्राचीन विस के नीचे रखा गया है। यद्यपि आरम्भिक वैदिक काल में शूद्रों की वास्तविक स्थिति का साक्ष्य नहीं है, फिर भी यह मानना उचित होगा कि वे कृषक नहीं थे, बल्कि अपने मालिकों या जनजातियों के लिए कृषि दास का काम करते थे, या सम्भवतः उत्तर वैदिक काल में उन्हें 'गुलाम' (प्राचीन स्पार्टा के दास के समान) समझा जाता था।[16]

3. उत्तर वैदिक काल आर्यों के व्यापक विस्तार का दौर था। इस समय अन्य तीनों वेदों ख़ासतौर पर अथर्ववेद और आरम्भिक ब्राह्मणों की रचना हुई। पुरातात्विक साक्ष्य 1000 ई. पूर्व या लगभग 800 ई.पू. में गंगा नदी घाटी में लोहे की मौजूदगी की पुष्टि करती हैं।[17] लोहे से आर्य गंगा के मैदानों में घने जंगलों में प्रवेश कर सके।[18] जंगलों की सफ़ाई के लिए वे आग का इस्तेमाल करते थे।[19] उनके हल बहुत भारी होते थे जो कभी-कभी छह या आठ या यहाँ तक कि बारह बैलों के जुए द्वारा खींचे जाते थे।[20] और इसलिए मवेशियों की बहुत अधिक आवश्यकता थी। सम्भव है कि बस्तियाँ स्थायी नहीं होती थीं। कुछ वर्षों के बाद मिट्टी की उर्वरता समाप्त हो जाती होगी, और नये जगहों की खेती के लिए जाना होता।[21] फिर भी पैदावार पश्चिम की बंजर ज़मीनों की निश्चित तौर पर अधिक होती होगी और हम जानते हैं कि आर्य अब चावल और गन्ने सहित कई तरह की फ़सलें उगाने लगे।[22] इस प्रकार प्राप्त अधिशेष से शुरुआत सम्भव हो सकी। शहरों के काम इस समय के साहित्य में आने लगे, हालाँकि इनकी संख्या अभी भी बहुत कम थी।[23]

इन नयी घटनाओं का भू-सम्पत्ति के पुराने रूपों पर प्रभाव पड़ना तय था। पहली बार खेतों को धन के सूचक के रूप में गिना जाने लगा।[24] भारी हल होने के कारण खेती निश्चित तौर पर उन लोगों के हाथों में रही होगी जिनके पास अनेक मवेशी और कृषिदास होते होंगे। कीथ ने सुझाव दिया है कि 'अपने खेतों पर काम करने वाले रियायों की जगह अपने खेतों में कृषिदासों काम कराने वाले ज़मीन-मालिक ले रहे थे।'[25] हलों के साथ दास दिये जाने या ज़मीन के साथ शूद्र भेंट दिये जाने का उल्लेख श्रौतसूत्र में मिलता है।[26] अत्रेय ब्राह्मण के एक अनुच्छेद में शूद्र को 'दूसरों के दास' के रूप में परिभाषित किया गया, जिसे जब भी कहा जाये काम करना है कि मालिक की मर्ज़ी पर खाना है।[27] शायद दासों और शूद्रों की स्थिति में गंगा नदी घाटी के ब्रत्यों—देसी जनजातियों के कारण सुधार आया, जिन्हें आर्य धर्म में निरन्तर समाहित या उनके अधीन लिया जा रहा है।[28]

किसानों, विस या वैश्यों का भी श्रेष्ठतर वर्ग द्वारा ज़बरन वसूली और दमन किया जाने लगा। इस प्रकार वैश्य 'दूसरे को कर (बलि) देने वालों जो दूसरे के द्वारा खाये और मर्ज़ी के मुताबिक़ दमित किये जाने वाले के रूप में परिभाषित किये गये।'[29] एक प्रकार के प्रधान (आरम्भिक रूप) का उदय हुआ। इसके पास 'नाक की सीध में चलने वाले जन्तु' थे। इनका अपने कुटुम्बों पर अधिकार था और यह लोगों को अपने ऊपर आश्रित रखता था।'[30]

भूमि पर एक श्रेष्ठतर ग़ैर-कृषक अधिकार का रूप ब्राह्मणों के अधीन गाँवों और खेतों का था। ब्राह्मण अनिवार्य रूप से जनजातीय सम्बन्धों में स्वतन्त्र थे।[31]

इस बढ़ते वर्ग विभेदीकरण के पीछे बड़ी वजह शासक या प्रधान (राजन, क्षत्रिय) की शक्ति भी महत्त्वाकांक्षा में वृद्धि थी। ऐसा प्रतीत होता है कि आरम्भ में उसका दावा भूमि के उत्पाद के 16वें भाग पर था और 'गाँवों, घोड़ों और गायों' में भी अनिर्धारित हिस्से का दावा करना चाहता था। बाद में उसने वैश्यों, या ग्रामीणों पर एक अपरिभाषित प्रकृति का कर, बलि लगा दिया।[32] इसके अलावा उसने अपने अधीन प्रधानों (क्षत्रियों) को ज़मीन और गाँवों पर भी अधिकार प्रदान करना शुरू कर दिया।[33] अन्ततः हम उसे ब्राह्मणों को भूमि और गाँव दान देते पाते हैं।[34] आरम्भ में इस प्रकार के दान विस या ग्रामीण समुदाय की सहमति से दिये जाते थे,[35] लेकिन समय के साथ राजा मनमाने ढंग से दान देने लगा और इसलिए ऐसा लगता है कि उसका कुछ विरोध भी होने लगा।[36]

लेकिन कुछ जनजातियाँ ऐसी भी थीं जो आर्य धर्म को मानती थीं। लेकिन उनमें न तो ब्राह्मणवादी वर्ग विभेद पनपा था न ही राजतन्त्र का विकास हुआ था। इन जनजातियों का अपना अल्पतन्त्र था जोकि शूद्र-दासों के श्रम पर चलता था।[37]

यहाँ इस बात पर चर्चा करना अधिक महत्त्वपूर्ण नहीं है कि ये अल्पतन्त्र मूल आर्यों के उत्तरजीवी थे या जैसाकि कोसम्बी कहते हैं कि ये गंगा नदी घाटी के अर्द्ध-आर्यीकृत मूल निवासी जनजातियाँ थीं, जिसके चचेरे-ममेरे भाई अभी भी जंगलों में अपने खानाबदोश जीवन जी रहे हों।[38]

4. 550 ई.पू. से 200 ई.पू. तक के तीन सौ पचास वर्षों का समय भारतीय इतिहास में परिवर्तन का बड़ा ही रोचक समय था। बौद्ध धर्म के उदय ने ब्राह्मणवादी वर्चस्व के विरुद्ध विचारधारात्मक विद्रोह करना आरम्भ दिया। बड़े राज्यों का अभ्युदय और विस्तार हुआ। इसका चरमोत्कर्ष विशाल मौर्य साम्राज्य (322-184 ई.पू.) था। लगभग पूरा भारत और अधिकांश अफ़ग़ानिस्तान इसके अधीन था। इन घटनाओं के साथ-साथ आर्थिक जीवन में भी काफ़ी प्रगति हुई। शहरों का उदय हुआ। वाणिज्य का विकास हुआ और सिक्कों (पंच-मार्क्ड) का प्रयोग आरम्भ हुआ।

इस अवधि के स्रोत विविध और व्यापक हैं : बौद्ध धर्म का आरम्भिक धार्मिक साहित्य और जातक, कौटिल्य का अर्थशास्त्र (राजव्यवस्था, शासनकाल और प्रशासन पर लेख) और आरम्भिक वृत्तान्त, जिसमें अधिकांश मेगास्थनीज से लिए गये हैं, और अशोक (273-36 ई.पू.) के अभिलेख जिनसे भारतीय पुरालेखीय साक्ष्य की शुरुआत होती है। भारतीय स्रोतों (अशोक के अभिलेखों को छोड़कर) का समय निर्धारण और यूनानी वृत्तान्तों की सत्यता इतिहासकारों के लिए बड़ी कठिन समस्याएँ खड़ी करती है। लेकिन अब आमतौर पर यह स्वीकार किया जाता है कि भारतीय ग्रन्थों में इसी समय के तत्त्व दिये गये हैं, हालाँकि इनमें कुछ बाद के भी अभिलेख शामिल हैं। कुछ सन्देह के साथ यूनानी वृत्तान्तों को भी मोटे तौर पर प्रामाणिक माना जाता है।

इस सामग्री की कुछ विद्वानों द्वारा की गयी आलोचनात्मक विवेचना के आधार पर इस अवधि में कृषि सम्बन्धों की एक स्पष्ट तस्वीर उभरती है।

ऐसा प्रतीत होता है कि इससे पहले के समय से ही ग्रामीण समुदायों में किसानों द्वारा साझा रूप में कुछ प्रकार के उत्पादक कार्य किये जाते हैं।[39] ग्रामीण सामुदायिकता की संस्था की इतनी गहरी पैठ प्रतीत होती है कि लोहार, बढ़ई और अन्य कारीगर भी केवल अपने ही पेशे या बिरादरी के लोगों के रूप में बसना चाहते थे।[40] इस प्रकार के कारीगरों के गाँव में इस प्रकार की विचित्रता है और शायद इसकी वजह यह रही होगी कि कारीगरों के लिए खुद खेती किये बिना अपना भरण-पोषण करना सम्भव नहीं था।

वाणिज्य का विकास और मुद्रा की शुरुआत ने सम्भवतः शहरी भूमि (और सम्भवतः बागीचों) को पण्य बना दिया लेकिन इसमें सन्देह है कि खेती योग्य

भूमि बहुतायत में बेचने के लिए उपलब्ध की।[41] अर्थशास्त्र में किसी भी हाल में सीमित रूप में ही ज़मीन बेचने की बात कही गयी है, और ख़रीदार कोई रिश्तेदार या पड़ोसी ही हो सकता है।[42] यह समझा जा सकता है कि चूँकि ज़मीन अभी भी बहुतायत में होगी और आमतौर पर इसे क्रय योग्य नहीं माना जाता होगा जबकि अलग-अलग किसानों के खेत को ग्रामीण समुदाय की सीमाओं के बाहर नहीं समझा जाता होगा।

ग्रामीण समुदायों के साथ-साथ मवेशी और दासों के रूप में धन रखने वाले लोगों का ज़मीन के बड़े भूभागों पर नियन्त्रण था। जातक कहानियों में मवेशी के मामले में अमीर लोगों का उल्लेख मिलता है जिनके पास बड़ी संख्या में पशु (उदाहरण के लिए 30,000 पशुओं का झुण्ड) होते थे। उनके पास अनेक कृषिदास और गुलाम (एक व्यवसायी के पास 1,250 दासों के होने की बात कही गयी है) होते थे।[43] लेकिन इससे भी ज़्यादा हम बड़े ब्राह्मण ज़मीन मालिकों को देखते हैं जो अपने खेत पर दासों या दिहाड़ी मज़दूरों से खेती करवाते हैं।'[44] ब्राह्मणों द्वारा ज़मीन रखे जाने की परम्परा को राजाओं द्वारा उन्हें ज़मीन या गाँव दान में दिये जाने (ब्रह्मदेय भूमि या गाँवों) से पर्याप्त बल मिला होगा।[45] जातक की कहानियों में ज़मीन मालिकों के रूप में ब्राह्मणों (छोटे और निर्धन ब्राह्मण खेतिहरों सहित) के बार-बार उल्लेख से फिर इतने प्रभावित हो गये कि यह घोषणा करते हैं कि 'सम्भव है कि उस समय ज़मीन ज़्यादातर ब्राह्मणों के पास थी।'[46] लेकिन हम निश्चित रूप से यह नहीं कह सकते हैं कि किसी भी हाल में ग़ैर-कृषक ज़मींदारों का वर्ग केवल ब्राह्मणों का था जातक में भी सेठी (व्यापारियों या वणिक अधिकारियों) का उल्लेख है जिनके पास गाँव और खेतों का स्वामित्व होता था।[47] इसके अलावा क्षत्रीय आदिवासी अल्पतन्त्र ने दासों, नौकरों या कृषिदासों में अपने खेतों पर खेती करवाना जारी रखा।[48] कौटिल्य ने जनजातियों को श्रेणियों या क्षेत्रिय व्यापारी समूह कहा है और इस प्रश्न पर विचार व्यक्त किया है कि नयी ज़मीन उनके द्वारा बसाई जानी चाहिए न कि साधारण किसानों द्वारा। इस प्रकार वह खेती की दो रीतियों के बीच विरोध प्रस्तुत करते हैं।[49]

यह सम्भव है कि साधारण किसान हर जगह स्थानीय श्रेष्ठतर वर्गों के किसी-न-किसी प्रकार के दमन में आ गये हों, जिनके सदस्यों को गृहपति और कुटुम्बिका कहा जाता था (इसमें सेठी भी शामिल थे)। गाँवों पर इनका नियन्त्रण होता था। जब कि ज़मीन पर भी इनका अपने तरीक़े का मालिकाना हक़ होता था।[50] वे सूदखोरी भी करते थे, इससे उन्हें किसानों पर (फ़सल के उत्पादन में हिस्सा प्राप्त करके) अपना नियन्त्रण बढ़ाने में मदद मिली होगी।[51]

मौर्य शासनकाल का समय आते-आते इस प्रकार के श्रेष्ठतर वर्ग को (कोसम्बी द्वारा कौटिल्य को व्याख्या के अनुसार) पौर-जनपद के नाम से जाना जाने लगा था। यह शहरी और ग्रामीण नागरिक वर्ग था। कौटिल्य ने सिफ़ारिश की थी कि सरकार के बड़े प्रशासनिक अधिकारी इसी वर्ग से चुने जाने चाहिए। और शहरी और ग्रामीण इन दो तत्त्वों में से उन्होंने ग्रामीण या जनपद को राजनीतिक दृष्टि से अधिक महत्त्वपूर्ण माना। जनपदों से राजा को राष्ट्र (ज़िला) शीर्ष के तहत कुछ करों के साथ-साथ उपज का 'छठा भाग' (षडभाग) कर के रूप में प्राप्त होता था। दूसरी ओर अधिशेष का काफ़ी बड़ा भाग किसानों से प्राप्त होता होगा, कभी-कभी सम्भवतः अर्द्ध-सितिका या बटाईदारों को नियोजित किया जाता था जिससे वे आधी फ़सल लेते थे।[52]

ज़मीन पर श्रेष्ठतर निजी अधिकारी के साथ भू-सम्पत्ति का एक नया और महत्त्वपूर्ण रूप था राजा का क्षेत्र। राजा के राजस्व की दृष्टि से कौटिल्य सिता या राजा की अपनी ज़मीन से लायी गयी फ़सलों को काफ़ी महत्त्व देते हैं।[53] इसके अलावा राजा की ज़मीन का दायरा काफ़ी बड़ा था। इस तथ्य से इस यूनानी रिपोर्ट की पुष्टि हो जाती है कि भारत में सारी ज़मीन राजा की है, जो उपज की तीन-चौथाई या एक चौथाई लेता है।[54] सिता भूमि के प्रबन्धन के बारे में यदि हम कौटिल्य के विस्तृत विश्लेषण को देखें तो ऐसा लगेगा कि आरम्भ में ये ज़मीनें बंजर भूमि थीं जो राजा द्वारा कृषि बस्तियाँ बसाने के लिए क़ब्ज़े में ली गयी थीं। राजा की ज़मीनें दो भागों में बाँटी गयी थीं। एक वे जिन पर दासों, दिहाड़ी मज़दूरों और क़ैदियों के श्रम द्वारा शाही अधिकारियों के निर्देशन में खेती कराई जाती थी; दूसरी वे जो बटाईदारों (अर्द्ध-सितका) का फ़सल के आधे हिस्से के लिए या अन्य मज़दूरों को जो श्रम के अलावा कुछ नहीं लगाते थे और इसलिए वे तीन-चौथाई फ़सल राजा को देते थे। अन्य लोग भी थे जैसे शूर-वीर लोग, जिन्हें बसने के लिए प्रोत्साहित किया जाता था और उन्हें फ़सल का एक-चौथाई हिस्सा देना होता था।[55] (और इसके अलावा ब्राह्मणों को बंजर भूमि में से राजस्व मुक्त भूमि दान भी दी जाती थी। स्पष्ट रूप से यह खेती के विस्तार की नीति का हिस्सा था[56]) पट्टे पर दी गयी ज़मीनों पर कर की शाही माँग ख़त्म नहीं होती थी। सिंचाई के लिए अलग से भारी कर थे।[57] और प्रजा के कुछ समूहों, जिसमें सम्भवतः शूद्र भी शामिल थे, से श्रम सेवाएँ (विष्टि) ली जाती थीं क्योंकि उनके पास खेती की कोई ज़मीन नहीं थी और इसलिए उससे कर देने के लिए नहीं कहा जा सकता था।[58]

यह महत्त्वपूर्ण है कि कौटिल्य ने इस बात पर बल दिया कि राजा की ज़मीनों में बसी बस्तियों में शूद्र किसानों (शूद्रकार्षक) और निम्न जातीय तत्त्वों

की अधिकता होनी चाहिए। वह मानते थे कि इनका शोषण हो सकता है।[59] स्पष्ट है कि बस्तियाँ प्रायः पूरे क़बीले के बड़े पैमाने पर निर्वासन के फलस्वरूप बनती थीं।[60] इससे पूर्व में जो श्रमिक या ग़ैर-कृषि आबादी होती थी, वे अर्द्ध-दास किसान में तब्दील हो जाती थीं।[61] शाही ज़मीनों पर बसने के बाद इन किसानों के मुक्त रूप में इसका निकलना आसान नहीं होता था; ज़मीन पर उनका अधिकार उनके जीवन तक ही होता था; और यदि वे ठीक से खेती करने में विफल रहे तो वे अपना अधिकार खो सकते हैं।[62]

5. हाल के शोधों में इस बात पर बल दिया गया है कि मौर्य साम्राज्य ने दो प्रक्रियाएँ तेज़ कीं जो 200 ई.पू. से 650 ई. के बीच काफ़ी हद तक पूर्ण हुईं। इसके फलस्वरूप पारम्परिक भारतीय गाँवों का सृजन हुआ। यह बन्द और आत्मनिर्भर व व्यक्तिगत किसानों की खेती पर आधारित था।

कोसम्बी ने यह दर्शाया है कि किस प्रकार शिल्पकारों की आबादी में एक बार वृद्धि हो जाने का कतिपय कौशल वाले जैसे लोहा गलाना काफ़ी मशहूर हो गया और मौर्य साम्राज्य के केन्द्रीकृत प्रशासन और तीव्र वाणिज्यिक विकास के कारण कारीगर गाँवों में आकर बसने लगे।[63] शिल्प के इस ग्रामीणीकरण के नतीजे ईसा के प्रथम पाँच या छह शताब्दियों के सम्बन्धित साथ में देखे जा सकते हैं। उदाहरण के लिए अब हम पुराने समय के बढ़ई की बस्ती के बारे में नहीं सुनते। दूसरी ओर, छठी शताब्दी के अभिलेख अब ऐसा गाँव के बढ़ई से हमारा परिचय कराते हैं जिसका किसानों के गाँव के भीतर अपना खेत था।[64] जब हर गाँव का अपना बढ़ई, लोहार और कुम्हार हो तो यह गाँव का न केवल आत्मनिर्भर, बल्कि गोर्डन चाइल्ड के शब्दों में, 'कृषि का लोकतान्त्रीकरण' भी करेगा। बिना किसी बिचौलिये के हर कृषक की आवश्यक उत्पादक ज़रूरतों तक पहुँच होगी।

दूसरा, कृषकों के रूप में शूद्रों की बस्ती बनाने को कौटिल्य स्वेच्छित उपाय की नीति मानते थे जो राजा लागू कर सकता है। इससे इस काल में शूद्रों की काफ़ी बड़ी आबादी का किसानों में रूपान्तरण हुआ। आर.एस. शर्मा के साक्ष्य की व्यापक जाँच-पड़ताल के बाद दर्शाया है कि किस प्रकार इस पुरानी पारम्परिक मान्यता (मनुस्मृति, 200 ई.पू. 200) कि शूद्र उच्च जातियों के महज़ नौकर हैं और ये कर अदा करने वाले नहीं हो सकते (और इसलिए किसान नहीं हो सकते)[65], में बाद की शताब्दियों के विधि साहित्य में बदलाव आया जब तक कि सातवीं सदी में आमतौर पर किसानों को शूद्र न माना जाने लगा।[66]

मौर्य काल के बड़े 'खेतों, चाहे वह निजी मालिकों या राजा का हो, जिस पर दास और किराये के मज़दूर काम करते हों, और उल्लेख नहीं मिला है।

यह किसानों द्वारा खेती किये जाने में वृद्धि को दर्शाता है।'[67] बड़े खेतों के साथ कृषि दासत्व अर्थात कृषि में दासों का नियोजन और मोटे तौर पर समाप्त हो गया। ग्रामीण दासों का अन्तिम उल्लेख मिलिंदपन्ह (100 ई.) में मिलता है।[68]

इस समय ग्रामीण श्रमिकों का एक वर्ग अभी भी मौजूद था। इस वर्ग की मौजूदगी किसानों द्वारा खेती की स्थितियों के कारण रही होगी[69] और सम्भव है कि इस वर्ग के लोगों की संख्या निरन्तर बढ़ी होगी क्योंकि खेती का विस्तार हो रहा था। साथ ही किसान समुदाय के अधीन मूल निवासियों और चरागाही जनजातियों का श्रमिक जातियों में परिवर्तन हो रहा था।[70] बहरहाल इस काल के स्रोतों के कृषि मज़दूरों के अनेक उल्लेख मिलते हैं। पतंजलि (दूसरी सदी ईसा पूर्व में) पाँच भाड़े पर रखे मज़दूरों द्वारा जोते जा रहे खेतों के ज़मीनमालिक द्वारा पर्यवेक्षण की बात करते हैं। मनुस्मृति में किसानों के नौकरों का ज़िक्र मिलता है।[71] बाद के विधि साहित्य में कृषि मज़दूरों (भृत्यों) के लिए मज़दूरी की दरें भी दी गयी हैं। यह पैदावार के दहाई भाग से लेकर पाँचवाँ भाग और भोजन और कपड़े या फ़सल की केवल एक तिहाई थी।[72]

सैद्धान्तिक रूप में कहा जाये तो चूँकि उत्तरी भारत और दक्कन और दक्षिणी भारत दोनों में बड़े घने जंगल और बंजर ज़मीन थीं (जहाँ हल से बड़े पैमाने पर खेती सम्भवतः इस काल के अन्त में शुरू हुई होगी)[73] इसलिए कुछ और कृषक वर्ग के हाथों में ज़मीन के स्वामित्व का एकाधिकार नहीं आया होगा। मिलिंदपन्ह में यह घोषणा की गयी है कि 'जब कोई व्यक्ति जंगल को साफ़ करता है और ज़मीन को मुक्त करता है, तो लोग कहते हैं, ज़मीन उनकी है।'[74] इसे प्रायः उद्धृत किये जाने वाले मनुस्मृति के इस सूत्र के साथ पढ़ा जा सकता है कि ज़मीन उसी की है जिसने सर्वप्रथम इसके खरपतवार को साफ़ किया और हिरन उसी का है जिसने सबसे पहले इसे घायल किया। इस वक्तव्य को यह दर्शाने के लिए उद्धृत किया जाता है कि किसानों द्वारा राजा का श्रेष्ठतर वर्ग के हस्तक्षेप के बिना जंगल की क़ीमत पर ज़मीन पर सीधे क़ब्ज़ा किया जा सकता था। लेकिन यह तर्क दिया जाता है कि यह अकल्पनीय है कि बड़े समूहों का समुदायों के सदस्यों के बिना अकेले किसानों द्वारा जंगल साफ़ करने का प्रयास किया गया होगा।[75]

इस प्रकार के साक्ष्य के कारण ही कोसम्बी ईसा काल के आरम्भ के समय एक ऐसे दौर की अवधारणा प्रस्तुत करते हैं जब किसानों की बन्द ग्रामीण अर्थव्यवस्था थी। व्यावहारिक तौर पर कोई श्रेष्ठ ज़मींदार वर्ग या अधिपति नहीं था। राजा का अधिकार सीमित या और बहुत कम कर वसूलने का था।

आने वाले समय में समाज की सरल संरचना राजा द्वारा अपने अधिकार अपने अधीनस्थ प्रमुखों को दिये जाने से बिगड़ गयी। इसका कृषि वर्ग के साथ सीधा सम्बन्ध था। इस प्रक्रिया को कोसम्बी ने 'ऊपर से सामन्तवाद' कहा है। उन्हें लगता है कि यह गुप्त काल (चौथी-पाँचवीं सदी) और हर्ष काल (सातवीं सदी) के विकास के उन्नत-चरण में पहुँच गया। इसके भी बाद के चरण में यह गाँव के भीतर ही 'ज़मींदारों के वर्ग' के रूप में उदय होने वाला था। बाद में इस दौर का 'नीचे से सामन्तवाद' की संज्ञा दी गयी है।[76]

जैसाकि यह थ्योरी रोचक है, इस पर अभी तक पर्याप्त चर्चा नहीं हुई है। 'ऊपर से सामन्तवाद और नीचे से सामन्तवाद' जैसे शब्दों की उपयुक्तता पर मार्क्सवादी दृष्टिकोण से प्रश्नचिह्न लगाये गये हैं।[77] लेकिन कासंबी द्वारा प्रतिपादित पूर्व 'सामन्ती' समाज वास्तव में अस्तित्त्व में था या नहीं इस प्रश्न पर अन्य विद्वानों द्वारा कोई ख़ास प्रकाश नहीं डाला गया है। निश्चित ही इसके अपवाद और क्षेत्रीय भिन्नताएँ हैं जिसे स्वीकार करने वालों में कोसम्बी पहले होंगे।

ऐसी प्रतीत होता है कि शर्मा इस परिकल्पना को नहीं मानते हैं कि कृषक वर्ग से ऊपर ज़मींदार वर्ग प्रथम सहस्राब्दि के उत्तरवर्त्ती शताब्दियों के पहले अस्तित्त्व में नहीं आया क्योंकि वह इस मुद्दे को कोसम्बी के साथ स्पष्ट रूप से नहीं उठाते हैं। वह इस कथन के लिए याज्ञवल्क्य (पाँचवीं सदी) को उद्धृत करते हैं कि ज़मीन क्षेत्र स्वामी द्वारा (किसानों) को दी जानी है। राजा (महापति) स्वामी (मालिक) की अनुपस्थिति में ज़मीन में किये गये सुधार के केवल फल पाने का हक़दार है। वह कहते हैं कि वृहस्पति भी वास्तविक कृषक से ऊपर स्वामी के होने की व्यवस्था देते हैं। अतः ऐसा प्रतीत होता है कि स्वामी अपनी ज़मीन 'अस्थायी खेतिहरों' को पट्टे पर देते थे।'[78]

पुरालेखीय साक्ष्य भी इस प्रकार के वर्ग की मौजूदगी की पुष्टि करते हैं। कोसम्बी ख़ुद भी शक राजकुमार उसवदत्त (120 ई.) द्वारा साधुओं को भोजन देने के लिए नासिक के निकट ब्राह्मणों से ज़मीन ख़रीदने को 'अनोखी' घटना बताते हैं।[79] यहाँ ज़मीन की पैदावार पर ग़ैर-कृषक निजी अधिकार की उपस्थिति स्पष्ट है। इसे तीसरी-चौथी शताब्दियों के दो अभिलेखों के साक्ष्य के साथ रखा जा सकता है जो 'ज़मीन कृषकों को दिये जाने की प्रथा का संकेत देता है जिन्हें उपज का आधा हिस्सा मिलता था।'[80] इस प्रकार हमें ग़ैर-कृषक ज़मीन मालिकों और उनके तदरूप बटाईदारों के साथ मिलते हैं।

ऐसा भी नहीं है कि कुछ किसान अर्द्धदास न हों, जिन्हें ज़मीन छोड़ने की आज़ादी नहीं थी। वे नयी ज़मीन उपलब्ध होने पर भी इस पर क़ाबिज़ नहीं हो सकते थे।

पुनः कोसम्बी खुद फाहियान 400 ई. के इस कथन को नोट करते हैं कि कृषकों को ज़मीन पर खेती करने या इसे छोड़ने की छूट थी। इसे नोट करते हुए वह कहते हैं कि वही यात्री बौद्ध विहारों में 'ज़मीन के साथ वहाँ रहने वाले लोगों और पशुओं' के होने की बात कहते हैं जोकि दास प्रथा के कुछ क़रीब होने का संकेत देता है।[81]

जैसाकि हमने पहले देखा कि कौटिल्य की पुस्तक में राजा अपनी सम्प्रभुता के अधीन ज़मीन के कुछ भाग का मालिक प्रतीत होता है। ऐसा लगता है कि इस दौरान ज़मीन का सिता भूमि या राजा की ज़मीन (जहाँ राजा खेती करवाकर या कृषकों को बंटायी पर देकर अधिशेष उपज के ज़्यादा हिस्से पर दावा करता था) और सामान्य भूमि (जहाँ वह केवल, 1/6 भाग का पारम्परिक कर या अन्य बकाये लेता था) के बीच विभाजन समाप्त हो गया था। अन्तिम सिता भूमि की सम्भावित उपस्थिति नासिक अभिलेख (130 ई.) में मिलते है, जिसमें एक गाँव में 'राजा की ज़मीन' (राजकमखेत) होने का उल्लेख किया गया है।[82] पाँचवीं और छठी शताब्दियों में दर्ज 'राज्य की भूमि' की कथित बिक्री दरअसल भूमि की बिक्री नहीं बल्कि शाही कर से छूट की बिक्री है।[83]

यह सच है कि चीनी यात्री फाहियान (399-414 ई.) 'राज की भूमि' और ह्वेनसांग (629-45 ई.) 'राजा के काश्तकार' का उल्लेख करते हैं। लेकिन चूँकि वे कहते हैं कि इन ज़मीनों को जोतने वाले ही फ़सल के एक भाग के रूप में राजस्व देते थे (ह्वेनसांग पारम्परिक दर फ़सल का 1/6 भाग बताते हैं), इसलिए ऐसा प्रतीत होता है कि राजा की भूमि से उनका अभिप्राय केवल राजस्व देने वाली भूमि (शायद अधीनवर्ती शासकों की रियासतों से अलग) से था।[84] अतः उनके कथन साधारण राजस्व देने वाली ज़मीन से अलग राजा की ज़मीन के समाप्त होने की पुष्टि करते हैं।

जैसाकि कोसम्बी द्वारा संकेत दिया गया है कि इस अवधि की एक बड़ी ख़ासियत राजा द्वारा अपने अधिकारियों और मातहत जागीरदारों के वेतन की बजाय किसी ख़ास क्षेत्रों के अपने राजस्वों के आबंटन की शुरुआत थी। आरम्भ में यह आत्मनिर्भर गाँवों के उदय के कारण हुआ। कौटिल्य ने वेतन का निर्धारण नक़दी में किया था, लेकिन मनुस्मृति में एक ऐसी योजना निर्दिष्ट कि गयी थी जिसके तहत किसी क्षेत्र में तैनात अधिकारियों की उनके अधीन क्षेत्र के राजस्व का एक भाग दिया जाना चाहिए था (उदाहरण के लिए सौ गाँवों के लिए तैनात अधिकारी को एक गाँव का राजस्व दिया जाता था)।[85] इस प्रथा को दर्शाने वाले पुरालेख सम्बन्धी साक्ष्य कम हैं। शायद इसकी वजह इस प्रकार के आबंटन को दर्ज करने

के लिए उपयोग की गयी सामग्री ख़राब होने वाली रही हो।[86] लेकिन ह्वेनसांग के वृत्तान्त से ऐसा प्रतीत होता है कि सातवीं सदी तक यह प्रथा सुस्थापित हो गयी थी। ह्वेनसांग घोषणा करते हैं कि उच्च और निम्न सभी अधिकारियों को पारिश्रमिक के रूप में भूमि के राजस्व का आबंटन किया जाता है।[87]

भू-राजस्व के इन आबंटनों की शर्तों के बारे में हमारे पास कोई प्रत्यक्ष जानकारी नहीं है। लेकिन चूँकि इस बात के साक्ष्य हैं कि भोगिका या प्रशासनिक अधिकारी गुप्त काल में पहले पारम्परिक हो गये थे और ख़ास स्थानों में स्थायी रूप से तैनात किये जाने लगे थे,[88] इसलिए राजस्व आबंटन भी नियत हो गया होगा और इसे आमतौर पर पुनर्निर्धारित नहीं किया जाता होगा। इसलिए सम्भव है कि अधिकारी राजा के पारम्परिक दावों के आगे की ज़मीन पर भी अपना अधिकार जताने में समक्ष थे। उदाहरण के लिए कामसूत्र में (चौथी-पाँचवीं शताब्दियों से) ग्रामाधिपति आयुक्तक को अपने अन्न भण्डार भरने और अपने खेतों पर काम कराने के लिए अन्य बातों के साथ-साथ ग्रामीण महिलाओं से अवैतानिक श्रम करवाते हुए दिखाया गया है।[89] इस लिए ऐसा प्रतीत होता है कि अधिकारियों की अपनी ज़मीन होती थी और कृषक वर्ग पर उनका अर्द्ध-सामन्ती अधिकार होता है।

बौद्ध भिक्षुओं को मठों और ब्राह्मण और ब्राह्मणों के मन्दिरों को शाही दान दिये जाने के पुरालेखीय साक्ष्य दूसरी शताब्दी ई. के आरम्भ में ही मिलने लगते हैं। शिलाओं और प्रायः ताम्र प्लेटों के अभिलेखों में अन्तरिम अधिकारों और छूट के आश्वासनों का उल्लेख मिलता है। सामान्य रूप से यह सहमति जताई जाती है कि आमतौर पर जो आन्तरिक किया जाता था वह राजा का अपना वित्तीय और अर्द्ध-वित्तीय दावा था। इसमें कुछ प्रशासनिक या अर्द्ध-न्यायिक विशेषाधिकार या छूट शामिल थे।[90] दान दी गयी ज़मीन को प्रायः बंजर माना जाता था। इसलिए यह कहा जाता है कि इस प्रकार का दान प्राप्त करने वाले ब्राह्मण खेती का विस्तार करते थे।[91] लेकिन यह कि सम्भव है कि बंजर भूमि का उल्लेख केवल भूमि के रूपों का मामला था, पहले से खेती की जा रही ज़मीनें भी दी जाती थीं।[92] हालाँकि यदि पुजारी ब्राह्मण हमेशा खेती में स्वयं अग्रणी नहीं होते थे तो भी सम्भव है कि पहले की बंजर ज़मीन का घोषाल के शब्दों में, 'अस्थायी काश्तकारों'[93] के अधीन जो ज़मीनें थीं, व्यावहारिक रूप में वे इन ज़मीनों के मालिक हो जाने थे। दान में उल्लिखित मुहावरों में यह होता था कि वे 'ज़मीन पर खेती करने या कराने' के हक़दार हैं। ये मुहावरे दरअसल यह दर्शाते हैं कि वे या तो ज़मीन पर ख़ुद खेती कर सकते हैं या शर्तों पर किसानों

को इसे पट्टे पर दे सकते हैं।[94] आठवीं सदी में इत्सिंग कहते हैं कि बौद्ध मठ कृषकों को बैल और खेत देते थे (इसलिए उन्हें उनके काश्तकार समझा जाना शाही हिस्सा था)।[95] यह सम्भव प्रतीत होता है कि इन मामलों से फ़सल का वास्तविक हिस्सा उक्त पारम्परिक हिस्से से अधिक था।

6. सातवीं सदी से बारहवीं सदी की अवधि को 'सामन्ती' काल के रूप में निर्दिष्ट करने की व्यापक प्रवृत्ति है कुछ इतिहासकार जब ऐसा कहते हैं तो ऐसा प्रतीत होता है कि उनके दिमाग़ में राजतन्त्री शक्ति में क्षरण और विभिन्न प्रकार के 'सामन्तों' के उदय की बात होती होगी जोकि उस अवधि की राजव्यवस्था की ख़ासियत थी।[96] लेकिन इस प्रकार के सुझाव दिये गये हैं कि कृषि सम्बन्ध की संरचना में भी कुछ ऐसे तत्त्व देखे जा सकते हैं जिन्हें किसी बेहतर शब्द के अभाव में 'सामन्ती' कहा जा सकता है।

इस बात का साक्ष्य नहीं है कि किसानों द्वारा खेती के सामान्य प्रचलन में किसी ख़ास मामले में कोई संशोधन हुआ। एक प्रकार की कृषिदास प्रथा की मौजूदगी की पुष्टि मारवाड़, सौराष्ट्र, उड़ीसा और बंगाल के पुरालेखों से होती है जिसमें भूमि दान के एक भाग के रूप में किसानों और मज़दूरों के स्थानान्तरण का उल्लेख मिलता है।[97] हालाँकि पुरालेखीय साक्ष्य केवल कुछ क्षेत्रों तक सीमित हैं लेकिन शर्मा 732 ई. के एक चीनी वृत्तान्त को उद्धृत कर कहते हैं जिसमें यह दर्शाया गया है कि मठों को गाँवों के साथ गाँववासियों को दान में देने की प्रथा भारत में सार्वभौम थी।[98] दमन से बचने के लिए किसान प्रवास करने में सक्षम थे, ऐसा संकेत देने वाले साहित्य के इस आशय का उद्धरण निर्णायक नहीं है[99] और इनका आशय केवल इतना हो सकता है कि कई मौक़ों पर किसानों पर प्रतिबन्ध नहीं लगाया जा सकता था।

रहट (अर्घट)[100] की शुरुआत का सिन्धु घाटी और पश्चिमी राजस्थान जहाँ जल-स्तर काफ़ी नीचे था, में खेती के विस्तार में मदद के अलावा कृषि सम्बन्धों पर भी कुछ प्रभाव पड़ा होगा। देसी लकड़ी की मशीन जोकि सोलहवीं सदी में आम किसानों की पहुँच में थी,[101] आरम्भिक दौर में सम्भवतया यह केवल अमीरों के पास होती थी।[102] अभिलेखों में मारवाड़ क्षेत्र में उन ग्रामीणों के द्वारा जौ की फ़सल में हिस्सेदारी का उल्लेख मिलता है जिसके पास सम्भवतया रहट थी।[103] इसकी भी सम्भावना है, जो कि एक साहित्यिक कृति में उद्धृत है, कि रहट के मालिक 'ज़मींदार' हो सकते हैं जो 'किसानों, मज़दूरों और दासों से खेती करवाते थे।'[104]

लेकिन इस अवधि की कृषि पद्धति की प्रमुख विशेषता अधिशेष के संवितरण की पद्धति से सम्बन्धित है। इस काल से सम्बन्धित बड़ी मात्रा में उपलब्ध

पुरालेखीय साक्ष्य और कुछ साहित्यिक स्रोतों और अरबी व फ़ारसी वृत्तान्तों में हमें पूर्व के समयों की अपेक्षा इस काल में इस पहलू के बारे में गहन जानकारी मिलती है।

संक्षेप में, इन पाँच शताब्दियों में जो हुआ उसे शासक वर्ग का ग्राम्यीकल कहा जा सकता है। इस शहरी जीवन में गिरावट से गहरे रूप से जुड़ा प्रतीत होती है। जिसकी कल्पना मौर्यकाल के बाद से सभी शताब्दियों के लिए की गयी है।[105] और वाणिज्य में ख़ासतौर पर गिरावट आयी जोकि इस काल में मिलने वाले सिक्कों की नितान्त कमी का एकमात्र कारण हो सकता है।[106] इन स्थितियों में यह उम्मीद करना स्वाभाविक है कि साम्राज्यों या राज्यों के अधिकारी और कुलीन वर्ग के लोगों का प्रसार गाँवों में हुआ होगा और 'भूमि पर आश्रित' रहे होंगे।

यह प्रवृत्ति इस समय की राजव्यवस्था में देखी जा सकती है। सर्वप्रथम, इस बात के पर्याप्त साक्ष्य हैं कि राजा के अधिकारियों को क्षेत्र विशेष के राजस्व दिये जाते थे। यह परम्परा पूर्व के समय में भी मौजूद थी।[107] यह प्रतीत होगा कि अब अधिकारी अपने प्रशासनिक क्षेत्र के दायरे में आने वाले सम्पूर्ण क्षेत्र का राजस्व रखने लगे।[108] यह शायद पहले की पद्धति से काफ़ी अलग था। यह ऐसी परिघटना थी जिसकी मौजूदगी पहले से ही थी अर्थात शाही अधिकारियों 'सामन्तों' के बीच अन्तर समाप्त हो रहा था। शाही अधिकारियों के पारम्परिक सामन्त नियुक्त किये जाते थे और अधिकारियों को सामन्तों की उपाधियाँ और शायद विशेषाधिकार दिये जाते हैं।[109]

वास्तव में इसका मतलब था प्रत्येक राज्य से समस्त क्षेत्रों का विभाजन, जिसका नतीजा अपरिहार्य रूप में उप-विभाजन हुआ। इस प्रक्रिया को इसके चरम रूप में 'कुल राजतन्त्रों' (क्लैन मोनार्कीज) या आद्य-राजपूत राज्यों, ख़ासतौर पर आठवीं-दसवीं शताब्दियों में गुर्जर-प्रतिहारों के अन्तर्गत और उनके बाद के राजवंशों में देखा जाता है जिस पर उन्होंने कभी शासन किया था। यहाँ शासक द्वारा अपना हिस्सा रखने के बाद (स्वभुज्यमन स्वभोग) ज़मीन अपने रिश्तेदारों और गोत्र प्रमुखों के बीच बाँट दी जाती थी।[110] इसके बाद इन कुल प्रमुखों में से प्रत्येक प्रमुख 'अपने ज़मीन का अपना हिस्सा' (स्वभोगवाप्ताह) अपने कुल सदस्यों के बीच बाँटता था। जब तक कि इस 'उप-सामन्तीकरण' की प्रक्रिया द्वारा हर गाँव किसी ख़ास व्यक्ति को न दे दिया जाये और बदले में वह जागीर देने वाले को आवश्यकता पड़ने पर सैनिक की आपूर्ति करे।[111]

इस समय और इन्हीं क्षेत्रों में नयी प्रादेशिक इकाइयाँ स्थापित हुईं। ये इकाइयाँ 6 के गुणक अर्थात 12, 42 और 84 की विशिष्ट संख्या में गाँवों का समूह थीं।

इन इकाइयों का उल्लेख प्रतिहारों और बाद के समय के राजवंशों जैसे चौहान, गहड़वाल, परमार और चालुक्यों के दस्तावेज़ों में मिलता है। इसके पहले इन इकाइयों के बारे में नहीं सुना गया था लेकिन 84 (चौरासी) की कई इकाइयों का उल्लेख वर्तमान समय में भी मिलता है।[112] आज भी इन्हें विशेष रूप से राजपूत जातियों से जोड़ा जाता है।[113] यू.एन. घोषाल ने कहा है कि इनका निर्माण 'कुल राजवंशों' में सामन्तों के बीच क्षेत्रों के विवरण की सुविधा के लिए किया गया था जोकि उनके अभ्युदय का विश्वसनीय विश्लेषण प्रतीत होता है।[114] कई सदियों तक उनकी ज़ोरदार उपस्थिति उस समय के प्रभावशाली कुलों के बीच हुए ज़मीन के व्यापक और स्थायी विवरण को दर्शाती है।

नये ज़मींदारों की सबसे सामान्य उपाधियाँ सामन्त, रणक, रावत, ठाकुर और राजपुत्र हैं।[115] अलग-अलग उपाधियों को वरीयताक्रम में रखना हमेशा आसान नहीं होता है। उदाहरण के लिए राजपुत्र का इस्तेमाल चौहानों में राजकुमार के लिए किया जाता था,[116] लेकिन चालुक्यों में सबसे छोटे 'जागीरदार' के लिए।[117] यह भी प्रतीत होता है कि न तो यह, न ही रावत और ही किसी ख़ास जाति का प्रतीक था।[118] लेकिन यह सम्भव है कि एक नयी जाति जोकि बाद के समय की 'सैन्य' जाति राजपूतों की पूर्वज थी, पहले की तरह उभर रही थी। उदाहरण के लिए शर्मा ने दर्शाया है कि किसी प्रकार एक समय एक ख़ास जाति गुर्जरों ने अपना वर्चस्व स्थापित किया। इसके भीतर साधारण जनजातीय कृषकों से अलगाव की तीव्र प्रक्रिया हुई और सामान्य गुर्जर साधारण शोषित जनसामान्य की श्रेणी में आ गये। यह उम्मीद की जा सकती है कि व्यापक जनजातीय समुदाय के इस राजनीतिक और आर्थिक शरण के साथ-साथ उनमें जो बेहतर और मज़बूत थे उन्होंने एक अलग, श्रेष्ठकर जाति बना ली। इसलिए यह बेवजह नहीं है कि 'कुल राजवंशों' की जनजातियों को पारम्परिक रूप में राजपूतों के अनेक कुलों का पूर्वज माना गया है।

औपचारिक तौर पर कहा जाये कि नये शासक वर्ग के सदस्यों के अधिकार राजा के अधिकारों से अधिक नहीं होने चाहिए, इसके नाम से उनके सभी अधिकार प्राप्त होते थे। शासकों द्वारा माँग किये जाने वाले भूमि राजस्व की सही-सही मात्रा का निर्धारण करना कठिन है। फ़सल के छठे भाग या दसवें भाग की पारम्परिक शाही माँग का उल्लेख दो या तीन अभिलेखों में मिलता है।[119] लेकिन यह भी सम्भव है कि 'दशमांश' जैसे शब्द औपचारिक थे और ये वास्तविक स्थिति नहीं दर्शाते थे।[120] बहरहाल, फ़सलों में हिस्से के अलावा किसानों पर अन्य करों और चुंगियों का उल्लेख अभिलेखों में मिलता है जिससे किसानों पर बोझ काफ़ी अधिक बढ़ जाता होगा।

इसके अलावा ऐसा प्रतीत होता है कि प्रादेशिक जागीरों के अलावा अमीर वंशानुगत अधिकार के तहत ख़ास ज़मीनें हासिल कर रहे थे। नौवीं सदी से राज्य के अधिकारियों को भूमि के राजस्व को वंशानुगत रूप में अनुदान के पुरालेखीय रिकार्ड्स हैं, और ग्यारहवीं सदी से इसमें काफ़ी वृद्धि हो गयी।[121] ये 'सेवा अनुदान' नहीं है अर्थात नक़द भुगतान के स्थान पर या सेवा के बदले में अनुदान नहीं बल्कि ये अब तक केवल ब्राह्मणों और धार्मिक संस्थाओं को दिये जाने वाले अनुदानों के तर्ज़ पर थे।[122] वंशानुगत और बिना किसी शर्त के होने के कारण ये क्षेत्रीय अनुदानों से अलग थे और यह सम्भव है कि अनुदानग्राही का लगभग पूरा मालिकाना हक़ हो जाता था। तेरहवीं शताब्दी में पूर्वी उत्तर प्रदेश में चन्देलों के अन्तर्गत हम ऐसे रणक पाते हैं जो गाँव को बाँधे रखता था और दूसरे रणक ने अपने खेत को अन्य रणकों के पास गिरवी रखा।[123] यहाँ सम्भवतया हम यह संकेत देखते हैं कि किस प्रकार ग्राम प्रधानों के निजी खेत या जोत तैयार हुए जो चौदहवीं सदी और बाद के समयों में चलता रहा।

इस काल के अभिलेखों से यह स्पष्ट है कि शासकों और उनके 'सामन्तों' द्वारा ब्राह्मणों को निरन्तर अनुदान दिया जाता रहा। हम देखते हैं कि छठी शताब्दी के ब्राह्मणों के मन्दिरों को दिये जाने वाले अनुदानों की संख्या बढ़ने लगी। उनमें से कई मन्दिरों में बड़ी संख्या में पुजारी और परिचालक होते थे।[124] इस काल में मन्दिरों के नियन्त्रण के अधीन भूमि का काफ़ी विस्तार हुआ और सम्भव है कि इन ज़मीनों से प्राप्त राजस्व उनकी अपार सम्पत्ति के प्रमुख स्रोत थे।[125]

II

1. मुहम्मद गौरी की उत्तर भाग की जीत के साथ ही दिल्ली सल्तनत (1206-1526) की स्थापना हुई। इसे भारत में वास्तविक मध्यकाल की शुरुआत कहा जा सकता है। अब इस सम्बन्ध में हमारे पास इतिहास की पुस्तक है और सम्बद्ध आख्यानपरक इतिहास पहली बार सम्भव हुआ। लेकिन ऐतिहासिक दस्तावेज़ों की प्रकृति में सुधार के अलावा अन्य कारण भी हैं जो तेरहवीं सदी को भारतीय इतिहास का एक महत्त्वपूर्ण परिवर्तन काल बनाते हैं।

सबसे पहले तो नये विजेता और शासक हैं, जो अपने पूर्ववर्तियों से अलग मत (इसलाम) के थे और जिन्होंने पुराने शासन तन्त्र के व्यापक रूप में अलग शासन तन्त्र की स्थापना की। सुल्तानों ने क्षेत्रीय विस्तार और केन्द्रीकरण दोनों दृष्टि से अभूतपूर्ण (शायद 1,500 वर्ष पूर्व मौर्यवंश को छोड़कर) शक्ति हासिल कर ली। उनकी प्रमुख उपलब्धि कृषि सम्बन्धी शोषण को व्यवस्थित रूप देने

और इस प्रकार प्राप्त संसाधनों के भारी केन्द्रीकरण में थी। इससे यह सुनिश्चित हो गया कि उनके द्वारा माँगे जाने वाले भू-राजस्व (खराज/माल) में किसानों की अतिरिक्त उपज का यदि पूरी नहीं तो, बहुत बड़ी मात्रा शामिल हो, और इससे राजा का नौकरशाह समाज में प्रमुख शोषक वर्ग बन गया।

जीत के तुरन्त बाद विजेताओं ने पराजित कुलीन तन्त्रों के सदस्यों—रायों (=राजाओं) राणाओं (=रणकों) और रावतों (राउतो) के साथ समझौता करना शुरू किया।[126] तब खराज पराजित शासकों पर लगाये गये कर से ज़्यादा कुछ नहीं था केवल कुछ क्षेत्रों को छोड़कर जहाँ नये शासकों और किसानों के बीच सीधे सम्बन्ध स्थापित किये गये हों।[127] लगभग एक सदी के अनुभव और अनुकूलन के चौदहवीं सदी के पहले दशक में क्रान्तिकारी क़दम उठाने का आधार तैयार कर दिया था। अलाउद्दीन ख़लजी (1296-1316) जो सबसे शक्तिशाली और सफल सुल्तान था, ने आदेश दिया कि इसके बाद भू-राजस्व उत्पाद का आधा होगा कि प्रत्येक किसान की जोत पर अलग-अलग लगाया जायेगा।[128] अलाउद्दीन ख़लजी के उत्तराधिकारियों द्वारा माँग किये गये भू-राजस्व की सही-सही मात्रा का उल्लेख नहीं किया गया है लेकिन यह मानने का कोई कारण नहीं है कि उनके द्वारा इसमें कोई ख़ास बदलाव किया गया।[129]

स्वाभाविक रूप से यह माना जाना चाहिए कि राजस्व की माँग का कोई भी मानक सैद्धान्तिक होना चाहिए, और फ़सल में वास्तविक हिस्सेदारी सामान्य फ़सल-बँटवारे की व्यवस्था को छोड़कर, अलग-अलग क्षेत्रों में वर्ष दर वर्ष अलग रही होगी। अतः अलाउद्दीन ख़लजी के समय में भूमि की माप की जाती थी और प्रत्येक विस्वा पर वस्तु रूप में कर लगाया जाता था। शायद यह मानक के सही-सही अनुमान के आधार पर तय किया जाता था और चालू वर्ष की पैदावार के निरपेक्ष लगाया जाता था।[130] कर की वसूली का एक और तरीक़ा सम्भव था। आमतौर पर इसमें राजस्व अदा करने वालों को नुक़सान होता था, जब अनाज के रूप में कर (या फ़सल में अधिकारियों की हिस्सेदारी) की गणना बाज़ार मूल्यों पर नग़दी में की जाती थी। चौदहवीं सदी तक आते-आते नक़दी में लगान का भुगतान करना काफ़ी प्रचलित हो चुका था, हालाँकि अलाउद्दीन ख़लजी ने स्वयं अनाज के रूप में कर संग्रह को तरजीह दी थी।[131] भू-राजस्व के अलावा किसानों पर पशुओं पर कर या चरागाह कर के रूप में अन्य बोझ भी डाल दिया जाता था।[132]

इस प्रकार सृजित राजस्व संसाधन का वितरण शासक वर्ग में प्रमुख रूप से सुल्तान द्वारा व्यक्तियों को ख़ास प्रदेशों में राजस्व वसूली का अधिकार देकर

किया जाता था। इस तरह दी जाने वाली भूभागीय इकाइयाँ इक्ता कहलाती थीं। जिन भूभागों के राजस्व सुल्तान के अपने ख़ज़ाने के लिए वसूले जाते हैं, उन्हें खालिसा कहा जाता था। ये दोनों शब्द मूल रूप में अरबी हैं और इसलामी देशों की राजव्यवस्था की सुदीर्घ संस्थाओं का प्रतिनिधित्व करते है।[133]

यदि किसानों द्वारा अपने जीवन निर्वाह की ज़रूरतों से अधिक उत्पादित अधिशेष की वसूली का भू-सम्पत्ति का प्रमुख मानदण्ड माना जाये तो इक्ता को ऐसी सम्पत्ति की मूलभूत इकाई माना जा सकता है और इसके धारक को भूमि मालिक का प्रमुख वर्ग माना जा सकता है। इसलिए इक्ता की प्रकृति और इसके धारकों के अधिकार और स्थिति की विस्तार से पड़ताल करना आवश्यक है।

मोटे तौर पर कहा जाये तो सुल्तानों के अधीन इक्ता के इतिहास के तीन चरणों की पहचान की जाती है।

(क) शुरुआती दौर में तुर्कों के सुल्तानों द्वारा अपने सेनापतियों को इक्ता के रूप में अलग-अलग क्षेत्र प्रदान करना स्वाभाविक था। इन्हें इक्ता के राजस्व से अपने और अपनी सेनाओं की देखरेख क़रनी पड़ती थी। इस समय इक्ता जागीर का और प्रशासनिक प्रभार का पर्याय था और मुक्ति (=वलि) या इक्ताधारी शासक भी होते थे।

इक्ता हमेशा एक व्यक्ति से दूसरे व्यक्ति को निरन्तर हस्तान्तरित किये जाते थे—इस प्रथा की वजह से 'फीएफ' (जागीर) के रूप में इक्ता का पारम्परिक अंग्रेज़ी पर्याय भ्रामक प्रतीत होती है।[134]

मुक्तियों द्वारा अपनी इक्ता के राजस्व से सेनाएँ रखने के अलावा सुल्तान की अपनी सैन्य टुकड़ियाँ (कल्ब) भी थीं। तेरहवीं सदी में शाही घुड़सवारी सेना के लोगों का वेतन राजधानी के आसपास के गाँवों और दोआब क्षेत्र के राजस्वों में दिया जाता था। इस जागीरों को भी इक्ता कहा जाता था। लेकिन ये अर्द्ध-स्थायी और यहाँ तक कि वंशानुगत थे।[135]

(ख) ख़लजी और आरम्भिक तुग़लक शासकों (1290-1351) के अधीन जैसाकि सल्तनत प्रशासन को काफ़ी सुदृढ़ किया गया इसलिए सरल प्रशासनिक व्यवस्थाओं में भी उल्लेखनीय संशोधन किया गया। इक्ता का पहले से अधिक अन्तरण होने लगा। साथ ही मुक्तियों के हाथ में उनकी इक्ता के राजस्वों का सम्पूर्ण नियन्त्रण नहीं रहा। उन्हें अपने राजस्व संग्रह[136] और व्यय का लेखा प्रस्तुत करना होता था। और शेष राशि (फवाज़िल) राजा के ख़ज़ाने में भेजना होता था।[137] प्रत्येक स्थानीय क्षेत्र की राजस्व-भुगतान क्षमता (जमा) का आकलन किया जाता था। अधिकारियों के वेतन नक़दी दिये जाते थे, और किसी ख़ास

ज़िलों या प्रदेशों के राजस्व जिनकी अनुमानित के वेतन नक़दी दिये जाते थे, और किसी ख़ास ज़िलों या प्रदेशों के राजस्व जिनकी अनुमानित राजस्व आय उनके स्वीकृति वेतन के समान होते थे, उन्हें दिये जाते थे।[138] उनके अधीन सैन्य टुकड़ियों के वेतन और सीधे सुल्तान के ख़ज़ाने से न कि उनके सेनापति द्वारा दिये जाते थे।[139] इक्ता के राजस्व का एक हिस्सा युक्तियों के सैनिकों के भुगतान के लिए अलग रखा जाता था।[140] मुक्ति के अधिकारों में इस तरह की कटौती से इक्ता के भीतर सुल्तान के अधिकारियों की नियुक्ति आवश्यक हो गयी। यह ऐसी प्रथा थी कि सम्भवतया बलवन (1266-1286) के अन्तर्गत शुरू हुई थी।[141] शाही हस्तक्षेप की प्रवृत्ति सुल्तान मुहम्मद तुग़लक (1325-51) के समय में चरम पर पहुँच गयी। कई मामलों में इक्ता के राजस्व संग्रह का काम वह या तो राजस्व किसानों या अपने वित्तीय अधिकारियों को सौंपता था। यह माना जाता था कि इक्ताओं में तैनात सेनापति या अमीर अपने वेतन नग़द रूप से स्थानीय ख़ज़ाने से प्राप्त करते थे और प्रत्यक्ष राजस्व संग्रह से उसका कोई लेना-देना नहीं था।[142]

इक्ता का यह रूप राजा के घुड़सवार सैनिकों के वेतन के बदले जागीर दिया जाना था। अलाउद्दीन ख़लजी द्वारा इक्ता के इस रूप को समाप्त कर दिया गया और उसके उत्तराधिकारी के अधीन सैनिक अपने वेतन नक़द लिया करते थे।[143]

सामान्य रूप से खालिसा की ज़मीनों, जिसके राजस्व राजा के ख़ज़ाने के लिए आरक्षित होते थे, का ऐसा प्रतीत होता है कि काफ़ी विस्तार हुआ। फिर भी ऐसा लगता है इसमें पूरे साम्राज्य में बिखरे अस्थायी प्रदेश नहीं थे जैसाकि मुग़लों के अधीन खालिसा के मामले में था। बल्कि दिल्ली के आसपास के बड़े भूभाग, प्रमुख रूप से दोआब क्षेत्र के बड़े भूभाग शामिल थे।[144]

(ग) 1251 में सुल्तान फ़िरोज़ तुग़लक के गद्दी पर बैठने के बाद, जो शासक वर्ग के बहुत बड़े समूह के विद्रोह द्वारा उत्पन्न गम्भीर राजनीतिक संकट के बाद गद्दी पर बैठा था, पहले के समय की सारी प्रवृत्ति को उलट दिया गया। सुल्तान द्वारा अपने अधिकारियों को अनेक रियायतें दी गयीं। सबसे पहले जमा या अनुमानित राजस्व आय को स्थायी रूप से निर्धारित कर दिया गया।[145] ताकि जागीरदारों को वास्तविक राजस्व संग्रह में वृद्धि के सभी लाभ मिलें। जहाँ इक्ता का हस्तान्तरण अभी भी जारी था।[146] वहीं अब यह काफ़ी कम हो गया था। दरअसल पूर्व के अधिकारियों के बेटों को प्रशासनिक कर देने की फ़िरोज़ तुग़लक की घोषित नीति[147] स्पष्ट रूप से दर्शाती है कि इक्तादारों की मृत्यु के बाद इक्ताओं के साथ भी वही किया जाता था। अन्ततः उसने अपने घुड़सवार

सैनिकों को राजस्व (वजह) देकर भुगतान की रिवायत शुरू की। इस प्रकार उसने नये नाम से छोटे इक्ता का निर्माण किया। इसके अलावा, उसने घुड़सवार सैनिकों को जागीरों और पदों का व्यावहारिक तौर पर आनुवंशिक बना दिया।[148]

फ़िरोज़ तुग़लक ने जो रियासतें दीं वे दीर्घकालिक साबित हुईं। लोधी वंश (1451-1526) के समय में प्रशासनिक प्रभारों और राजस्व जागीरों को एक साथ मिला दिया गया ताकि सरकार और परगना प्रशासनिक सूबों और जागीरों का प्रतिनिधित्व करें।[149] फ़िरोज़ तुग़लक के समान ही सिकन्दर लोधी (1449-1517) ने भी जागीर की आमदनी बढ़ने पर शेष की माँग नहीं की।[150] और यह भी कहा जाता है कि जागीदार की मृत्यु के उपरान्त उसके बेटे के नाम पर जागीर पक्की कर दी जाती थी जिसे सुल्तान खुद चुनता था।[151] प्रधान सेनापत्ति अपनी सैन्य टुकड़ियों को अपने अधीन प्रदेशों के भी उप-जागीर के रूप में देखते थे। इसी प्रकार ये मातहत सेनाएँ अपने अधीन सेनाओं को भुगतान कर सकते थे।[152] बहरहाल अन्तिम जागीरदार सीधे किसानों पर लगान लगाता था।[153]

इस सर्वेक्षण के आधार पर इक्ता प्रणाली के इतिहास के तीन चरणों की प्रमुख विशेषताओं का उल्लेख इस प्रकार किया जा सकता है। पहली, तेरहवीं सदी के दौरान साम्राज्य का राजस्व वसूलने वाले शासकों के बीच सरल विभाजन था। उसके बाद चौदहवीं सदी के पूर्वार्ध में राजस्व की माँग बढ़ी और इसलिए इक्ता की आय भी बढ़ी, वहीं इक्ता पर ज़बर्दस्त शाही नियन्त्रण स्थापित हो गया। अन्त में, चौहदवीं सदी के मध्य से सोलहवीं सदी के आरम्भ के वर्षों में पुनः इक्ता के सरल रूप का संगठन हुआ लेकिन इसमें थोड़ा अन्तर था। शायद जागीरदार किसानों के अधिशेष का बड़ा हिस्सा प्रत्यक्ष रूप से अपने लिए रख लेते थे।

ऐसा प्रतीत होता है कि इक्ता प्रणाली में बदलावों का शासक वर्ग की संरचना में परिवर्तन के साथ गहरा सम्बन्ध था। प्रथम दौर में संरचना अपेक्षया स्थायी थी क्योंकि शासक वर्ग काफ़ी हद तक खानाबदोश तुर्की मूल के शाही गुलाम और उनके परिवार तक सीमित था (बरनी के शब्दों, 'इल्तुतमिश' के चालीस चोर)।[154] लेकिन अलाउद्दीन ख़लजी के राज शाही निरंकुशतावाद के तन्त्र की शुरुआत के साथ ही शासक वर्ग की संरचना में अनेक वास्तविक उथल-पुथल हुए। पुराने तत्त्व नष्ट कर दिये गये।[155] अब सुल्तान की नौकरशाही में अधिकांश, 'नये नवाब, भारतीय तुर्क, भारतीय गुलाम और विदेशी आप्रवासी थे। अपनी विशिष्टता खोने के साथ-साथ इस वर्ग ने अपनी स्थिरता भी खो दी थी। समकालीन इतिहासकारों ने अलाउद्दीन ख़लजी के शासनकाल के दो दशकों के दौरान अधिकारियों के उत्तरोत्तर तीन समूहों को नोटिस किया।'[156] मोहम्मद तुग़लक के शासनकाल में

और भी अधिक सनसनीखेज परिघटना दिखी : बड़े पैमाने पर विदेशियों की भर्ती की गयी,[157] भारतीय आबादी के निचले स्तर से और भी अधिक भर्ती की गयी;[158] और हिन्दुओं में से और भी अधिक भर्ती की गयी,[159] और पुराने, मुख्य रूप से सैन्य तत्त्वों (जिनका प्रतिनिधित्व घुड़सवार अधिकारी सैन्यदल, अमिराँ-ए-सादा द्वारा किया जाता था) को नष्ट करने का प्रयास किया गया।[160]

उस वर्ग जिसके पास अधिकांश भूसम्पदा थी, की संरचना में इस प्रकार का भारी बदलाव इक्ता प्रणाली की प्रकृति के कारण ही सम्भव हो सका। शासक वर्ग के अलग-अलग सदस्यों का ज़मीन के किसी भी भाग पर कोई अधिकार नहीं था और राजा की मर्ज़ी से उन्हें उनकी आय दी जा सकती थी या उन्हें आय से वंचित किया जा सकता था। ऐसा प्रतीत होता है कि राजा के हाथों इस प्रकार की सत्ता का केन्द्रीकरण, जिसका अभिप्राय भारी राजनीतिक और आर्थिक केन्द्रीकरण था, शोषण के नये तन्त्र की स्थापना के लिए आवश्यक था। एक बार यह स्थापित हो जाने के बाद जागीरों का स्थायी और अर्द्ध-पारम्परिक अधिकार के पक्ष में रुझान प्रतिरोध्य हो गया। फ़िरोज़ तुग़लक ने अन्ततः इस भावना के आगे पूरी तरह आत्मसमर्पण कर दिया। बदले में उसे नवाबों और उनके चापलूसों का पूरा सहयोग मिला।[161] उसके पिता के आधिकारिक पद पर पुत्र के उत्तराधिकारी बनने की नीति की सार्वजनिक घोषणा कर दी;[162] लेकिन अपने गुलामों के बड़े समूह को इन सभी नये तत्त्वों से दूर रखा। इस प्रकार उसने जन्म के सिद्धान्त का पूरा सम्मान दिया जिसकी इतिहासकार बरनी द्वारा बहुत प्रशंसा की गयी।[163] लोधी वंश के समय में प्रशासन के सदस्यों को अपने अधिकारों में सबसे अधिक स्थायित्व मिला। इसमें अब अफ़गान क़बायली नेता शामिल थे। अपने प्रदेशों में राजस्व पर इसका नियन्त्रण पारम्परिक था और राजा की आंशिक कृपा से ही उन्हें यह प्राप्त था।[164]

कुल मिलाकर पूर्व के समय के विपरीत सल्तनत काल में शासन वर्ग का चरित्र नगरीय था। इक्ता धारकों का एक प्रदेश या एक क्षेत्र से दूसरे क्षेत्र में समय-समय पर स्थानान्तरण होता रहता था, इसलिए किसी ख़ास ग्रामीण क्षेत्र पर वे अपने नियन्त्रण स्थापित नहीं कर सके। उनमें से कोई अपने मौजूदा जागीरों से दूर दिल्ली या किसी बड़े नगर में रहते या नौकरी करते थे। इसलिए अपने राजस्व को नग़दी में जमा करने की उनमें ज़बर्दस्त प्रवृत्ति थी। अलाउद्दीन ख़लजी के शासनकाल में भी जब उनसे वस्तु रूप में लगान वसूलने के लिए कहा गया तो यह निर्दिष्ट किया गया कि अनाज निर्धारित मूल्य पर व्यापारियों की 'खेत के किनारे ही' बेचा जाना चाहिए।[165] चूँकि भू-राजस्व किसानों के अधिशेष का ज़्यादा बड़ा

भाग होता था, इसलिए शहरों और गाँवों के बीच व्यापार निश्चित तौर पर होता होगा। इससे श्रेष्ठतर या नग़दी फ़सलों की खेती को बढ़ावा मिला। चौदहवीं सदी में पहली बार हम पाते हैं कि स्थानीय उपभोग के लिए निम्नस्तरीय फ़सलों के स्थान पर अधिक मूल्यों वाली फ़सलों को लाना राज्य की नीति का हिस्सा था।[166]

राजस्व वसूली के कारण गाँव से अनाज और अन्य उत्पाद के बड़े पैमाने पर निर्यात से विशिष्ट अन्य व्यापारियों का एक वर्ग (कारवनी, बाद में बंजारा) फलता-फूलता रहा, जो इस इतिहास के रिकार्ड में पहली बार दिखाई देता है।[167] दूसरी ओर यह कहा जाता है कि मुल्तानी (हिन्दू व्यापारी) और साह (साहूकार) काफ़ी अमीर हो गये क्योंकि वे तुर्की नवाबों को उनकी इक्ताओं के लगान पर हुंडी के प्रति भारी क़र्ज़ देते थे। इस प्रकार कहा जा सकता है कि इक्ता प्रणाली ने कुछ रूपों में मध्यकालीन वाणिज्यिक विकास की गति को तेज़ किया।[168]

इक्ताधारकों के राजस्व के रूप में ग्रामीण उपज के काफ़ी बड़े भाग के शहरों में प्रवाह से बड़े शहरों के निर्माण में मदद मिली। शहरों में शिल्प का भी विकास हुआ। कुलीन वर्ग की ओर से इसकी इतनी अधिक माँग थी कि बड़ी संख्या में गुलामों को शिल्प का प्रशिक्षण दिया गया।[169] और सुल्तान तथा शायद कुलीन वर्ग के लोगों ने भी बड़े कारख़ाने बनवाए जहाँ ग़ुलाम कारीगर उनकी ज़रूरतों को पूरा करने के लिए काम करते थे।[170]

इक्ता के अलावा राजा के राजस्व के हस्तान्तरण का एक और रूप का यहाँ संक्षेप में उल्लेख किया जा सकता है। मोरलैंड ने इसे अनुदान कहा है। ये अनुदान छोटे क्षेत्रों के राजस्व के रूप में थे जो व्यक्तियों को जीवन भर के लिए दिये जाते थे। ये प्रायः पारम्परिक थे लेकिन सुल्तान की कृपा से ही दिये जाते थे।[171] आमतौर पर इसे मिलक (Pl. अमालक) इद्रारत या मदाद-ए-माश के रूप में और उनमें से कुछ इनाम के रूप में दिये जाते थे। ये धर्मगुरुओं, विद्वानों, छोटे-मोटे दरबारियों और सेवानिवृत्त अधिकारियों को दिये जाते थे और इसलिए ये मुख्य रूप से शिक्षित मुसलिम वर्ग को दिये जाते थे। कुछ अनुदान धर्मादा (वक़्फ़, P; औकफ) की प्रकृति के होते थे जो मुसलिम धार्मिक तीथस्थानों को दिये जाते थे। नवाब अपने इक्ता में से अनुदान देते थे; लेकिन ये शायद तभी तक होते थे जब तक उनके पास इक्ता होती थी। अफ़ीफ द्वारा दिये गये आँकड़ों से प्रतीत होता है कि फ़िरोज़शाह के शासनकाल में, जिसने सबसे अधिक संख्या में दान दिये, दान के फलस्वरूप अन्तरिक धनराशि कुल लगान के 5.5 प्रतिशत से अधिक नहीं थी।[172] अधिकांश दान दी गयी ज़मीन बंजरभूमि थी और यह आशा की जाती थी कि दान देने वाले इसे खेती के लायक बनायेंगे।[173]

तुर्की विज के फलस्वरूप पूर्व के शासक वर्ग की स्थिति में काफ़ी गिरावट आयी। उन्हें अपने अधीन बनाया गया और इसके सदस्यों को आरम्भ में उपहार और भेंट देने वाले शासकों के रूप में तब्दील किया गया। ग्यारहवीं सदी में गजनाविद पंजाब में ठाकुरों से खराज वसूले जाने के बारे में सुनते हैं;[174] और इसी प्रकार तेरहवीं सदी में राय, राणाओं या रावतों से खराज वसूले जाने की बात कही जाती है।[175] इस सहायक शासक प्रधानों की पदवी ही उनके पूर्ववर्ती शासक वर्ग के सदस्य या वंशज होने की घोषणा करते हैं। लेकिन हम इस आरम्भिक दौर में सामाजिक संरचना और उनके अधीन सम्पत्ति सम्बन्धों के बारे में व्यावहारिक रूप में कुछ भी नहीं जानते।

सल्तनतकालीन शासक वर्ग के अधिक दबाव के कारण अलाउद्दीन ख़लजी के भू-राजस्व सम्बन्धी उपायों के आरम्भ से ही आधुनिक इतिहासकार सुल्तान के राजस्व समाहर्ताओं के पीछे-पीछे गाँवों तक पहुँच सके हैं। राय और राणा अब बड़े सरदारों का प्रतिनिधित्व करते थे। चौधरी (100 गाँवों के समूहों का हिन्दू प्रधान) खुट्स और मुकद्दम (ग्राम प्रधान) उनसे छोटे पद थे।[176] ऐसा प्रतीत होता है कि इस दूसरे वर्ग के लोगों, जिसमें राय और राणाओं के बीच दमित लोग भी शामिल हो सकते हैं, के पास अपने बड़े-बड़े जोत थे, जिन पर आमतौर पर लगान नहीं लगता था, कृषि अधिशेष में अपने इस हिस्से के बदले ये ग्राम 'प्रधान' सुल्तान और उनके जागीरदारों की ओर से कृषक वर्ग से भू-राजस्व वसूलते थे।[177]

एक बहुत ही रोचक परिवर्तन जिस पर अभी तक काफ़ी कम ध्यान दिया गया है। इस श्रेष्ठतर ग्रामीण वर्ग का सामाजिक सुदृढ़ीकरण प्रतीत होता है। यह उत्तर भारत के काफ़ी बड़े भूभाग में विभिन्न तत्त्वों जैसे गोत्रों या उप-जातियों के महान राजपूत जाति में समावेश के माध्यम से हुआ। जाति के नाम से रूप में राजपूत (राज-पुत्र)[178] शब्द का उपयोग और इसके घटकों की एकता की भावना दोनों ही सोलहवीं सदी के पर्सियन लेखकों में अचानक दिखाई देती है और निश्चित ही चुपचाप इसका विकास पूर्ववर्ती समय से होता रहा होगा। ग्रामीण आभिजात्य वर्ग की यह जातीय संशक्ति सम्भवतया वास्तविक वर्ग संसक्ति से विकसित हुई क्योंकि निम्न पदस्थ ग्रामीण आभिजात्य वर्ग में उच्चतर तत्त्व शामिल हुए। ज़मींदार शब्द, जोकि मुग़ल काल (सोलहवीं और सत्रहवीं सदी में) में श्रेष्ठतर ग्रामीण वर्ग को दर्शाता था, का इतिहास बताता है कि इसके समान्तर राजपूत शब्द का विकास हुआ। चौदहवीं सदी के उत्तरार्द्ध में जब यह पहली बार दिखाई देता है तो यह केवल राय और राणा के स्तर के बड़े प्रधानों को दर्शाता था।[179] डेढ़ सदी के भीतर ज़मींदार शब्द एक अपेक्षाकृत बड़े वर्ग का मानक

पदनाम बन गया जिसका पूर्व में कोई नाम नहीं था क्योंकि शायद इसका कोई महत्त्वपूर्ण अस्तित्त्व नहीं था।

ग्रामीण आभिजात्य वर्ग अपने निम्नतर स्तरों पर बड़े कृषक वर्ग की परिधि पर रहा होगा। दोनों के बीच स्पष्ट विभाजन रेखा की अस्पष्टता रियाया अथवा रैय्यत जैसे समकालीन पदों के उपयोग में झलकती है, जिसका उपयोग कभी-कभी सामान्य ग्रामीण राजस्व अदा करने वालों के लिए किया जाता था। इस प्रकार इसमें प्रधान और अन्य श्रेष्ठतर तथ्य शामिल थे। साथ ही कृषक वर्ग के भीतर भी काफ़ी स्तरीकरण प्रतीत होता है। किसानों के दो ध्रुवों के बीच गहरा विरोध इतिहासकारों की इस टिप्पणी से पता चलता है कि अलाउद्दीन ख़लजी खोत और बालाहार की ज़मीनों पर समाज दर पर भू-राजस्व लगाता था।[180] खोत बड़े गाँव के ज़मींदार, शायद ग्राम प्रधान का प्रतीक था, जो अपनी ज़मीन का भू-राजस्व मुक्त रखना चाहता था और राजस्व की माँग के बोझ को 'कमज़ोर' पर अन्तरित करना चाहता था; वहीं बालाहार गाँव का मज़दूर (शायद निम्नजातीय और अछूत जाति) था, उसे ग्रामीण समुदाय के द्वारा केवल जीवन निर्वाह के लिए ज़मीन दी जाती थी।[181]

चूँकि गाँवों में बड़े लोगों में सामान्य किसानों से भू-राजस्व वसूल करते समय उन पर अपनी चुंगी लगाने के अलावा अपनी ज़मीनों पर भू-राजस्व देने से बचने की प्रवृत्ति थी, इसलिए दोनों वर्गों के बीच स्पष्ट रूप से हितों का टकराव था। अलाउद्दीन ख़लजी के उपायों के बारे में बरनी के अनुच्छेद से यह पता चलता है कि सुल्तान द्वारा इस अन्तर्विरोध का जानबूझकर इस्तेमाल किया जाता था। वह गाँव में 'शक्तिशाली' के विरुद्ध 'कमज़ोर' के संरक्षण के रूप में खड़ा होता था और मुख्य रूप से ग्रामीण आभिजात्य वर्ग की क़ीमत पर अधिशेष उपज में राज्य का हिस्सा बढ़ाना चाहता था।[182] लेकिन खुत्स और मुकद्दम में गियासुद्दीन तुग़लक द्वारा रियात दिये जाने के बाद[183] मुहम्मद तुग़लक ने राजस्व की माँग पुनः बढ़ा दी,[184] तो इससे दोआब क्षेत्र में सशस्त्र विरोध (1330 ई.) भड़क उठा। इतिहासकारों के विवरण से यह संकेत मिलता है कि इस विद्रोह का नेतृत्व निम्नतर ग्रामीण कुलीन वर्ग यथा—खुत्स और मुकद्दमों द्वारा किया गया।[185] आभासी तौर पर ये दोनों ग्रामीण वर्ग तब एकजुट होते थे जब दोनों किसी नये कर द्वारा समान रूप से प्रभावित होते थे। उनके विद्रोह की तीव्रता, विस्तार और समयावधि के कारण भारत के किसान आन्दोलनों के इतिहास में इनका महत्त्वपूर्ण स्थान है।

2. सोलहवीं सदी में भारत में मुग़ल साम्राज्य की स्थापना हुई। इस साम्राज्य ने भारत के काफ़ी बड़े भूभाग को न केवल अपनी सीमाओं के अन्तर्गत शामिल

कर लिया बल्कि काफ़ी हद तक एक केन्द्रीय सत्ता और स्थिरता हासिल कर ली जो पूर्व के सल्तनत काल से किसी भी राजवंश से अधिक थी। यद्यपि 1529 में बाबर ने इसकी स्थापना की लेकिन इसका उत्कृष्ट काल 1556 में अकबर के सिंहासन पर बैठने के बाद आरम्भ हुआ और 1707 में औरंगज़ेब की मृत्यु के साथ अन्त हुआ।

मुग़ल साम्राज्य के बारे में, सभी प्रकार के हमारे रिकार्ड्स काफ़ी व्यापक हैं कि इतिहास में पहली बार हम समाज के सभी महत्त्वपूर्ण पहलुओं के प्रत्यक्ष प्रमाण का दावा कर सकते हैं। उस दिन का अभी भी इन्तज़ार है जब इतिहास के छात्र इस साक्ष्य के कम-से-कम एक बड़े भाग का इस्तेमाल करेंगे। फिर भी ऐसा प्रतीत होता है कि अर्थव्यवस्था और सामाजिक व राजनीतिक संरचना की मुख्य विशेषताएँ काफ़ी स्पष्ट हो गयीं।[186]

आधिकारिक मुग़ल क्षेत्र के आँकड़ों और अन्य भौगोलिक सूचना के अध्ययन से पता चलता है कि उस वक़्त खेती का विस्तार मध्य गंगा घाटी क्षेत्र और सिन्धु घाटी क्षेत्र में इस सदी के आरम्भ में कृषि के विस्तार का लगभग आधा और अन्य क्षेत्रों में दो-तिहाई से लेकर 1/5 भाग तक था।[187] इसलिए दोआब और आगरा व दिल्ली के आसपास के कुछ क्षेत्रों को छोड़कर लगभग सभी क्षेत्रों में खेती के लिए बड़े-बड़े भू-भाग उपलब्ध थे। जहाँ तक खेती के साधनों का सम्बन्ध है, व्यावहारिक तो वे वही थे जो वर्ष 1900 के आसपास मौजूद थे। एकमात्र महत्त्वपूर्ण चीज़ जो उस समय नहीं थी, वह विस्तृत नहर सिंचाई प्रणाली थी जोकि ब्रिटिश सरकार द्वारा सिन्धु घाटी क्षेत्र और ऊपर गंगा क्षेत्र में बनायी गयी थी।[188] इन परिस्थितियों में कृषि उत्पादन का सबसे व्यापक रूप किसानों द्वारा खेती किया जाना ही था। साथ ही परती ज़मीन की उपलब्धता के मद्देनज़र खेती के अधीन जो ज़मीन थी उसमें कोई अन्तर्निष्ठ मूल्य निहित होने की बात नहीं कही जा सकती है। यह महत्त्वपूर्ण है कि सत्रहवीं सदी में किसान मवेशी के लिए और राजस्व की माँग को पूरा करने के लिए साहूकारों से क़र्ज़ लेते थे लेकिन खेती के अधीन ज़मीन के लिए नहीं।[189]

इसलिए 'भू-सम्पत्ति' में कोई ख़ास भूखण्ड शामिल नहीं हो सकता था। पूर्ण विकसित कृषिदास प्रथा की अनुपस्थिति में प्रमुख रूप से यह उपज का हिस्सा हो सकती थी, किसान जहाँ कहीं भी खेती कर सके, गाँव के भीतर, या ज़िले में या पूरे साम्राज्य में। सल्तनत काल में किसानों से उसकी अधिशेष उपज का अधिकाधिक भाग लेने की प्रवृत्ति थी, मुग़लों ने इस प्रवृत्ति को पूरी तरह सुदृढ़ किया। वाणिज्य और बाज़ार के लिए गहन खेती के विकास के कारण इस दावे

को मज़बूत करना अब और भी सम्भव था।[190] सत्रहवीं सदी के पूर्वार्द्ध में पूरे भारत में तम्बाकू की खेती का तेज़ी से प्रसार इस बात का प्रतीक है कि किसान कितनी तेज़ी से बाज़ार का अनुसरण करने में सक्षम थे।[191] पहले की तुलना में अब अधिक व्यापक तौर पर नग़दी के साथ सम्बन्ध स्थापित किया जा सकता था;[192] और इससे भू-राजस्व का आकलन और संग्रह काफ़ी आसान हो गया।

मुग़ल शासनकाल में लगान का आकलन और संग्रह करने की विधियों के बारे में उपलब्ध विस्तृत जानकारी के आधार पर हम राजस्व की माँग की मात्रा का अनुमान लगा सकते हैं। ज़ब्त प्रणाली के तहत जब नक़दी में लगान की माँग की जाती थी तो लगान देने के लिए किसान को अपनी वास्तविक उपज का हिस्सा जो देना पड़ता था, वह फ़सल दर फ़सल और स्थान दर स्थान अलग-अलग होता था। लेकिन दर अनुमानित उपज के एक तिहाई के आधार पर निर्धारित की जाती थी और वास्तव में की जाने वाली माँग काफ़ी अधिक होती थी।[193] अन्य प्रणालियों में माँग की मानक दर उपज का आधा हिस्सा प्रतीत होता है। कुछ बाहरी या सूखे प्रदेशों में मानक दर अपेक्षाकृत कम थी लेकिन कुछ उपजाऊ क्षेत्रों जैसे तटीय गुजरात में यह उपज के तीन चौथाई तक पहुँची जाती थी।[194]

जब किसानों के अधिशेष का ज़्यादा बड़ा हिस्सा राजा द्वारा ले लिया जाता था तो समकालीन यूरोपीय पर्यटकों द्वारा यह घोषणा किये जाने पर आश्चर्य नहीं होना चाहिए कि भारत में ज़मीन का मालिक राजा होता है।[195] अठारहवीं सदी के पूर्वार्द्ध में भारतीय लेखक ने भी कहा कि खराज राजा को देय था क्योंकि ज़मीन उसकी मिल्कियत है।[196] लेकिन कोई भी अधिकाधिक भारतीय लेखक इससे सहमत नहीं हैं और एक भारतीय विधिवेत्ता ने इस कारण को स्पष्ट रूप में ख़ारिज किया है।[197] यह अस्वीकृति आंशिक रूप से इस वजह से हो सकती है कि जब तक किसान ज़मीन पर खेती कर रहा है राजा उसे ज़मीन से बेदख़ल नहीं करता था।[198] यह भी स्वाँग किया जाता था कि राजा अपने उपयोग के लिए अपनी प्रजा से कोई ख़ास ज़मीन ख़रीद रहा है, इससे समस्त भूमि पर शाही स्वामित्व का अनुमान समाप्त हो जाता है।[199]

मुग़ल सम्राट जिस अधिकार का दावा करता था वह मालिकाना था या नहीं, हमारी चर्चा के लिहाज़ से माना जाना चाहिए कि जिस प्रकार वह भू-राजस्व की वसूली करता था वह मालिकाना हक़ का ही प्रतिफल रहा होगा (जो कि इस समय एकल अखण्ड अधिकार बिल्कुल भी नहीं था)। इस विशाल कर को साफ़ करना पूरी तरह उसकी मर्ज़ी पर निर्भर था। अपने साम्राज्य के ज़्यादा बड़े भाग में वह अपने भू-राजस्व और अन्य कर संग्रह करने के अधिकार अपनी प्रजा की

भलाई के लिए अन्तरित करता था। इस प्रकार जिन क्षेत्रों के राजस्व अन्तरित किये जाते थे, जागीर कहलाते थे, जिन्हें जागीरदार कहते थे।

जागीरदार सम्राट के अधिकारी और नौकर थे। उसके जागीर सामान्य तौर पर उनके वेतन के लिए दिये जाते थे।[200] मुग़ल सम्राट के प्रत्येक अधिकारी को दोहरे सांख्यिकीय पद (मनसब) दिया जाता था। पहली संख्या उसके जात और दूसरी संख्या उसके सवार पद को दर्शाती थी। संस्वीकृति अनुसूची के अनुसार जात पद मनसवधारक (मनसबदार) के वैयक्तिक वेतन और सवार पद शहंशाह की सेवा के लिए उसके द्वारा रखे गये घुड़सवार सैनिकों की टुकड़ी और इसे रखने पर आने वाले ख़र्च को पूरा करने के लिए प्राप्त वेतन को दर्शाता था। जात और सवार दोनों के लिए मंजूर कुल राशि उसके वेतन की माँग (तलब) में शामिल होती थी और यह शाही ख़ज़ाने के नक़द रूप में भुगतान की जा सकती थी या जागीर के रूप में उसे ज़मीन दी जा सकती थी जिसके लगान से प्राप्त राशि को आधिकारिक रूप से अनुमानित (जामा, जामा-दामी) होती थी, उसके वेतन के बराबर होती थी।[201]

साधारण जागीर के अलावा एक अन्य प्रकार की जागीर थी, जिसे वतन जागीर कहा जाता था। वतन जागीर दरअसल किसी मातहत सरदार का प्रदेश था जिसे शाही सेवा में रखा जाता था और मनसब दिया जाता था। यह माना जाता था कि उसके वेतन की पूर्ति उसके अपने प्रदेश से प्राप्त आय से की जायेगी, जिसे उसकी पारम्परिक और खानदानी जागीर समझा जाता था।[202] वतन जागीर के दायरे में आने वाला क्षेत्र काफ़ी बड़ा नहीं था। मुख्य रूप से उसमें राजपूताना, सौराष्ट्र, मध्य भारत और हिमालय के उप-पहाड़ी क्षेत्र शामिल थे।

जागीर में नहीं दी जाने वाली ज़मीनें अलग-अलग श्रेणी में आती थीं, जिन्हें ख़ालिसा-ए-शरीफ़ा कहा जाता था। इनसे प्राप्त राजस्व सीधे शाही ख़ज़ाने के लिए होते थे। खालिसा के कुल विस्तार की सीमा अलग-अलग थी। अकबर (1556-1605) ने एक बार अपने साम्राज्य के ज़्यादातर हिस्सों से सभी जागीरों को ख़ालिसा में शामिल कर लिया, बाद में उसके शासनकाल में ही ऐसा प्रतीत होता है कि कुल राजस्व का एक चौथाई भाग इसका था। जहाँगीर (1605-27) के शासनकाल में इसका जामा (अनुमानित राजस्व आय) अपने साम्राज्य के कुल जामा के 5 प्रतिशत से भी कम हो गया। शाहजहाँ के समय में धीरे-धीरे इसका विस्तार किया गया और इसका जाम बढ़कर कुल राजस्व आय का 1/7 भाग हो गया और औरंगज़ेब (1659-1707) के समय में साम्राज्य के कुल जामा का लगभग 1/5 भाग था।[203] शहंशाह अपनी नग़दी आय मुख्य रूप से ख़ालिसा के राजस्व से प्राप्त करता था। इसमें से कुछ मनसबदारों को वह नग़द भुगतान

करता था और निजी सैनिक (अहादी), तोपखाना और पूरा महल प्रतिष्ठान की देख-रेख करता था साथ ही प्रदेशों के ख़र्च पूरा करता था।

मुग़ल काल की जागीर प्रणाली सुल्तानों के समय की इक्ता प्रणाली के समान थी दरअसल मुग़ल काल में इन दो शब्दों को एक-दूसरे का पर्याय माना जाता था। लेकिन अधिकांश मामलों में जागीर विशुद्ध रूप से राजस्व की ज़मीन से इतना अधिक मिलती-जुलती थी जितना इक्ता कभी नहीं रही। यह कभी भी नियत प्रादेशिक इकाई नहीं थी, और कार्यभार सौंपने की सहूलियत के अलावा, सरकार और परगना जैसी प्रशासनिक इकाइयों से इसका कोई सम्बन्ध नहीं था। इन प्रशासनिक इकाइयों के अपने अधिकारी थे जो शहंशाह द्वारा नियुक्त किये जाते थे और जागीरदारों से स्वतन्त्र होते थे, जिनकी जागीरों से इकाइयाँ हो सकती हैं, चाहे ये पूरी तरह एक व्यक्ति की जागीर में हों या अनेक व्यक्तियों की जागीरों में विभाजित हों।[204] इसके पीछे आधिकारिक परिकल्पना यह थी कि जागीरदार या उनके एजेंट्स शाही नियमों के अनुसार ही भू-राजस्व वसूल सकते हैं केवल वही अन्य कर लगा सकते हैं जिनके लिए वे प्राधिकृत हैं।[205]

हर तीन या चार वर्षों में एक व्यक्ति की जागीर आमतौर पर एक स्थान से दूसरे स्थान पर अन्तरित की जाती थी। किसी के मनसब में वृद्धि या नयी तैनाती के साथ ही जागीरों का मौजूदा वितरण असन्तुलित होता होगा, जिससे जागीरों के अन्तरण की शृंखला शुरू हो जाती थी। यह इस तथ्य के बावजूद था कि मुग़ल दरबार समय-समय पर जागीर के अन्तरण के सिद्धान्त के प्रति बहुत अधिक प्रतिबद्ध था क्योंकि इसे यह अधिकारियों को स्थानीय स्वायत्त शासकों में तब्दील होने से रोकने के साधन के रूप में उपयोग करता था।[206] यद्यपि ख़ालिसा ज़मीनों पर अन्तरणों का कोई ख़ास प्रभाव नहीं होता था, फिर भी इसमें पूरे साम्राज्य में परिवर्तनशील भू-भाग होते थे।[207]

किसी ख़ास वर्ष में साम्राज्य में या किसी प्रान्त में अलग-अलग जागीरों के प्रदेशों को दर्शाने वाला मानचित्र बनाना सम्भव नहीं है। लेकिन इस बात के प्रमाण मौजूद हैं जो दर्शाते हैं कि बड़े जागीरदारों का जागीरों में साम्राज्य का काफ़ी बड़ा भू-भाग शामिल था। यह बड़े मनसबदारों की आधिकारिक सूची से प्राप्त आँकड़ों से स्पष्ट है, जिसमें वर्ष 1647 के लिए दिये गये जात और सवार के पदों की विनिर्दिष्टियाँ हैं।[208] चूँकि उस समय की वेतन सूची भी उपलब्ध है[209] इसलिए विभिन्न दर्जे के मनसबदारों के कुल वेतन बिल का हिसाब लगाना सम्भव है। इसमें से केवल कुल ही मनसबदारों को ख़ालिसा राजस्व से नग़दी भुगतान किया जाता था (जिसका जामा किसी ख़ास वर्ष के दौरान साम्राज्य

के कुल जामा का लगभग 13.6 प्रतिशत था);[210] इसलिए वेतन के आँकड़ों से साम्राज्य में कुल राजस्व में केवल विभिन्न दर्जे के मनसबदारों के हिस्से का पता लगेगा बल्कि मोटे तौर पर उनकी जागीरों के भीतर आने वाले सापेक्ष क्षेत्रों की भी जानकारी मिलेगी।

हमारी इस सूचना को सारणीबद्ध किया जा सकता है जैसाकि नीचे दी गयी सारणी से किया गया है।[211] इस सारणी का महत्त्व तब और भी बढ़ जाता है जब यह देखा जाता है कि तब मनसबदारों की कुल संख्या 8,000 थी।[212] इस प्रकार लगभग 7,555 मनसबदार थे जिनके पास 500 से कम जात थे, जिसका उल्लेख दरबार के इतिहासकारों द्वारा किया जाना है, इसलिए ऐसा प्रतीत होगा कि 7,555 मनसबदारों पर साम्राज्य की कुल राजस्व आय का सम्भवतः केवल 2.5 प्रतिशत या अधिक-से-अधिक 30 प्रतिशत भाग ही व्यय किया जाता था। दूसरी ओर 445 बड़े मनसबदारों का साम्राज्य की राजस्व आय के 6.1 प्रतिशत से अधिक का नियन्त्रण था और उनके पास साम्राज्य की आधी से अधिक ज़मीन जागीर में थी। पिडामिड के शीर्ष पर केवल 68 राजकुमारों और नवाबों का साम्राज्य की कुल राजस्व आय का 36.6 प्रतिशत आय पर नियन्त्रण था और सम्भवतः उनकी जागीरों के अन्तर्गत लगभग एक तिहाई क्षेत्र थे।

मुग़ल साम्राज्य में शीर्ष 445 मनसबदारों की आय

मनसबदारों की श्रेणी	कुल वेतन बिल, जात और सवार दोनों पदों के लिए (मिलियन दाम में)	साम्राज्य की अनुमानित राजस्व आय (जामा) की प्रतिशतता
शाही परिवार के 4 राजकुमार जिनके 700 से अधिक जात	724.0	8.2
5,000 से 7,000 जात वाले 21 मनसबदार	1,417.7	16.1
3,000 से 4,000 जात के 43 मनसबदार	1,080.2	12.3
1,000 से 2,500 जात के 151 मनसबदार	1,454.0	16.5
500 से 900 जात के 226 मनसबदार	735.0	8.1
कुल : 500 और अधिक के 445 मनसबदार	**5,410.9**	**61.5**

इन आँकड़ों की व्याख्या करते समय एक बात ध्यान में रखी जानी चाहिए और वह स्थापित प्रणाली के अनुरक्षण की ऊँची लागत। प्रत्येक मनसबदार को अपने ख़र्च से एक सैनिक टुकड़ी रखनी होती है जिसका आकार उसके सवार के

दर्जे द्वारा निर्धारित होता था। यह माना जाता था कि सवार के पद का भुगतान दरअसल वेतन-बिल का ज़्यादा हिस्सा होता था जैसा कि आगे दी गयी सारणी के आँकड़ों से स्पष्ट है।[213] इस सारणी से यह स्पष्ट होगा कि बड़े मनसबदारों की आय का तीन चौथाई हिस्सा सैनिकों के रखरखाव पर ख़र्च होता था। दरअसल कई जागीरदार घुड़सवार सैनिकों के वेतन के बदले उन्हें अपनी जागीर में कुछ हिस्सा उप-जागीर के रूप में दे देते थे।[214] लेकिन यह बिल्कुल सम्भव है कि सल्तनत काल की शासकों के विपरीत मुग़ल शासकों ने जागीरदारों के सैनिकों के वेतन के लिए निर्धारित जागीरों के हिस्सों को चिन्हित करने का प्रयास नहीं किया था, इसलिए मनसबदार अपनी जागीरों से प्राप्त राजस्व का उससे ज़्यादा, बड़ा हिस्सा अपने पास रखते हों जिन्हें वे अपने निजी या केवल जात वेतन के आधार पर रखने के हक़दार थे।

यद्यपि सैनिकों पर आने वाले ख़र्च पर विचार किया गया है, फिर भी सच्चाई यह है कि 450 से कम लोगों पर पूरे साम्राज्य का 3/5 भाग से अधिक राजस्व ख़र्च किया जाता था। जब इस बात पर ग़ौर किया जाना है कि इस राजस्व में अधिकांश किसानों का अवशेष शामिल था और साम्राज्य भारतीय उपमहाद्वीप के काफ़ी बड़े भूभाग में फैला था, तो यह समझना सम्भव हो जाता है कि मुग़ल भारत में धन का कितना ज़बर्दस्त केन्द्रीकरण था। वर्तमान समय का साथ छोड़कर भारतीय इतिहास में 'अमीरों की अमीरों और ऐशो आराम और सामान्य जन की दरिद्रता और उत्पीड़न' के बीच इतना बड़ा अन्तर कभी नहीं रहा जितना उस वक़्त था।[215]

सिद्धान्त रूप में मुग़ल सम्राट से इस छोटे से शासक वर्ग में वे लोग शामिल थे जिन्हें शहंशाह द्वारा अपनी मर्ज़ी से शाही सेवा में नियुक्त किया जाता था। लेकिन व्यवहार में ख़ानदान और जन्म के सिद्धान्त को काफ़ी अहमियत दी जाती थी। दरअसल अपने पिता की मृत्यु के बाद बेटों को मनसब और जागीरें उत्तराधिकार में नहीं मिलती थीं। इसके विपरीत मृत नवाब की सभी सांसारिक सम्पत्ति को अन्तरित कर दिया जाता है ताकि ये किसी को विरासत में नहीं मिले। लेकिन शहंशाह प्रायः काफ़ी बड़ी जायदाद अपने उत्तराधिकारियों के लिए छोड़ जाते थे और सामान्य तौर पर किसी एक को सबसे बड़ा हिस्सा विशेष कृपापात्र बनाते थे।[216] प्रायः उन्हें मनसब और (यदि पहले से ही सेवा में है तो) मनसबों में वृद्धि की जाती थी, लेकिन आमतौर पर उन्हें निचले स्तर से शुरुआत करनी पड़ती थी। यद्यपि प्रत्यक्ष उत्तराधिकारी सम्भव नहीं था, लेकिन फिर भी समान नस्ली समूहों के मुसलिम नवाबों के प्रमुख परिवारों को प्रायः एक-दूसरे के

साथ जोड़ा जाता था और हम पाते हैं अब समान परिवारों से ही कई उत्तरवर्ती शहंशाहों में वंशवादी तत्त्व अभी भी अधिक प्रबल था। राजपूत प्रमुख की वतन जागीरें वंशानुगत थीं लेकिन विभाज्य नहीं थीं।[217]

मनसबदारों के कुल वेतन में जात और सवार के प्रति वेतन का अनुपात

मनसबदारों की श्रेणी	कुल वेतन बिल (मिलियन दाम)	जात दर्जे के प्रति वेतन (मिलियन दाम)	कुल वेतन बिल का % (मिलियन दाम)	सवार दर्जे के प्रति वेतन	कुल वेतन बिल का %
7,000 जात से अधिक वाले राजकुमार	724.0	124.0	17.1	600.0	82.9
5,000-7,000 जात वाले मनसबदार	1,417.7	229.7	16.2	1,188.0	83.3
3,000-4,000 जात वाले मनसबदार	1,080.2	266.6	24.7	813.6	75.3
1,000-2,500 जात वाले मनसबदार	1,454.0	398.8	27.4	1,055.2	72.6
500-900 जात वाले मनसबदार	735.0	209.6	28.5	525.4	71.5

लेकिन मुग़ल शासक वर्ग कोई बन्द निकाय नहीं था। कुलीन परिवारों के मध्य एशियाई और पर्सियन आप्रवासियों, मुसलिम 'लड़ाकू' क़बायलियों, ज़मींदार-प्रमुखों (ख़ासतौर पर राजपूतों), मिला लिए गये राज्यों (जिनमें मराठा और दक्खिनी राज्य सबसे महत्त्वपूर्ण उदाहरण थे) के शासक समूहों और बौद्धिकों और वित्तीय सेवाओं के छोटे वर्ग से हमेशा भर्ती की जाती थी।[218] वाणिज्य की दुनिया से सीधी भर्ती बहुत ही कम प्रतीत होती है।[219]

इस प्रकार मुग़ल शासक वर्ग काफ़ी विजातीय और असदृश था। इसमें व्यावहारिक तौर पर साम्राज्य के सभी क्षेत्रों और बड़ी संख्या में बाहरी तत्त्व शामिल थे। जैसाकि मनसबदारों की तैनाती पूरे साम्राज्य में होती थी और जागीरों का अन्तरण होता था इसलिए जहाँ कहीं भी वे होते थे, विभिन्न तत्त्वों के साथ उनका स्थानीय सम्बन्ध और भी कमज़ोर हो जाता था। जहाँ मुग़ल साम्राज्य की अखण्डता को बनाये रखने में यह एक महत्त्वपूर्ण कारक था, वहीं जागीरदारों का स्थानीय आबादी के साथ कोई स्थायी सम्बन्ध भी विकसित नहीं होता था। या जागीरों के सुधार में कोई दीर्घकालिक रुचि नहीं होती थी। इसलिए किसानों के भारी शोषण को प्रोत्साहन मिलता था।[220]

बहरहाल यह माना जा सकता है कि इतने कम लोगों द्वारा बड़ी मात्रा में कृषि उत्पाद की वसूली से, एक प्रकार से प्राप्त संसाधनों के ख़र्च और निवेश से कुछ हद तक आर्थिक विकास हुआ होगा। यह सच है कि मुग़ल काल में कई बड़े

शहरों का विकास हुआ। मुग़ल भारत में शहरी आबादी की सापेक्षित संख्या 1,900 में शहरी आबादी से काफ़ी अधिक थी।[221] लेकिन इस शहरी विकास का आधार काफ़ी हद तक परजीवी ही रहा। बड़ी संख्या में सैनिकों और नवाबों के चाकरों की ज़रूरतों को पूरा करने की व्यवस्था और निरंकुश शासकों के ऐशो आराम और विलासिता की वस्तुएँ जुटाना। हो सकता है, मुग़ल नवाबों ने अपने धन का कुछ हिस्सा सूदखोरी और वाणिज्य में लगाया हो, लेकिन वे प्रायः व्यापार अथवा कारीगरों के श्रम पर एकाधिकार जमाने के लिए अपनी प्रशासनिक शक्तियों का भी उपयोग करते थे।[222] जबकि इन साधनों से उन्हें बहुत अधिक लाभ होता था। इसमें आश्चर्य नहीं है कि वे औज़ारों और उपकरणों तथा उत्पादन के संगठन में सुधार पर कोई ध्यान नहीं देते थे। पूरी सत्रहवीं सदी में उनके तत्त्वावधान में इस क्षेत्र में एक भी अन्वेषण या नवप्रवर्तन दर्ज नहीं किया गया।

दिल्ली सल्तनत के सुल्तानों के समान ही मुग़ल सम्राट भी लोगों को ज़मीन के ख़ास क्षेत्रों के राजस्व अनुदान के रूप में आमतौर पर जीवन भर के लिए देते थे और इन्हें कभी भी वापस लिया जा सकता था या कम किया जा सकता था। ये अनुदान मदादे-मास, सुगुरगल अमलाक, ऐम्मा आदि (और मदरसा या स्कूल के लाभ के लिए दिये जाने वाले अनुदान का वक्फ़ कहा जाता था) के रूप में जाने जाते थे। अकबर के शासनकाल में इन अनुदानों के माध्यम से विभिन्न प्रान्तों में 2 प्रतिशत से 5 प्रतिशत तक से अधिक राजस्व की हानि होती थी। इन अनुदानों का प्रमुख उद्देश्य 'उपदेशकों के समूह' अर्थात मुसलिम धर्मगुरुओं (और कभी-कभी ग़ैर-मुसलिम), विद्वानों, पेंशन प्राप्त कर रहे अधिकारी और महिलाएँ और बेकार सम्माननीय परिवारों की देखरेख करना था। दान प्राप्तकर्ता की मृत्यु के बाद अनुदान प्रायः कम कर दिया जाता था। कम किया गया क्षेत्र आमतौर पर उत्तराधिकारियों के बीच बाँटा जाता था लेकिन प्रायः मुसलिम क़ानून के अनुसार। लेकिन 1690 में औरंगज़ेब ने अनुदान को वंशानुगत घोषित कर दिया। लेकिन बिक्री या हस्तान्तरण हमेशा निषिद्ध था। इसलिए यह माना जा सकता है कि अनुदान के विखण्डन की प्रक्रिया प्रायः काफ़ी तीव्र थी।[223]

दान प्राप्तकर्ताओं को क्षेत्र में पहले से मौजूद अधिकारों में हस्तक्षेप करने की मनाही थी। इसलिए दान की ज़मीनों के दो भाग होते थे : रैयती यानी कृषकों के अधीन, जिससे दान प्राप्त केवल भू-राजस्व वसूल करते थे और ख़ुदकाश्त यानी दान प्राप्तकर्ता द्वारा दासों या किराये के श्रमिकों या ग्रामीण काश्तकारों की सहायता से खुद खेती की जाती थी। यह बाद की श्रेणी सम्भवतया बंजर

ज़मीन को खेती के लायक बनाने से उत्पन्न हुई थी जो प्रायः स्पष्ट रूप से दान के मूल में शामिल किया जाता था।[224]

भू-राजस्व के विनियोजन से उत्पन्न भू-सम्पत्ति में हिस्सेदारी के अलावा एक और अधिकारी का जिसका इतिहास तुर्की विजय और उसके आगे जाता है। हमने पूर्व के खण्ड में देखा कि किस प्रकार दिल्ली सल्तनत के समय में अधीनस्थ ग्रामीण कुल वर्ग के विभिन्न स्तर और गाँवों के भीतर अन्य श्रेष्ठतर तत्त्व गाँवों के भीतर मिलकर एक ग्रामीण शोषण वर्ग में तब्दील हो रहे थे। यह प्रक्रिया मुग़ल काल के प्रारम्भ में काफ़ी हद तक पूरी की गयी। अब विभिन्न तत्त्वों को दर्शाने वाले पुराने पद ग़ायब हो गये थे और उन सबके स्थान पर एक पदनाम, ज़मींदार (=बुमि) का उपयोग किया जा रहा था। विभिन्न अधिकारों को दर्शाने वाले कई स्थानीय नाम अभी मौजूद थे लेकिन वे प्रायः एक ही सार्वभौम पद ज़मींदारी (मिल्कीयत) के पर्याय थे।[225] ऐसा प्रतीत होता है कि इस शब्द का इतना व्यापक अर्थ था कि स्वायत्त सरदार भी ज़मींदार कहे जाते थे।[226]

सारांश के तौर पर कहा जा सकता है अपने विविध रूपों के साथ ज़मींदारी के अधिकार को किसानों से श्रेष्ठतर अधिकार कहा जा सकता है और यह मुख्य रूप से मौजूद शाही शक्ति स्वतन्त्र रूप से उत्पन्न हो रही थी। इसका अभिप्राय ज़मीन की उपज में एक हिस्से पर दावा था जो भू-राजस्व की माँग से अलग था, हालाँकि यह भू-राजस्व के साथ-साथ हो सकता था। यह दावा कई रूपों में किया जाता था। इसमें उपकर शामिल हो सकता था जो किसानों पर नग़द या वस्तु रूप में लगाया जा सकता था; यह किसानों में भू-राजस्व की ज़मींदार द्वारा की गयी वास्तविक वसूली का राज्य द्वारा आकलित राशि के बीच का अन्तर हो सकता था; यह एक भू-राजस्व में से या लगान रहित ज़मीन के आबंटन में से एक निश्चित राशि के रूप में अधिकारियों द्वारा जमा किया जा सकता था। इस अन्तिम स्थिति में ज़मींदार का पारम्परिक हिस्सा मालिकाना कहलाता था और उत्तर भारत में यह लगान का दसवाँ हिस्सा होता था। गुजरात में यह एक चौथाई भाग होता था और ज़मींदारों को दी गयी लगान रहित ज़मीन बाँथ कहलाती थी। ज़मीन की उपज में हिस्से के अपने इस अधिकार के अलावा ज़मींदार अपने अधीन किसानों पर कई अन्य उपकर लगाते थे और कुछ पारम्परिक अनुलाभ वसूलते थे।[227]

यह स्पष्ट है कि भू-राजस्व के रूप में वसूल लिए जाने वाले अधिशेष में ज़मींदार का हिस्सा राजा या जागीरदार से कम होता था। इसकी पुष्टि ज़मींदारियों के विक्रय-मूल्यों से भी होती है। यदि सम्बन्धित ज़मींदार के अधीन जोतों से अनुमानित लाभ के मूल्यों की गणना की जाये तो स्पष्ट हो जाता है कि ज़मींदार की आय उसके जोत क्षेत्र पर लगाये गये भू-राजस्व से काफ़ी कम होती थी।[228]

ग्रामीण अधिशेष में पूरे ज़मींदार वर्ग के हिस्से का आकलन करते समय एक और कारक पर विचार किया जाना चाहिए और वह है ज़मींदारी अधिकार के अधीन आने वाली ज़मीन की सीमा। यह लगभग तय है कि ज़मींदारी अधिकार साम्राज्य के हर स्थान पर परगना में एक रूप में या अन्य रूप में पाया जाता था।[229]

लेकिन सभी ज़मीनें, या गाँव ज़मींदारी के दायरे में आते थे या नहीं, यह दूसरा मामला है। दरअसल यह प्रतीत होता है कि अधिकांश क्षेत्रों में ऐसे गाँव थे जो रैयती या किसानों के अधीन थे जो किसी भी रूप में किसी ज़मींदार के अधीन नहीं थे।[230]

दूसरी ओर, कुछ ज़मीनों पर ज़मींदार का दावा अन्य ज़मीनों से काफ़ी अधिक था। इस प्रकार की ज़मीनें उनकी खुद-काश्त थीं इस पर सम्भवतया उनके गुलामों या किराये के मज़दूरों द्वारा खेती कराई जाती थी। अब ऐसी ज़मीनें भी थीं जिन पर सम्भवतया किसान अपनी मर्ज़ी से खेती करते थे।[231] ज़मींदार किसानों की अपनी ज़मीनें छोड़ने से रोक सकते थे या नहीं यह निश्चित तौर पर कहने के लिए पर्याप्त साक्ष्य नहीं हैं।[232]

ज़मींदारी की ऐतिहासिक जड़ें जाति और वंश के साथ इसके गहरे सम्बन्ध में स्पष्ट थीं। आमतौर पर एक ही वंश की ज़मींदारी की ज़मीनें एक-दूसरे से सटी हुई थीं। इससे इस आम परम्परा को बल मिलता है कि ये ज़मीनें उस वंश विशेष के पूर्वजों द्वारा उस भूभाग पर प्राप्त वर्चस्व से मिली थीं। चूँकि शस्त्र अनुचरों (और इससे भी बेहतर क़िला) को रखना यहाँ तक कि एक छोटे ज़मींदार के अधिकार का प्रतीक चिह्न था।

बहरहाल, ज़मींदारी अधिकार के पैटर्न में तीन वजहों से लगातार परिवर्तन हो रहा था। पहला, उत्तराधिकार के हिन्दू और मुसलिम क़ानूनों को ज़मींदारी पर लागू करने से ज़मींदारी के अधीन जोतों का विखण्डन बढ़ गया। इससे गाँव में ज़मींदारी अधिकार के विभाजन के पारम्परिक तरीक़ों को बल मिला। आरम्भिक विभाजन पट्टी में होता था और अन्तिम बिस्वा या पूरे का बीसवाँ भाग होता था।[233]

दूसरा, ज़मींदारी की बिक्री और ख़रीद से इसमें अजनबी लोग आ गये और जोतों के आकार बदल गये। मुग़ल काल में ज़मींदारी बेरोक-टोक पूरी तरह विक्रय योग्य थी। यह स्थिति लगभग पूरे साम्राज्य में थी। यह पाया गया कि क्रेताओं प्रायः विक्रेताओं से भिन्न जातियों और धर्म के होते थे। इसलिए किसी स्थान की ज़मींदारी के जातीय एकाधिकार में धन सेंध लगा सकता था। यह भी बिल्कुल सम्भव है कि ज़मींदारी की विपणनीयता से जोतों के विखण्डन का

प्रोत्साहन मिला। उत्तराधिकारी संयुक्त-जोतों को तोड़ना चाहते थे ताकि वे अपने हिस्से बेच सकें। दूसरी ओर उस समय के बचे हुए विक्रय-विलेख प्रायः दर्शाते हैं कि एक ही क्रेता कई विक्रेताओं से ख़रीदते थे और इस प्रकार अनेक जोतों के स्थान पर एक जोत बनाते थे।[234]

अन्ततः ज़मींदार को नियुक्त करने और हटाने की अन्तिम शक्ति शहंशाह के पास थी। आमतौर पर इस शक्ति का प्रयोग राजस्व नहीं देने या विद्रोह के मामले में किया जाता था लेकिन ऐसा प्रतीत होता है मानो मुग़ल सम्राट ने उन जगहों पर भी ज़मींदार बना दिये थे जहाँ पहले कोई ज़मींदार नहीं था। कुल मिलाकर कहा जा सकता है कि शाही कार्यवाइयों से ज़मींदारी अधिकार में काफ़ी बदलाव आये होंगे।[235]

एक ओर शाही प्रशासन और जागीरदारों तथा दूसरी ओर ज़मींदारों के बीच जारी सम्बन्ध काफ़ी रोचक है। चूँकि ज़मींदार स्थानीय रूप से काफ़ी शक्तिशाली तत्त्व थे, इसलिए सुल्तानों के समान ही मुग़ल शासक भी उनका इस्तेमाल किसानों से भू-राजस्व की वसूली के लिए करना चाहते थे। इस प्रकार कई मामलों में भू-राजस्व, यद्यपि कथित रूप से सीधे किसानों पर आकलित किया जाता था, का भुगतान ज़मींदार द्वारा किया जाता था जो वास्तव में वह मुग़ल शासन के लिए वसूलता था। इस 'सेवा' के बदले में ज़मींदारों की क्षतिपूर्ति की जाती थी जिसे नन्कार कहा जाता था। यह वसूले गये राजस्व की प्रतिशतता के रूप में या लगानमुक्त ज़मीन के रूप में होता था। अर्द्ध-आनुवंशिक स्थानीय अधिकारी जो चौधरी कहलाते थे, ज़मींदारों के बीच से चुने जाते थे। उन्हें राजस्व वसूली में जागीरदारों और उनके एजेंटों की सहायता का भार सौंपा जाता था। इसके बदले में उन्हें नन्कार के रूप में प्रतिपूर्ति की जाती थी। सत्रहवीं सदी के उत्तरार्द्ध में एक ख़ास शब्द ताल्लुकदार उत्पन्न हुआ। एक ज़मींदार के लिए प्रयोग किया जाता था जो न केवल अपनी ज़मींदारी पर बल्कि इसके बाहर की ज़मीनों पर भू-राजस्व का भुगतान करता था।[236]

साथ ही यह भी प्रतीत होता है कि साम्राज्य के शासन वर्ग और ज़मींदारों के बीच कृषक वर्ग के अधिशेष उत्पाद में अपने-अपने हिस्से को लेकर काफ़ी मनमुटाव था। अपने शस्त्र अनुचरों और किसानों के साथ इसके स्थानीय पारम्परिक सम्बन्धों के कारण ज़मींदार वर्ग मुग़ल नवाबों की पूरी राजनीतिक संरचना में एक विघटनकारी तत्त्व महसूस होता था। इसके अलावा भू-राजस्व वसूलने का बोझ जब बढ़ता था तो ज़मींदार या तो वसूली करने में ख़ुद को असक्षम पाते थे। या अपने हिस्से को कम होते देखते थे। ऐसा प्रतीत होता है कि सदी के उत्तरार्द्ध

में उनके और मुग़ल शासक वर्ग के बीच का सम्बन्ध संकट के बिन्दु पर पहुँच गया जब ज़मींदारों के नेतृत्व में अनेक ग्रामीण विद्रोह हुए।[237]

अब हम ज़मीन से किसानों के अधिकार की प्रकृति पर विचार कर सकते हैं। सम्पूर्ण मुग़ल भारत के कृषक वर्ग की बात करना कठिन है क्योंकि जैसाकि हम अभी देखेंगे, उनके बीच काफ़ी अधिक स्तरीकरण था। लेकिन यह प्रतीत होता है कि सामान्य तौर पर ज़मीन पर उनका अधिकार सुरक्षित था। किसानों द्वारा जोती जाने वाली (रैयत-काश्त) ज़मीन को अधिकारियों और अनुदान प्राप्तकर्ताओं द्वारा 'स्व-कृषि' (ख़ुद-काश्त) भूमि में बदलना निषिद्ध था। ऐसे समय में इस प्रकार की व्यवस्था का होना काफ़ी स्वाभाविक था जब ज़मीन की अधिकता थी, और लोग कम थे। लेकिन जैसाकि हमने देखा है, कुछ ज़मीन ऐसी थीं जिन पर इनके मालिक ज़मींदारों की मर्ज़ी से कृषकों द्वारा खेती की जाती थी; और इसलिए स्वेच्छा से खेती करने वाले रैयत बिल्कुल अज्ञात नहीं थे।[238]

जहाँ ज़मीन के उपयोग का किसानों को पूर्ण अधिकार था वहीं इसे छोड़ने का अधिकार उन्हें आसानी से नहीं दिया जाता था। किसानों से खेती कराने और अपने गाँव छोड़ने से उन्हें रोकने के लिए अधिकारियों को उन पर बल प्रयोग करने के लिए कहा जाता था। सत्रहवीं सदी में गुजरात से किसानों के साथ अर्द्ध-कृषिदास के रूप में व्यवहार किये जाने के विशिष्ट साक्ष्य मिलते हैं। हमारे पास विस्तृत अभियान का रिकार्ड है जो किसानों को वापस लाने के लिए आयोजित किया गया था जब वे शाही प्रदेशों को छोड़कर प्रमुखों के प्रदेश में भाग गये थे; हम स्थानीय अधिकारियों को इस बात पर एक-दूसरे से झगड़ते देखते हैं कि प्रवासी किसानों को किस स्थान पर वापस भेजा गया।[239]

इस प्रकार के अंकुश या नियन्त्रण का उल्लेख काफ़ी कम मिलता है। इसलिए पूर्णविकसित कृषिदास प्रथा की बात नहीं की जा सकती है। बल्कि यह प्रतीत होता है कि किसानों पर अंकुश का अन्तिम अधिकार शहंशाह और उनके जागीरदारों के पास था जो केवल औपवादिक परिस्थितियों में ही उपयोग किया जाता था। ज़मींदारों के पास किसानों पर इस प्रकार के अंकुश का अधिकार था या नहीं यह निश्चित नहीं है।

ग्राम समुदाय के बारे में काफ़ी अटकलबाज़ी की गयी हैं हम चाहे मुग़ल काल के रिकार्ड्स या आरम्भिक ब्रिटिश रिकार्ड्स पर निर्भर करें ऐसा प्रतीत होता है कि कम-से-कम उत्तर भारत में ज़मीन का सामुदायिक स्वामित्व था या खेती बहुत दुर्लभ थी। अधिक-से-अधिक समुदाय सामान्य वित्तीय कोष पर आधारित था ताकि भू-राजस्व की माँग, अधिकारियों और प्रमुखों की माँग और कतिपय

सामान्य ग्राम व्यय को पूरा किया जा सके। यह सम्भव है कि समुदाय में प्रायः एक ही जाति के लोग शामिल होते थे जो अधिकांशतया गाँव की दबंग कृषक जाति के होते थे।[240] इसके अलावा ऐसा प्रतीत होता है कि कई गाँवों में ग्राम प्रधान को बहुत अधिक विशेषाधिकार प्राप्त थे। उनके पास अपनी लगानमुक्त ज़मीनें थीं। कभी-कभी उनका पद ज़मींदारी के समान इतना लाभकारी था कि इसकी ख़रीद और बिक्री की जाने लगी।[241]

सामान्य तौर पर किसानों के बीच काफ़ी आर्थिक विषमता थी। एक ओर ग्राम प्रधान और बड़े किसान थे जिनका शेष ग्रामवासियों पर दबदबा था, वहीं दूसरी ओर छोटे किसान (रेजा रियाया) थे जिसके बारे में कहा जाता है कि वे खेती के ख़र्चों को पूरा करने और अपने बीच में मवेशी प्राप्त करने के लिए क़र्ज़ में डूबे रहते थे।[242] ऐसा नहीं हो सकता है कि यह विभेद केवल किसानों के जोतों के विखण्डन से उत्पन्न हुआ हो। जहाँ ज़मीन की स्थानीय कमी से पैकाश्त (अपने गाँव को छोड़कर दूसरे गाँव में खेती करने वाले) जैसी किसानों की श्रेणी का निर्माण हुआ हो,[243] वहीं जब तक ज़मीन प्रचुर मात्रा में उपलब्ध थी, इस प्रकार के मामले केवल अपवाद हो सकते हैं। ख़फी ख़ान[244] की पुस्तक में एक अर्द्ध-अलंकारिक सन्दर्भ को छोड़कर इसका कोई प्रमाण नहीं है कि किसानों की ज़मीन इस समय विपणन योग्य हो गयी थी।

यह सम्भव है कि किसानों में आर्थिक असमानता अतीत से विरासत में मिली हो, और जाति प्रथा की वजह से यह और गहरी या सुदृढ़ हो गयी हो। लेकिन भू-राजस्व की माँग के बढ़ते दबाव के कारण इसमें निश्चित ही वृद्धि हुई होगी क्योंकि अन्यों की तुलना में किसानों के कुछ कमज़ोर या असुरक्षित वर्ग के लोग इस कारण और भी निर्धन हुए होंगे। बाज़ार के लिए खेती का भी इस पर प्रभाव हो सकता है जोकि ऐसा प्रतीत होता है कि नग़द में राजस्व संग्रह के दबाव के कारण आंशिक रूप से बढ़ रही थी।

बहरहाल गाँव के मेहनतकश लोगों के बीच मूल विभाजन रेखा किसानों और भूमिहीनों के बीच थी। यह विभाजन रेखा सामाजिक रूप से जाति प्रथा द्वारा निर्धारित की गयी थी। इसके तहत 'सेवक' जातियों (जैसे चमार और बेकार, धानुक, थोरी या बालाहार) के लिए खुद खेती करना अनिवार्य रूप से मना था। इसके अलावा अपने निर्धारित पेशों, चमड़े का काम, मेहतर का काम आदि का अनुसरण करते हुए ज़मींदारों और किसानों के खेतों में काम करने के लिए उन्हें आरक्षित श्रमिक सेना का भी निर्माण करना था। इस बात के साक्ष्य हैं

कि किसान फ़सल कटाई के समय किराये के श्रमिकों का इस्तेमाल करते थे और इस प्रकार के विशाल ग्रामीण सर्वहारा की उपस्थिति दरअसल किसानों द्वारा खेती के एक स्तम्भ के रूप में काम करती थी।[245]

यद्यपि मुग़ल साम्राज्य ने अपने पूर्ववर्तियों की तुलना में अधिक स्थायित्व दिया लेकिन ऐसा प्रतीत होता है कि इसकी सम्पत्ति सम्बन्धों की प्रणाली से उत्पन्न विरोधाभास इसके भीतर विकसित हो गये। जागीरों के अन्तरण और सभी स्थानीय सम्बन्धों से जागीरदारों के सम्पूर्ण विलगाव ने किसानों के अत्यधिक शोषण को प्रोत्साहित किया और ज़मींदारों पर दबाव बढ़ा। अन्ततः इसका नतीजा किसान विद्रोही (उदाहरण के लिए जात, सिखें, सतनामी) के रूप में सामने आया जिसका नेतृत्व एक या अन्य समय पर ज़मींदारों द्वारा किया गया; या किसान ज़मींदारों के विद्रोह में (जैसी मराठा विद्रोह) इस्तेमाल किये गये। स्वाभाविक है कि इन विद्रोहों के कारणों की अन्य व्याख्याएँ भी दी गयी हैं, लेकिन यह बिल्कुल सम्भव है कि अन्य किसी वजह से अधिक सामाजिक विरोधाभास मुग़ल साम्राज्य के राजनीतिक संकट का वास्तविक स्रोत था।[246]

मुग़ल साम्राज्य के अवशेष पर बने राज्य नयी सामाजिक संरचना का निर्माण नहीं कर सके। जहाँ कहीं भी मराठों या जातों के ज़मींदार-नेता सफल हुए, उन्होंने न केवल मुग़ल जागीरदारों को उखाड़ फेंका, बल्कि दूसरे ज़मींदारों की भी जगह ले ली। इस प्रकार उन्होंने शासकों और ज़मींदारों की भूमिकाओं को एक में मिला दिया।[247] अन्यत्र राजस्व किसानों-ज़मींदारों के पदों पर अपना दावा कर पारम्परिक दर्जा पाना चाहते थे।[248] जब ब्रिटिश शासन आरम्भ हुआ, तो ऐसा प्रतीत होता है कि ज़मींदार चाहे नये हों या पुराने, मुग़ल शासन की तुलना में अधिक शक्तियों का प्रयोग कर रहे थे। लेकिन ब्रिटिश शासन ने पाया कि मुग़ल प्रणाली अनिवार्य रूप से जीवित है। इसकी धुरी थी कि बड़ी मात्रा में राजस्व, 'देश के कुल लगान के दसवें-ग्यारहवें भाग की सम्पत्ति' (जो चिरकालीन प्रथा द्वारा सरकार में निहित थी) की माँग।[249] आरम्भ में ब्रिटिश सरकार ने भी ख़ुद को ज़मींदारों के साथ उसी सहयोग और विरोध के सम्बन्ध में पाया जिसमें मुग़ल सरकार थी। लेकिन यह अपने पूर्ववर्तियों की तुलना में काफ़ी अधिक शक्तिशाली थी; और इंग्लैंड को 'धन के अपवाह' के बाद आर्थिक सन्दर्भ में हुए परिवर्तन और उसके बाद औद्योगिक क्रान्ति के प्रभाव ने ब्रिटिश सरकार और ज़मींदारों के बीच में ज़मींदारों और कृषक वर्ग के बीच सम्बन्ध की पूरी प्रकृति बदल दी।

सन्दर्भ और टिप्पणियाँ

1. सिन्धु घाटी में कृषि का सर्वश्रेष्ठ वर्णन डी.डी. कोसम्बी द्वारा किया गया है, *ऐन इंट्रोडक्शन टू द स्टडी ऑफ़ इंडियन हिस्ट्री*, बॉम्बे, 1956, पृ. 62-68, 70 सिन्धु घाटी के लोगों को हल के बारे में जानकारी थी, इस विषय में जानकारी के लिए डी.एच. गोर्डन, द *प्री-हिस्टोरिक बैकग्राउंड ऑफ़ इंडियन कल्चर*, बॉम्बे, 1958, पृ. 71, इंक्वायरी में उद्धृत, iv, 12, देखें (बहरहाल, इस खण्ड का पृ. 112 देखें)।
2. एस. पिगॉट, *प्री-हिस्टोरिक*, इंडिया, लन्दन, 1950, पृ. 153-55
3. विशेष रूप से कोसम्बी, *इंट्रोडक्शन*, पृ. 59-60 देखें।
4. डी.आर. चानना, *स्लेवरी इन एंशिएंट इंडिया*, दिल्ली, 1960, पृ. 17
5. ऋग्वैदिक काल में कृषि के लिए, एन. बन्द्योपाध्याय, *इकोनॉमिक लाइफ एंड प्रोग्रेस इन एंशिएंट इंडिया*, 1, कलकत्ता, 1945, पृ. 125-35
6. संगत सन्दर्भों के संग्रह के लिए एस.के. दास, *इकोनॉमिक हिस्ट्री ऑफ़ एंशिएंट इंडिया*, 1, कलकत्ता, 1937, पृ. 26-27
7. बन्द्योपाध्याय, *इकोनॉमिक लाइफ*, पृ. 102-5; आर.एस. शर्मा, *शूद्राज इन एंशिएंट इंडिया*, दिल्ली, 1958, पृ. 18
8. बन्द्योपाध्याय, *इकोनॉमिक लाइफ*, पृ. 206-7; चानना, *स्लेवरी इन एंशिएंट इंडिया*, पृ. 21; दास, *इकोनॉमिक हिस्ट्री ऑफ़ एंशिएंट इंडिया*, पृ. 78-79
9. यू.एन. घोषाल, *कंट्रिब्यूशन टू द हिस्ट्री ऑफ़ द हिन्दू रेवेन्यू सिस्टम*, कलकत्ता, 1929, पृ. 3-5
10. बैडेन पावेल और मैक्डोनेल और कीथ के बाद बन्द्योपाध्याय, *इकोनॉमिक लाइफ*, पृ. 111-115
11. *कोसम्बी, इंट्रोडक्शन*, पृ. 91-92
12. शर्मा शूद्राज, देखें।
13. वही
14. कोसम्बी, *इंट्रोडक्शन*, पृ. 92
15. शर्मा, शूद्राज, पृ. 30 में यह कहा गया है कि शूद्र की उत्पत्ति इसी नाम की आर्य जनजाति से हुई।
16. कोसम्बी, *इंट्रोडक्शन*, पृ. 94-95; शर्मा, शूद्राज, पृ. 46-48। हालाँकि शर्मा यह इनकार करते हैं कि ऋग्वेद काल में 'काफ़ी संख्या शूद्र या दास जनसंख्या थी' और तर्क देते हैं कि उनकी 'आवश्यकताएँ' बाद में उत्पन्न हुईं (पृ. 41)।
17. कोसम्बी साहित्यिक साक्ष्यों के आधार पर 800-700 ई.पू. की तारीख़ निर्धारित करते हैं; *जर्नल ऑफ़ द इकोनॉमिक एंड सोशल हिस्ट्री ऑफ़ द ओरियंट* (जेईएसएचओ), 6, सं. 3, पृ. 314। पुरातत्त्वविदों की खोजों द्वारा इस तारीख़ में संशोधन किया जा सकता है। पेंटेड ग्रे बेयर के स्तर पर लोहा के संकेत मिले हैं : मध्य स्तर, अत्रंजीखेड़ा में कार्बन डेटिंग द्वारा 1025 ई.पू. की तारीख़ दी गयी है, नोह में एक स्तर पर इसे आठवीं सदी ई.पू. का समय दिया गया है, मैं इस सूचना के लिए अपनी साथी आर.सी. गौड़ का आभारी हूँ जिन्होंने अत्रंजीखेड़ा में ख़ुदाई का पर्यवेक्षण किया था।

18. चानना, *स्लेवरी इन एंशियंट इंडिया*, पृ. 23-25; कोसम्बी, *जेईएसएचओ*, 6 सं 3, पृ. 314
19. कोसम्बी, *इंट्रोडक्शन*, पृ. 116-117
20. बन्द्योपाध्याय, *इकोनॉमिक लाइफ*, पृ. 133-34; दास, *इकोनॉमिक हिस्ट्री ऑफ़ एंशिएंट इंडिया*, पृ. 90-91
21. जहाँ कहीं भी वन भूमि की अधिकता रही है यह हाल के समय में भी हुआ है; और इस पद्धति का अनुसरण आप्रवासी किसानों द्वारा भी किया गया है जो पहले बसे हुए कृषक थे।
22. बन्द्योपाध्याय, *इकोनॉमिक लाइफ*, पृ. 131-32; दास, *इकोनॉमिक हिस्ट्री ऑफ़ एंशिएंट इंडिया*, पृ. 93-94
23. दास, *इकोनॉमिक हिस्ट्री ऑफ़ एंशिएंट इंडिया*, पृ. 81-82
24. चानना, *स्लेवरी इन एंशिएंट इंडिया*, पृ. 21; दास, *इकोनॉमिक हिस्ट्री ऑफ़ एंशिएंट इंडिया*, पृ. 82
25. *द कैम्ब्रिज हिस्ट्री ऑफ़ इंडिया*, 1, दिल्ली पुनर्मुद्रित, 1955, पृ. 114-15
26. *शर्मा, शूद्राज*, पृ. 26
27. वही, पृ. 59-60
28. कोसम्बी, *इंट्रोडक्शन*, पृ. 114 देखें।
29. *शर्मा, शूद्राज*, पृ. 59। घोषाल, *द हिस्ट्री ऑफ़ द हिन्दू रेवेन्यू सिस्टम*, पृ. 7
30. यू.एन. घोषाल, *द एग्रेरियन सिस्टम इन एंशिएंट इंडिया*, कलकत्ता, 1930, पृ. 4
31. कोसम्बी, *इंट्रोडक्शन*, पृ. 100-1, 125-26, 131
32. घोषाल, *हिस्ट्री ऑफ़ द हिन्दू रेवेन्यू सिस्टम*, पृ. 6-8
33. दास, *इकोनॉमिक हिस्ट्री ऑफ़ एंशिएंट इंडिया*, पृ. 85
34. वही, पृ. 88-89, कोसम्बी, *इंट्रोडक्शन*, पृ. 125
35. दास, *इकोनॉमिक हिस्ट्री ऑफ़ एंशिएंट इंडिया*, पृ. 86
36. घोषाल, *द एग्रेरियन सिस्टम*, पृ. 5; *शर्मा, शूद्राज*, पृ. 46
37. कोसम्बी, *इंट्रोडक्शन*, पृ. 141. चानना, *स्लेवरी इन एंशिएंट इंडिया*, पृ. 43-44; बोस, *सोशल एंड रूरल इकोनॉमी ऑफ़ नॉर्दर्न इंडिया*, 600 बीसी-एडी 200, कलकत्ता, 1961 पृ. 48-49
38. कोसम्बी, *इंट्रोडक्शन*, पृ. 121-29, 140-141, 143-44
39. दास, *इकोनॉमिक हिस्ट्री ऑफ़ एंशिएंट इंडिया*, पृ. 188-89; बोस, *सोशल एंड रूरल इकोनॉमी*, पृ. 48
40. आर. फ़िक़, *द सोशल ऑर्गनाइजेशन इन नॉर्थ-ईस्ट इंडिया इन बुद्धाज टाइम*, अंग्रेज़ी अनुवाद, कलकत्ता, 1920, पृ. 280-85
41. कोसम्बी, *इंट्रोडक्शन*, पृ. 145 देखें।
42. बोस, *सोशल एंड रूरल इकोनॉमी*, पृ. 54, 83-85 देखें।
43. वही, पृ. 93
44. फ़िक़, *द सोशल ऑर्गनाइजेशन*, पृ. 243-44; बोस, *सोशल एंड रूरल इकोनॉमी*, पृ. 63-64

45. फ़िक़, *द सोशल ऑर्गनाइजेशन*, पृ. 210। 1000 करिसा क्षेत्रफल वाले क्षेत्रों का उल्लेख किया गया है। करिसा लगभग आठ एकड़ के बराबर होता था; बोस, *सोशल एंड रूरल इकोनॉमी*, पृ. 64। लेकिन कई सारे अनिश्चित कारकों के होने की वजह से इस प्रकार के निश्चित वक्तव्य को स्वीकार करने में संकोच होता है।
46. फ़िक़, *द सोशल ऑर्गनाइजेशन*, पृ. 241
47. चानना, *स्लेवरी इन एंशिएंट इंडिया*, पृ. 42
48. वही, पृ. 43-44
49. कोसम्बी, *इंट्रोडक्शन*, पृ. 203-4, 221
50. फ़िक़, *द सोशल ऑर्गनाइजेशन*, पृ. 251-66
51. ग्रामीण साहूकारी के सम्बन्ध में जातक के सन्दर्भों के लिए फ़िक़, *द सोशल ऑर्गनाइजेशन*, पृ. 257; बोस, *सोशल एंड रूरल इकोनॉमी*, पृ. 64 देखें, साथ ही कोसम्बी, *इंट्रोडक्शन*, पृ. 138-40 भी देखें।
52. कोसम्बी, *इंट्रोडक्शन*, पृ. 212-16
53. घोषाल, *रेवेन्यू सिस्टम*, पृ. 28-29
54. वही, पृ. 167-71; कोसम्बी, *इंट्रोडक्शन*, पृ. 219
55. घोषाल, *रेवेन्यू सिस्टम*, पृ. 29-31; कोसम्बी, *इंट्रोडक्शन*, पृ. 215
56. शर्मा, *आस्पेक्ट्स ऑफ़ पोलिटिकल आइडियाज एंड इंस्टीट्यूशंस ऑफ़ एंशिएंट इंडिया*, दिल्ली, 1959, पृ. 220
57. घोषाल, *रेवेन्यू सिस्टम*, पृ. 32-34
58. शर्मा, *शूद्राज*, पृ. 151-52
59. कोसम्बी, *इंट्रोडक्शन*, पृ. 218-19, 221, शर्मा, *शूद्राज*, पृ. 146-49
60. कोसम्बी, *इंट्रोडक्शन*, पृ. 195; *रोमिला थापर, रीडिंग्स इन इंडियन इकोनॉमिक हिस्ट्री*, सम्पादक, बी.एन. गांगुली, बॉम्बे, 1964, पृ. 25-26
61. शर्मा, *शूद्राज*, पृ. 146-47
62. कोसम्बी, *इंट्रोडक्शन*, पृ. 218; शर्मा, *शूद्राज*, पृ. 147-48
63. कोसम्बी, *इंट्रोडक्शन*, पृ. 222
64. वही, पृ. 312
65. शर्मा, *शूद्राज*, पृ. 178
66. वही, पृ. 232-34
67. वही, पृ. 232; साथ ही शर्मा को जर्नल ऑफ़ बिहार रिसर्च सोसाइटी (जेबीआरएस), LXIV, सं. 3-4, 1978, पृ. 8 में देखें। नकारात्मक साक्ष्य पर्याप्त प्रतीत होगा। पाँचवीं और छठी शताब्दियों में उत्तरी बंगाल में निजी दाताओं द्वारा अनुदान के क्षेत्रों की पुरालेखीय निर्दिष्ट को शायद नहीं प्रासंगिक माना जा सकता है क्योंकि हम नहीं जानते कि इन ज़मीनों के हस्तान्तरण के पहले और बाद में इनमें खेती की क्या पद्धति थी, इसके अलावा क्षेत्र की माप के लिए उपयोग किये जग माप के वास्तविक मूल्य के बारे में हम सुनिश्चित नहीं हैं। (अभिलेखों से सारणीबद्ध सूचना के लिए) एस.के. माइती, *इकोनॉमिक लाइफ इन नॉर्दर्न इंडिया इन द गुप्ता पीरियड़*, कलकत्ता 1957, पृ. 200-1 और (क्षेत्रों की माप के लिए) पृ. 35-41 देखें।

68. शर्मा, *शूद्राज,* पृ. 227-28, 230-31, माइती, *इकोनॉमिक लाइफ इन नॉर्दर्न इंडिया,* पृ. 145 देखें, मिलिंदपन्ह के सन्दर्भ के लिए शर्मा, शूद्राज, पृ. 178 देखें।
69. इरफ़ान हबीब, *इग्ररियन सिस्टम ऑफ़ मुग़ल इंडिया,* बॉम्बे, 1963, पृ. 121-22
70. सिन्ध के विशाल आदिम चरागाह समुदाय के ह्वेनसांग के विवरण (640 ई.) के लिए कोसी, *इंट्रोडक्शन,* पृ. 292-93 देखें।
71. शर्मा, *शूद्राज,* पृ. 178
72. वही, पृ. 224-25; माइती, *इकोनॉमिक लाइफ इन नॉर्दर्न इंडिया,* पृ. 74-75, 149-50
73. कोसम्बी, *इंट्रोडक्शन,* पृ. 228-29, 278-80
74. बोस, *सोशल एंड रूरल इकोनॉमी,* पृ. 40
75. कोसम्बी, *इंट्रोडक्शन,* पृ. 249; माइती, *इकोनॉमिक लाइफ इन नॉर्दर्न इंडिया,* पृ. 12, यह बिना किसी ख़ास वजह के मनु के सिद्धान्त का खण्डन करता है।
76. कोसम्बी, *इंट्रोडक्शन,* पृ. 275-76
77. इरफ़ान हबीब, *सेमिनार, 39, पास्ट एंड प्रेजेंट,* नयी दिल्ली
78. शर्मा जेबीआरसए, LXIV, 3-4, पृ. 9, साथ ही *पोलिटिकल आइडियाज एंड इंस्टीट्यूशंस,* पृ. 222-23
79. कोसम्बी, *इंट्रोडक्शन,* पृ. 257
80. एल. गोपाल, *जेईएसएचओ,* VI, 3 1963, पृ. 308
81. कोसम्बी, *इंट्रोडक्शन,* पृ. 278-79, एल, गोपाल, *जेईएसएचओ,* IV, 2 पृ. 306-7
82. घोषाल, *रेवेन्य सिस्टम,* पृ. 187, साथ ही बोस, *रूरल इकोनॉमी,* पृ. 45 भी देखें।
83. कोसम्बी, *इंट्रोडक्शन,* पृ. 279। इसके विपरीत प्रकल्पना के लिए माइती, *इकोनॉमिक लाइफ इन नॉर्दर्न इंडिया,* पृ. 19, 200-1 देखें।
84. घोषाल, *रेवेन्यू सिस्टम,* पृ. 191-92, 224-27 देखें।
85. कोसम्बी, *इंट्रोडक्शन,* पृ. 241-42
86. शर्मा, *जेईएसएचओ,* IV, 1, 1961, पृ. 70-71
87. घोषाल, *रेवेन्यू सिस्टम,* पृ. 228-29; शर्मा, *पोलिटिकल आइडियाज एंड इंस्टीट्यूशंस,* पृ. 207 देखें।
88. शर्मा, *पोलिटिकल आइडियाज एंड इंस्टीट्यूशंस,* पृ. 207
89. वही, पृ. 221, 225; 1, गोपाल, *जेइएसएचओ,* VI, 3 1963, पृ. 305
90. घोषाल, *रेवेन्यू सिस्टम,* पृ. 186 देखें इसमें अनुदान की प्रकृति का विस्तृत विश्लेषण है, कोसम्बी, *इंट्रोडक्शन,* पृ. 291 देखें।
91. कोसम्बी, *इंट्रोडक्शन,* पृ. 291
92. शर्मा, *पोलिटिकल आइडियाज एंड इंस्टीट्यूशंस,* पृ. 216-20
93. 'अस्थायी काश्तकारों पर लगाये गये शुल्क के रूप में' उपरिका के विश्लेषण के लिए घोषाल, *रेवेन्यू सिस्टम,* पृ. 2210-13 देखें लेकिन माइती, *इकोनॉमिक लाइफ इन नॉर्दर्न इंडिया* पृ. 61-62
94. कोसम्बी, *इंट्रोडक्शन,* पृ. 300-1
95. शर्मा, *पोलिटिकल आइडियाज एंड इंस्टीट्यूशंस,* पृ. 222

96. उदाहरण के लिए बी.पी. मजूमदार, *सोशिया इकोनॉमिक हिस्ट्री ऑफ़ नॉर्दर्न इंडिया,* 1030-1194 ई., कलकत्ता, 1953, पृ. 1-41
97. एल. गोपाल, *जेईएसएचओ,* VI, 3, 1963, पृ. 297; आर.एस शर्मा, इंडिया फ्यूडलिज्म, 300-1200 ई., पृ. 231-32
98. शर्मा, *इंडियन फ्युडलिज़्म,* पृ. 57-60
99. एल. गोपाल *जेईएसएचओ,* VI, 3. 1963, पृ. 296
100. एल. गोपाल इसका सन्दर्भ इस अवधि के साहित्य और पुरालेखों से *यूनिवर्सिटी ऑफ़ इलाहाबाद स्टडीज़* (एंशिएंट हिस्ट्री सेक्शन) 1963-64, पृ. 9-10 में देते हैं. साथ ही, कोसम्बी, *इंट्रोडक्शन,* पृ. 14 भी देखें।
101. जैसाकि इसके उपयोग के बारे में बाबर का विवरण है, *बाबरनामा* 2, अनुवाद एस. बीवरेज, पृ. 486 देखें।
102. एल. गोपाल, *यूनिवर्सिटी ऑफ़ इलाहाबाद स्टडीज़,* पृ. 10 देखें।
103. वही, पृ. 83, 93, साथ ही *जेईएसएचओ,* IV, 1, 1961, पृ. 89 भी देखें।
104. एल. गोपाल, *यूनिवर्सिटी ऑफ़ इलाहाबाद स्टडीज़,* पृ. 10 देखें।
105. कोसम्बी, *इंट्रोडक्शन,* पृ. 282-83
106. एल. गोपाल, *यूनिवर्सिटी ऑफ़ इलाहाबाद स्टडीज़,* पृ. 75-76 देखें।
107. इसके लिए पुरालेखीय साक्ष्य आर.एस. शर्मा द्वारा *जेईएसएचओ,* IV, 1, 1961, पृ. 70-105 और एल. गोपाल, *यूनिवर्सिटी ऑफ़ इलाहाबाद स्टडीज़,* पृ. 75-103 में दिये गये हैं।
108. *एल. गोपाल,* पृ. 101। आर.एस. शर्मा को ऐसा प्रतीत होता है इसके विपरीत दृष्टिकोण रखते हैं, (*जेईएसएचओ,* VI, 1, पृ. 90-91) सम्भवतया अधिकारियों को दिये जाने वाले अनुदान को उनके राजस्व जागीरों के समान समझते हैं। (जिसके लिए नीचे देखें)।
109. *जर्नल ऑफ़ इंडियन हिस्ट्री (जेआईएच),* XLI, 1963, पृ. 281-83। एल. गोपाल, *यूनिवर्सिटी ऑफ़ इलाहाबाद स्टडीज़,* पृ. 83-86
110. यू. एल. घोषाल, *हिस्ट्री ऑफ़ द हिन्दू रेवेन्यू सिस्टम,* पृ. 236; शर्मा, *जेईएसएचओ,* IV, 1, पृ. 87, 96-98। एल. गोपाल, *यूनिवर्सिटी ऑफ़ इलाहाबाद स्टडीज़,* पृ. 86-95
111. शर्मा *जेईएसएचओ,* IV, 1, पृ. 96-98. *मजूमदार, सोशियो इकोनॉमिक हिस्ट्री ऑफ़ नॉर्दर्न इंडिया,* पृ. 28 देखें।
112. अपनी पुस्तक *मेमोयर्स ऑन.............द नॉर्थ वेस्टर्न प्रोविंसेज ऑफ़ इंडिया,* II, में सर हेनरी इलियेट की चौरासी पर लम्बी टिप्पणी देखें, सम्पादन, बीम्स, लन्दन, पृ. 47-78
113. वही, पृ. 77 देखें।
114. घोषाल, *रेवेन्यू सिस्टम,* पृ. 241, 259-60 देखें। एल. गोपाल, *यूनिवर्सिटी ऑफ़ इलाहाबाद स्टडीज़,* पृ. 95-98 में पुरालेखीय साक्ष्य की गयी पड़ताल से उनका सुझाव और भी सुदृढ़ होता है।

115. सामन्त के अर्थ में 'राजा' से 'सामन्ती बैरन' में बदलाव कोसम्बी द्वारा पुरालेखीय साक्ष्य के आधार पर सोलहवीं सदी बताया गया है, *जेईएसएचओ*, II, 3, पृ. 283-84
116. एल. गोपाल, *यूनिवर्सिटी ऑफ़ इलाहाबाद स्टडीज़*, पृ. 10 देखें।
117. शर्मा, *जेईएसएचओ*, IV, पृ. 96-98
118. इस प्रकार एक ब्राह्मण का वर्णन रावत को पोता और रनक और परपोता के रूप में किया गया है, वही, पृ. 79। किसी समय में ठाकुर ब्राह्मण द्वारा रखी जाने वाली उपाधि की और इसलिए इसका जातीय अभिप्राय नहीं बल्कि 'सामन्ती निहितार्थ' था, इसके लिए कोसम्बी, *इंट्रोडक्शन*, पृ. 335 देखें।
119. पी. नियोगी, *कंट्रिब्यूशंस टू द इकोनॉमिक हिस्ट्री ऑफ़ नॉर्दर्न इंडिया, फ्रॉम दे टेंथ टू द ट्वेल्स सेंचुरी*, एडी कलकत्ता, 1962, पृ. 180-81
120. मोरलैंड, *एग्रेरियन सिस्टम ऑफ़ मुसलिम इंडिया, इलाहाबाद*, पुनर्मुद्रित, पृ. 5
121. शर्मा *जेईएसएचओ*, IV, 1, पृ. 70। कोसम्बी, *रीवा* 1212 ई. में बन्धक के इसी प्रकार के मामले के लिए *जेईएसएचओ*, II, 3, पृ. 293 देखें।
122. एल. गोपाल *यूनिवर्सिटी ऑफ़ इलाहाबाद स्टडीज़*, पृ. 78-79
123. शर्मा *जेईएसएचओ*, IV, 1, पृ. 81
124. शर्मा *पोलिटिकल आइडियाज एंड इंस्टीट्यूशंस* पृ. 221-22
125. उस समय की 'मन्दिर अर्थव्यवस्था' से सम्बन्धित सूचना के अपेक्षाकृत अनआलोचनात्मक संग्रह के लिए देखें, पी. नियोगी, *कंट्रिब्यूशंस*, पृ. 284-98
126. उदाहरण के लिए मिन्हाज सिराज, *तबाकत-ए नासिरी*, पृ. 247। और बरनी, *तारीख़-ए-फ़िरूजशाही*, पृ. 106, 182 (आगे से बरनी के रूप में उल्लेख किया जायेगा)।
127. मोरलैंड, *एग्रेरियन सिस्टम*, पृ. 29-30
128. *मूल इतिहासकार बरनी हैं*, पृ. 287। इस अनुच्छेद के निरूपण के लिए मोरलैंड, *एग्रेरियन सिस्टम*, पृ. 32-33, 224-27 देखें।
129. मोरलैंड, *एग्रेरियन सिस्टम*, पृ. 44, 48 और 62। आई.एच. कुरैशी, द *एडमिनिस्ट्रेशन ऑफ़ द सल्तनत ऑफ़* दिल्ली, लाहौर, 1942, पृ. 110-13, यह विचार व्यक्त करता है कि अलाउद्दीन ख़लजी के पहले और बाद में भी सामान्य तौर पर राजस्व माँग उपज का केवल पाँचवाँ भाग ही था लेकिन वह जो साक्ष्य प्रस्तुत करते हैं और जिस ढंग से इसकी व्याख्या करते हैं, दोनों स्वीकार करना कठिन है।
130. मोरलैंड, *एग्रेरियन सिस्टम*, पृ. 33, 224 और 226
131. वही, पृ. 11, 114, 136-37
132. बरनी, पृ. 287-88। शम्स सिराज आतीफ, सैद्धान्तिक रूप में कहता है कि यदि किसी किसान के पास दो दुधारू गाएँ थीं तो एक उससे छीन ली जाती थी।
133. इक्ता प्रणाली की अवधारणा और प्रकृति के विकास के लिए देखें, एफ. लौकगार्ड, *इसलामिक टैक्सेशन इन द क्लासिक पीरियड*, कोपेनहेगेन, 1950, पृ. 14
134. मोरलैंड, *जेआईएच, VIII, पार्ट* 1, पृ. 1-8; *एग्रेरियन सिस्टम*, पृ. 216-23
135. *बरनी*, पृ. 61-64। मोरलैंड, *एग्रेरियन सिस्टम*, पृ. 27-28

136. *यह बरनी*, पृ. 430-31, 556 और आतीफ, *तारीख़-ए-फिरूजशाही*, पृ. 341, 408, 414-15 से प्रतीत होती है। मोरलैंड, *एग्रेरियन सिस्टम*, पृ. 43, 220-21 देखें।

137. *बरनी*, पृ. 220-21, 468। मोरलैंड, *एग्रेरियन सिस्टम*, पृ. 220 देखें।

138. सबसे प्रत्यक्ष प्रमाण है आतिफ, *तारीख़-ए-फिरूजशाही*, पृ. 94, लेकिन इस प्रणाली के प्रचलन के बारे में शिहाबुद्दीन अल उमरी, *मसालिक-उल-अबसर*, भारत सम्बन्धी भाग, सम्पादन, के.ए. फारूकी, दिल्ली, पृ. 26 में निष्कर्ष निकाला जा सकता है।

139. *मसालिक-उल-अबसर*, पृ. 25 जहाँ यह रोचक टिप्पणी भी की गयी है कि यह भारतीय इक्ता प्रणाली को सीरिया और मिस्र की इक्ता प्रणाली से अलग बनाती थी। इन दो देशों में कमांडर खुद ही सैनिकों को ज़मीन देकर भुगतान करते थे। मोरलैंड, एग्रेरियन सिस्टम, पृ. 51-52 देखें।

140. *बरनी*, पृ. 430-31

141. *बरनी*, पृ. 36-37

142. इक्ता की खेती के लिए *बरनी*, पृ. 487-88 देखें। मोरलैंड, *एग्रेरियन सिस्टम*, पृ. 46-48 देखें। प्रसंगवश इब्न बतूता अमरोहा में इक्ता की व्यवस्था के बारे में बताते हैं, जहाँ वाली अल-खराज खानी राजस्व संग्रहकर्ता और आमिर यानी कमांडर अलग-अलग अधिकारी और एक-दूसरे से स्वतन्त्र थे। रेहला, अनुवाद माहदी हसन, बड़ौदा, 1953, पृ. 144-46

143. *बरनी*, पृ. 323-24; आतिफ, *तारीख़-ए-फिरूजशाही*, पृ. 94-96। मोरलैंड, *एग्रेरियन सिस्टम*, पृ. 39, हालाँकि काफ़ी आगे चले जाते हैं जब कहते हैं कि अलाउद्दीन ख़लजी इक्ताओं को भी ख़त्म करना चाहता था।

144. बरनी, पृ. 323-24

145. आतिफ, *तारीख़-ए-फिरूजशाही*, पृ. 94। मोरलैंड, *एग्रेरियन सिस्टम*, पृ. 57 देखें।

146. आतिफ, *तारीख़-ए-फिरूजशाही*, पृ. 220

147. *फुतहत-ए-फिरूजशाही* (अलीगढ़ संस्करण), 22, आतिफ, *तारीख़-ए-फिरूजशाही*, पृ. 482 देखें।

148. आतिफ, *तारीख़-ए-फिरूजशाही*, पृ. 94-94, 220-21

149. आई.एस. सिद्दिक़ी, *मेडिकल इंडिया क्वाटरली*, V, 1963, पृ. 26, 31

150. *वाकियात-ए-मुस्तकी*, पृ. 11, 633, 26ए। मोरलैंड, *एग्रेरियन सिस्टम*, पृ. 72 देखें।

151. अब्बास ख़ान, *तलिजा-ए अकबर-शाही*, एम.एस.आई.ओ, 218, एफ 27ए, मोरलैंड, *एग्रेरियन सिस्टम*, पृ. 68 देखें।

152. यह अब्बास ख़ान के फरीद के पिता हसन के जीवन और बिहार में अपने पिता की जागीर में फरीद की अपनी व्यवस्थाओं के वृत्तान्त से प्रतीत होता। मोरलैंड, *एग्रेरियन सिस्टम*, पृ. 67-68 देखें।

153. अब्बास ख़ान के बिहार में अपने पिता की जागीर में फरीद की अपनी व्यवस्थाओं के वृत्तान्त के लिए देखें, एफएफ. 17बी-19ए देखें।

154. *बरनी*, पृ. 25-28। एम. हबीब, *इलियट और डॉसन का परिचय, हिस्ट्री ऑफ़ इंडिया, II*, अलीगढ़ संस्करण, 1952, पृ. 94 एफ.एफ.।

155. *बरनी,* पृ. 250-51
156. वही।
157. इब्न वतूता, रेहला, पृ. 4-5, 107
158. *बरनी,* पृ. 504-5; के.एम. अशरफ, *लाइफ एंड कंडीशंस ऑफ़ द पीपुल ऑफ़ हिन्दुस्तान,* दूसरा संस्करण, दिल्ली, पृ. 63-64
159. इब्न बतूता, रेहला, पृ. 8; इसामी, *फुतुबुज सलातिन,* सम्पादन, उशा, मद्रास, 1948; *बरनी,* पृ. 504-5
160. *बरनी,* पृ. 503-4, 516-17
161. फिरूज तुग़लक की तारीफ़ों के लिए देखें *बरनी,* पृ. 548, 555 और आतिफ, *तारीख-ए-फिरूजशाही,* देखें।
162. *फुलतह-ए-फिरूजशाही*
163. *बरनी,* पृ. 18; अपने पिता के पद को रखने के लिए *फिरूज की तारीफ़,* पृ. 549
164. आर. विलियम्स, *ऐन एम्पायर बिल्डर ऑफ़ द सिक्सटींथ सेंचुरी, दिल्ली,* पुनर्मुद्रण, पृ. 15-18, 159-60
165. *बरनी,* पृ. 304-5
166. *बरनी,* पृ. 498। मोरलैंड, *एग्रेरियन सिस्टम,* पृ. 51 देखें।
167. *बरनी,* पृ. 304, 306
168. वही, पृ. 120, इरफ़ान हबीब, *कम्परेटिव स्टडीज़ इन सोसाइटी एंड हिस्ट्री* (सीएसएसएच), द हेग, पृ. 407-8
169. आतिफ, *तारीख़-ए-फिरूजशाही,* पृ. 94, 359-60
170. वही।
171. मोरलैंड, *एग्रेरियन सिस्टम,* पृ. 10, 32, 39, 58, 63 देखें।
172. आरिफ, *तारीख़-ए-फिरूजशाही,* पृ. 94, 359-60
173. आई.एच, कुरैशी, *प्रोसिडिंग्स ऑफ़ इंडियन हिस्टारिकल रिकार्ड्स कमीशन,* 31वाँ सत्र, 1944, पृ. 61
174. *तारीख़-ए-बैहाकी,* सम्पादन, घनी और *फ़ैयाज़,* तेहरान, 1324 ई., पृ. 407
175. उपर्युक्त नोट 126 देखें।
176. इब्न बतूता, *रेहला,* पृ. 123
177. यह अनुच्छेद हमारे स्रोतों में मुख्य रूप से निम्नलिखित अनुच्छेदों पर आधारित है : *बरनी,* पृ. 287-91, 429-31; आतिफ, *तारीख़-ए-फिरूजशाही,* पृ. 36-39। मोरलैंड, *एग्रेरियन सिस्टम,* पृ. 29-30, 38-39, 41-42, 224-26. खुत और मुकद्दम पर अलाउद्दीन ख़लजी ने भू-राजस्व लगाया था और गिलासुद्दीन तुग़लक ने हटाया था।
178. एस.एच. होडिवाला, *स्टडीज़ इन इंडो-मुसलिम हिस्ट्री,* बॉम्बे, 1939, पृ. 352 देखें।
179. उदाहरण के लिए, आतिफ, *तारीख़-ए-फिरूजशाही,* पृ. 170 देखें। मोरलैंड, *एग्रेरियन सिस्टम,* पृ. 18 भी देखें।

180. *बरनी*, पृ. 287

181. मोरलैंड, *एग्रेरियन सिस्टम*, पृ. 32 एन, 224-26; इरफ़ान हबीब, *एग्रेरियन सिस्टम, ऑफ़ मुग़ल इंडिया*, पृ. 120-21।

182. *बरनी*, पृ. 287-88

183. वही, पृ. 429-31

184. वही, पृ. 472-73। मोरलैंड, *एग्रेरियन सिस्टम*, पृ. 48 देखें।

185. *बरनी*, पृ. 472-73, 479-80। इब्न बतूला, *रेहला*, पृ. 153-58 देखें।

186. इस भाग में मैंने अपनी पुस्तक *एग्रेरियन सिस्टम ऑफ़ मुग़ल इंडिया*, से काफ़ी उद्धृत किया है। उद्धृत स्रोतों और आधुनिक पुस्तकों के सन्दर्भों को नियमानुसार इस शोधनिबन्ध में दोहराया नहीं गया है।

187. इरफ़ान हबीब, पृ. 1-24। मोरलैंड और भी कम आकलन प्रस्तुत करते हैं, *इंडिया ऐट द डेथ ऑफ़ अकबर*, लन्दन, 1920, पृ. 20-22

188. इरफ़ान हबीब, पृ. 24-26

189. *सीएसएसएच*, VI, पृ. 394

190. इरफ़ान हबीब, पृ. 61-81

191. वही, पृ. 45-46, 81

192. वही, पृ. 236-40

193. ज़ब्ती प्रणाली के तहत राजस्व दरें स्थायी नहीं थीं और समय-समय पर बदलती रहती थीं। इसके अलावा, पूरी प्रणाली किसी दूसरी प्रणाली से बदली जा सकती थी, जैसे वस्तु रूप में या फ़सल के हिस्से के रूप में कर का निर्धारण किया जा सकता था। इसलिए राजस्व माँग मूल्यों में वृद्धि के साथ समायोजित किया जा सकता था। इसी कारण सत्रहवीं सदी के आरम्भ में चाँदी के आप्रवाह के कारण मूल्यों में भारी वृद्धि के ग्रामीण शोषण तन्त्र में कोई उल्लेखनीय असन्तुलन नहीं हुआ। सत्रहवीं सदी की इस मुद्रास्फीति के लिए इरफ़ान हबीब, पृ. 81-89, 327, 384-94 देखें।

194. वही, पृ. 190-96

195. वही, पृ. 111

196. टेकचन्द 'बहार', *बहार-ए-आजम* (एस.वी. खराज)।

197. काजी मुहम्मद अला, *रिसाला अहकाम अल अराजी*, एमएस, अलीगढ़, अब्दुस सलाम, अरबिया (4) : 331/101, 43 बी, 44बी।

198. वही, 47 बी-48 बी। चूँकि ज़मीन प्रचुर मात्रा में उपलब्ध थी, इसलिए अधिकार का दावा करने का कोई व्यावहारिक उपयोग नहीं था।

199. इरफ़ान हबीब, पृ. 111-12

200. ऐसे बहुत दुर्लभ मामले थे जब किसी पद के प्रति नहीं बल्कि बिना किसी दायित्व के मुफ़्त में किसी को जागीर दी गयी हो।

201. इरफ़ान हबीब, पृ. 257-66। मोरलैंड प्रथम आधुनिक लेखक था जिसने जागीर प्रथा के सभी अनिवार्य पहलुओं का मूल्यांकन किया, *एग्रेरियन सिस्टम* इसी प्रकार *जर्नल ऑफ़ द रॉयल एशियेटिट सोसायटी* (*जेआरएएस*), 1936, पृ. 641-65, उन्होंने मुग़लों की मनसबदारी प्रथा की सभी प्रमुख विशेषताओं का उल्लेख किया है।

202. इरफ़ान हबीब, पृ. 184-85

203. वही, पृ. 271-73

204. वही, पृ. 261

205. मोरलैंड, *एग्रेरियन सिस्टम*, पृ. 98, 138; इरफ़ान हबीब, पृ. 273

206. इरफ़ान हबीब, पृ. 260

207. वही, पृ. 270-71

208. *लाहौरी, बादशाहनामा, बिम्ब*, इंड. सम्पादित, II, 717-52, 1637 के लिए भी इसी प्रकार की सूची है लेकिन अन्य आँकड़े जैसे उस वर्ष में साम्राज्य के जमा के बारे में आँकड़े उपलब्ध नहीं हैं।

209. इस प्रकार की एक अनुसूची *सेलेक्टेड डॉक्युमेंट्स ऑफ़ शहजहाँज रेन*, हैदराबाद 1950, पृ. 79-84

210. लाहौरी, *बादशाहनामा*, पृ. 710, 712-13 में दिये गये आँकड़ों से।

211. मैं अपने सहकर्मी ए.जे. केसर का आभारी हूँ, उन्होंने मुझे उन आँकड़ों का उपयोग करने दिया है जो उन्होंने निकाले थे और इंडियन हिस्ट्री कांग्रेस, इलाहाबाद सत्र में शोधपत्र में प्रस्तुत किये थे। स्वाभाविक रूप से उन्होंने इस सूची में रिपोर्ट किये गये मनसबदारों को मृत मानकर या उस वर्ष में मनसब धारण नहीं करने के कारण छोड़ दिया है।

212. लाहौरी, बादशाहनामा, पृ. 715

213. मैं पुनः इन आँकड़ों के लिए केसर का आभारी हूँ जिन्होंने इन आँकड़ों को निकाला था।

214. इरफ़ान हबीब, पृ. 283, 285-86

215. वही, पृ. 320, पेलसार्ट से उद्धृत।

216. एम. अथर अली, *द मुग़ल नोबिलिटी अंडर औरंगज़ेब*, बॉम्बे, 1966, पृ. 64

217. कई राजपूत राजवंशों में ज्येष्ठाधिकार का नियम प्रचलित था लेकिन यह किसी भी रूप में सार्वभौम नहीं था।

218. अथर अली, *मुग़ल नोबिलिटी*, पृ. 11-33

219. मशहूर मीर जुमला ने अपने जीवन की शुरुआत एक व्यापारी के रूप में की थी लेकिन जब वह मुग़ल सेवा में शामिल हुआ, वह पहले से ही गोलकुंडा राज्य का सबसे शक्तिशाली नवाब था।

220. इरफ़ान हबीब, पृ. 319-21
221. वही, पृ. 75-76
222. अथर अली, *मुग़ल नोबिलिटी*, पृ. 154-60
223. इरफ़ान हबीब, पृ. 298-316। जागीरदार भी अनुदान देते थे, लेकिन ये केवल उनकी जागीदारी काल के लिए ही हो सकते थे, हालाँकि उत्तरवर्ती जागीरदार अपने पूर्ववर्ती जागीरदारों के अनुदानों की पुष्टि कर सकते थे। वही, पृ. 315-16
224. वही, पृ. 299-300, 303
225. वही, पृ. 138-40
226. वही, पृ. 182-83
227. वही, पृ. 144-50
228. वही, पृ. 150-53
229. वही, पृ. 137-38
230. वही, पृ. 141-43। इसके विपरीत विचार के लिए एन.ए सिद्दिक़ी, *इंडियन इकोनॉमिक एंड सोशल हिस्ट्री रिव्यू (आईईएसएचआर)*, 1, 3, पृ. 73-80
231. इरफ़ान हबीब, पृ. 143-44
232. वही, पृ. 144
233. वही, पृ. 155-57; और पृ. 140 भी देखें।
234. वही, पृ. 155-59, 162-63 में दिये साक्ष्य देखें।
235. वही, पृ. 179-82। साथ ही बी.आर. ग्रोवर, *आईईएसएचआर*, I, 1, पृ. 14-15
236. इरफ़ान हबीब, पृ. 169-79। हसन इस प्रकार के ज़मींदार के बीच एक उपयोगी विभेद करते हैं जिन्हें वह 'बिचौलिया ज़मींदार' या 'प्राथमिक ज़मींदार' कहते हैं, *आईईएसएचआर*, I, पृ. 114 एफ.एफ.।
237. इरफ़ान हबीब, पृ. 333-51
238. वही, पृ. 114-15, 117-18
239. वही, पृ. 115-17; ग्रोवर, *प्रोसिडिंग्स ऑफ़ द इंडियन हिस्ट्री कांग्रेस*, दिल्ली सत्र, 1961, पृ. 152-55 (नोट)।
240. इरफ़ान हबीब, पृ. 122-29
241. वही, पृ. 129-34
242. वही, पृ. 120
243. बी.आर. ग्रोवर, *आईईएसएचआर*, I, 1, पृ. 5
244. *मुंतख़ाब-उल लुबाब, बिब इंड.* I, पृ. 157-58
245. वही, पृ. 120-22; *आईईएसएचआर*, I, 3, पृ. 66. धर्मा कुमार, *सीएसएसएच*, IV, 3, पृ. 337-63
246. इरफ़ान हबीब, पृ. 316-51-40। अन्य प्रमुख व्याख्याएँ हिन्दू प्रतिक्रिया की शुरुआत (जो जे.एन. सरकार द्वारा काफ़ी स्पष्ट रूप से प्रस्तुत किया गया है) और राष्ट्रीयताओं का उदय (जिसका समर्थन यदि मैं ग़लत नहीं हूँ तो कुछ सोवियत विद्वानों द्वारा किया गया है)

में अपने विचार को 'क़ाफ़ी अस्थायी' माना जाना चाहिए, इसके लिए अथर अली, *मुग़ल नोबिलिटी*, पृ. 89-92

247. बड़े और छोटे ज़मींदारों पर क़ब्ज़ा करने वाले मराठों के लिए आज़ाद बिलग्रामी, ख़िज़ान-ए अमीरा, कानपुर, 1971, पृ. 47 देखें। मध्य दोआब में जात ज़मींदारी के विस्तार के लिए इरफ़ान हबीब, पृ. 341 देखें।

248. मोरलैंड, *एग्रेरियन सिस्टम*, पृ. 172-75

249. हॉल्ट मैकेंजी, 1 जुलाई 1819 का मिनट, *सेलेक्शंस फ्रॉम द रेवेन्यू रिकार्ड्स ऑफ़ द नॉर्थ वेस्ट प्रोविंसेज*, 1818-20, कलकत्ता, 1869, पृ. 62

अध्याय पाँच

विटफोगिल के सिद्धान्त : 'प्राच्य निरंकुशतावाद' का एक परीक्षण

इस तथ्य को अस्वीकार नहीं किया जा सकता कि सत्रहवीं और अठारहवीं शताब्दी के बाद यूरोप ने शेष संसार पर अपनी आर्थिक और प्रौद्योगिकीय श्रेष्ठता स्थापित कर ली थी। वस्तुतः उसने समूचे एशिया और अफ्रीका पर तो विजय प्राप्त कर ही ली थी अथवा अपना वर्चस्व स्थापित कर लिया था। साथ ही, इसे भी अस्वीकार नहीं किया जा सकता कि प्राक्-आधुनिक युग में एशिया तथा अफ्रीका के कई देश, विशेष रूप से चीन, भारत तथा मध्य-पूर्व के देशों ने मध्यकालीन यूरोप की तुलना में कहीं अधिक ऊँचा सांस्कृतिक स्तर प्राप्त कर लिया था। अतः विश्व-इतिहास के सम्मुख यह एक महत्त्वपूर्ण प्रश्न है कि ऐसा क्यों हुआ कि एशियाई देश अपनी अर्थव्यवस्थाओं तथा सामाजिक-राजनीतिक पद्धतियों का आगे विकास नहीं कर सके और पश्चिमी उपनिवेशवाद के शिकार हो गये।

प्रोफ़ेसर कार्ल ए. विटफोगिल ने जिस सिद्धान्त का पुनःप्रतिपादन किया है, उसके कई घोषित उद्देश्य हैं किन्तु हमारे द्वारा प्रस्तुत प्रश्न के सन्दर्भ में दिया गया उनका उत्तर इस मौजूदा कांग्रेस में उनके सिद्धान्त पर बातचीत करने के लिए पर्याप्त रूप से औचित्य प्रदान करता है। उन्होंने अपने जिस सिद्धान्त को अपनी पुस्तक 'ओरियंटल डेस्पोटिज़्म-ए कम्पेरेटिव स्टडी इन टोटल पावर 1947' में व्यवस्थित रूप से प्रस्तुत किया है तथा पश्चिम में जिस रूप में उसे प्रचार मिला है, वह अपने अकादमिक महत्त्व के कारण उतना नहीं जितना कि समाजवाद पर अनवरत आक्रमण के सन्दर्भ में पश्चिम की रिक्त आयुधशाला को एक हथियार उपलब्ध कराने (पृ. 10) तथा यह दिखाने के लिए कि हर तरह से 'पश्चिमी ढंग ही जीवन का सर्वोत्तम ढंग है—के कारण प्राप्त हुआ है।' (अतः देखें, अन्तिम अध्याय का उपखण्ड-पश्चिमी समाज किधर—मानव जाति किधर?, पृ. 447-9)

इसकी लोकप्रियता अथवा (कम-से-कम) प्रचार का जो भी कारण रहा हो, किन्तु इस सन्दर्भ में यह सोचने का पर्याप्त कारण है कि विटफोगिल को शीघ्र ही एक अधिकारी विद्वान माना जाने लगेगा तथा उनका 'अभिमत' उन लोगों के लिए तैयारशुदा माल का काम करेगा जो आधुनिक युग में परम्परागत समाजों के पतन की व्याख्या करना चाहते हैं। इस दृष्टि से विटफोगिल के सिद्धान्त और तर्कों का विश्लेषण वांछनीय प्रतीत होगा। मैं आशा करता हूँ कि इस प्रयास में यदि मैं बार-बार भारत को सन्दर्भित करूँ तो उसके लिए मुझे इसलिए क्षमाप्रार्थी नहीं होना चाहिए क्योंकि 'पूर्व' से सम्बन्धित किसी भी उस सिद्धान्त को जो चीन और भारत को दृष्टिपथ में नहीं रखता, गम्भीरतापूर्वक नहीं लिया जा सकता।

प्रोफ़ेसर विटफोगिल के सिद्धान्त के बुनियादी तत्त्व—जैसा कि स्वयं उन्होंने स्वीकार भी किया है, उनके किसी अनुसन्धान की देन नहीं है अपितु उन्हीं तत्त्वों को अलग-अलग और कभी-कभी समान रूप से, बर्नियर से लेकर मार्क्स तक अनेक लेखकों ने प्रतिपादित किया है। बर्नियर ने सत्रहवीं शताब्दी में एशिया में व्यक्तिगत पूँजी की संस्था पर निरंकुश राज्यसत्ता के आधिपत्य को बलपूर्वक रेखांकित किया था। मार्क्स ने उस एशियाई उत्पादन पद्धति का ज़िक्र किया है जिसमें परस्पर-विच्छिन्न ग्राम समुदायों को एक मात्र निरंकुश राज्य सत्ता—जो विशाल सिंचाई के साधनों का प्रबन्ध करती थी, द्वारा शासित किया जा सकता था। विटफोगिल ने इस तथ्य को बहुत बढ़ा-चढ़ाकर इस्तेमाल किया है कि एंगेल्स, लेनिन तथा मार्क्स के दूसरे अनुयायियों ने उनके एशियाई उत्पादन के सिद्धान्त को या तो गम्भीरतापूर्वक संशोधित किया अथवा उसका पूर्णतः परित्याग कर दिया। (देखें, विशेष रूप से, अध्याय—'दि राइज एंड फॉल ऑफ़ दि थियरी ऑफ़ दि एशियाटिक मोड ऑफ़ प्रोडक्शन', पृ. 370-412)

अब उन्होंने उसी सिद्धान्त को—प्राच्य निरंकुशतावाद के संस्थागत ढाँचे का तीन दशक तक अध्ययन करने के पश्चात्, उसका व्यवस्थित भाष्य प्रस्तुत करने के लिए, पुनः उठाया है। इस सन्दर्भ में उन्होंने आधुनिक समाज शास्त्र से अनेक नये विचारों और पदों का भी प्रयोग किया है।

अत्यधिक व्यवस्थाबद्ध विवेचन के बावजूद अथवा उनके कारण विटफोगिल के तर्क का अनुसरण आसान नहीं है। तथापि, यदि हम उनके सिद्धान्त को निम्नलिखित ढंग से प्रस्तुत करें तो शायद यह सामान्यीकरण नहीं होगा : प्राचीन विश्व के विशाल भू-भाग में तथा नयी दुनिया के मध्य-भाग में विकसित खेती उन बंजर अथवा अर्ध-बंजर इलाक़ों में शुरू हुई जहाँ खेती व्यापक पैमाने पर सिंचाई के माध्यम से ही सम्भव थी। यही कृत्रिम सिंचाई के साधनों पर आधारित (हाइड्रोलिक)

समाज का बीज-तत्त्व था। विशाल सिंचाई व्यवस्था तथा बाढ़-नियन्त्रण सम्बन्धी कार्यों का निर्माण तभी सम्भव था जब कि कोई एक सत्ता अर्थात राज्य विशाल जनसमूह को इसके लिए संगठित करे। 'कृत्रिम सिंचाई व्यवस्था पर आधारित संगठन' (हाइड्रोलिक ऑर्गेनाइजेशन) से 'कृत्रिम सिंचाई व्यवस्था वाले कृषि निरंकुशतावाद (एग्रोहाइड्रोलिक डेस्पोटिज़्म)' का जन्म हुआ। विटफोगिल ने स्पष्ट किया है कि उनके लिए 'प्राच्य समाज' 'कृत्रिम सिंचाई व्यवस्था वाले समाज' का ही पर्याय है। इस समाज का जब वे विश्लेषण करते हैं तो उसकी प्रमुख विशेषता यह उभरती है कि राज्य की नौकरशाही (कृषि-प्रबन्धकीय नौकरशाही) अपनी अन्य सभी प्रतिद्वन्द्वी संस्थाओं—चाहे वे धर्म पर आधारित हों, चाहे व्यक्तिगत सम्पत्ति पर, के ऊपर अपना चरम आधिपत्य रखती है। नौकरशाही के आधिपत्य की एकनिष्ठ अभिव्यक्ति राजा की निरंकुशता में होती है जो कि नौकरशाही के प्रत्येक सदस्य तथा समाज दोनों के ऊपर असीमित नियन्त्रण रखता है। वे इस प्रकार के समाज की तुलना सामन्ती यूरोप के बहुकेन्द्रीय समाज से करता है जहाँ राजा, सामन्त, चर्च तथा व्यापारी सत्ता के प्रतिद्वन्द्वी केन्द्र हैं। विटफोगिल का यह विश्वास है कि कृत्रिम सिंचाई व्यवस्था वाले (हाइड्रोलिक) समाज की सामाजिक और राजनीतिक संस्थाओं (कृत्रिम सिंचाई व्यवस्था पर आधारित कृषि के अपने मुख्य अथवा गौण क्षेत्र में एक बार स्थापित हो जाने के बाद) की यह प्रवृत्ति होती है कि वे कृत्रिम सिंचाई व्यवस्था वाले संसार के सीमावर्ती क्षेत्रों में फैलती और पनपती है। साथ ही, विटफोगिल 'पूर्व' की कृत्रिम सिंचाई व्यवस्था वाली (हाइड्रोलिक) सभ्यताओं और पश्चिम के बहुकेन्द्रीय समाजों में एक अनवरत टकराव देखते हैं। 'कृत्रिम सिंचाई व्यवस्था पर आधारित निरंकुशतावाद' की जड़ें इतनी गहरी होती हैं कि वह समाज-व्यवस्था में कोई परिवर्तन नहीं होने देता। तथापि, बहुकेन्द्रीय समाज में एक वास्तविक प्रतियोगिता हो सकती है और अतः वहाँ एक सापेक्षिक स्वतन्त्रता होती है और इस प्रकार सामाजिक विकास की सम्भावाना बनी रहती है। यही कारण है कि न तो पुरानी दुनिया में और न ही नयी दुनिया में—सही अर्थों में कोई कृत्रिम सिंचाई व्यवस्था वाली सभ्यता (हाइड्रोलिक सिविलाइजेशन) स्वाभाविक रूप से औद्योगिक समाज में विकसित नहीं हुई जैसा कि ग़ैरकृत्रिम सिंचाई व्यवस्था वाली स्थितियों के तहत मध्यकालीनोत्तर पश्चिमी देशों में हुआ (पृ. 227)। अतः सामन्ती यूरोपीय समाज सामाजिक विकास का एक असाधारण उदाहरण सिद्ध हुआ जबकि कृत्रिम सिंचाई व्यवस्था पर आधारित समाज (हाइड्रोलिक सोसायटी) सामाजिक गतिरोध का विशिष्ट उदाहरण रहा। (पृ. 419, 20)। विटफोगिल का विचार है कि यद्यपि यूरोपीय उपनिवेशवाद ने

कृत्रिम सिंचाई व्यवस्था पर आधारित समाज और मनोविज्ञान का बहुत कुछ नष्ट कर दिया है तथापि इसके अवशेष अभी भी बाकी हैं यदि उन्हें भारी उद्योग पर आधारित नये निरंकुशतावाद (अर्थात सोवियत और चीनी साम्यवाद) के प्रति प्राच्य मनीषा के आकर्षण के विशेष परिप्रेक्ष्य में देखा जाये। यह रोचक है कि अर्थव्यवस्था के सन्दर्भ में सार्वजनिक क्षेत्र के प्रति एशियाई लोगों के झुकाव को वे प्राचीन कृत्रिम सिंचाई व्यवस्था पर आधारित मनोविज्ञान का अवशेष मानते हैं।

विटफोगिल के सिद्धान्त का प्रारूप साफ़-सुथरा है। उसमें वे कभी चीनी इतिहास के किसी काल-खण्ड के तथ्यों का सामंजस्य बिठाते हैं तो कभी भारतीय, इसलामिक, बाइजैन्तियम अथवा रूसी इतिहास के तथा बार-बार नयी दुनिया में छलाँग लगा जाते हैं और पेरू का 'इनकास' अथवा मध्य-अमेरिका के 'मायाओं' की संस्कृति पर प्रकाश डालते हुए पाठक को विस्मित कर देते हैं। तथापि, इसके समर्थन में दिये गये तर्कों तथा प्रस्तुत किये तथ्यों का गहन परीक्षण करने पर शीघ्र ही बहुत से रिक्त स्थानों और अन्तर्विरोधों का उद्घाटन हो जाता है जिसमें से कुछ तो समूचे सैद्धान्तिक ढाँचे की संगति और आधार के लिए घातक प्रतीत होते हैं।

प्रथमतः हम विटफोगिल के कृत्रिम सिंचाई व्यवस्था वाले सिद्धान्त को ही लेते हैं। वे घोषणा करते हैं कि प्राकृतिक विन्यास—जिसका अभिप्राय उनकी दृष्टि में भौगोलिक, प्रौद्योगिकीय तथा आर्थिक कारक है, कृत्रिम सिंचाई व्यवस्था वाले समाज की प्रमुख विशेषता है। उनसे हम यह अपेक्षा करते हैं कि वे उन क्षेत्रों जिनमें सही अर्थों में कृत्रिम सिंचाई पर आधारित कृषि पल्लवित हुई, का विस्तृत और वास्तविक (सामान्य और अनुमान पर आधारित नहीं) विवरण देते। इसका अर्थ होता भूगोल, विशेष रूप से राजनीतिक भूगोल का योग्यतापूर्वक अध्ययन। किन्तु, आश्चर्यजनक ढंग से यही विटफोगिल का सर्वाधिक कमज़ोर बिन्दु है। जब वे भारत के उत्तरी मैदानों (प्लेन्स) को प्लेस कहते हैं (पृ. 170) तो शायद यह भाषा की भूल हो सकती है। किन्तु जब हमें यह सूचित करते हैं कि मिस्र और भारत में अन्य देशों के साथ-साथ जल प्लावन इसलिए होता है कि ग्रीष्म ऋतु में सूर्य बर्फ़ के एक हिस्से को सुदूर पर्ततों में पिघला देता है (पृ. 24) तो वे भूगोल के प्राथमिक तथ्यों का भी खण्डन करते हैं।

भूगोल के प्रति इस लापरवाह दृष्टिकोण से ही यह समझ में आता है कि क्यों प्रो. विटफोगिल ने बिना सूक्ष्म जाँच-पड़ताल के यह मान लिया कि विकसित कृषि बंजर अथवा अर्ध-बंजर क्षेत्रों में बड़ी-बड़ी नहरों के निर्माण (जिनके पीछे एक विशाल संगठन की भूमिका रही होगी) के बाद ही सम्भव है। यदि हम भारत की ओर मुड़कर देखें और अंग्रेज़ों द्वारा बिछाई गयी आधुनिक नहर प्रणाली को

अलग करके उन्नीसवीं शताब्दी से पूर्व की स्थितियों पर विचार करें तो हम देखते हैं कि यह अवधारणा कितनी आपत्तिजनक है।

विटफोगिल भारत में उत्तरी भारत के विशाल मैदान को कृत्रिम सिंचाई व्यवस्था पर आधारित कृषि का मुख्य क्षेत्र मानते हैं (पृ. 170) किन्तु, सर्वप्रथम के इस सन्दर्भ में कहना यह है कि मैदानों के पूर्वी हिस्से अर्थात बंगाल के आर्द्रक्षेत्र तथा बिहार के विशाल क्षेत्र की प्रमुख रूप से सिंचाई वर्षा द्वारा अथवा जल-प्लावन से होती है। मध्यवर्ती क्षेत्र में–अर्थात उ.प्र. तथा पूर्वी पंजाब में सिंचाई वर्षा के साथ-साथ प्रमुख रूप से कुओं तथा आंशिक रूप से तालाबों से होती थी। कुएँ किसानों द्वारा व्यक्तिगत रूप से खुदवाये जाते हैं और अतः उन्हें कृत्रिम सिंचाई व्यवस्था का हिस्सा नहीं माना जा सकता। तालाब सामान्यतः उस जगह बनाये जाते हैं जहाँ भूमि प्राकृतिक रूप से नीचे धँस जाती है और कभी-कभी (विशेष रूप से पूर्वी पंजाब में) मौसमी जल धाराओं को बाँध द्वारा रोककर कृत्रिम ढंग से भी तालाब तैयार किये जाते हैं। मैदानों के पश्चिमी भाग में अर्थात सिन्धुघाटी क्षेत्र में ज़मीनी सिंचाई (ग्राउंड इर्रीगेशन) पूरी तरह वर्षा द्वारा सिंचाई का स्थान ग्रहण कर लेती है। किन्तु, पुनः इस प्रकार की सिंचाई उन्नीसवीं शताब्दी से पूर्व अत्यधिक प्राकृतिक थी। कछारी मिट्टी में सिन्धु तथा उसकी सहायक नदियाँ बार-बार अपना प्रवाह-मार्ग बदल लेती हैं और समूचे सिन्धु क्षेत्र में असंख्य जलधाराओं का जाल-सा बिछ गया है। जिनमें से अनेक केवल उसी समय सक्रिय होती हैं जब वर्षा ऋतु में बाढ़ों के मौसम में मूल नदी का जल बहक़र उनमें आ जाता है। आधुनिक नहर प्रणाली तथा नदी को वांछित दिशा में मोड़ने के उपायों से पहले ये जलधाराएँ ही प्राकृतिक नहरें थीं जो अपने घुमावदार मार्ग के कारण मनुष्यकृत नहरों से स्पष्ट रूप से भिन्न होती थी। नदियों में जो बाढ़ आती थी उनके जल-प्लावन से तथा इन नहरों से पंजाब तथा सिन्ध के अधिकांश भाग की सिंचाई होती थी। लगता है विटफोगिल ने इन नगरों के बारे में सुना ही नहीं है इसीलिए वे सिन्ध को उन क्षेत्रों में गिनते हैं जहाँ क्लासिकीय ढंग की कृत्रिम सिंचाई व्यवस्था वाली पद्धति मिलती है (पृ. 163)। उनके इस वक्तव्य को एक अन्य आधुनिक विद्वान द्वारा उसी क्षेत्र के विषय में दिये गये वक्तव्य के साथ मिलाकर देखा जा सकता है।

"सिन्ध की खेती का अधिकांश प्रागैतिहासिक काल से लेकर अठारहवीं शताब्दी तक बोसी था अर्थात उस भूमि पर केवल रबी की फ़सलें ही होती थीं। ये फ़सलें उस भूमि पर होती थीं जिसे वर्षाकाल में सिन्धु नदी में आयी प्राकृतिक बाढ़ जल प्लावित कर देती थी और बाढ़ उतर जाने के बाद उस भूमि पर रबी की फ़सलें उगाई जाती थीं।"[1]

यह सही है कि उत्तरी-पश्चिमी मैदानों के मनुष्य द्वारा की गयी सिंचाई की भी कृषि के विस्तार में एक भूमिका रही है। किन्तु उन्नीसवीं शताब्दी से पूर्व वह सिंचाई नदियों के जल को अथवा प्राकृतिक नहरों के जल को खेती में लाकर की जाती थी; अथवा उनमें से काटकर 'कारीज़ू' (अथवा छोटी-छोटी नहरें) निकालकर अथवा नदियों के किनारे कुएँ खोदकर सिंचाई की जाती थी। इनमें से किसी भी कार्य में व्यापक पैमाने पर श्रम-संगठन की आवश्यकता नहीं थी। यह भी सही है कि कुछ बड़ी-बड़ी नहरें भी खोदी गयीं। मध्यकाल में फ़ीरोज़शाह द्वारा ख़ुदवाई गयी पश्चिमी जमुना नहर थी जिसे शाहजहाँ ने पुनः ख़ुदवाया। ऊपरी बड़ी दोआब तीन छोटी-छोटी मुग़ल नहरें थीं तथा ऊपरी सिन्ध में 'बेगारीवाह' तथा डेल्टा में 'खानवाह' थी। किन्तु इन नहरों द्वारा सिंचित भू-भाग सिन्धु नदी के क्षेत्र के कुल सिंचित भू-भाग की तुलना में बहुत कम था और किसी भी तरह इस क्षेत्र को विटफोगिल द्वारा दिये गये अभिधान 'कृत्रिम सिंचाई व्यवस्था पर आधारित'—(हाइड्रोलिक) को उचित नहीं ठहराया जा सकता।

निस्सन्देह, भारत के कुछ हिस्से में एक सीमा तक कृत्रिम सिंचाई के साधनों के प्रयास भी हुए जिनकी ओर विटफोगिल की दृष्टि नहीं गयी (अतः उत्तरी भारतीय मैदानों की 'कृत्रिम सिंचाई व्यवस्था पर आधारित' मुख्य कृषि क्षेत्र के रूप में शेष देश से तुलना की गयी है), (पृ. 170) क्योंकि शायद वहाँ उनकी उपस्थिति उसकी ऐतिहासिक योजना के अनुकूल नहीं थी। पुरातात्विक तथा अभिलेखीय साक्ष्य अति प्राचीन काल से कृत्रिम झीलों के निर्माण की गवाही देते हैं जो मध्यभारत, दकन तथा दक्षिणी (साउथ) भारत में घाटियों, दर्रों अथवा छोटी-छोटी नहरों पर बाँध डालकर बनायी जाती थीं। दकन के कुछ हिस्सों में इन तालाबों द्वारा सिंचाई का कृषि के रख-रखाव के सन्दर्भ में पर्याप्त महत्त्व है।

हमारे इस संक्षिप्त सर्वेक्षण[2] द्वारा यह स्पष्ट हो गया होगा कि भारत के किसी भी हिस्से में कृत्रिम सिंचाई व्यवस्था पर आधारित कृषि कोई प्रमुख रूप नहीं रही है। विटफोगिल किसी भी क्षेत्र को सही अर्थों में 'कृत्रिम सिंचाई व्यवस्था पर आधारित' मानने के लिए दो मानक निर्धारित करते हैं—या तो 'कृत्रिम सिंचाई व्यवस्था द्वारा नियन्त्रित भूमि' कुल कृषि योग्य भूमि के आधे से अधिक हो या 'कृत्रिम सिंचाई व्यवस्था पर आधारित भूमि की उपज शेष कृषि की उपज से अधिक हो' (पृ. 163-4)। यदि विटफोगिल पूर्व के उन विशिष्ट क्षेत्रों का उल्लेख नहीं करते जो इन मानकों पर खरे उतरते हैं तो उसका केवल यही अर्थ है कि ये कोतिया केवल अनुमान पर आधारित हैं और वास्तविकता से इनका कोई सम्बन्ध नहीं है। जहाँ तक भारत का सम्बन्ध है उक्त मानक से, दस गुना शिथिल मानक

भी कृत्रिम सिंचाई व्यवस्था पर आधारित भूमि के किसी ऐसे मूल क्षेत्र का उद्घाटन नहीं कर सकेगा। वस्तुतः कृत्रिम सिंचाई व्यवस्था के सन्दर्भ में प्राक्-उपनिवेश कालीन भारतीय अर्थव्यवस्था में दिखाई पड़ने वाले प्रयास अपना उतना ही महत्त्व रखते थे जितना कि प्राचीन और रोम की अर्थव्यवस्थाओं में (देखें विटफोगिल, पृ. 414) जिन्हें विटफोगिल ने ग़ैर-कृत्रिम सिंचाई व्यवस्था पर आधारित देशों के रूप में वर्गीकृत किया है। वर्षा जल पर आधारित कृषि के अतिरिक्त, भारत में कृषि का एक मात्र ढंग वह था जिसे विटफोगिल 'कृत्रिम सिंचाई व्यवस्था पर आधारित कृषि' के नाम से अभिहित करते हैं–अर्थात ऐसी खेती जो किसानों के व्यक्तिगत प्रयासों द्वारा की जाने वाली सिंचाई पर निर्भर थी, जिसके सन्दर्भ में–जैसा कि वे स्वयं कहते हैं, सांगठनिक प्रतिरूपों और सामाजिक नियन्त्रण जो कृत्रिम सिंचाई व्यवस्था पर आधारित कृषि तथा प्राच्य निरंकुशतावाद की एक विशेषता होती है कि कोई भूमिका नहीं होती।

यदि भारत के भूगोल तथा जलविज्ञान के विषय में विटफोगिल का ज्ञान गम्भीर रूप से त्रुटिपूर्ण है तो भारत के ऐतिहासिक भूगोल के विषय में उनके विचार उतने ही भ्रामक हैं।

विटफोगिल यह मानते हैं कि 'कृत्रिम सिंचाई व्यवस्था पर आधारित' कृषि का विकास एक ऐसा कारण है जिसके तहत विकसित कृषि तथा सत्ता के केन्द्र सर्वप्रथम बंजर तथा अर्ध-बंजर क्षेत्रों में उभरे। उदाहरण के लिए, 'उत्तर' के बंजर, अर्ध-बंजर तथा आर्द्र क्षेत्र ऐतिहासिक दृष्टि से बंगाल के अत्यधिक आर्द्र क्षेत्रों से पहले अधिक महत्त्वपूर्ण हो गये, (पृ. 20) यह वक्तव्य देते हुए शायद उनके विचार में सिन्धु घाटी की सभ्यता रही होगी। यह सही है कि सबसे पहले विकसित कृषि समाज अर्ध-ऊसर क्षेत्रों में ही उभरे किन्तु इसका कृत्रिम सिंचाई व्यवस्था पर आधारित कृषि की सम्भावनाओं से कोई सम्बन्ध नहीं है। आर्द्र-क्षेत्रों की समूची भूमि जंगलों से घिरी थी और उस पर बसावट इसलिए नहीं हो सकती थी क्योंकि अभी तक लोहे का इतना व्यापक प्रचलन नहीं हुआ था कि उन जंगलों की कटाई करके बड़े पैमाने पर रहने लायक सफ़ाई की जा सके। अतः मनुष्य को अर्ध-ऊसर क्षेत्रों की ओर मुड़ना पड़ा जहाँ वर्षा ऋतु के जल-प्लावन–वह चाहे सिन्धु नदी का हो अथवा नील टाइग्रिस अथवा पीली नदी का, द्वारा कृषि-योग्य भूमि उपलब्ध हो जाती थी। इस भूमि पर खेती करने के लिए कृत्रिम सिंचाई व्यवस्था से सम्बन्धित विशेष प्रकार के प्रयासों की आवश्यकता नहीं थी। यह याद रखना चाहिए कि सिन्धु नदी के समाज की जनसंख्या बहुत ज़्यादा नहीं हो सकती थी और जितने क्षेत्र में प्राकृतिक जल-प्लावन द्वारा सिंचाई होती थी

उतना क्षेत्र उसकी आवश्यकताओं की पूर्ति के लिए पर्याप्त रहा होगा।[3] सिन्धु नदी के लोगों को मूर्ख समझा जाता यदि वे नहरों की ख़ुदाई में मानवश्रम को नष्ट करते और यह कोई आश्चर्यजनक नहीं है कि कोई भी साक्ष्य इस तथ्य का संकेत करने वाला अभी नहीं मिला है कि उन्होंने कृत्रिम सिंचाई के सन्दर्भ में कोई उद्यम किया।[4]

जब जनसंख्या बढ़ी तो शायद पहली प्रवृत्ति उस भूमि को सुधार कर ठीक करने की रही होगी जिस पर अब तक खेती नहीं हुई थी और उनके बाद पूर्व-दिशा की ओर जंगल में प्रवेश करने के लिए अपना झुकाव व्यक्त किया होगा। इस दूसरी प्रक्रिया को प्रथम सहस्राब्दी ई. पू. के पूर्वार्द्ध[5] में लोहे के इस्तेमाल ने सरल बना दिया। जंगलों से प्राप्त जब नयी भूमि अत्यधिक उत्पादनशील सिद्ध हुई और कुओं ने प्राकृतिक सिंचाई की पर्याप्त आपूर्ति की तो मध्य और पूर्व के मैदानों में कृषि का विकास हुआ। मनुष्य (चाहे वह आर्य था अथवा आर्यकृत) आगे बढ़ता गया और जंगल पीछे हटते गये। विटफोगिल के कृषि-विकास के सैद्धान्तिक ढाँचे में प्रकृति के विरुद्ध इस महान संघर्ष का कोई स्थान नहीं है। प्रो. डी.डी. कोसम्बी ने अपनी प्रेरणादायी पुस्तक 'एन इंट्रोडक्शन टू इंडियन हिस्ट्री (पृ. 16, 216, 242-3)' में उचित ही इस जंगल के विरुद्ध की गयी मनुष्य की प्रगति को प्राचीन भारत के सामाजिक और राजनीतिक इतिहास से सम्बद्ध करके देखने की आवश्यकता पर बल दिया है। प्रस्तुत सन्दर्भ में इस तथ्य का उल्लेख आवश्यक है कि जंगलों की सफ़ाई के लिए किसी व्यापक सामूहिक प्रयास की आवश्यकता नहीं थी क्योंकि लोहे ने छोटे-छोटे समुदायों और व्यक्तिगत रूप से किसानों के लिए यह सम्भव कर दिया था कि वे अपने लिए जंगलों से घिरी भूमि को साफ़ कर सकें।[6]

विटफोगिल 'कृत्रिम सिंचाई व्यवस्था' के उस आधार की प्रकृति की विस्तृत व्याख्या नहीं करते, जिसका अनुमान वे आर्यों के बसने के बाद के भारत के सन्दर्भ में करते हैं। इसमें कोई सन्देह नहीं कि महान भारतीय साम्राज्य कृत्रिम सिंचाई व्यवस्था पर आधारित साम्राज्य था तथापि इसके औचित्य प्रतिपादन के सन्दर्भ में उन्होंने केवल इतना ही कहना पर्याप्त समझा है कि इन साम्राज्यों (हिन्दू और मुसलिम) की राजधानियाँ उस विशाल उत्तरी मैदान में स्थित थीं जिसे कृत्रिम सिंचाई व्यवस्था वाला (हाइड्रोलिक) क्षेत्र माना गया है (पृ. 170)। यह तर्क जो अनुमान पर आधारित तो है ही, दोहरे रूप में भ्रामक भी है। हमने देखा है कि ऐसा मानने का कोई आधार नहीं है कि शेष देश की तुलना में कृत्रिम सिंचाई व्यवस्था पर आधारित खेती बहुत व्यापक स्तर पर 'मैदानों' (प्लेन्स) में प्रचलित थीं

दूसरे, मौर्य और गुप्त साम्राज्यों दोनों की राजधानियाँ पाटलिपुत्र थी। जो कि भारी वर्षा-क्षेत्र के अन्तर्गत आती हैं। निस्सन्देह, जब विटफोगिल बौद्ध धर्म की जन्म-भूमि में अवस्थित गणतन्त्रीय समुदायों—जो कृत्रिम सिंचाई व्यवस्था से जुड़ी नौकरशाही पर आधारित समाजों से भिन्न थे, की व्याख्या करते हैं तो उन्हें पुनः उसी तर्क का सहारा लेना पड़ता है कि इस उत्तरी-पूर्वी क्षेत्र में जलीय क्रियाकलाप उतने निर्णायक नहीं थे। (पृ. 265)

भव्य कृत्रिम सिंचाई व्यवस्था पर आधारित अर्थव्यवस्था के निर्माण के सन्दर्भ में विटफोगिल मौर्य साम्राज्य को चुनते हैं। (पृ. 170) वे पुनः इस चौंकाने वाले वक़्तव्य में कोई साक्ष्य प्रस्तुत नहीं करते। जो उपलब्ध साक्ष्य हैं, उनसे इस परिकल्पना को कोई समर्थन नहीं मिलता। कौटिल्य के अर्थशास्त्र में सिंचाई सम्बन्धी जिस एकमात्र कार्य का उल्लेख है, वह सेतुबन्ध है, अर्थात एक जलाशय जिसे नदी पर बाँध डालकर बनाया गया था।[7] जब कौटिल्य सिंचित भूमि के विभिन्न प्रकारों का परिगणन करता है (अर्थात मानव श्रम द्वारा सिंचित भूमि, कन्धे पर पानी ढोकर, ढेंकुली द्वारा, नदियों, झीलों, तालाबों तथा कुओं से पानी उठाकर) तो उस सूची में नहरों का ज़िक्र है।[8] अतः जब अशोक अपने सद्कार्यों का उल्लेख करता है तो उनमें वह केवल सड़कों पर खुदवाये गये कुओं और तालाबों (शायद) का ही उल्लेख करता है (शिला राजाज्ञा, द्वितीय तथा स्तम्भ राजाज्ञा, सप्तम)।

प्रसिद्ध गिरनार अभिलेख के द्वारा हम यह जानते हैं कि चन्द्रगुप्त मौर्य तथा अशोक ने एक बाँध का निर्माण करके महान सुदर्शन झीरा का निर्माण करवाया था। अतः मौर्य राज्य का एकमात्र सिंचाई कार्य जिसके विषय में हमारे पास ठोस साक्ष्य हैं, वह केवल तालाबों का निर्माण कार्य है। कदाचित मैगस्थनीज का प्रमाण मानकर स्ट्रैबो ने उन अधिकारियों का सन्दर्भ दिया है जो उन बन्द नहरों, जिनसे विभिन्न नालियों में जल वितरित किया जाता था,[9] का निरीक्षण करते थे। किन्तु यह सन्दर्भ भी एकमात्र ही है और शायद इसका कारण नहरों और अवरुद्ध जलधाराओं (डैम्ड-अप स्ट्रीम्स) के बीच का भ्रम रहा है।

स्पष्टतः कौटिल्य में राज्य-प्रबन्ध पर आधारित कृत्रिम सिंचाई पर बल नहीं मिलता अपितु वहाँ 'परती भूमि' पर खेती के विस्तार को रेखांकित किया गया है ताकि दासों के श्रम का उपयोग किया जा सके और राजस्व में छूट दी जा सके।[10] मुग़लों तक सभी भारतीय सरकारों की नीति का यह एक केन्द्रीय बिन्दु रहा। 'आईने अकबरी' तथा रेनेल की 'एटलस' से पता चलता है कि अठारहवीं शताब्दी तक विशाल कृषि योग्य भूमि जंगल की रेखा के पीछे पड़ी हुई है। मध्यकालीन सरकारों ने कृषि के विस्तार तथा फ़सलों में सुधार को प्रोत्साहन देने

के लिए राजस्व में छूट देकर तथा बीज और पशुओं की ख़रीद के लिए तथा स्वयं किसानों द्वारा कुआँ ख़ुदवाने के लिए तकाबी (क़र्ज़) दी।[11] यदि सामान्य रूप से कहा जाये तो कृत्रिम सिंचाई व्यवस्था सम्बन्धी उद्यम के सन्दर्भ में उन्होंने (मध्यकालीन सरकारों) अपने देशी पूर्ववर्तियों की तुलना में, जैसा कि विटफोगिल मानते हैं, अपेक्षाकृत कम चिन्ता व्यक्त नहीं की अपितु वास्तविकता यह है कि कृत्रिम सिंचाई व्यवस्था सम्बन्धी उस तथाकथित उद्यम के प्रति वैसी ही उपेक्षा प्रकट की।

अतः विटफोगिल के 'प्राच्य निरंकुशतावादी' सिद्धान्त की उत्पत्ति के सन्दर्भ में भारत से कोई दिलासा नहीं मिलती। भारत में किसी भी ऐसे पैमाने पर कृत्रिम सिंचाई व्यवस्था पर आधारित कृत्रिम नहीं रही जिसके लिए 'निरंकुशतावादी संगठन' (डेस्पोटिक ऑर्गेनाइजेशन) की आवश्यकता होती। एक बार निरंकुश सत्ता, अथवा किसी भी रूप में, शक्तिशाली राज्यों की स्थापना के बाद 'कृत्रिम सिंचाई की व्यवस्था' की पूर्ति के सन्दर्भ में कभी-कभी प्रयास तो किये जाते थे किन्तु किसान वर्ग पर नियन्त्रण की दृष्टि से न तो वे प्राथमिक थे, न महत्त्वपूर्ण। प्रस्तुत लेखक चीन के सन्दर्भ में विटफोगिल के सिद्धान्त की प्रयोजनीयता पर टिप्पणी करने की सामर्थ्य नहीं रखता जो विटफोगिल का विशेष अध्ययन क्षेत्र है। किन्तु यह उल्लेखनीय है कि चीन के एक सुप्रसिद्ध इतिहासकार के अनुसार चीन के अधिकांश क्षेत्रों में ख़ूब वर्षा होती है। इसके प्राचीन सगुनात्मक हड्डी अभिलेखों (एंशिएंट ओरेकल बोनइन्सिक्रिप्शन्स) में नहरों और बाँधों के लिए कोई शब्द नहीं मिलता। वस्तुतः ऐसा लगता है कि चीन में नहरों का निर्माण निरंकुश राज्य की दृढ़ स्थापना के बहुत बाद में शुरू हुआ।[12]

यदि हम विटफोगिल की 'सैद्धान्तिकी' (थियराइजेशन) के कृत्रिम सिंचाई व्यवस्था सम्बन्धी बुनियादी भाग को ऐतिहासिक भूगोल के तथ्यों के विरुद्ध होने की दृष्टि से अस्वीकार कर भी दें तो भी यह एक विचारणीय प्रश्न है कि क्या उनके सिद्धान्त की अधिरचना अर्थात 'सामाजिक संरचना' के रूप में 'प्राच्य निरंकुशतावाद' की उनकी अवधारणा उसके बावजूद भी प्रासंगिक है। बहरहाल, केवल तर्क के लिए हम यह मान सकते हैं कि वह प्रासंगिक है और कथित कृत्रिम सिंचाई व्यवस्था सम्बन्धी अनुषंगों के पृथक् अपने ही गुणों का अवगुणों के आधार पर 'कृत्रिम सिंचाई व्यवस्था सम्बन्धी समाजशास्त्र' की उनकी तलाश में हम उनका अनुसरण कर सकते हैं।

हम यह देख चुके हैं कि विटफोगिल यूरोपीय समाज और प्राच्य समाज के बीच एक स्पष्ट सीमारेखा खींचते हैं। प्राच्य समाज एक सर्वसत्तावादी समाज था

जिसमें राजनीतिक सत्ता का अन्य सभी संस्थाओं पर प्रभुत्व होता था, दूसरी ओर यूरोपियन समाज जो बहुकेन्द्रीय थे चूँकि यूनानी समाज साम्राज्यवादी रोम, बाइजैन्तियम तथा जार का रूस स्पष्ट रूप से निरंकुशतावादी प्रणालियाँ थीं अतः उन्हें प्राच्य सभ्यताओं के साथ ही वर्गीकृत करना चाहिए यद्यपि इस प्रकार के वर्गीकरण के भौगोलिक और सांस्कृतिक असंगतियाँ मौजूद हैं। इसके अतिरिक्त, यूरोप की परम्परा से भिन्न वह टूटी हुई श्रृंखला है जो यूनानी नगर-राज्यों, गणतन्त्रीय रोम तथा सामन्ती यूरोप से बनती है। इन्हीं को 'शुद्ध कोटि' में रखा गया है और साथ ही इन्हें ग़ैर-कृत्रिम सिंचाई व्यवस्था पर आधारित जापानियों (जो कमोबेश मानद आर्य थे) के साथ वर्गीकृत किया जाता है।

इन कुछ सभ्यताओं को उन्हीं क्षेत्रों की अन्य सभ्यताओं से अलग रखते हुए साथ-साथ वर्गीकृत करने की स्वेच्छाचारिता पर प्रश्नचिह्न लगाया जा सकता है और उसके लिए वैध आधार हैं। पहले तो यह कि विटफोगिल के निष्कर्ष के ठीक विपरीत उन्हीं के तरीक़ों का इस्तेमाल करते हुए एक भिन्न निष्कर्ष निकाला जा सकता है। यह तर्क दिया जा सकता है कि बर्बर पश्चिमी यूरोप साम्राज्यीय रोम के तहत सभ्य बना जो कि प्राच्य परम्पराओं से आप्लावित था। ईसाई धर्म की प्राच्य आस्था (कृत्रिम सिंचाई व्यवस्था पर आधारित धर्म क्यों नहीं?) ने भी इस काल में यूरोपीय मस्तिष्कों को पर्याप्त रूप से प्राच्य बनाया। स्पेन तथा सिसली की 'सारसैनिक विजय' ने 'प्राच्यवाद' के नये आक्रमण का अभिनव आधार प्रस्तुत किया था जिसे धर्मयोद्धाओं द्वारा पुनः वापस लाये गये प्रभावों से बल मिला। इन सभी प्रभावों ने अन्ततः यूरोप को, संस्कृति के बर्बर युग के अवशेष-बहुकेन्द्रीय समाज को उखाड़ फेंकने के लिए तैयार किया। तेरहवीं-चौदहवीं शताब्दियों में स्पेन की पुनर्विजय से ईसाई हाथों को राज्य के रूप में एक ऐसी मशीनरी उपलब्ध हुई जो कि प्राच्य प्रारूप के आधार पर निर्मित थी और यह कोई संयोग नहीं है कि स्पेन ने यूरोप को प्रथम निरंकुश राजतन्त्र प्रदान किया। यूरोप के अन्य भागों—जैसे इंग्लैंड और जर्मनी में, चर्च पर राज्य प्रभुत्व (जो प्राच्य निरंकुशतावाद की स्थापना का प्रतिनिधित्व करता था) को सुधारवाद के अभिकरण (एजेन्सी) के माध्यम से सशक्त अभिव्यक्ति मिली। अतः सोलहवीं शताब्दी का यूरोप प्राच्यीकृत यूरोप था। अतः इस प्रकार आधुनिक औद्योगिक सभ्यता अन्ततः प्राच्य निरंकुशतावाद की देन है।

निस्सन्देह, यह असंगत है। किन्तु निश्चित रूप से उस रहस्यात्मकता से अधिक असंगत नहीं जिसे विटफोगिल 'कृत्रिम सिंचाई व्यवस्थावाली' सभ्यताओं के चारों ओर बुनते हैं। उसकी दृष्टि में ये सभ्यताएँ चुपचाप 'पूर्व' और 'पश्चिम'

में स्थित 'स्वतन्त्रता' के दो द्वीपों को छोड़कर मानवता के एक बड़े भाग को दास बनाने के लिए फैलती चली गयीं। सभी एक तन्त्रीय सत्ताओं को–वे चाहे जहाँ हों और चाहे जिस प्रकार के समाज–जन-जातीय, चरवाहा, सामन्ती, ग़ैर-कृत्रिम सिंचाई व्यवस्था वाले अथवा बहु-केन्द्रीय से उद्‌भूत हों–कृत्रिम सिंचाई व्यवस्था के उच्छेदन की देन के रूप में ही देखना चाहिए। विटफोगिल अपने ही दुःस्वप्न के इस प्रकार शिकार हैं कि उन्हें ईमानदारी के साथ बैठकर यह तर्क करना पड़ता है कि 'स्पेन की पुनर्विजय' के द्वारा प्राच्य ढंग के कृत्रिम सिंचाई व्यवस्था पर आधारित राजतन्त्र का जन्म नहीं हुआ अपितु एक भिन्न ढंग का सर्वसत्तावाद अस्तित्त्व में आया (पृ. 216)। और जब यह तर्क उन्हें ठीक जँचता है तो वह यह घोषित करने के लिए तैयार हो जाते हैं कि 'डूम्स डे ऑफ़ नॉर्मन इंग्लैंड' सिसली के माध्यम से ग्रहण किये गये प्राच्य प्रभाव की ही देन थी (पृ. 213-4)।

तथापि, विटफोगिल की पद्धति की आलोचना केवल इसलिए आवश्यक नहीं है कि वे कुछ संस्कृतियों को मनमाने ढंग से 'अप्राच्य' संस्कृतियों के रूप में चुन लेते हैं अपितु इसलिए भी आवश्यक है कि जिस ढंग से गत तीन अथवा चार हज़ार सालों की सभी विकसित एशियाई और अफ्रीकी संस्कृतियों की निरंकुश (विटफोगिल द्वारा प्रयुक्त अपने विशिष्ट अर्थ में) ठहराते हैं, वह ग़लत है। वे उन कालों पर भी विचार नहीं करते जिनमें विभिन्न देशों में मौजूद इस प्रकार के निरंकुशतावाद की प्रतिकूल विशेषताएँ मिलती हैं। अतः उदाहरण के लिए विटफोगिल के बौद्धकालीन भारत में मिलने वाले गणतन्त्रीय समुदायों से परेशानी होती है। (पृ. 265); किन्तु वे मौर्यकाल (200 ई. पू.) से लेकर बारहवीं शताब्दी में तुर्की विजयों तक के समूचे काल के विषय में लगभग कुछ नहीं कहते। इसमें कोई सन्देह नहीं कि इस काल की अन्तिम शताब्दियों में राज्य सत्ता का ह्रास हुआ और चारों और स्वायत्तशासी सरदारों का वर्चस्व दिखाई पड़ता है, यहाँ तक कि कुछ आधुनिक विद्वान इन शताब्दियों को 'सामन्ती' कहने लगे हैं और वे इनकी तुलना मध्यकालीन यूरोप की राज्य-व्यवस्था तथा समाज-व्यवस्था के साथ भी करते हैं।[13]

जिन देशों को विटफोगिल 'कृत्रिम सिंचाई व्यवस्था पर आधारित' कहकर सम्बोधित करते हैं उनमें वे किसी भी बुनियादी परिवर्तन की बात को स्वीकार नहीं करते, चूँकि, उनके अनुसार, 'प्राच्य-निरंकुशतावाद' स्थापित होने के बाद शेष सभी परिवर्तन गौण महत्त्व के ही रहे। इस प्रकार, वे न केवल विभिन्न देशों के इतिहास में उन कालों की उपेक्षा करते हैं जिनमें निरंकुशतावाद अस्तित्त्व में दिखाई नहीं पड़ता अपितु बौद्ध धर्म सासानी ईरान के मजदक साम्यवादी

आन्दोलन, इसलाम तथा चीन के तेपिंग जैसे महान सामाजिक, बौद्धिक तथा धार्मिक आन्दोलनों की भी उपेक्षा करते हैं। इसे अस्वीकार नहीं किया जा सकता कि इन सभी आन्दोलन का उद्देश्य और परिणाम व्यापक सामाजिक परिवर्तन था। तथापि, वे सभी आन्दोलन एशिया के गतिहीन कृत्रिम सिंचाई व्यवस्था पर आधारित समाज से ही उत्पन्न हुए थे जिसे विटफोगिल ऐतिहासिक दृष्टि से एक बंजर समाज कहकर निन्दित करते हैं।

मेरा विश्वास है कि जहाँ तक एशिया के सामान्य सिद्धान्त का प्रश्न है उक्त टिप्पणियों के द्वारा विटफोगिल के सिद्धान्त की अपूर्णता का पर्याप्त संकेत मिल गया होगा। तथापि, मैंने प्रस्तुत लेख के प्रारम्भ में ही कहा है कि विटफोगिल के सिद्धान्त में उस समय का सूत्र मिल सकता है जिसके द्वारा हम मध्यकालीन समाज के आधुनिक समाज में रूपान्तरण की ऐतिहासिक समस्याओं को समझ सकें। दूसरे शब्दों में, हमें विशेष रूप से यह देखना है कि विटफोगिल के सिद्धान्त की कोई उपयोगिता इस व्याख्या के सन्दर्भ में भी है कि सामन्ती यूरोप पूँजीवादी यूरोप में क्यों कर विकसित हो सका? जबकि एशिया में आधुनिक परिवर्तन विकास के आन्तरिक नियमों के द्वारा नहीं अपितु उपनिवेशीय विजय के प्रत्यक्ष अथवा परोक्ष परिणाम के द्वारा हुआ। इस सन्दर्भ में विटफोगिल द्वारा मध्यकालीन यूरोप तथा सामन्ती एशिया के तुलनात्मक विश्लेषण की और अधिक गहन छानबीन की जानी चाहिए।

विटफोगिल के तुलनात्मक विश्लेषण के जिस प्रथम बिन्दु की सावधानीपूर्वक जाँच आवश्यक है वह है कि क्या एशिया में प्राक्-उपनिवेशीय समाज सर्वसत्तावादी था तथा सामन्ती यूरोपीय समाज बहुकेन्द्रीय-जैसा कि उन्होंने माना है।

विशाल मध्यकालीन साम्राज्यों के सन्दर्भ में–दिल्ल–सल्तनत (1206-1526) तथा मुग़ल साम्राज्य (1526-1707), यह मान लेना चाहिए कि वे निरंकुश राज्य थे जिसमें राज्य की मशीनरी सामाजिक शोषण का प्रमुख साधन थी। राज्य द्वारा उगाहे गये भू-राजस्व में खेती की अतिरिक्त उपज का बड़ा हिस्सा होता था। अभिजात वर्ग अथवा नौकरशाही, जिसमें राज्य के वित्तीय संसाधनों का विवरण बादशाह की मर्ज़ी से होता था, समाज का आर्थिक रूप से प्रभुत्वशाली वर्ग होता था।[14] तथापि, यह समझना महत्त्वपूर्ण है कि यह सामाजिक प्रणाली ठीक-ठीक अर्थ में सामन्ती यूरोप से किस रूप में भिन्न है? विटफोगिल जब यह सूचित करते हैं कि राजदरबार, भू–स्वामी तथा चर्च यूरोप की तीन विशिष्ट और स्वतन्त्र इकाइयाँ थीं तो लगता है कि सामन्ती ढाँचे के विषय में एक सतही दृष्टिकोण अपनाते हैं। सामन्ती के पास राजा द्वारा दी गयी जागीर होती थी

जिसके प्रति उनका एक निश्चित सैनिक दायित्व होता था। चर्च की आय का स्रोत भी उसकी अपनी भूमि होती थी और उसके पादरी उस उद्देश्य के सन्दर्भ में सामन्तों की तरह व्यवहार करते थे। इस दृष्टि से मूल रूप से एक ही शासक वर्ग था जिसके साथ राज्य पूर्णतः संग्रथित था। इसको न पहचान पाने के कारण विटफोगिल स्पष्ट रूप से भ्रामक तुलनाएँ करते हैं। उदाहरण के लिए, कृत्रिम सिंचाई व्यवस्था सम्बन्धी मशीनरी पर आधारित राज्य की वित्तीय शक्ति को उस कुल कर से मापा जाना चाहिए जिसे कुल नौकरशाही कुल ग़ैर-सरकारी जनसंख्या से वसूलती है। ...सामन्ती यूरोप की करुणाजनक रूप से कमज़ोर वित्तीय नीति की तुलना में कृत्रिम सिंचाई व्यवस्था पर आधारित प्रणाली के कर का विस्तार और शक्ति आश्चर्यजनक थी (पृ. 72)। कुल प्राच्य नौकरशाही के कर की सामन्ती यूरोप के राजसी करों से तुलना क्यों की जाती है? इसकी उचित ढंग से तुलना श्रम सेवाओं तथा उस लगान, जिसे सामन्त (राजा समेत) भूदास-किसान-वर्ग (सर्फ-पीजन्ट्री) से प्राप्त करते थे; और उस स्थिति में प्राप्य कराधान का महत्त्व उतना आश्चर्यजनक नहीं लगेगा।

सामन्ती यूरोप का शासक वर्ग वस्तुतः बहुकेन्द्रीय नहीं था अपितु विकेन्द्रीयकृत था। सामन्त मज़बूत थे जबकि राजा कमज़ोर होता था। राजसी शक्ति की इस कमज़ोरी का कारण सामन्ती यूरोप का पिछड़ापन प्रतीत होता है जो प्रमुख रूप से उपभोक्ता वस्तुओं के सीमित उत्पादन अथवा बाज़ारू उत्पादन के सीमित स्तर की देन था। विटफोगिल यह नहीं देखते हैं कि भारत अथवा चीन जैसे विशाल देशों में एकीकृत वित्तीय प्रणाली उपभोक्ता वस्तुओं के उत्पादन के विकसित आधार पर ही स्थापित की जा सकती थी। 'रूरल रेवेन्यू इज़ हाइड्रोलिक गवमेंट्स' शीर्षक से पृ. 70 पर दी गयी अपनी तालिका में विटफोगिल यह दिखाते हैं कि जैसे यूनानीकाल से लेकर तुर्की साम्राज्य के समय ओटोमान तक 'निकट पूर्वी समाजों' में राजस्व अंशतः वस्तु रूप में तथा अंशतः नग़द रूप में वसूल किया जाता था उसी तरह साम्राज्यीय-कालीन चीन में भी उसी तरह वसूल किया जाता था। इस सूची में उन्हें मध्यकालीन भारत को भी जोड़ लेना चाहिए क्योंकि वे जब यह कहते हैं कि भारत के समय इतिहास में राजस्व अनिवार्य रूप से 'जिन्स' के रूप में वसूल किया जाता था तो वे निश्चित रूप से ग़लत थे। मोरलैंड ने यह दिखाया है कि भारत में 'व्यापक रूप से नक़दी भुगतान' (कैशनेक्सस) तेरहवीं शताब्दी में स्थापित हो चुका था।[15] मुग़लकाल में सामान्यतः राजस्व की माँग नग़द रूप में ही की जाती थी और जब जिन्स रूप में की भी जाती थी तो उसे नग़द रूप में बदल लिया जाता था और जब भी कभी राजस्व की वसूली जिन्स

के रूप में कर ली जाती थी तो उस उपज को तुरन्त गाड़ी में भरकर बाज़ार में ले आया जाता था और उसे बेच दिया जाता था।[16] दूसरे शब्दों में यह मान्यता वैध है कि एशिया के मध्यकालीन साम्राज्य सर्वसत्तावादी मनोविज्ञान पर उतने आधारित नहीं हैं जितने उपभोक्ता वस्तुओं के उत्पादन पर। इसके विपरीत सामन्ती यूरोप का विकेन्द्रीकरण किसी विशिष्ट सांस्कृतिक और सामाजिक परम्पराओं के कारण नहीं था अपितु इसका कारण यह था कि उपभोक्ता वस्तुओं के उत्पादन का विकास नहीं हुआ था। उपभोक्ता वस्तुओं के उत्पादन का विकास नहीं हुआ था। पन्द्रहवीं शताब्दी में उपभोक्ता वस्तुओं के उत्पादन के महत्त्वपूर्ण स्तर पर शुरुआत होने के बाद सामन्ती समाज की बहुकेन्द्रीयता की अवधारणा तिरोहित हो गयी तथा निरंकुशतावाद को भी सोलहवीं शताब्दी के यूरोप में एक उपजाऊ भूमि प्राप्त हुई।

हमने देखा है कि जहाँ विटफोगिल मध्यकालीन यूरोप में चर्च तथा सामन्ती शासक वर्ग के बीच एक मिथ्या अन्तर्विरोध लक्षित करते हैं, वहीं वे एशिया में विभिन्न शक्तिशाली धार्मिक आन्दोलनों के ऐतिहासिक महत्त्व को भी नज़रअन्दाज़ करते हैं। अतः यह आश्चर्यजनक नहीं है कि वे निम्नलिखित ढंग के सन्दिग्ध वक़्तव्य देते हैं–

"जो भी परिवर्तन हुए हों भारत में धर्मनिरपेक्ष तथा धार्मिक सत्ता सघन रूप से संग्रथित रही" (पृ. 97)। यह वक़्तव्य एक अध्याय के उप-भाग–''एग्रेरियन डेस्पोटिज़्म ऑलवेज कीप्स दि डोमीनेंट रिलीजन इंटीग्रेटिड इन इट्स पावर सिस्टम'') में दिया गया है। इस स्पष्ट आपत्ति के सन्दर्भ में कि मध्यकालीन मुसलिम शासन अपनी बहुसंख्यक हिन्दू प्रजा के ऊपर अपनी धार्मिक सत्ता का प्रयोग नहीं कर सकते थे, विटफोगिल से इसका एकमात्र उत्तर उनके द्वारा एक भिन्न सन्दर्भ में दिये गये विचित्र वक़्तव्य से यह प्राप्त किया जा सकता है कि मुसलिम शासक भी ब्राह्मणों को अपना राज्य-सचिव बनाते थे (पृ. 346, दुबॉय को उद्धृत करते हुए)। वस्तुतः जहाँ एक ओर भारत में धर्म चर्च के समान श्रेणीवद्ध संस्था के आधार पर संगठित नहीं था, वहीं दूसरी ओर यह एक ऐसी सामाजिक शक्ति थी जो व्यक्तिगत शासकों की सुविचारिक नीतियों से स्वतन्त्र होकर विकसित हुई। इस प्रकार न तो हिन्दू धर्म ने किसी शासक को यह अधिकार दिया और न इसलाम ने कि वह दोनों धर्मों के तत्त्वावधान के संहिताबद्ध नियमों में परिवर्तन कर सके।[17] मध्यकालीन साम्राज्य अन्यथा रूप में चाहे वे कितने ही निरंकुश प्रतीत होते हों, उनके पास उस ढंग की असीमित वैधानिक सत्ता नहीं होती थी जैसी कि हम आधुनिक सम्प्रभुता के साथ जोड़ते हैं।

प्राच्य समाज के सन्दर्भ में विटफोगिल की दृष्टि का केन्द्रीय बिन्दु उनका यह विश्वास है कि नौकरशाही जानबूझकर व्यक्तिगत सम्पत्ति के आधार पर उभरने वाले किसी भी प्रतिद्वन्द्वी को दबाती थी। वह कृत्रिम सिंचाई व्यवस्था पर आधारित समाजों की विभिन्न कोटियों के विषय में उसी अनुपात के अनुसार अपनी निजी शब्दावली विकसित करते हैं जिस अनुपात में व्यक्तिगत सम्पत्ति ने प्रत्येक कोटि में अपना स्थान निर्धारित कर लिया है। जटिल कृत्रिम सिंचाई व्यवस्था पर आधारित समाजों में भूमि पर व्यक्तिगत अधिकार था। अर्ध-जटिल समाजों में यह स्थिति नहीं थी यद्यपि उद्योग और वाणिज्य व्यक्तिगत सम्पत्ति के आधार पर ही संचालित थे (पृ. 231)। उनका विचार है कि साम्राज्यीय चीन में हमारे पास जटिल सम्पत्ति का उदाहरण है, किन्तु भारत में लगभग इतिहास के उदय-काल से लेकर उन्नीसवीं शताब्दी तक अर्धजटिल (कृत्रिम सिंचाई व्यवस्था वाली) सम्पत्ति और समाज के विभिन्न रूप प्रचलित थे (पृ. 260) ने चीन में भू-स्वामित्व में निरंकुशतावाद का प्रतिद्वन्द्वी पैदा नहीं किया क्योंकि भद्र-वर्ग और नौकरशाही दोनों ही घुलमिलकर नौकरशाह भद्रजन हो गये थे। भारत में भू-स्वामित्व था ही नहीं। राज्य की क़ानून लागू करने वाली शक्तियों की छत्रछाया में ग्राम समुदाय ने छोटे पैमाने की खेती को पूँजीवादी हितों के आक्रमण से बचाया। (पृ. 273) यहाँ उन्होंने तथ्यों को निश्चित रूप से अतिसरलीकृत रूप में प्रस्तुत किया है। जहाँ यह सही है कि भारत में व्यक्तिगत सम्पत्ति का भूमि में (अंगभूत एकमात्र अधिकार के रूप में) अस्तित्त्व नहीं था, वहीं यह भी सही है कि भूमि पर दख़ल सम्बन्धी विभिन्न अधिकार थे तथा उपज के नानारूपात्मक हिस्सों में भी अधिकार थे जो व्यक्तिगत रूप से विक्रेय थे। सर्वाधिक महत्त्वपूर्ण ग़ैर काश्तकारी अधिकार ज़मींदारी का था। सोलहवीं तथा सत्रहवीं शताब्दी के रिकार्डों से पता चलता है कि निस्सन्देह ज़मींदारी अधिकार पूर्णतः सम्पत्ति का ही हिस्सा होता था। यह पूर्णतः उत्तराधिकार से प्राप्त होता था और यह बिना किसी जातिगत और अन्य प्रतिबन्धों का विचार करते हुए बेच दिया जाता था। अतः सारे देश में फैले हुए ज़मींदारों का राज्य की नौकरशाही से पृथक् एक शोषक वर्ग था। वह किसी भी रूप में अधीनस्थ वर्ग नहीं था और जागीरदार उन्हें मूल रूप से एक सशक्त राज्य-विरोधी शक्ति के रूप में देखते थे।[18] अतः भारत में नौकरशाह भद्रजनों का प्रश्न ही नहीं उठता।

मध्यकालीन एशिया तथा सामन्ती यूरोप के वाणिज्यिक वर्गों की तुलनात्मकता के सन्दर्भ में भी विटफोगिल ने उसी तरह इकहरा मूल्यांकन प्रस्तुत किया है। एक ओर वे ग़ैर-ईसाई विधिसंहिताओं में उत्तराधिकारियों के बीच सम्पत्ति-विभाजन

के प्रावधान को पकड़कर यह घोषित करते हैं कि यह ग़ैर-नौकरशाह हाथों में व्यक्तिगत पूँजी के संकेन्द्रण को रोकने के लिए 'कृत्रिम सिंचाई व्यवस्था' का एक षड्यन्त्र है। (पृ. 79-80)। दूसरी ओर, वे इस तथ्य को नज़रअन्दाज़ कर जाते हैं कि हिन्दू-संहिता में संयुक्त परिवार की संस्था सम्पत्ति को एकजुट रखती है तथा परिवार-संघ के हाथों में धन के विस्तार की गुंजाइश पैदा करती है। इसलामी संहिता बलपूर्वक व्यक्तिगत सम्पत्ति तथा अनुबन्ध की पवित्रता को रेखांकित करती है। यकीनन, यह कहा गया है कि इसलाम शहरी लोगों का धर्म है।[19] मध्यकाल में 'पूर्व' में सामन्ती यूरोप के अत्यन्त छोटे-छोटे क़स्बों की तुलना में विशाल वाणिज्यिक शहर थे। यूरोप के यात्रियों ने सत्रहवीं शताब्दी के प्रारम्भ में लाहौर तथा कुस्तुनतुनियाँ को संसार के (कदाचित चीन को छोड़कर) सबसे बड़े शहरों में गिना है।[20] विटफोगिल ने सामन्ती क़स्बों के व्यापारियों तथा नागरिकों द्वारा भोगी जाने वाली 'स्वतन्त्रताओं' को उनकी 'स्वाधीनता' के साक्ष्य के रूप में अत्यधिक बलपूर्वक रेखांकित किया है। वस्तुतः ये स्वतन्त्रताएँ छोटी-छोटी इज़ारेदारियाँ पैदा करने के लिए तैयार की गयी थीं और ये तभी तक अस्तित्त्व में रह सकती थीं जब तक कि व्यापार असुरक्षित तथा अल्प परिणाम में हो। जैसे ही यूरोप में जिन्स के उत्पादन तथा व्यापार के 'पूर्व' के स्तर को प्राप्त किया उसके साथ ही वेनिस की स्वाधीनता, हेन्सियाटिकलीग की शक्ति तथा अंग्रेज़ों की श्रेणी—इज़ारेदारियाँ—सब तिरोहित हो गयीं। दूसरे शब्दों में, सामन्ती श्रेणियाँ व्यापारियों की शक्ति का प्रतीक नहीं अपितु सूदखोरों तथा परजीवियों के रूप में उनकी अनिश्चित आर्थिक स्थिति का प्रतीक थीं।[21]

तथाकथित 'कृत्रिम सिंचाई व्यवस्था पर आधारित समाज के समाजशास्त्र' के अपने अध्ययन के दौरान विटफोगिल ने यह दिखाने के लिए कि स्वतन्त्र समाज में होने वाली प्रतियोगिता के विपरीत प्राच्य निरंकुशतावाद के अन्तर्गत होने वाली प्रतियोगिता से सामाजिक विकास नहीं हुआ, हमारे सम्मुख नौकरशाही प्रतियोगिता का विश्लेषण प्रस्तुत किया है। इसका विस्तार करते हुए जहाँ एक ओर उन्होंने हमारे सम्मुख सामन्ती-प्रतियोगिता की एक आदर्शीकृत तस्वीर प्रस्तुत की है वहीं दूसरी ओर नौकरशाही प्रतियोगिता की दिल दहलाने वाली तस्वीर भी प्रस्तुत की है। मध्यकालीन सूरमा (नाइट) युद्ध क्षेत्र में अपने साथियों से प्रतियोगिता करके अपने जीवन से हाथ धो सकता है और यही उसकी निर्णायक ग़लती है किन्तु उनकी सम्पत्ति का सम्मान यथावत रहता है। इसके विपरीत कृषि निरंकुशतावाद का एक अधिकारी जो नौकरशाही अथवा राजदरबार के छलकपट में अपने साथियों के साथ प्रतियोगिता करता है वह सम्भवतः अपने सम्मान, अपनी सम्पत्ति तथा

अपने जीवन सभी से हाथ धो सकता है। (पृ. 337) सम्मान को लेकर यह जो भावुकतावाद प्रदर्शित किया गया है उसका उत्तर फॉलस्टाफ के साथ भलीभाँति दिया जा सकता है।

सम्मान क्या है? वायु। और यह निश्चित रूप से एक महान खोज है कि सामन्त ज़मींदार 'भेड़िया मानवों' के रूप में मरने के बाद भी अपनी सम्पत्ति का भोग करते रहे। हमें यह भी बताया जाता है कि सामन्ती सूरमा खुले आम और हिंसक रूप से भूमि और प्रतिष्ठा के लिए अपने साथियों के साथ प्रतियोगिता करते थे। (पृ. 336-7) अतः कदाचित जब दो सूरमा लड़ते थे और एक गिर जाता था तो दूसरा मात्र विनम्रतापूर्वक अपना सिर झुका लेता था। भूमि और प्रतिष्ठा को मृतक के लिए छोड़ देता था। क्या वह गम्भीर इतिहास का विश्लेषण कर रहे हैं अथवा प्राचीन वीरता सम्बन्धित बच्चों की कहानियाँ सुन रहे हैं?

उसी प्रकार, नौकरशाही प्रतियोगिता के सन्दर्भ में भी मसला इतना सीधा-सादा नहीं है। मैं चीन के किसी इस या उस काल के दरबारी छल-कपट के शिकार होने वालों की सांख्यिकी के विषय में कुछ नहीं कह सकता (पृ. 337-8) तथापि, स्पष्ट है कि विटफोगिल द्वारा नौकरशाही-प्रतियोगिता की खींची गयी तस्वीर महान मुग़लों (1526-1707) के सन्दर्भ में लागू नहीं की जा सकती जिसके विषय में हमारे पास जीवन-चरित सम्बन्धित साक्ष्य प्रचुर मात्रा में हैं। लगभग दो सौ वर्षों के लम्बे इतिहास में केवल दो ही मामले ऐसे हुए (तार्दीबेग, 1556, शाह मंजूर, 1580) जब उच्चाधिकारियों को षड्यन्त्र के आरोप में फ़ाँसी पर लटकाया गया तथा ये मामले भी घोर संकट के मौक़ों पर घटित हुए। निस्सन्देह, मुग़ल साम्राज्य ने यह एक सशक्त परम्परा विकसित की कि जो अधिकारी उत्तराधिकार सम्बन्धी युद्ध में विजित पक्ष के साथ होते थे उन्हें क्षमा कर दिया जाता था और उन्हें सेवा में रख लिया जाता था। यह परम्परा '1707-9' के उत्तराधिकार सम्बन्धी युद्ध तक जारी रही और उसका परित्याग केवल तभी किया गया जब मुग़ल साम्राज्य एक शक्तिशाली केन्द्रीय शक्ति नहीं रहा।

विटफोगिल मानते हैं कि एशियाई समाजों में विभिन्न रूपों में पायी जाने वाली ग्रामीण बेगार तथा अर्धदासता सामन्ती यूरोप में भी प्रचलित थी (पृ. 414)। किन्तु उनका विश्वास है कि 'प्राच्य-निरंकुशतावाद' के अन्तर्गत पीड़ित वर्ग पर ऐसी कठोर निगरानी और नियन्त्रण रखा जाता था कि वर्ग-संघर्ष हिंसक और राजनीतिक रूप ग्रहण नहीं कर सका—निस्सन्देह कोई वर्ग-संघर्ष हुआ ही नहीं। कृत्रिम सिंचाई व्यवस्था पर आधारित समाज का इतिहास हमें बताता है कि वर्ग-संघर्ष समूची मानवता की पुरानी बीमारी नहीं अपितु बहुकेन्द्रीय और खुले

समाजों की ऐय्याशी है (पृ. 329)। यह वक्तव्य विटफोगिल ने उन तथ्यों, जिन्हें वे स्वयं भी जानते है, के बावजूद दिया है। चूँकि चीन तथा मध्यकालीन भारत में किसान-विद्रोहों की लम्बी परम्परा है। चीन में तेपिंग तक किसान-विद्रोहों को गिनाते हुए माओत्से तुंग कहता है कि जिस पैमाने पर चीन में किसान विद्रोह तथा किसान युद्ध हुए हैं, उसकी मिसाल पूरी दुनिया में नहीं मिलती।[22] विटफोगिल इस वक्तव्य का खण्डन नहीं करते। अपितु उन विद्रोहों के महत्त्व की व्याख्या यह कहकर करते हैं कि किसानों तथा सरकार के बीच खुले टकराव उस समय होते थे जब भू-राजस्व निधारित किया जाता था तथा साम्राज्यीय चीन में भी ये विद्रोह प्रमुख रूप से विघटन काल में जिसमें किसी राजवंश का पतन होता था, बड़ा आकार ग्रहण कर लेते थे। इसका उत्तर तो यह भी हो सकता है कि यूरोप में किसान-युद्धों ने बड़ा आकार उस समय ग्रहण किया जब सामन्तवाद का विघटन शुरू हुआ। साथ ही विटफोगिल की अपनी स्वीकृति के आधार पर यह सम्भव है कि चीन में राजवंशों का पतन प्रायः किसान-विद्रोहों के कारण हुआ--ठीक उस ढंग से जिस तरह माओ ने हमें सूचित किया है।[23]

भारत के सन्दर्भ में विटफोगिल को स्पष्टतः 'डब्ल्यू.सी. स्मिथ' के पथ-प्रदर्शक अध्ययन 'लोअर क्लास अपराइजिंग इन दि मुग़ल अम्पायर'[24] से परेशानी हुई है इसमें उन्होंने उन अनेक विद्रोहों की ओर ध्यान आकृष्ट किया है जिसमें नये किसानों तथा शहर के ग़रीब लोगों ने महत्त्वपूर्ण भूमिका निभायी। यदि इनमें से कुछ विद्रोह वित्तीय टकरावों पर आधारित थे (पृ. 329) तो इससे उनका वर्ग चरित्र भिन्न नहीं हो जाता क्योंकि इस तथ्य को स्वयं विटफोगिल भी मानते हैं कि प्राच्य समाज में राज्य की नौकरशाही तथा शासक वर्ग दोनों एकात्मक हैं और न ही इससे विटफोगिल को पलटकर यह कहने से कोई सहायता मिलती है कि धार्मिक टकरावों ने इन विद्रोहों के सन्दर्भ में भूमिका निभाई थी। (पृ. 329) क्योंकि उनके पूर्व तर्क की समूची धार यह है कि वे ऐसी कोई भूमिका निभा ही नहीं सकते थे। सामने वाले पृष्ठ (328) पर हमें यह याद दिलाया गया है कि मशीनरी (प्रशासनिक) से जुड़े लोग बड़ी आसानी से 'भिखमंगों के प्रजातन्त्र' के धर्मनिरपेक्ष तथा धार्मिक रूपों को नियन्त्रित कर लेते हैं और जैसा कि हमने देखा है कि यह विटफोगिल की आस्था का विषय है कि धर्मनिरपेक्ष तथा धार्मिक सत्ता कृत्रिम सिंचाई व्यवस्था पर आधारित समाजों में संग्रथित थी।

अब हम विटफोगिल के सिद्धान्त की जाँच-पड़ताल को स्थगित करते हैं। इसका कोई भी आवश्यक तत्त्व ऐतिहासिक वास्तविकता से मेल नहीं खाता। 'मिथकों' और 'गढ़े हुए सिद्धान्तों' के प्रति आक्रोश के बावजूद विटफोगिल का

अपना सिद्धान्त उस किसी भी सिद्धान्त से अधिक असंगत है जिसकी वे आलोचना करते हैं। इससे 'मुक्त-संसार'(फ्री वर्ल्ड) में जो सैद्धान्तिक रिक्तता है, उसे भरा जा सकता है और जो लोग पश्चात्य जीवन पद्धति की अन्तर्निहित सर्वोच्चता में विश्वास रखते हैं उन्हें दृढ़ता प्रदान करता है। किन्तु अठारहवीं-उन्नीसवीं शताब्दी में पश्चिम को पूर्व की तुलना में सफलता क्यों मिली? इस प्रश्न के सन्दर्भ में एक गम्भीर व्याख्या के रूप में स्वीकार किये जाने का अधिकार उसने खो दिया है। इसका यह अर्थ नहीं है कि मध्यकालीन पूर्वी समाजों की असफलता के कारणों की खोज के प्रयास छोड़ देने चाहिए। इसका केवल यही अर्थ है कि इस प्रकार के प्रयास अपेक्षाकृत अधिक तटस्थ हों तथा पूर्व धारणाओं के विनियोग के प्रति अपेक्षाकृत कम चिन्तित। साथ ही, राजनीतिक और सामाजिक संस्थाओं के प्रचुर वैविध्य के सन्दर्भ में जो एशिया में प्राक्-आधुनिक युग में मौजूद थी अधिक ईमानदारी का सबूत दें।

सन्दर्भ और टिप्पणियाँ

1. लैम्बिक, *अली केलान एडमिनिस्ट्रेशन इन सिन्ध 'जर्नल ऑफ़ दि सिन्ध हिस्टोरिकल सोसायटी,* III,' (1937), भाग-I, पृ. 15-6
2. यह मेरी पुस्तक '*एग्रेरियन सिस्टम ऑफ़ मुग़ल इंडिया*' अलीगढ़, 1962, पृ. 26-36, 255-6 में संकलित और प्रस्तुत आँकड़ों पर आधारित है।
3. युआन च्वाँग के काल में भी सिन्धु नदी के किनारे-किनारे हज़ारों 'ली' (दूरी के लिए चीनी इकाई) समतल दलदली नीची ज़मीन मौजूद थी जिसे खेती के उपयोग के लिए तैयार नहीं किया गया था। यह भूमि एक विशाल चरवाहा समुदाय के भरण-पोषण का आधार थी। (*बील, बुद्धिस्ट रिकार्ड्स ऑफ़ दि वेस्टर्न वर्ल्ड,* II, पृ. 273)
4. देखें, स्टुअर्ट पिगट, *प्री-हिस्टॉरिक इंडिया,* पेंग्विन, 1950, पृ. 153
5. देखें, देवराज चानना, *स्लेवरी इन एंशिएंट इंडिया,* नयी दिल्ली, 1960, पृ. 23-4, यूरोप की बर्बर जातियों द्वारा जंगलों को साफ़ करने के लिए लोहे के औज़ारों से किस प्रकार मदद मिली—इस सन्दर्भ में देखें—गोर्डन चाइल्ड, *प्रोग्रेस एंड आर्कियोलॉजी,* लन्दन, 1945, पृ. 39
6. देखें, गोर्डन चाइल्ड, *व्हाट हैपिन्ड इन हिस्ट्री,* लन्दन, 1943, पृ. 163। जहाँ वे लोहे के प्रयोग द्वारा कृषि के जनतान्त्रीकरण का ज़िक्र करते हैं। कोई भी किसान भूमि साफ़ करने के लिए लोहे की कुल्हाड़ी उपलब्ध कर सकता था।
7. *अर्थशास्त्र,* अनु. शमशास्त्री, 1923, पृ. 50-1, 278-362
8. वही, पृ. 140
9. आर.सी. मजूमदार (सं.) *क्लासिकल अकाउंट्स ऑफ़ इंडिया* (अनुवाद), कलकत्ता, 1960, पृ. 260
10. *अर्थशास्त्र,* पृ. 55-138

11. देखें, मोरलैंड, *एग्रेरियन सिस्टम ऑफ़ मुसलिम इंडिया,* इलाहाबाद, पुनर्मुद्रण, पृ. 49-57, 64-5, और देखें, 'मेरी पुस्तक', *एग्रेरियन सिस्टम ऑफ़ मुग़ल इंडिया* पृ. 249-56
12. 'वाताकुन' *एन इंटरप्रिटेशन ऑफ़ चाइनीज इकोनॉमिक हिस्ट्री,* 'पास्ट एंड प्रेजेंट', संख्या 1, 1952, पृ. 3, 4, 12
13. डी.डी. कोसम्बी, *इंट्रोडक्शन टू इंडियन हिस्ट्री,* पृ. 27, आर.एस. शर्मा *जर्नल ऑफ़ इकोनॉमिक एंड सोशल हिस्ट्री ऑफ़ दि ओरियंट* (1, भाग-2, अक्टूबर, 1958) में प्रकाशित उनका लेख—*ओरीजिन्स ऑफ़ फ्यूडलिज़्म इन इंडिया,* बी.पी. मजूमदार, *दि सोशियो-इकोनॉमिक हिस्ट्री ऑफ़ नॉर्थन इंडिया* (ग्यारहवीं तथा बारहवीं शताब्दी) कलकत्ता, 1960, पृ. 1-41
14. मैंने अपनी पुस्तक *एग्रेरियन सिस्टम ऑफ़ मुग़ल इंडिया,* पृ. 257 में इस बिन्दु को उठाया है।
15. *एग्रेरियन सिस्टम ऑफ़ मुसलिम इंडिया,* पृ. 11-114, 136-7
16. देखें, मेरी पुस्तक *एग्रेरियन सिस्टम ऑफ़ मुग़ल इंडिया,* पृ. 236-9
17. 1579 में जब अकबर ने 'महजर' पर धर्म शास्त्रियों से हस्ताक्षर करने के लिए कहा तो उनमें से कुछ अत्यन्त उत्तेजित हुए और अकबर के इस क़दम से बड़ी भारी सनसनी फैली। महजर की घोषणा के अनुसार 'विधि' के किसी बिन्दु पर यदि अधिकारी विद्वानों के बीच विवाद हो तो बादशाह को यह अधिकार होगा कि वह विवाद के पक्ष अथवा विपक्ष में दी गयी किसी एक व्याख्या को स्वीकार कर ले। जहाँ मौजूदा विधि में कोई प्रावधान नहीं है तो उस स्थिति में बादशाह अपना निर्णय दे सकता है। किन्तु उस निर्णय का कुरान की किसी व्याख्या से टकराव नहीं होना चाहिए। यह एक सुविदित तथ्य है कि सुल्तान अथवा बादशाह को शरीयत अथवा मुसलिम क़ानून के सम्पूर्ण ढाँचे में कोई स्थान नहीं दिया गया है।
18. देखें, मेरा लेख—*एग्रेरियन कॉजिज ऑफ़ दि फॉल ऑफ़ दि मुग़ल एम्पायर, ऐंक्वायरी,* 2, पृ. 84, 94-8, वर्ग के रूप में ज़मींदारों की स्थिति पर मेरी पुस्तक *एग्रेरियन सिस्टम ऑफ़ मुग़ल इंडिया,* पृ. 136-89, में विश्लेषण किया गया है।
19. एफ. लोके गार्ड, *इसलामिक टैक्सेशन इन दि क्लासिक पीरियड,* कोपेनहेगेन 1950, पृ. 32। और भी देखें, प्रो. मो. हबीब, *एन इंट्रोडक्शन टू एलियट एंड डाउसन्स हिस्ट्री ऑफ़ इंडिया* II, अलीगढ़, पुनर्मुद्रण, 1952, पृ. 2-3
20. *मॉसेरेट,* कमेंट्री अनु. हायलैंड एंड बनर्जी, पृ. 159-60, फोरयट, *अर्ली ट्रेवेल्स इन,* इंडिया, सं. फोस्टर, पृ. 243
21. देखें, एम. डॉब, *स्टडीज़ इन दि डेवलपमेंट ऑफ़ कैपिटलिज़्म,* पृ. 120
22. सेलेक्टिड वर्क्स, अंग्रेज़ी अनुवाद, III, लन्दन, 1954, पृ. 75-6
23. वही, पृ. 76
24. इसलामिक कल्चर, XX, संख्या 1, पृ. 21-40

अध्याय छह

मार्क्सवादी इतिहास विश्लेषण की समस्याएँ

I

भारतीय इतिहास की मार्क्सवादी व्याख्या का सूत्रपात स्वयं मार्क्स द्वारा किया गया। सन् 1853 ई. में 'न्यूयार्क ट्रिब्यून' में प्रकाशित उनके दो लेखों 'भारत में अंग्रेज़ी राज' और 'अंग्रेज़ी राज के भावी परिणाम' में की गयी टिप्पणी से भारतीय ब्रिटिश शासन के प्रभाव के सन्दर्भ में उनकी विलक्षण अन्तर्दृष्टि का पता चलता है। सारतः इस विश्लेषण का स्थायी महत्त्व है और यह भारत में अंग्रेज़ी साम्राज्यवाद के ऐतिहासिक मूल्यांकन के सन्दर्भ में न केवल मार्क्सवादी अपितु सभी प्रगतिशील मूल्यांकनों की आधारशिला रहा है। इन दो लेखों में ब्रिटिश-विजय से पूर्व के भारत के बारे में सामान्योक्तियाँ भी हैं जिन्हें सार रूप में निम्नलिखित पंक्तियों में देखा जा सकता है—"भारतीय समाज का कोई इतिहास, कम-से-कम ज्ञात इतिहास तो नहीं ही रहा है। जिसे हम उसका इतिहास कहते हैं, वह सिर्फ़ एक के बाद दूसरे आक्रमणकारियों का इतिहास है, जिन्होंने प्रतिरोधविहीन और परिवर्तनहीन समाज पर अपने साम्राज्य स्थापित किये।"

मार्क्स ने भारतीय समाज की निष्क्रियता की व्याख्या जातियों में जकड़े परम्परागत ग्रामीण समुदाय के अस्तित्त्व के सन्दर्भ में की है जो भारतीय कृषि व्यवस्था को बरकरार रखने के लिए आवश्यक सिंचाई के साधनों के लिए पूरी तरह एशियाई निरंकुशता पर आश्रित रहने को बाध्य था। उत्पादन-सम्बन्धों की दृष्टि से यह एक ऐसी व्यवस्था थी जिसमें भूमि के निजी सम्पत्ति के रूप का पूरी तरह अभाव था। यही प्रस्थापना मार्क्स की एशियाई उत्पादन पद्धति की अवधारणा —जिसका उद्घाटन सर्वप्रथम इन लेखों में हुआ—का सारतत्त्व थी।[1]

इसके पाँच या छह वर्ष बाद मार्क्स ने कुछ और टिप्पणियाँ कीं जो 'पूर्व पूँजीवादी आर्थिक संरचनाएँ' नाम से अंग्रेज़ी में लन्दन से सन् 1964 ई. में प्रकाशित हुईं। इन टिप्पणियों में एशियाई पद्धति का अधिक सघन विश्लेषण है।

इस रूप का उद्भव, इसके अनुसार आदिम समुदाय से ही हुआ और जो सम्पत्ति की विविध प्रणालियों में सबसे प्राचीन होने के साथ ही सबसे व्यापक भी था। (एशिया, रूस और दूसरे स्लाव-क्षेत्रों, प्राचीन केल्टों आदि तक व्याप्त) सिंचाई की और निर्णायक स्थिति मार्क्स पहले मानते थे, अब वह केन्द्र में नहीं थी, यद्यपि उसका उल्लेख विश्लेषणों में बाद में भी होता रहा। उन्होंने एशियाई पद्धति के प्रतिपक्ष में दो समानान्तर प्रारूप प्रस्तुत किये—(1) क्लासिकल नगर केन्द्रित समाज जिसकी विकसित अवस्था का एक विशिष्ट लक्षण दास-प्रथा थी और (2) जर्मन प्रारूप जिसके विकास की चरम परिणति भू-दासता में हुई। अपने पूर्व मत के क्रम में ही मार्क्स ने एशियाई प्रारूप को इन तीनों में सबसे कम गतिशील पाया और घोषित किया कि यह 'अनिवार्यतः दीर्घकालिक और नितान्त अपरिवर्तनीय है।'[2] ये निर्णय और निष्कर्ष एशिया के इतिहास के लिए मार्क्स के अन्तिम विचार सूत्र थे, यह मानना और वह भी केवल उपर्युक्त तर्क के आधार पर ग़लत होगा। इसके विपरीत मार्क्सवाद के संस्थापकों ने अपनी बाद की रचनाओं में न तो उनकी पुनःप्रतिष्ठा की और न ही उसका विकास किया। यह सन्दर्भ पहले कम और 1867 ई. में पूँजी के पहले खण्ड के प्रकाशन के बाद तो लगभग समाप्तप्राय ही हो गया। यहाँ तक कि 'पूँजी' के पहले खण्ड में जबकि 'ग्राम समुदाय' पर (श्रम विभाजन के ही एक विशिष्ट प्रतिनिधि रूप में) और भारतीय धनिक वर्ग की आर्थिक स्थिति (जो अतिरिक्त उत्पादन का अपहर्त्ता था और जो उत्पादन और पुनरुत्पादन की विकासशील प्रक्रिया भी सम्पन्न करता था; लेकिन पूँजी के बिना किसी हस्तक्षेप द्वारा[3]) पर अलग-अलग उद्धरण हैं, वहाँ भी उन्हें एक समग्र प्रणाली का हिस्सा दिखने की कोशिश नहीं की गयी है।

मार्क्स और एंगेल्स के पूर्ववर्ती विचारों में आये परिवर्तन की अगली मंज़िल का संकेत हमें एंटीड्यूरिंग (1878) से मिलता है। यहाँ भी, इस अपनी प्रारम्भिक परिकल्पना को भारत से लेकर रूस तक आदिम समुदायों का अवशेष 'प्राच्य निरंकुशतावाद'[4] का आधार था, निस्सन्देह दोहराया गया है। तथापि राज्य के सन्दर्भ में विवेचन करते हुए एंगेल्स एशियाई उत्पादन पद्धति को राज्य की किसी विशिष्ट संरचना के सन्दर्भ में निर्णायक भूमिका अदा करने वाले कारक के रूप में स्वीकार नहीं करते। वहाँ केवल सामन्ती और पूँजीवादी राज्यों को ही सूचीबद्ध किया गया है[5] जो दास-प्रथा पर आधारित थे। उतना ही महत्त्वपूर्ण एंगेल्स का यह वक्तव्य है कि तुर्कों की विजय के साथ ही पूर्वी देशों में भूमि का सामन्ती स्वामित्व प्रचलित हुआ, (प्रसंग के आधार पर यह संकेत मिलता है कि भारत को भी उस सूची में सम्मिलित किया गया है।)[6] और पुनः स्पेन के मूरों को

सुसंस्कृत लोगों के रूप में वर्गीकृत किया है जबकि उनके ईसाई विजेताओं को बर्बरों के रूप में।[7]

इन वक्तव्यों से गुज़रने के बाद इस विश्वास के लिए कोई गुंजाइश नहीं रहती कि मार्क्स और एंगेल्स परिवर्तनहीन तथा गतिहीन एशियाई समाज जैसी कोई धारणा रखते हैं।[8]

इसके अतिरिक्त, मार्क्स 'पूर्व-पूँजीवादी आर्थिक संरचनाएँ' की पाण्डुलिपि से कुछ भी प्रकाशित कराने में असमर्थ रहे और इसे उनके इस संकोच का साक्ष्य मानना चाहिए कि जो कुछ उनकी कल्पना या अनुमान में था उसे वे एक दृढ़ मत के रूप में प्रस्तुत नहीं करना चाहते थे। अतः हॉब्सबॉम का यह कथन कि कम-से-कम मार्क्स (तब क्या वे एंगेल्स के बारे में निश्चित नहीं हैं।) एशियाई पद्धति की धारणा के परित्याग का कोई संकेत नहीं देते,[9] सही नहीं माना जा सकता। एंगेल्स ने 1884 ई. में 'परिवार, निजी सम्पत्ति और राज्य की उत्पत्ति' पुस्तक लिखकर इस धारणा के परित्याग पर अपनी मुहर लगा दी। यद्यपि यह पुस्तक मार्क्स की मृत्यु के पश्चात प्रकाशित हुई थी तथापि यह उनके द्वारा लिए गये नोट्स पर ही आधारित थी। इसमें एशियाई पद्धति का कोई ज़िक्र नहीं किया गया है। हालाँकि इसमें सर्वाधिक विस्तृत ऐतिहासिक सामान्यीकरण का प्रयास मिलता है। ऐसा प्रयास शायद ही मार्क्स और एंगेल्स ने पहले कभी किया हो।

यह सही है कि मार्क्स और एंगेल्स ने अब 'ग्राम समुदाय' को स्वायत्त रूप में, आदिम साम्यवाद की अवस्था की उत्तरजीविता के रूप में माना हो तथा जिसे उन्होंने मॉर्गन के कार्य की अपनी परिचिति के आधार पर परिकल्पित किया हो। किन्तु एशियाई पद्धति के विषय में उनके मौन की व्याख्या सरलीकृत ढंग से इस आधार पर नहीं की जा सकती कि उन्होंने अब पुरातन ढंग की कोटि में स्थानान्तरित कर दिया था और उसे अब उसी संज्ञा से अभिहित करने लगे थे। वस्तुतः एंगेल्स ने समाज को चार चरणों में विभक्त किया था। प्रथम चरण आदिम साम्यवाद और शेष तीन शोषण पर आधारित प्रणालियाँ थीं। दास प्रथा शोषण का प्रथम चरण थी जो प्राचीन विश्व की अभिलाक्षणिकता थी। मध्ययुग में इसका स्थान कृषि दासता तथा आधुनिक युग में उजरती श्रम ने ले लिया। दासता के तीन महान रूप ही सभ्यता के तीन महान युग रहे हैं।[10] किन्तु हॉब्सवॉम इन उद्धरणों के परिप्रेक्ष्य में जिन्हें वे प्रस्तुत करते हैं सीधे-सीधे यह कहने से कतराते हैं कि 'एंगेल्स एशियाई पद्धति को आदिम साम्यवाद का ही एक रूप समझते थे। मार्क्स द्वारा भारतीय धनिक वर्ग का अतिरिक्त उत्पादन के अपहर्ता'[11] के रूप में जो चित्रण किया है उसे दृष्टि पथ में रखते हुए यह एक असंगत कल्पना होगी।

वे 'सभ्यता' शब्द को पकड़ लेते हैं और घोषणा करते हैं कि एंगेल्स ने एशियाई पद्धति का सम्बन्ध 'सभ्यता'[12] के प्रागैतिहासिक काल में जोड़ा। अतः शायद, इसीलिए उन्होंने इसका उल्लेख नहीं किया क्योंकि न तो उसे वे आदिम साम्यवाद मानते हैं और न शोषण का एक सभ्य रूप।

यदि हम सघन तर्क-वितर्क न भी करें तो भी यह प्रश्न तो शेष रहता ही है कि मार्क्स और एंगेल्स ने अपनी एशियाई पद्धति के सिद्धान्त में संशोधन अथवा उसका परित्याग क्यों किया? चूँकि मार्क्स ने कभी भी प्रकाशित रूप में इस सिद्धान्त की विस्तृत व्याख्या नहीं की– सिवाय दो अपेक्षाकृत अस्पष्ट से अख़बारी लेखों के। उनके पास इसका कोई पर्याप्त कारण भी नहीं था कि वे स्पष्ट करें कि क्यों वे अपने पूर्ववर्ती विचारों पर कायम नहीं हैं। जहाँ तक हमारा अपना मानना है, उनके मत में होने वाले परिवर्तन के सन्दर्भ में हम दो कारणों का भलीभाँति अनुमान लगा सकते हैं। पहला तो यह कि जब मार्क्स ने 1850 ई. में अपने विचारों का प्रतिपादन किया तो उन्हें उपलब्ध सूचनाओं की सीमा का स्पष्ट बोध था। भीतर के सन्दर्भ में उनकी टिप्पणियाँ ब्रिटिश संसद के प्रपत्रों और बर्नियर की यात्राओं के सावधानीपूर्वक किये गये अध्ययन पर आधारित थीं। उस समय भारत अंग्रेज़ प्रशासकों में इस सरकार के पितृसुलभ चरित्र को संगत ठहराने के लिए 'ग्राम समुदाय' की इस संस्था पर बल देने की विशेष प्रवृत्ति दिखलाई पड़ती है। इस प्रवृत्ति ने सरकारी रिपोर्टों को बहुत गहराई तक प्रभावित किया। अन्ततः उसकी सबसे सुव्यवस्थित (और अतिशयोक्तिपूर्ण) अभिव्यक्ति सर हेनरी माइने की रचनाओं में पायी गयी। लगता है कि अपने जीवन में अन्तिम वर्षों को छोड़कर[13] मार्क्स ने अंग्रेज़ों के पूर्व के भारतीय इतिहास का विशेष अध्ययन नहीं किया था। ठीक इसी काल में एशियाई पद्धति के उनके सन्दर्भ पूरी तरह लुप्त हो जाते हैं। इन अन्तिम वर्षों में उन्होंने कोवालेव्स्की की पुस्तक 'सामुदायिक भू सम्पत्ति' (1879) को दिलचस्पी के साथ पढ़ा था और उसका अनुमोदन किया था। इस पुस्तक में भारतीय ग्रामीण संगठन और उसके विकास का उससे कहीं अधिक जटिल चित्र प्रस्तुत किया गया था, जैसा कि उन्होंने पहले समझा था। मार्क्स ने अब भारतीय समाज में निजी सम्पत्ति और उससे उत्पन्न अन्तर्विरोधों को स्पष्ट रूप से लक्षित किया था।[14]

मार्क्स और एंगेल्स को अपने प्रारम्भिक वर्षों में उपलब्ध सूचना-सामग्री में निहित कमज़ोरियों के साथ ही यह महत्त्वपूर्ण प्रश्न उठता है कि एशियाई उत्पादन पद्धति को मान लेने से क्या मानव जाति का विशाल भाग इतिहास की भौतिकवादी अवधारणा में अपवाद नहीं हो जायेगा जो पहले 'कम्युनिस्ट मैनीफेस्टो' में प्रस्तुत

हुई और बाद में सन् 1859 ई. में 'राजनीतिक अर्थशास्त्र की समीक्षा' की भूमिका के लिए चर्चित उदाहरण में पुष्ट हुई। क्या वर्ग संघर्षों और उन्हीं के माध्यम से होने वाले ऐतिहासिक परिवर्तनों को केवल यूरोप की ही विशिष्ट घटना माना जाये और पूँजीवाद द्वारा विश्व-विजय के पूर्व उन्हें किसी भी तरह सार्वभौमिक न माना जाय। इस तथ्य को दृष्टि पथ में रखते हुए ही मार्क्स और एंगेल्स ने कभी प्रत्यक्ष अथवा परोक्ष रूप से अपनी सामान्य स्थापनाओं को इतिहास में वर्ग-संघर्ष की भूमिका के सन्दर्भ में यूरोप तक ही सीमित नहीं रखा,[15] उनके लिए यह सम्भव नहीं था कि वे एक साथ दो परस्पर विरोधी मत प्रस्तुत करें।

इन्हीं दो कारणों से और विशेषतः दूसरे कारण से मार्क्स के क्रान्तिकारी अनुयायियों ने सामान्य रूप से एशियाई पद्धति को स्वीकार नहीं किया और न ही इस पर बल दिया। इसके विपरीत जब एशिया में क्रान्तिज्वार उठा तो साम्राज्यवाद के प्रचारकों ने इसका सहारा लिया तथा क्रान्तिकारियों का उपहास उड़ाने के लिए मार्क्स की प्रारम्भिक रचनाओं का इस्तेमाल करने की कोशिश की। सन् 1957 में विटफोगिल की पुस्तक–'ओरियंटल डेस्पोटिज़्म : स्टडी इन टोटल पावर' का प्रकाशन हुआ। इस पुस्तक में सर्वाधिक व्यवस्थित तथा आधुनिक समाजशास्त्र के पारिभाषित शब्दों और प्रत्ययों से सुसज्जित उन दुर्भाग्यपूर्ण अवधारणाओं की विस्तृत व्याख्या है जिन्हें कभी मार्क्स ने प्रतिपादित किया था।

न तो प्रचार की दृष्टि से और न ही उच्च अकादमिक उपलब्धि की दृष्टि से विटफोगिल की प्रतिष्ठा छह साल से अधिक नहीं रही। तथापि आधुनिक संशोधनवाद अब इस हथियार को इस्तेमाल कर रहा है जबकि साम्राज्यवाद इसे बिल्कुल छोड़ चुका है।

सन् 60 के दशक में ही एक विशिष्ट घटना के साक्षी रहे हैं कि एशिया के मार्क्सवादी विद्वानों द्वारा प्राच्य निरंकुशतावाद, एशिया उत्पादन पद्धति आदि के अस्तित्त्व को न देख पाने को सामान्य असमर्थता के बावजूद कतिपय पश्चिमी यूरोप के मार्क्सवादियों ने इस पर बल देना शुरू कर दिया है कि वे इस विषय में बेहतर जानकारी रखते हैं तथा उन्होंने परस्पर इस विषय पर पुनः बहस छेड़ दी है।[16] इस सन्दर्भ में 'पूर्व पूँजीवादी आर्थिक संरचनाएँ' की पाण्डुलिपि की खोज ने वही भूमिका अदा की है जो समाजशास्त्र के क्षेत्र में परम्परागत मार्क्सवाद पर प्रहार करने से पहले 'आर्थिक और दार्शनिक पाण्डुलिपियों' ने अदा की थी। अंग्रेज़ी के पाठकों को इस पुस्तक का परिचय कराते हुए हॉब्सवॉम आगे बढ़कर यहाँ तक लिख जाते हैं कि "यह बिना किसी झिझक के कहा जा सकता है कि

जिस मार्क्सवादी ऐतिहासिक बहस में मौजूदा पुस्तक को ध्यान में नहीं रखा गया है और यह कहने का तात्पर्य वस्तुतः यही है कि सन् 1941 से पहले के सम्पूर्ण और (दुर्भाग्यवश) उसके बाद के भी अधिकांश विचार-विमर्श पर इसके आलोक में पुनर्विचार होना चाहिए। वस्तुतः यह एक विचित्र ढंग का कठमुल्लापन है, चूँकि वह इसे मानकर चलता है कि कार्ल मार्क्स की प्रकाशित क्रान्तिकारी शिक्षा के सार तत्त्वों तथा मार्क्सवादियों के वास्तविक अनुभवों तथा अध्ययनों पर आधारित किये गये सम्पूर्ण पूर्ववर्ती कार्य सहसा दोषपूर्ण हो जाते हैं—ज्यों ही सीधे-सीधे काग़ज़ पर मार्क्स द्वारा लिखे कुछ शब्द मिल जाते हैं चाहे वे किसी भी परिस्थिति में मूल रूप में लिखे गये हों।"[17]

एशियाई पद्धति की पुनर्स्थापना की कोशिश का अनिवार्य रूप से प्रयोजन यही है कि एशिया के समाजों में वर्ग-विरोधों और वर्ग-संघर्षों की भूमिका को स्वीकार किया जाये तथा एशिया में अधिनायकवादी तथा व्यक्ति-विरोधी परम्पराओं पर बल दिया जाये ताकि यह स्थापित किया जा सके कि सामाजिक प्रगति का सम्पूर्ण विगत इतिहास यूरोप की ही बपौती है और अतः वस्तुतः उसके द्वारा एशिया के वर्तमान इतिहास से जो सबक मिले हैं, उनके महत्त्व को कम किया जा सके।

'कृत्रिम सिंचाई व्यवस्था वाले' (अर्थात पूर्वी) समाज का इतिहास यह सूचित करता है कि वर्ग-संघर्ष सम्पूर्ण मानवता का पुराना मर्ज़ तो बहुत दूर है वह केवल बहुकेन्द्रीय तथा खुले (अर्थात पश्चिमी यूरोपीय) समाजों की ऐय्याशी है।[18] ये शब्द हैं विटफोगिल के। हॉब्सवॉम अथवा गोडेलियर इतनी दूर जाने को तैयार नहीं होंगे। दोनों ही 'एशियाई समाजों' में कुछ परिवर्तन और कुछ वर्गशोषण की रियासत देने को तैयार हैं।[19] तथापि, वे इस मामले में एक मत हैं कि ये एशियाई समाज आदिम वर्ग समाज ही थे जैसाकि हॉब्सवॉम का कहना है। इसलिए एशियाई समाज (यह निष्कर्ष मार्क्स पर आधारित है—इ. ह.) अभी तक वर्ग समाज नहीं है और यदि वर्ग समाज है भी तो उसका स्वरूप सबसे आदिम है।[20] गोडेलियर भी अनिवार्य रूप से उसी मुद्दे पर ज़ोर देते हुए कहते हैं कि एशियाई समाज 'सामुदायिक संरचनाओं तथा वर्गीय संरचनाओं की एकता' का सूचक है।[21] चूँकि ये दोनों ही लेखक (हॉब्सवॉम केवल परोक्ष रूप से) मानते हैं कि आधुनिक काल तक एशियाई पद्धति यूरोप के बारह इन सभी क्षेत्रों में जड़ता के भिन्न स्तरों के साथ मौजूद रही है अतः विटफोगिल से उनका मतभेद केवल डिग्री का है। अतः उसके विचारों के खण्डन में एक उन्हीं तर्कों पर ज़ोर देना पर्याप्त है जो सभी दृष्टिकोणों के विद्वानों द्वारा विटफोगिल के खण्डन में प्रस्तुत किये गये हैं।[22]

II

मार्क्स और एंगेल्स द्वारा यूरोप के बाहर के विभिन्न समाजों का विश्लेषण करने के लिए एशियाई पद्धति को एक प्रणाली के रूप में त्याग देने के बाद उनमें और उनके अनुयायियों में स्वाभाविक रूप से प्रवृत्ति पनपी कि उन्होंने यूरोप के सन्दर्भ में विकास की सामाजिक मंज़िलों का जो क्रय निर्धारित किया था अर्थात आदिम साम्यवाद दास प्रथा, सामन्तवाद और पूँजीवाद (इस आलेख में इसके बाद इन मंज़िलों को उनके प्रथम अक्षरों अर्थात आ-दा-सा-पूँ द्वारा संकेतित किया जायेगा) उसे सार्वभौमिक रूप से लागू किया जा सकता है। मार्क्स को लिखे अपने एक पत्र में एंगेल्स ने उस्मादी तर्की (ओटोमन टर्की) को अर्ध सामन्ती कहा था[23] और एंटीड्यूरिंग में दिये गये उनके वक्तव्य (जो पहले उद्धृत किया जा चुका है) से यह निष्कर्ष निकाला जा सकता है तुर्की विजय के द्वारा भारत में सामन्तवाद का उद्भव हुआ।[24]

जो भी हो, इस विषय पर लेनिन और दूसरे अधिकारी मार्क्सवादी विद्वानों द्वारा भी स्पष्ट रूप से अपना कोई मत व्यक्त नहीं किया गया है। सन् 20 के दशक के चीनी क्रान्ति के सशक्त प्रभाव के अन्तर्गत ही यह घोषणा सामने आयी। इसमें वहाँ के पुराने कृषि समाज के गर्भ में किसान संघर्षों से स्पष्ट प्रमाण मिले तथा इनके द्वारा हर किसी को सन् 1789 के क्रान्तिकारी फ्रांस में किसान विद्रोही की याद आयी। यह एशियाई पद्धति का सर्वोत्तम खण्डन था और तदनुसार लेनिनग्राद की बहसों में यह आम सहमति बन गयी कि 'आ-दा-सा-पूँ' के क्रम[25] को अन्तर्राष्ट्रीय स्तर पर लागू किया जा सकता है। इस पर स्टालिन ने सन् 1938 में अपने क्लासिकीय निबन्ध 'द्वन्द्वात्मक तथा ऐतिहासिक भौतिकवाद' में अन्तिम रूप से अपना मत व्यक्त कर दिया। हालाँकि इस सन्दर्भ में यह कहकर खेद प्रकट किया जा सकता है कि यह एक मानक-एक रेखीय योजना को समूचे विश्व के सन्दर्भ में यान्त्रिक ढंग से लागू किया गया है तथापि इसमें सन्देह नहीं कि उसने भारतीय इतिहास के क्षेत्र में मार्क्सवादी कार्यों के लिए महत्त्वपूर्ण प्रेरणा प्रदान की। एक सही है कि सन् 1853 ई. के मार्क्स के निर्णयात्मक वक्तव्यों को दृष्टि में रखकर विशेषतः सोवियत भारत-विदों ने एक साथ दो घोड़ों पर सवार होने की कोशिश की है और भारत को एशियाई समाज के साथ ही सामन्ती माना है और दोनों स्थापनाओं में पहली को दूसरी का ही रूप बताकर तालमेल बैठाया है।[26] निश्चित रूप से यह इस दुविधापूर्ण समस्या को हल करने का वैज्ञानिक तरीक़ा नहीं बल्कि धर्मवैज्ञानिक ढंग है। बहरहाल, जब मार्क्सवादियों

ने यह मान लिया कि अंग्रेज़ों के पूर्व का भारतीय समाज सामन्ती है तो उन्होंने भारत में वर्ग संघर्षों और उन दूसरे विशेष तत्त्वों की, जो यूरोपीय सामन्ती प्रथा के विशेष चरित्र को व्यक्त करते थे, खोज शुरू कर दी। फलस्वरूप, राइजनर और डब्ल्यू.सी. स्मिथ ने विस्मृति के गर्भ से 17वीं शताब्दी के किसान विद्रोहों को खोज निकाला।[27]

मार्क्सवादी इतिहास लेखन के इस काल में एस.ए. डाँगे की पुस्तक 'इंडिया फ्रॉम प्रिमिटिव कम्यूनिज़्म टू स्लेवरी', बम्बई, 1949 प्रकाशित हुई। इस पुस्तक में उन्होंने पुरातत्त्व अथवा वास्तविक इतिहास को बिना सन्दर्भित किये 'संक्रमण' का सूक्ष्म विवरण भी प्रस्तुत किया। जहाँ एक ओर इस पुस्तक की कमज़ोरी का दायित्व स्वयं लेखक पर है, वहीं पर यह भी सही है कि इस मानक आ-दा-सा-पूँ के प्रतिरूप (जिसे प्रत्येक समाज के सन्दर्भ में निरपवाद रूप से लागू किया जाता है) के क्रम परिवर्तन में अन्तर्निहित दोषों को संघनित रूप से प्रस्तुत करती है। चूँकि ज्यों ही ईमानदार इतिहासकार अति सामान्यीकरणों से परे जाने की कोशिश करता है तथा अपने साक्ष्य की विस्तृत छानबीन शुरू करता है तो उसे बहुत-से संशोधन करने पड़ते हैं और मूलभूत वर्गीकरण अपना महत्त्व खोने लगता है।

सैद्धान्तिक सामान्यीकरण के स्तर पर भी आ-दा-सा-पूँ के क्रम में कोई तर्कसंगत विभाजन रेखा नहीं है। किसी भी समाज में जैसे ही व्यक्ति अथवा समुदाय अतिरिक्त उत्पादन में सक्षम होते हैं तो शोषण शुरू हो जाता है और शोषण के भिन्न-भिन्न रूपों का अनुमान किया जा सकता है।

(क) किसान-सैनिकों के एक क़बीले द्वारा दूसरे क़बीले को पराभूत करना तथा उसे अतिरिक्त उत्पादन का एक हिस्सा देने को विवश करना। (ख) किसानों को अपनी अतिरिक्त उपज को शासकों या मुखिया अथवा विभिन्न अधिकार प्राप्त शोषकों को देने को विवश होना। (ग) दूसरे के खेतों पर किसानों से मुफ़्त में बेगार लेना। (घ) उच्च जातियों के लोगों के खेतों पर काम करने वाले भृत्य जातियों के अर्धदास मज़दूर। (ङ) कृषि और दस्तकारी आदि से जुड़े दास-मज़दूर। अब 'ख' और 'ग' कृषि दास प्रथा के समान हो सकते हैं तथा (घ) और (ङ) दास प्रथा के समान। किन्तु बहुत से मामलों में यह स्थूल वर्गीकरण भी मुश्किल होगा। उदाहरण के लिए (क) के सन्दर्भ में। प्रत्येक दशा में हमें यह क्यों मान लेना चाहिए कि जिन समाजों में (घ) और (ङ) रूप में अधिक प्रमुख हैं वे हमेशा उनसे पहले रहे हैं जिनमें (ख) और (ग) रूप पाये जाते हैं। तुरन्त ही हमें अमेरिका में नीग्रो दासता का ख़्याल आ जाता है जो पूँजीवाद की बुनियाद पर पनपी।

दूसरे, किसी विशेष समय में शोषण के अनेक रूप एक साथ रह सकते थे या अलग-अलग भी जिसका कारण कई देशों में कारकों की भिन्नता जैसे जलवायु, जनसंख्या आदि हो सकती है। 'कम्युनिस्ट मैनीफेस्टो' में यह मान्यता स्पष्ट है कि सिर्फ़ पूँजीवाद ने ही विश्व बाज़ार के शोषण द्वारा उत्पादन को एक वैश्विक स्वरूप प्रदान किया है। हम कल्पना कर सकते हैं कि चावल पैदा करने वाले क्षेत्रों जैसे बंगाल और केरल तथा मध्यकालीन यूरोप के गेहूँ और जौ पैदा करने वाले क्षेत्रों में सम्बन्धों का सम्पूर्ण सन्दर्भ अलग-अलग हो सकता है। भिन्न-भिन्न देशों में जनसंख्या और भूमि के भिन्न अनुपात को उत्पादन के सम्बन्धों पर प्रभाव पड़ना अनिवार्य था, विशेषतः इसलिए कि आबादी के सामंजस्य में बहुत अधिक समय लग जाता है। इससे भी अधिक महत्त्वपूर्ण मामला है तकनीकी वैविध्य का। वस्तुतः तकनीकी आविष्कारों के प्रसार की प्रक्रिया इतनी धीमी रही है (उदाहरण के लिए प्राचीन सुमेर से गाड़ीवाले पहिये को मित्र तक पहुँचकर उसके उपयोग होने तक की प्रक्रिया में बहुत समय लगा; भारत में भी चीन के आविष्कार—जैसे काग़ज़, रेशम कीड़े पालना, बारूद, छापाख़ाना आदि उतनी ही देर से अपनाये गये) कि यह बिल्कुल असम्भव लगता है कि एक ही उप-महाद्वीप के दो क्षेत्रों में उत्पादन का तकनीकी आधार मूलभूत रूप से एक ही समय में एक जैसा रहा हो।

तीसरे, यह बिल्कुल सम्भव है कि यदि अनेक निर्णायक कारकों में से एक भी भिन्न हो तो शोषण का सम्पूर्ण तन्त्र (और सम्पत्ति का चरित्र भी) पूरी तरह बदल जाये। हम यह मान लेते हैं कि उत्पादन की प्रदत्त तकनीक किसानों द्वारा खेती के लिए सर्वाधिक उपयुक्त है तथा उपभोग के लिए उत्पादन की दशाओं में जनसंख्या और भूमि का अनुपात भी अनुकूल है तो इससे कृषि दासता का उदय हो सकता है, अर्थात व्यक्तिगत सामन्तों की अलग-अलग जागीरें हो सकती हैं जिन पर वे किसानों को अपनी ज़मीन से बाँधकर रखें (जैसा कि सामन्तकालीन यूरोप में था) तथापि, विशाल माल उत्पादन की अवस्थाओं में उन्हीं अन्य कारकों की यह भूमिका हो सकता है कि वे लगान/अधिशेष (अर्थात जैसे भूराजस्व) को केन्दीभूत रूप से संचित करने में हो ताकि किसान, वह चाहे जहाँ भी रहे, शोषण से न बच सके; (उदाहरण के लिए मुग़लकालीन भारत)[28] प्रत्यक्षतः, प्रथम तो निजी सम्पत्ति के अपेक्षाकृत अधिक विकासित रूप का सूचक है, दूसरा भलीभाँति विकास की उच्चतर मंज़िल का द्योतक हो सकता है क्योंकि वह माल उत्पादन के रूप में अधिक उन्नति का प्रतीक है। इन दोनों में से कौन-सा सैद्धान्तिक रूप से पूँजीवाद के अधिक निकट है और क्या उत्तरवर्ती रूप तनिक

भी सामन्ती है? सचमुच, इन परिस्थितियों में शोषण-प्रणालियों की संख्या केवल तीन तक सीमित कर देने में होने वाली कठिनाई स्पष्ट को जाती है। उदाहरण के लिए मुग़लकालीन भारतीय प्रणाली को डॉब द्वारा प्रस्तुत सामन्तवाद की परिभाषा[29] के तहत कम-से-कम अर्ध-सामन्ती तो कहा जा सकता है यदि सामन्तवाद का भू-दासता के साथ तादात्म्य स्थापित कर तथा भू-दासता के महत्त्व का विस्तार करते हुए उसमें किसानों पर सभी प्रकार की बाध्यताओं को थोप दिया जाये। लेकिन वह स्वीजी की परिभाषा के अनुसार अर्ध-सामन्ती (उपभोग के लिए उत्पादन प्रणाली)[30] नहीं रहेगी। प्रथम रास्ता पारिभाषिक शब्द सामन्ती प्रथा या सामन्तवाद को इतना व्यापक बना देगा कि वह पूँजीवाद के पहले की सभी प्रणालियों–यहाँ एक कि दास प्रथा जिसमें किसान द्वारा की जाने वाली खेती के व्यापक तत्त्व निहित थे, को अन्तर्लीन करने के लिए मनोगत रूप से योग्यता प्राप्त कर लेगा।[31]

पारिभाषित शब्द दास-प्रथा के द्वारा 'सामन्त' शब्द के प्रयोग में लचीलापन न पा सकने के कारण मार्क्सवादी अपनी सम्पूर्ण सद्‌भावनाओं के बावजूद अभी तक दास-समाज खोज निकालने में असफल रहे हैं जिसे प्रत्येक सभ्यता के यौवन काल में पाया जाना चाहिए था। चीन में उसका युग सुदूर पुराकाल के अँधेरे में धकेल दिया गया है।[32] यहाँ तब कि वे लोग भी जो अभी तक निर्धारित प्रतिरूप के पक्ष में तर्क देते हैं, वे भी किसान की आवश्यक मंज़िल के रूप में दास-प्रथा को त्यागने के लिए तत्पर दिखाई देते हैं तथा उसे आ-सा-पूँ के क्रम में परिवर्तित कर देते हैं। किन्तु इस संशोधन का एक असंगत परिणाम यह होगा कि अधिकांश देशों के लिए सामन्तवाद समूचे प्राक् पूँजीवादी अतीत का पर्यायवाची हो जायेगा तथा हम समय के साथ वर्ग-सम्बन्धों में होने वाले महत्त्वपूर्ण परिवर्तनों की तलाश नहीं कर सकेंगे।

अन्त में प्रश्न भी उठता है कि क्या मानक यूरोपीय शृंखला 'आ-दा-सा-पूँ' की प्रत्येक कड़ी को तत्कालीन विश्व में सामाजिक विकास की सर्वोच्च सम्भव मंज़िल का सूचक मानना चाहिए। उदाहरण के लिए जिस समाज से पूँजीवाद का विकास हुआ क्या उसे अपने समय के सबसे उन्नत समाज के रूप में देखना चाहिए?[33] इस पर क्षण-भर विचार करने से ही मालूम हो जायेगा कि यह किसी भी अर्थ में निश्चित नहीं है। आज चीन एक समाजवादी देश है और सामाजिक व्यवस्था की दृष्टि में अमेरिका में पूरा एक युग आगे है लेकिन किसी भी अर्थ में यह इस बात का द्योतक नहीं है कि सन् 1949 के पहले का प्राचीन चीनी समाज अमेरिका से उन्नत था अथवा उसकी बराबरी के स्तर का था। बीसवीं शताब्दी में चीन में समाजवाद इसलिए कायम नहीं हुआ कि उसकी अपनी अर्थव्यवस्था

पूरी तरह पूँजीवाद में विकसित हो चुकी थी बल्कि ऐसा इसलिए सम्भव हुआ कि दुनिया के दूसरे हिस्सों में पूँजीवाद का विकास हो चुका था।[34] उसी प्रकार यदि यूरोप में सामन्तवाद से पूँजीवाद का उदय हुआ तो यह सम्भव है कि कुछ युग परिवर्तनकारी चीनी आविष्कारों (जैसे चुम्बकीय दिशासूचक यन्त्र, काग़ज़, छापाखाना तथा बारूद आदि)[35] ने संक्रमण की प्रारम्भिक अवस्थाओं में निर्णायक भूमिका अदा की। अपने-आप में सामन्ती यूरोप इन आविष्कारों की खोज के सन्दर्भ में उतना ही अशक्त अथवा धीमा होता जितना कि अपने आन्तरिक अन्तर्विरोधों के माध्यम से पूँजीवाद के विकास में चीन। यह स्पष्ट है कि मार्कोपोलो के समय का चीन तकनीक तथा माल उत्पादन की दृष्टि से यूरोप से कहीं आगे था। अतः हमें इस अनुमान को कि विकास की सर्वोच्च मंज़िल पर पहुँचने वाला समाज स्वयं अपने आप अपरिहार्य रूप से अगली उच्चतर मंज़िल पर पहुँच जायेगा, अनैतिहासिक और अद्वन्द्वात्मक होने के कारण स्वीकार नहीं किया जाना चाहिए। वस्तुतः हमें विश्व पैमाने पर सामान्य उन्नति की दृष्टि प्रत्येक समाज के विकास को प्रगति और अवनति के क्रम में देखना चाहिए।

अतः यह निश्चित है कि आ-दा-सा-पूँ की शृंखला के अन्तर्गत अतीत में मौजूद सभी आदिम और वर्ग समाज अन्तर्निहित नहीं हो सकते और न ही यह अनुक्रमण की किसी सार्वभौमिक व्यवस्था का प्रतिनिधित्व करती है जिसमें यह सुनिश्चित हो कि कतिपय सन्दर्भों में सामन्तवाद के अनुरूप समाज से ही दास प्रथा जैसे किसी समाज का स्थान लिया होगा तथा विपरीत क्रम घटित नहीं हुआ होगा। निस्सन्देह, इस शृंखला की अन्तिम कड़ी पूँजीवाद ही होगी (अथवा उपनिवेशवाद अर्थात प्राक् पूँजीवादी अर्थव्यवस्था पर किसी बाह्य पूँजीवाद अर्थव्यवस्था का आधिपत्य) चूँकि, मशीनी उद्योग पर आधारित पूँजीवाद को सभी भौगोलिक अवरोधों को पराभूत करने में सफलता प्राप्त हुई अतः वह शोषण की एक सार्वभौमिक प्रणाली बन गयी। अतः इस विश्वास का कोई कारण नहीं है कि आ-दा-सा का क्रम ही पूँजीवाद के उदय से पूर्व के सर्वाधिक विकसित समाजों का मानक पथ था। इतिहास की भौतिकवादी अवधारणा अनिवार्यतः एक निश्चित सार्वभौमिक काल विभाजन को निर्धारित नहीं करती अपितु वह वर्ग-समाजों के विकास के विश्लेषण के लिए सिर्फ़ एक पद्धति प्रस्तुत करती है तथा सैद्धान्तिक रूप से किसी भी काल-विभाजन की उपयोगिता केवल इतनी है कि वह इस प्रकार की पद्धति के विनियोग को निर्देशित करे। दूसरे शब्दों में किसी देश विशेष में जो रास्ता तय किया गया, वह आ-दा-सा-पूँ या आ-दा-'सा'-पूँ, या आ-सा-'दा'-पूँ, या अ ब स पूँ जहाँ पूँ पूँजीवादी या औपनिवेशिक मंज़िल का द्योतक है, उससे मार्क्सवादी

अवधारणा के सार तत्त्वों पर कोई फ़र्क़ नहीं पड़ता।[36] किसी अन्तर्विरोध विशेष के समाधान के सन्दर्भ में निर्णायक बात किसी समाज में प्रमुख अन्तर्विरोधों (अर्थात वर्गीय अन्तर्विरोधों) को परिभाषित करना, उन्हें तेज़ करने वाले कारकों को पहचान कर अलग करना तथा समाज व्यवस्था की आवृत्ति की रूपरेखा तैयार करनी होती है। यह सम्भव है कि 'आ-दा-सा-पूँ' के नियत प्रारूप से मुक्त होकर मार्क्सवादी इस कार्य को सम्पन्न करने में अपना बेहतर ढंग से उपयोग कर सकें क्योंकि उनके लिए युग के उन्हीं मूलभूत नियमों (रूसियों का प्रिय शब्द बन्ध) अथवा तथाकथित रूप से तद्नुरूप यूरोपीय युग के सन्दर्भ में आधारभूत रूप से प्रस्तावित 'प्रधान चालक' को खोजने की विवशता नहीं होगी।

III

अतः यान्त्रिक ढंग की नक़ल अथवा उदारवादी मतों से समझौता किये बग़ैर मार्क्सवाद के सारतत्त्वों पर आधारित विश्लेषण की आवश्यकता है यद्यपि इससे स्वाभाविक रूप से मार्क्सवादी इतिहासकारों का दायित्व और भी गम्भीर हो जाता है। जो स्थिति आज है, उसमें यदि भारतीय इतिहास के विभिन्न पहलुओं पर व्यक्तिगत मार्क्सवादी अध्ययनों के शुद्ध परिणाम एक साथ रखे जायें तो अधिकांश मामलों में निर्धारित काल-विभाजन को छोड़ देने की आवश्यकता के प्रति उनके लेखकों को अचेतनता के बावजूद यह स्पष्ट रूप से दिखाई देगा कि उनमें आ-दा-सा-पूँ के मानक का उपयोग नहीं किया गया है।[37]

पर्याप्त साक्ष्य के अभाव में यह कहना असम्भव है कि सिन्धु सभ्यता में दास प्रथा थी या नहीं। प्रारम्भिक भारतीय आर्यों के समाज की व्याख्याएँ भी लगभग अनुमान ही हैं यद्यपि उसमें भूमि के निजी स्वामित्व, किसानों द्वारा कृषि दास प्रथा, सभी रूप में मिलती हैं। कोसम्बी विशिष्ट भारतीय ग्रामीण समाज का निर्माण काल मौर्यों के बाद निश्चित करते हैं और उनके अनुसार इस समाज में आन्तरिक विकास से सामन्ती व्यवस्था का निर्माण हुआ। भू-दासता की उपस्थिति और विकेन्द्रीकृत राज्यव्यवस्था के कारण प्रो. रामशरण शर्मा भी 400 ई. सन् से 1200 ई. सन् तक के काल में यूरोपीय सामन्तवाद के साथ उत्तरोत्तर बढ़ती हुई समानताओं को लक्षित करते हैं।

किन्तु सन् 1200 ई. के बाद ये समानताएँ लुप्त होने लगती हैं। मुग़लकालीन भारतीय समाज (16वीं-17वीं शताब्दी) की संरचना के जो मूल तत्त्व उपस्थित किये गये हैं, वे संक्षेप में इस प्रकार हैं—किसान वर्ग में पर्याप्त स्तरीकरण; बादशाह के अधिकारियों (जागीरदारों) से बने छोटे से शासक वर्ग में राजस्व के स्रोतों का

विवरण। अतः मुख्य अन्तर्विरोध बादशाह की अफ़सराशाही और किसानों के बीच था। एक बड़ा शहरी बाज़ार भी मौजूद था जो अमीरों और उनके सैनिक दस्तों के ख़र्चे पर आश्रित था। वाणिज्यिक साख, बीमा और आरम्भिक जमा बैंक प्रणाली के संगठन को देखकर पुनर्जागरण कालीन यूरोप के परिदृश्य का चित्र हमारे सामने उपस्थित हो जाता है।

पूर्ववर्ती सहस्राब्दी के सामन्ती समाज की भाँति उक्त समाज को भी उसी युग के एक हिस्से के रूप में मान्यता प्रदान करने में कोई संगति दिखाई नहीं पड़ती। और न ही यह कोई दृढ़तापूर्वक कह सकता है कि केवल व्यापक माल-उत्पादन (और इस प्रकार कुछ अंश तक मुद्रा के प्रचलन) के कारण इस समाज में पूँजीवाद के लिए स्थिति परिपक्व हो रही थी (सन्दर्भ : ऐन्टानोवा और पावलोव)। यहाँ मार्क्स की इस चेतावनी को ध्यान में रखना चाहिए कि उत्पादन के तरीक़े के रूप में पूँजीवाद (जिसमें उजरती मज़दूर को उसके औज़ारों से अलग करना अनिवार्य है) ऐतिहासिक दृष्टि से व्यापारिक पूँजी का प्रतिवाद है।[38]

अधिक सतर्कता के साथ विचार करने पर अवसरवादी मूल्यांकनों को रोका जा सकता है। सत्रहवीं शताब्दी के भारत में पूँजीवादी विकास की सम्भावनाओं को देखने पर अगला क़दम राष्ट्रीयताओं के उदय की खोज तथा शिवाजी जैसे सरदार को किसान नेता के रूप में तथा मराठा जाति के राष्ट्रीय नायक के रूप में जय-जयकार होगा।[39] अन्धराष्ट्रवाद को इस प्रकार की रियायतें दो दृष्टियों से ग़लत हैं—यह पूरी तरह अनैतिहासिक तो है ही अन्ततः प्रतिक्रियावादी चक्की के लिए दाने का काम भी करती है।

मार्क्सवादियों को सर्वप्रथम और मुख्यतः अपना ध्यान वर्ग-संघर्षों के अध्ययन पर केन्द्रित करना चाहिए। उदाहरण के लिए सत्रहवीं शताब्दी में किसान विद्रोहों के व्यापक प्रमाण मिलते हैं और यह अतिशय महत्त्व का कार्य है कि उन मूलभूत कारकों (जैसे राजस्व को कम करने की माँग) का विश्लेषण किया जाये जिन्होंने उन विद्रोहों की पृष्ठभूमि में प्रेरक की भूमिका निभाई, उन्हें उकसाने या दबाने में ज़मींदारों द्वारा निभाई गयी भूमिका का अध्ययन किया जाये तथा उन विद्रोहों की (जहाँ वे औपचारिक रूप से सफल रहे हैं) दिशा और आगामी विकास का पता लगाया जाये।[40]

एक अन्य क्षेत्र जिसमें मार्क्सवादियों को पथ-प्रदर्शन की भूमिका निभानी है, वह है। तकनीकी विकास का अध्ययन। चूँकि उत्पादन के साधनों और उत्पादन के सम्बन्धों के बीच घनिष्ठता पर ज़ोर देते हैं, अतः इस क्षेत्र में समुचित कार्य न होने के कारण हम अपने-आपको बाधाग्रस्त पाते हैं।

मार्क्सवादी दृष्टिकोण के साथ पर्याप्त कार्य होने के बावजूद हमारा पथ अभी भी बहुत कठिन तथा बाधाओं से भरपूर है। अवश्य ही इसके अनेक कारण हैं : भारत में इतिहास लेखन की प्रारम्भिक अवस्था तथा द्वितीय स्तर के (अमौलिक) समग्र कार्य पर अन्धराष्ट्रवाद का प्रतिक्रियावादी विचारों का गहरा प्रभाव, जिस मार्क्सवादी लेखन का हमें अपने व्यावसायिक कार्य के दौरान साक्षात्कार होता है उस पर संशोधनवाद का बढ़ता हुआ वर्चस्व विशेषतः यूरोप में और अन्त में जिस वर्ग के हितों का झंडा ऊँचा करने का हम दावा करते हैं, उस वर्ग से हम लोगों में से अधिकांश का जैसे स्वयं मेरा, वास्तविक अलगाव।

हमारे नियत कार्य जितने कठिन हैं उतने ही वे उत्तेजनाप्रद तथा फलप्रद भी हैं। यदि हम दृढ़तापूर्वक क्रान्तिकारी आधार पर निरन्तर खड़े रहे और अपने अथक शोध कार्य द्वारा आगे ले जाते रहे तो कोई कारण नहीं है कि हम एक न एक दिन प्रतिक्रियावाद द्वारा थोपे गये अन्धकार के पर्दे को न चीर सकें तथा भारत की श्रमजीवी जनता के वास्तविक इतिहास का उद्‍घाटन न कर सकें।

सन्दर्भ और टिप्पणियाँ

1. ये लेख अनेक बार प्रकाशित हुए हैं। सर्वाधिक उपयोगी संस्करण है *आर्टीकल्स ऑन इंडिया,* बम्बई, 1951, पृ. 21, 29, 66-73
2. देखें *प्रीकैपिटलिस्ट इकोनॉमिक फॉरमेशन्स,* पृ. 68-83
3. *कैपिटल,* I, सम्पादन, डी, टॉर, पृ. 350-52, 610
4. *एंटीड्यूरिंग,* अंग्रेज़ी संस्करण, मॉस्को, 1947, पृ. 271
5. वही, पृ. 416-7
6. वही, पृ. 264
7. वही, पृ. 274
8. चूँकि एंगेल्स की पुस्तक को पाण्डुलिपि से पढ़कर मार्क्स को सुनाया गया और जिसमें उन्होंने एक अध्याय भी लिखा, अतः यह मानना पड़ेगा कि एंटीड्यूरिंग में दिये गये वक्तव्यों को उनकी भी स्वीकृति थी।
9. हॉब्सबॉम, *प्रीकैपिटलिस्ट इकोनॉमिक फॉरमेशन्स की भूमिका,* पृ. 58
10. *ओरिजन,* मास्को, 1948, पृ. 248
11. *कैपिटल,* I, सम्पादन, डी, टॉर, पृ. 610
12. भूमिका, पूर्वोक्त, पृ. 52 (पाद टिप्पणी)। विटफोगिल की पुस्तक *ओरियंटल डेस्पोटिज़्म* भी देखें, पृ. 386। विटफोगिल अत्यन्त सपाट ढंग से यह कहते हैं कि एंगेल्स यहाँ प्राच्य निरंकुशतावाद की बर्बर दुनिया को सभ्यता की परिधि से अलग रखते हैं। यह याद रखना चाहिए कि जब एंगेल्स ने 1888 में 'कम्युनिस्ट मैनीफेस्टो' में प्रस्तुत सुप्रसिद्ध स्थापना कि 'अब तक मौजूद समाज का इतिहास वर्ग संघर्ष का इतिहास

रहा है' को उनके विशिष्ट अर्थ के साथ प्रस्तुत करने की इच्छा व्यक्त की तो उन्होंने इतिहास के पहले 'लिखित' विशेषण लगातार संशोधित किया और स्पष्ट किया कि इस सामान्य नियम का एकमात्र अपवाद आदिम समाज था, जिसके अवशेष दोनों महाद्वीपों में—आयरलैंड से लेकर भारत तक मिलते हैं। इस सन्दर्भ में उन्होंने कोई भौगोलिक अपवाद नहीं माना।

13. जैसा कि ऐलिफस्टन तथा सेवेल की पुस्तक से लिए गये नोट्स से पता चला है—जो अब अंग्रेज़ी में *नोट्स ऑन इंडियन हिस्ट्री* (664-1858) नाम से प्रकाशित है। मॉस्को-अदिनांकित।

14. देखें, डेनियन थॉर्नर, *मार्क्स ऑन इंडिया एंड दि एशियाटिक मोड ऑफ़ प्रोडक्शन, कॉन्ट्रीब्यूशन्स टू इंडियन सोशियोलॉजी,* IX, 1966, पृ. 60-62

15. जर्मन सोशल डेमोक्रेट्स को लिखे पत्र के सजगतापूर्वक तैयार किये गये एक मसौदे में मार्क्स और एंगेल्स ने पुनः 1979 में यह लिखा कि हम लोग लगभग चालीस वर्षों से इस बात पर बल दे रहे हैं कि इतिहास की निकटस्थ प्रेरक-शक्ति वर्ग-संघर्ष है और विशेषतः पूँजीपति वर्ग और सर्वहारा वर्ग के बीच का वर्ग-संघर्ष आधुनिक सामाजिक क्रान्तियों का महान उत्तोलक है।
(मार्क्स-एंगेल्स, कोरसपोन्डेंस कलकत्ता, 1945, पृ. 332-3, *बल हमारा*) यदि एशिया, अफ्रीका तथा उत्तरी और दक्षिणी अमेरिका को प्रस्थापना के प्रथम उपवाक्य से बाहर रखा जाये तो इसमें कोई नासमझी नहीं है।

16. देखें, हॉब्सबॉम की भूमिका, *प्रीकैपिटलिस्ट इकोनॉमिक फॉरमेशन्स,* पृ. 69, तथा पादटिप्पणी, सन्दर्भों सहित। पेरिस के एम. गोडेलियर ने एक लम्बा लेख प्रकाशित किया है—'एशियाटिक मोड ऑफ़ प्रोडक्शन एंड दि मार्किसस्ट स्कीम ऑफ़ दि इवॉल्यूशन ऑफ़ सोसायटीज' जिसका संक्षिप्त अंग्रेज़ी रूप '*एंक्वायरी*' वॉल्यूम II, संख्या-2-3 (न्यू सीरीज)। प्रस्तुत विषय में रूस में नये सिरे से रुचि लिए जाने की सूचना मिली है।

17. इन 'नोट्स' में गोडेलियर, मार्क्स में विभिन्न वक्तव्यों को साथ-साथ मिलाकर और अन्य अवसरों पर स्वयं उनके द्वारा स्वतन्त्र रूप से संगृहीत किये गये तथ्यों के साथ, 'एशियाई पद्धति' की एक सुनिश्चित योजना तैयार करते हैं जो एक़दम वास्तविक तथा भ्रामक है। 'उद्धृत द्वारा डी. थॅर्नर' *कॉन्ट्रीब्यूशन्स टू इंडियन सोशियोलॉजी*-IX, पृ. 63

18. विटफोगिल, *ओरियंटल डेस्पोटिज़्म,* पृ. 7

19. हॉब्सबॉम, *पूर्वोक्त,* 61

20. वही, पृ. 34

21. एंक्वायरी, न्यू, सीरीज II, पृ. 88, हॉब्सबॉम के भिन्न गोडेलियर का यह विश्वास है कि पश्चिमी दास एशियाई समाज से विकसित हुआ था।

22. विटफोगिल की मेरे द्वारा की गयी समीक्षा देखें, *एंक्वायरी* 6, पृ. 54-73। *एन एक्जामिनेशन ऑफ़ विटफोगिल्स थियरी ऑफ़ ओरियंटल डेस्पोटिज़्म*'।

23. मार्क्स और एंगेल्स, 'सेलेक्टिड कोरेसपोन्डेंस, 1846-1895, कलकत्ता, पृ. 363
24. *एंटीड्यूरिंग,* मॉस्को, 1947, पृ. 264
25. दुर्भाग्यवश, इन बहसों की कोई सूचना अंग्रेज़ी में उपलब्ध नहीं है। केवल विटफोगिल ने ही इस विषय में रुचिपूर्वक लिखा है (*पूर्वोक्त,* पृ. 402-04)।
26. अतः अधिकृत सोवियत 'भारत-विद्या' इस सन्दर्भ में अपना विश्वास व्यक्त करती है कि मार्क्स और एंगेल्स के कार्यों में भारतीय सामन्तवाद की प्रमुख विशेषताओं के सम्बन्ध में टिप्पणियाँ मिलती हैं और उनका पद्धतिगत रूप में बुनियादी महत्त्व है। (*बी. पावलोव, इंडियन कैपिटलिस्ट क्लास, ए हिस्टॉरिकल स्टडी,* दिल्ली, 1964, पृ. 1)।
27. राइजनर के लेख, जिनके मैंने केवल सन्दर्भ देखे हैं, अंग्रेज़ी में प्रकाशित नहीं हुए हैं। स्मिथ का अग्रणी महत्त्व का विशिष्ट निबन्ध *लोअर क्लास अपराइजिंग इन दि मुग़ल एम्पायर, इसलामिक कल्चर* में 1964 में प्रकाशित हुआ पृ. 21-40। अपने पूर्ववर्ती लेख दि *मुग़ल एम्पायर एंड दि मिडिल क्लासिज, इसलामिक कल्चर,* 1944, पृ. 349-69 के साथ मिलाकर देखने पर किसी को यह सन्देह नहीं रहता कि वे सत्रहवीं शताब्दी को सामन्तवाद का अन्तिम दौर मानकर चल रहे थे जिसमें पूँजीवाद के बीज निहित थे।
28. कृषि शोषण के वर्णन के सन्दर्भ में देखें मेरी पुस्तक *एग्रेरियन सिस्टम ऑफ़ मुग़ल इंडिया।*
29. *स्टडीज़ इन दि डेवलपमेंट ऑफ़ कैपिटलिज़्म,* पृ. 35
30. *दि ट्रांजीशन फ्रॉम कैपिटलिज़्म—ए सिम्पोज़िमय,* लन्दन, 1945, पृ. 2 तथा अन्यत्र भी।
31. माओत्से तुंग, *सेलेक्टिड वर्क्स,* लन्दन, 1954, III, पृ. 74
32. कोसम्बी, *एन इंट्रोडक्शन टू दि स्टडी ऑफ़ इंडियन हिस्ट्री,* बम्बई, 1956, पृ. 10
33. उद्धृत गोडेलियर की यूरोपीय सामन्तवाद की जयजयकार तथा ठीक इसी कारण से उसकी अन्य पद्धतियों से श्रेष्ठता। (*एंक्वायरी,* II, 3, पृ. 95)।
34. उद्धृत माओत्से तुंग, *पूर्वोक्त,* पृ. 77-82
35. जे. नीधम, *साइंस एंड सिविलाइजेशन इन चाइना* IV, 2, कैम्ब्रिज, 1965, पृ. 6-8
36. जब हॉब्सबॉम यह कहते हैं (और वह भी बिना किसी विस्तृत औचित्य प्रतिपादन के) कि ऐतिहासिक भौतिकवाद के सामान्य सिद्धान्त की आवश्यकता केवल यह है कि उत्पादन पद्धतियों का केवल एक अनुक्रम हो, अनिवार्य रूप से चाहे कोई विशिष्ट पद्धतियाँ न हों और वे भी शायद किसी पूर्व निर्धारित क्रम व्यवस्था में चाहे न हों तो उनकी इस बात का क्या बुरा माना जाये। *प्री कैपिटलिस्ट इकोनॉमिक फॉरमेशंस* (9-20)। हॉब्सबॉम की अपनी विशिष्ट टिप्पणियाँ यह प्रकट करती हैं कि वे समाजवाद से पूर्व विकास की क्रम शृंखला में पूँजीवाद को अन्तिम उत्पादन पद्धति स्वीकार करते हैं।
37. मार्क्सवादी कार्य का निम्नलिखित सार-संक्षिप्त मैंने टाइम्स लिटरेरी सप्लीमेंट, जुलाई, 28, 1966 में पुनः प्रस्तुत किया है तथा सेमीनार, 39, *पास्ट एंड प्रेजेन्ट* और

एंक्वावरी 'न्यू सीरीज', II, पृ. 21-25 (*सोशल डिस्ट्रीब्यूशन ऑफ़ लेंडिड प्रॉपर्टी इन प्री-ब्रिटिश इंडिया*) में प्रस्तुत व्यापक सार-संग्रहों पर आधारित है जहाँ पूरे-पूरे उद्धरण दिये गये हैं।

38. *कैपिटल* III, मॉस्को, 1959, पृ. 32
39. श्री डाँगे और उनके अनुयायी इस सन्दर्भ में अग्रणी पंक्ति में रहे हैं।
40. चीन में किसान विद्रोह के ऐतिहासिक महत्त्व के साथ की जाने वाली तुलना दिलचस्प होगी। (उद्धृत, माओत्से तुंग, *सेलेक्टिड वर्क्स*, लन्दन, III, पृ. 75-76)

अध्याय सात

मार्क्सवादी इतिहास-लेखन की समस्याएँ

मार्क्स ने अपनी एक स्थापना देते हुए कहा था : 'दार्शनिकों ने अब तक इस संसार की सिर्फ़ व्याख्या की है। प्रश्न इसे बदलने का है।' मार्क्सवाद अतीत बोध और वर्तमान समय के व्यवहार के बीच एक सहज सम्बन्ध देखता है। इस सम्बन्ध से यह संकेत मिलता है कि दोनों के बीच अनवरत अन्तःक्रिया चलती रहती है। जैसे-जैसे समय बीतता जाता है और इतिहास (अर्थात मानव अनुभव) लम्बा होता जाता है, वैसे-वैसे हमारा वर्तमानकालीन अनुभव हमारे सामाजिक क्रियाकलापों की सम्भावनाओं तथा सीमाओं को स्पष्ट करता जाता है तो हम अपने अतीत की ओर मुड़ने लगते हैं और हमें उसका नया बोध प्राप्त होता है। फ्रांसीसी क्रान्ति के सन्दर्भ में मार्क ब्लॉख की दृष्टि पर विचार कीजिए। वे उसे फ्रांसीसी कृषि इतिहास की निरन्तरता में देखते हैं, विच्छिन्नता में नहीं। यह दृष्टि उन्हें 1917 की रूसी क्रान्ति के बाद प्राप्त हुई। उसी प्रकार चीनी क्रान्ति एक महान क्रान्ति की और 1949 में उसकी सफलता के बाद, हमें सोवियत किसानों की लामबन्दी की सीमाओं के सन्दर्भ में एक नया बोध प्राप्त हुआ। अतीत और वर्तमान की एकता के सन्दर्भ में मार्क्सवादी इतिहास-लेखन की एक बुनियादी ज़िम्मेदारी है कि वह अनुसन्धान के लिए नये-नये पक्षों का उद्घाटन करता रहे और नये-नये प्रश्नों और उनके उत्तर तलाशना जारी रखे। 1917 के बाद के समाजवादी समाजों के इतिहास के सन्दर्भ में इसकी आवश्यकता को अधिक स्पष्ट ढंग से समझाया जा सकता है। ज़ाहिर है कि समाज के विषय में इतिहास का अध्ययन सार्थक ढंग से केवल उस सूचना के आधार पर किया जा सकता जो मार्क्सवाद के क्लासिकीय ग्रन्थ हमें उपलब्ध कराते हैं। समाजवाद का लम्बा तथा जटिल इतिहास न केवल समाजवादी देश की जनता के लिए अत्यन्त महत्त्वपूर्ण है बल्कि उन सबके लिए महत्त्वपूर्ण है जो अपने-अपने समाजों को समाजवाद का रूप देना चाहते हैं।

इसके अतिरिक्त कुछ अन्य कारक भी पूर्ववर्ती धारणाओं पर निरन्तर पुनर्विचार की प्रेरणा देते हैं। जैसे-जैसे अनुसन्धान विस्तृत होता जाता है तो उस प्रक्रिया में कुछ ऐसे नये-नये तथ्यों का उद्घाटन भी होता रहता है जिनकी जानकारी हमें पहले नहीं थी। बिना किसी अनावश्यक शालीनता के हम यह कह सकते हैं कि भीतर के विषय में हमारी जानकारी मार्क्स से अधिक है। भारत के विषय में मार्क्स ने जो वक्तव्य दिये हैं, क्या सब उन्हें प्रामाणिक मान सकते हैं; विशेष रूप से तब जब यह मालूम हो कि उक्त सन्दर्भ में उनके पास उपलब्ध सूचना अत्यन्त सीमित थी। विकसित ज्ञान ने हमें स्वभावतः यह दायित्व सौंपा है कि हम उपलब्ध सूचना के आधार पर पुरानी व्याख्याओं की जाँच-पड़ताल करें। यह एक निरन्तर प्रक्रिया है।

यह सही है कि हमें इतिहास के प्रति धर्मशास्त्रीय दृष्टिकोण नहीं अपनाना चाहिए। जब मैं विद्यार्थियों के एक ऐसे संगठन से जुड़ा जिसका नेतृत्व कम्युनिस्ट पार्टी के हाथ में था तो मुझे उन बैठकों में जाना पड़ता था जहाँ मार्क्सवाद की शिक्षा दी जाती थी। उन बैठकों में यह बताया जाता था कि जब मनुष्य इस संसार में आया तो वह आदिम ढंग का साम्यवादी था। इस आदिम साम्यवाद के बाद दासप्रथा आयी। इसके बाद सामन्तवाद आया; और चाहे जो हो, उसी क्रम में समाजवाद भी आयेगा। यह तो एक प्रकार का धर्मशास्त्र है, मार्क्सवाद नहीं। मार्क्सवाद हमें यह शिक्षा देता है कि हम वास्तविक जीवन से जुड़ें। हमारा जो वास्तविक अतीत है और उस अतीत के विषय में हमारा ज्ञान है, वह हमारे अनुभव के समृद्ध होने के साथ-साथ ही विकसित होता जाता है।

इसके अतिरिक्त, मज़दूर वर्ग की विचारधारा के रूप में कोई ऐसी विचारधारा नहीं है जिसका अपने परिवेश में कोई सम्बन्ध न हो। हमेशा ही प्रतिद्वन्द्वी व्याख्याएँ जन्म लेती रहती हैं। हो सकता है इन प्रतिद्वन्द्वी व्याख्याओं का आधार वर्ग-दृष्टि न हो, किन्तु बुर्जुआ कहकर उनकी उपेक्षा करना बहुत विश्वसनीय नहीं होगा। हमें विरोधी विचारधाराओं की चुनौती का मुक़ाबला करना चाहिए तथा उनका विरोध करना चाहिए। यदि मार्क्सवाद को शून्य में रहने की सुविधा होती और किसी मार्क्सवादी को किसी विवाद में न फँसना पड़ता तो बहुत ही अच्छा होता। किन्तु इससे हम किसी को शिक्षित नहीं कर सकते। यदि आप किसी को आश्वस्त करना चाहते हैं तो आपको तर्क करना ही होगा और यदि आप तर्क करते हैं तो फिर दूसरे के तर्क को भी सुनना चाहिए और यह देखना चाहिए कि आपको किस चीज़ का उत्तर देना है। हमें सम्प्रदायवादी, क्षेत्रीयतावादी तथा जातिवादी विरोधियों से तर्क करने चाहिए और उस प्रक्रिया में अपनी भूलों को भी सुधारना चाहिए अन्यथा हमारे विरोधी हमें कठघरे में खड़ा करेंगे।

इसके अतिरिक्त, कुछ और अधिक बुनियादी चुनौतियाँ भी हैं। ग्राम्शी ने बुखारिन की साम्यवाद पर लिखी ए.बी.सी. शृंखला की आलोचना करते हुए लिखा था कि विचारों के युद्ध में, किसी सामान्य युद्ध के विपरीत, आपको अपने शत्रु के सर्वाधिक शक्तिशाली गढ़ पर प्रहार करना चाहिए, कमज़ोर ठिकानों पर नहीं। इसके लिए अनवरत तैयारी तथा आत्मपरीक्षण की आवश्यकता होती है। मार्क्सवादी दृष्टिकोण के विस्तार तथा परिमार्जन की आवश्यकता होती है। यह परीक्षण सामान्य सिद्धान्तों से लेकर विशिष्ट तथ्यों तक के सन्दर्भ में होना चाहिए; चूँकि दूसरे लोग उक्त स्थापनाओं पर बराबर प्रश्नचिह्न लगाते रहते हैं। दूसरों की भर्त्सना करके हमें उत्तर नहीं देना चाहिए। यह अत्यन्त अशोभनीय ढंग है। हमें सावधानीपूर्वक जाँच-पड़ताल करके उत्तर देना चाहिए।

मैं यह मानता हूँ कि वैज्ञानिक समाजवाद निरन्तर अपने अन्दर एक बहस चलाता है, चाहे बाहरी वादविवाद का दबाव न भी हो। 'बहुलता' के सिद्धान्त की मौजूदा मान्यता से बहुत पहले माओ त्से-तुंग ने कहा था कि 'सत्य' अल्पसंख्यकों के पक्ष में भी हो सकता है और सभी 'सत्यों' को पहले पहल अल्पसंख्यकों द्वारा ही अपनाया जाता है। यह सिद्धान्त क्रान्तिकारी दल तथा समाज दोनों पर समान रूप से लागू होता है।

इसी दृष्टिकोण के तहत मैं उन समस्याओं को आपके समाने रखता हूँ जो मेरी दृष्टि में मार्क्सवादी इतिहासकारों के लिए बड़ी समस्याएँ रही हैं। वाद-विवाद आमन्त्रित करने के लिए मैं अपना मत आपके सामने प्रस्तुत करता हूँ। मैं हरगिज एसा नहीं मानता कि मेरा मत अनिवार्य रूप से ठीक ही होगा।

इतिहास में चेतना और पदार्थ

मेरी राय में मार्क्सवादी इतिहास-लेखन के विषय में सामान्य रूप से जो भ्रामक धारणा बनी है उसका एक कारण तो वह पाठ्य पुस्तक दृष्टिकोण है जिसके तहत मार्क्सवाद को नियतिवाद के पर्याय के रूप में प्रस्तुत किया जाता है। जहाँ एक ओर मार्क्सवादियों ने इस मान्यता का विरोध किया है, वहीं दूसरी ओर उन्होंने ऐतिहासिक भौतिकवाद की व्याख्या (उदाहरण के लिए देखें, द्वन्द्वात्मक भौतिकवाद और ऐतिहासिक भौतिकवाद पर स्तालिन का निबन्ध) उसी नियतिवादी शब्दावली में की है। हमें यह बताया जाता है कि किसी विशेष युग की प्रौद्योगिकी (उत्पादन की शक्तियाँ) उस युग के सामाजिक सम्बन्धों (उत्पादन सम्बन्धों) को निर्धारित करती है। ये दोनों मिलकर उत्पादन पद्धति का निर्माण करते हैं और उत्पादन पद्धति विचार जगत और सांस्कृतिक अधिरचना का निर्धारण करती है।

और चूँकि मार्क्स ने कहा ही है कि मनुष्य का सामाजिक अस्तित्त्व उसकी चेतना का निर्धारण करता है। यह तो ठीक है कि तकनीक, वर्गीय सम्बन्ध, उत्पादन पद्धति तथा संस्कृति की अन्तःक्रिया निर्णायक रूप से महत्त्वपूर्ण हैं किन्तु यह कैसे कहा जा सकता है कि सम्बन्धों का एक पक्ष शेष सम्बन्धों के समीकरण का निर्धारण करेगा। कहा जाता है कि मार्क्सवाद पूँजीवाद की ही देन है। यदि पूँजीवाद ने मज़दूर वर्ग को पैदा न किया होता तो उसकी उत्पत्ति भी सम्भव नहीं थी। किन्तु यह सिद्ध करना बहुत मुश्किल होगा कि मार्क्स के बहुआयामी विचार अनिवार्य रूप से अथवा स्वतःस्फ़ूर्त रूप से पूँजीवाद द्वारा उद्भूत परिस्थितियों की ही देन हैं। हाँ, इतना अवश्य कहा जा सकता है कि पूँजीवाद ने मार्क्सवाद की पृष्ठभूमि तैयार की थी, किन्तु संरचना नहीं और ऐसा सोचना किसी भी तरह की नियति से भिन्न होगा। फ़िलहाल मैं अल्थूसर की 'नियतिवाद' और अति 'नियतिवाद' की बहस में नहीं पड़ना चाहता।

ग्राम्शी महान कम्युनिस्ट थे और साम्यवादी दल के संस्थापकों में से एक थे। उनको मुसोलिनी ने जेल में डाल दिया था। उन्होंने एक बार कहा था कि पराजय की स्थिति में 'अनिवार्यता' का सिद्धान्त मार्क्सवादियों के लिए सदैव उपयोगी होता है। जब-जब प्रतिक्रियावादी शक्तियों ने हमें बाहर निकालकर फेंक दिया है, हमें जेल में डाल दिया है, हमारा क़त्ल किया है तो हम अपना मनोबल यह कहकर ऊँचा रखते हैं कि क्रान्ति अनिवार्य है। ग्राम्शी ने कहा कि भावनाओं के उदात्तीकरण का यह एक तरीक़ा है। किन्तु समाजवादी क्रान्ति अनिवार्य रूप से होगी ही, यह विचार कम्युनिस्टों तथा मज़दूरों के लिए अत्यन्त घातक होगा। क्रान्ति के सन्दर्भ में कुछ भी अनिवार्य नहीं है। क्रान्ति के लिए पूँजीवाद नहीं, उसके विरुद्ध संघर्ष अनिवार्य है।

मार्क्सवादी पाठ्य पुस्तकें प्रायः यह बताती हैं कि उत्पादन पद्धति, विशेष रूप से उत्पादन शक्तियाँ हमारे भौतिक आधार का प्रतिनिधित्व करती हैं और विचार उस स्वतन्त्र अधिरचना का निर्माण करते हैं जिसकी बुनियाद यही भौतिक आधार होता है। पुरातत्त्ववेत्ता गोर्डन चाइल्ड अपनी पुस्तक के शीर्षक मैन मेक्स हिमसेल्फ द्वारा यही दर्शाता है कि उत्पादन तकनीक का विचारों से अविभाज्य सम्बन्ध है। पदार्थ तकनीक को जन्म नहीं देता। मानव विचार ही उनको उत्पन्न करते हैं जो कुशलता, दक्षता तथा विज्ञान के रूप में प्रतिबिम्बित होते हैं। मौरिस डॉब अपनी पुस्तक 'स्टडीज़ इन दि डेवलपमेंट ऑफ़ कैपिटलिज़्म' में यह तर्क देता है कि उन आविष्कारों ने जिन्होंने अठारहवीं सदी में ब्रिटिश प्रोद्योगिकी क्रान्ति को जन्म दिया था, उसके पहले नहीं, अपितु बाद में ही अस्तित्त्व में आये,

क्योंकि उससे पहले आर्थिक परिस्थितियाँ अनुकूल नहीं थीं। वस्तुतः इस तर्क के तहत वे उत्पादन शक्तियों का प्रतिलोमी स्वरूप सुझाते हैं अर्थात सामाजिक सम्बन्धों द्वारा भौतिक आधार का निर्धारण।

मार्क्स द्वारा प्रस्तुत ऐतिहासिक विकास की अवधारणा स्पष्ट रूप से अधिक परिष्कृत तथा विश्वसनीय है वह सामाजिक विकास के सन्दर्भ में भौतिकवादी नियतिवाद का विस्तार भर नहीं है। उदाहरण के लिए, उनका यह मानना कि जिस प्रकार हम किसी व्यक्ति का मूल्यांकन इस आधार पर नहीं कर सकते कि वह अपने बारे में क्या राय रखता है, ठीक उसी प्रकार हम सामाजिक परिवर्तन के काल का मूल्यांकन सिर्फ़ उसकी अपनी चेतना के आधार पर नहीं कर सकते। इस वक्तव्य का अभिप्राय यह है कि पूर्ववर्ती उत्पादन पद्धतियों तथा सामाजिक सम्बन्धों की जटिलताओं को उस काल में रहने वाले लोग नहीं देख सकते थे। उसके बाबत वे हमेशा भ्रम में रहे। मार्क्स की राय में इस प्रकार के भ्रामक और अपूर्ण बोध ने विचारों के भावी विकास में बाधा उत्पन्न की तथा सामाजिक परिवर्तन की प्रक्रिया में बाधा पहुँचाई। जब उन्होंने यह कहा कि जनसाधारण को अपनी गिरफ़्त में लेने के बाद विचार भी भौतिक शक्ति बन जाते हैं तो उनका अभिप्राय यही था कि कोई भी चेतना अपना सामान्य रूप ग्रहण करने के बाद व्यक्त विचारों तथा सामाजिक क्रियाकलापों के क्षितिज को सीमित कर देती है। धर्म, नस्ल और समुदायगत पूर्वग्रहों ने वर्ग संघर्षों को अपने रंग में रंग दिया तथा उनके परिणामों को भी अपनी तरह का आकार प्रदान किया। यह ऐसी वास्तविकता है जिसे हम सहज रूप से अपने इतिहास से भी प्रमाणित कर सकते हैं। पूँजीवादी युग में जो कुछ हुआ था उसके साथ ही वैज्ञानिक क्रान्ति का जो परिणाम हुआ, उसके तहत उत्पादन पद्धति तथा सामाजिक सम्बन्धों के बारे में अधिक तथ्यपूर्ण तथा निकटतर बोध की सम्भावना का जन्म हुआ। साथ ही सामाजिक परिवर्तन अथवा सामाजिक क्रान्ति के विषय में भी स्पष्ट तथा प्रशस्त दृष्टि प्राप्त हुई। इसी अर्थ में वर्गीय चेतना के रूप में मज़दूर वर्ग की जो उपलब्धि रही है अर्थात अपने चारों ओर के वास्तविक जगत के सम्यक बोध तथा उसकी क्रान्तिकारी भूमिका की सम्भावना को मार्क्सवादी व्यवहार में इसीलिए महत्त्वपूर्ण स्थान दिया गया है। वस्तुतः इसका अभिप्राय यह है कि विचारों की भूमिका आधुनिक युग में पूर्ववर्ती युगों की तुलना में पर्याप्त रूप से व्यापक हो गयी है। दिशाहीन संघर्षों का स्थान अब दृष्टिसम्पन्न संघर्षों ने ले लिया है। क्या हम यह नहीं कह सकते कि यह मानव विकास की एक विशेषता है और पूँजीपति वर्ग (जिसके कम्युनिस्ट मैनीफेस्टो के अनुसार क्रान्तिकारी भूमिका निभाई थी) न राष्ट्र-राज्य के निर्माण,

संसदीय जनतन्त्र के निर्माण, स्त्री-पुरुष के बीच मत-पेटिका की समानता की स्थापना आदि के द्वारा वैचारिक विकास में महत्त्वपूर्ण योगदान था।

और अब मार्क्सवाद तथा समाजवाद के पथप्रदर्शक सिद्धान्त से लैस होकर मज़दूर वर्ग ने आर्थिक समानता, अवसर की समानता, नागरिक कल्याण के सन्दर्भ में राज्य की भूमिका और नये विचारों को जन्म दिया है। अतः यह कहा जा सकता है कि इतिहास का मार्क्सवादी सिद्धान्त केवल भौतिकवादी नियतिवाद नहीं है, अपितु मानव प्रगति के सन्दर्भ में विचारों की बढ़ती हुई भूमिका तथा उसके योगदान को रेखांकित करता है।

मैं समझता हूँ कि आज भारत में हमारे लिए इसका विशेष महत्त्व है। हमारा वामपन्थी आन्दोलन अपनी इसी ही समझ के साथ आगे बढ़ रहा है। उसी के तहत हमें मज़दूरों, मध्यम वर्गों के वेतन, मज़दूरी और बोनस आदि को माँगों के आधार पर संगठित करना चाहिए। ये सभी माँगें सही हैं क्योंकि यदि हम उन्हें नहीं उठाते तो हम मज़दूर वर्ग तक अपनी पहुँच नहीं बना सकते। बहरहाल, यही हम इन संघर्षों के माध्यम से अपना सम्बन्ध वैज्ञानिक समाजवाद के विचारों, विशेष रूप से जनता की जनवादी क्रान्ति के विचारों से नहीं जोड़ते तो हमारे सभी प्रयास निष्फल होंगे। मज़दूर संघ के क्रियाकलापों के द्वारा प्रत्येक व्यक्ति (भारतीय जनता पार्टी के समर्थकों से लेकर कांग्रेस (आई) तक) को मज़दूर संघ की माँगों के आधार पर जोड़ा जा सकता है। मैं यह महसूस करता हूँ कि इतिहास के प्रति सही मार्क्सवादी दृष्टि और उस विशेष दृष्टिकोण के तहत विचारों की भूमिका अत्यन्त महत्त्वपूर्ण है।

यदि हम 'अनिवार्यता' और 'नियतिवाद' को ही इतिहास की विशेषता के रूप में पढ़ाते रहेंगे तो इनसे उस अर्थवाद को एक औचित्य और तार्किक आधार प्राप्त होगा जिस पर हमारे मज़दूर संघ अतिरिक्त रूप से बल देते रहे हैं। यदि एक ओर हम मज़दूरों की सांगठनिक गतिविधि जारी रखते हैं और दूसरी ओर हमारे मज़दूर जाति और धर्म पर आधारित भेदभाव में पहले जैसी आस्था रखते हैं; अथवा हमारे इलाक़े या बस्ती में किसी भिन्न धर्मावलम्बी की हत्या कर दी जाती है और हम अपना मुँह फेर लेते हैं; अथवा हमारे साथी साम्प्रदायिक दंगों में भाग लेते हैं तो इसके लिए सिर्फ़ मज़दूर दोषी नहीं हैं, अपितु हम सब ज़िम्मेदार हैं, क्योंकि हमने मज़दूर वर्ग के अन्दर सही विचारों का प्रचार-प्रसार नहीं किया। मैं यह देखकर बेहद खुश हूँ कि इंडियन स्कूल ऑफ़ सोशल साइंसिज ने अपने तत्त्वावधान में इतने मज़दूर कार्यकर्ताओं को जमा किया है। यह आपने एक बड़ा क़दम उठाया है, और सारे देश में इसका अनुसरण होना चाहिए।

जातिवाद, साम्प्रदायिकता तथा क्षेत्रीयतावाद के विरुद्ध विचारों के युद्ध में भारत में वामपन्थी आन्दोलन की जीत निश्चित है।

मैं पूर्णतः आश्वस्त हूँ कि मार्क्स यह मानकर चलते थे कि भविष्य में विचारों का महत्त्व बढ़ता जायेगा। जब उन्होंने यह कहा कि भविष्य में मानव जाति आवश्यकता की परिधि से निकलकर स्वतन्त्रता के क्षेत्र में पहुँच जायेगी तो मेरा विश्वास है (यह दुर्भाग्यपूर्ण है कि एंगेल्स से स्वतन्त्रता को 'आवश्यकता' बोध के रूप में व्याख्यायित किया है) कि मार्क्स उत्सुकतापूर्वक यह प्रतीक्षा कर रहे थे कि अन्ततः एक न एक दिन विचार पदार्थ पर अपना प्रभुत्व स्थापित कर लेंगे। विचारों का यह वर्चस्व किसी अध्यात्मवादी गतिविधि के माध्यम से नहीं, अपितु उस प्रचुर भौतिक सम्पदा के द्वारा स्थापित होगा जिसे साम्यवाद के तहत उत्पादित करना सम्भव होगा।

वस्तुतः मार्क्सवाद भौतिकवादी नियतिवाद से अलग हटकर अतीत की व्याख्या भौतिक जगत के साथ उसके वास्तविक सम्बन्धों के सन्दर्भ में करता है और यह आशा करके चलता है कि एक न एक दिन मानवता की ही सार्वभौमिक सत्ता स्थापित होगी। यह सत्ता समाजवाद और साम्यवाद के तहत की जाने वाली प्रगति द्वारा स्थापित की जा सकेगी। यह प्रगति सामाजिक विकास के दो स्तरों, मौजूदा और भावी पर घटित होगी। इसकी रूपरेखा मार्क्स ने 'गोथा कार्यक्रम की आलोचना' में विश्वासपूर्वक प्रस्तुत की है।

मार्क्सवाद के साथ अनिवार्यता का जो पाठ्य पुस्तकीय सिद्धान्त ग़लत ढंग से जुड़ गया है, उससे मुक्ति आज हमारी बड़ी आवश्यकता है। पूँजीवाद और अन्य शोषणमूलक पद्धतियाँ अपने ही बोध अथवा पूँजीवाद के सामान्य संकट से टूटने वाले नहीं हैं। इसके लिए वैचारिक युद्ध में हिस्सा लेने के अतिरिक्त और कोई चारा नहीं है। मेहनतकशों से लेकर शिक्षकों द्वारा श्रम के पक्ष में आर्थिक कार्रवाई से सहायता तो मिलती है, किन्तु वह वर्ग चेतना का विकल्प नहीं हो सकता।

सामाजिक संरचना और वर्ग संघर्ष

अब तक मौजूद समाजों का इतिहास वर्ग संघर्ष का इतिहास रहा है। कम्युनिस्ट घोषणापत्र के गूँजते हुए ये शब्द, ऐसा लगता है कि मार्क्सवादी इतिहासकारों की उन लम्बी-लम्बी बहसों में कहीं खो गये जो 'उत्पादन पद्धति', 'सामाजिक संरचना' विशेष रूप से 'सामन्तवाद' को लेकर चलती रही हैं। मैं स्वयं भी इस विषय में बहुत अधिक विरोध करने की स्थिति में नहीं हूँ,

चूँकि मैंने स्वयं भी इन बहसों में हिस्सा लिया है। और ऐसा भी नहीं है कि ये बहसें पूरी तरह निरर्थक थीं, हालाँकि ऐसा मुझे अवश्य लगता है कि पेड़ गिनने के फेर में जंगल को आँखों से ओझल नहीं करना चाहिए।

मेरी राय में अतीत के सन्दर्भ में कोई भी मार्क्सवादी दृष्टि अपूर्ण है, जो वह संघर्ष से जुड़ी नहीं है। उदाहरण के लिए, डी.डी. कोसम्बी के कार्य को लें, जिनके लिए मेरे मन में अपार सम्मान है। उन्होंने मार्क्सवादी इतिहास लेखन को एक सम्मानजनक प्रवृत्ति के रूप में स्थापित किया। किन्तु यदि आप उनकी पुस्तक 'एन इंट्रोडक्शन टु दि स्टडी ऑफ़ इंडियन हिस्टरी, को पढ़ें तो पायेंगे कि उनके यहाँ वर्ग संघर्ष के सिवा मार्क्सवादी इतिहास-लेखन के सभी तत्त्व मौजूद हैं।

मार्क्स एक महान सिद्धान्तवेत्ता, बड़े भारी पद्धतिकार तथा श्रेष्ठ तर्कशास्त्री थे। उनका वैचारिक प्रारूप बड़ा सुव्यवस्थित था। आप देखें कि उनका ग्रन्थ कैपिटल किस प्रकार पूँजीवादी संचय की ऐतिहासिक प्रवृत्ति के साथ समाप्त होता है? वे उसे क्रान्ति का आह्वान करते हुए समाप्त करते हैं : 'सम्पत्ति अपहर्ताओं का सम्पत्ति हरण।' कैपिटल में उनका विश्लेषण एक विशेष निष्कर्ष की ओर ले जाता है अर्थात पूँजीवादी वर्ग को उखाड़ फेंकना। भारतीय इतिहास का अध्ययन करते समय हमें इस तथ्य को नज़रअन्दाज़ नहीं करना चाहिए कि हम वर्ग शोषण से युक्त समाज में रह रहे हैं, अतः वहाँ वर्ग प्रतिरोध और वर्ग संघर्ष भी होगा। यह भी कि यही हमारा अतीत भी रहा है।

सामाजिक संरचनाओं को परिभाषित करने का प्रश्न इसलिए उठता है कि बिना वर्गों को पहचाने आप वर्ग संघर्ष का अध्ययन नहीं कर सकते तथा वर्गों का सम्बन्ध उन रूपाकारों से होता है जिन्हें हम सामाजिक संरचना कहते हैं। सामाजिक संरचनाएँ क्रमागत सामाजिक संगठनों का निर्माण करती हैं। क्लासिकीय ढंग की क्रम व्यवस्था इस प्रकार रही है—आदिम साम्यवाद, दासप्रथा, सामन्तवाद, पूँजीवाद। क्या यह क्लासिकीय व्यवस्था सार्वभौमिक रही है? यह एक ऐसा प्रश्न है कि बहुत विवादास्पद रहा है। मार्क्स प्राक्-उपनिवेशी भारत को सामन्तवादी नहीं मानते थे। उसमें भू-दासता नहीं थी। तथा कर और लगान में एकरूपता थी। समीर अमीन ने एशियाई पद्धति को जिसकी परिकल्पना मार्क्स ने 1850 ई. में की थी, 'करदाता पद्धति' के रूप में पुनर्जीवित किया है क्रिस विखेम ने उसको 'सामन्ती' (लगान के आधार पर) रूपों में उप-विभाजित किया है। कोसम्बी तथा आर.एस. शर्मा ने तर्क दिया है कि भारत दासप्रथा के चरण से नहीं गुजरा, किन्तु सामन्तवाद के विभिन्न रूप प्रथम सहस्राब्दी अथवा उनके आसपास के उपनिवेशवादी युग के प्रारम्भ तक रहे।

यह विवाद अभी रुकने वाला नहीं है। मैं यहाँ विस्तार से इस पर चर्चा करना नहीं चाहता। मैं सामन्तवाद को सभी प्राक्-पूँजीवादी पद्धतियों को अन्तर्लीन करने वाली पद्धति के रूप में एक सार्वभौमिक व्यवस्था मानने के विरुद्ध हूँ। अतिरिक्त उत्पादन को अपहृत करने का वास्तविक ढंग भिन्न भी हो सकता है। मैं इस बात से सहमत हूँ कि यदि हमें सामन्तवाद को एक सार्वभौमिक पद्धति के रूप में देखने में सफलता नहीं मिलती तो उसका परिणाम यह होगा कि हम विभिन्न क्षेत्रों में विविध सामाजिक संरचनाओं का अस्तित्त्व देख सकेंगे और मैं इसमें कुछ भी असंगत नहीं समझता। मैं पुनः बलपूर्वक आग्रह करूँगा कि यह बात कम्युनिस्ट घोषणापत्र में भी अन्तर्निहित है। उसमें पूँजीवाद को ही प्रथम सार्वभौमिक उत्पादन पद्धति के रूप में स्वीकार किया गया और उससे पहले कि जटिल वर्गीय संरचनाओं की बात भी की गयी है।

मेरी राय में जिस दृष्टिकोण में संशोधन की आवश्यकता है और जिसे चुपचाप बहुत से मार्क्सवादी इतिहासकारों ने स्वीकार कर लिया है वह यह है कि प्रत्येक समाज व्यवस्था अपनी पूर्ववर्ती समाज व्यवस्था के अन्तर्विरोधों से जन्म लेती है और वह भी जब वह अपनें विकास के चरम बिन्दु पर पहुँच जाती है। इस प्रकार दासप्रथा, सामन्तवाद, पूँजीवाद को एक रेखीय क्रम में देखा जाता है जो यदि यूरोप तक भी सीमित रखा जाये तो पता चलेगा कि सामाजिक विकास की उच्चतर अवस्थाएँ केवल यूरोप तक ही सीमित रहीं। मैं इस प्रकार की समझ का विरोध करूँगा। मार्क्स और एंगेल्स के अनेक वक्तव्यों से यह ज़ाहिर होता है कि वे विश्व के अन्य भागों के समकालीन समाजों की तुलना के आधार पर यूरोपीय सामन्तवाद के पिछड़ेपन के प्रति जागरूक थे। उपभोक्ता वस्तुओं के सन्दर्भ में उत्पादकता तथा अन्य पक्षों की दृष्टि से यूरोपीय सामन्तवाद किसी भी तरह संसार की अपने समय की सर्वाधिक विकसित सामाजिक अवस्था नहीं कहा जा सकता। और यह कि यूरोपीय सामन्तवाद केवल अपने आन्तरिक अन्तर्विरोधों के कारण ही पूँजीवाद में परिवर्तित नहीं हो गया था। जोसेफ नीधम ने यूरोप के परवर्ती सामन्तवाद तथा सामन्तवादोत्तर यूरोप के प्रौद्योगिकीय विकास के सन्दर्भ में चीन के प्रौद्योगिकीय आविष्कारों जैसे काग़ज़, छपाई की मशीन, पेडल, मुक्त चक्र (फ्री व्हील) का इस्तेमाल करते हुए माल द्वारा शक्ति-संचरण, नाविक का दिशासूचक यन्त्र, बारूद आदि पर उचित ही बल दिया है। वस्तुतः इसके बिना औद्योगिक क्रान्ति के आधार की कल्पना ही नहीं की जा सकती। यह सही है कि सार्वभौमिक स्तर पर मानव प्रगति हुई है, किन्तु विभिन्न कालों में विभिन्न क्षेत्र एक-दूसरे से आगे रहे हैं। बारहवीं सदी से पूर्व चीन स्पष्ट रूप से बहुत

आगे था। फिर भी चीन में पूँजीवाद नहीं आया। पूँजीवाद के उद्भव के लिए कुछ दूसरे कारकों की भूमिका अपेक्षित होती है। उक्त सन्दर्भ में जहाँ एक ओर समुद्र पारीय लूट (जो पन्द्रहवीं सदी के बाद से यूरोप की एक प्रथा बन गयी थी) तथा दासों के लिए अफ्रीका का रौंदा जाना, एक कारक था वहीं दूसरी ओर वैज्ञानिक क्रान्ति ने अपनी भूमिका निभाई थी।

भारत और चीन को सामन्ती समाजों का नाम देकर हम एक संकेत देते हैं कि यदि उपनिवेशवाद ने हस्तक्षेप न किया होता तो इन समाजों में पूँजीवाद का उद्भव होता। हालाँकि यह अवधारणा बड़ी आकर्षक है, लेकिन मैं इसका विरोध करूँगा। वह भी सिर्फ़ इसलिए नहीं कि इस तरह की अवधारणा के लिए कोई तथ्यपरक आधार मौजूद नहीं था (हालाँकि मेरे सहयोगी इख़्तिदार आलम ख़ान ने उसके पक्ष में ठोस तर्क दिये हैं), अपितु इसलिए भी कि सार्वभौमिक सामन्ती पद्धति की समझ असमान विकास के नियम के (जो मार्क्सवादी द्वन्द्ववाद का अत्यन्त महत्त्वपूर्ण पक्ष है) आश्चर्यजनक ढंग से विरुद्ध होगी।

सभी सामाजिक संरचनाओं के अपने अन्तर्विरोध होते हैं। सर्वाधिक महत्त्वपूर्ण अन्तर्विरोध वर्गीय होते हैं तथा उनकी अभिव्यक्ति वर्ग संघर्षों के रूप में होती है। भारत में हमें यह याद रखना चाहिए कि अंग्रेज़ों के आने से पहले वर्गीय शोषण का एक तन्त्र था। वर्ग संघर्ष भी हुए, जिसमें किसानों और नगरों में रहने वाले ग़रीब लोगों ने भाग लिया। जहाँ एक ओर मार्क्सवादी इतिहासकारों का यह काम है कि वे भारत की जनता के सामने ग़रीब और दलित लोगों की कहानी प्रस्तुत करें, वहीं दूसरी ओर यह भी ध्यान रखें कि वे उन वर्ग संघर्षों के बारे में जो कभी हुए ही नहीं, मनगढ़न्त तथ्य पेश न करें। उदाहरण के लिए, अनेक मार्क्सवादी विद्वान छत्रपति शिवाजी को किसान विद्रोह के नेता के रूप में उनका अभिनन्दन करने के लिए महाराष्ट्र के संकीर्णतावादियों के साथ हो गये हैं। यह एक अनैतिहासिक तथ्य का अभिनन्दन है। 1960 के शुरू में पीपुल्स पब्लिशिंग हाउस ने एक कविता प्रकाशित की थी जो शिवाजी के राज्यारोहण की प्रशंसा में लिखी गयी थी। संयोग से कविता किसानों को सम्बोधित नहीं थी। मुझे इस तथ्य पर हँसी आयी कि जो संस्था मज़दूर वर्ग के पैसे से बनी उसने एक युवराज के अभिनन्दन को उचित समझा।

मार्क्सवादी इतिहासकारों के लिए सिर्फ़ इतना ही महत्त्वपूर्ण नहीं है कि वे दलित वर्गों के विद्रोहों को विस्मृति के गर्भ से मुक्त कर उद्घाटित करें अपितु उन्हें उनके स्वरूप का विश्लेषण कर यह भी पता लगाना चाहिए कि वे किस सीमा तक अपने वर्ग सम्बन्धों के प्रति सचेत थे। कहना है कि वर्गबोध के अभाव

में भी कुछ लोग वर्ग संघर्षों में हिस्सा लेते हैं। दुर्भाग्यवश, बहुत से विद्रोहों के बारे में उन लोगों ने क़लम चलाई है जिन्होंने उन विद्रोहों का विरोध किया था। उन मुंशियों द्वारा लिखा गया जो स्वयं शासक वर्ग के पक्षधर थे। परिणामस्वरूप, हमारे पास कोई ऐसा साधन नहीं है, जिसके आधार पर हम यह पता लगा सकें कि विद्रोही वास्तव में क्या सोचते थे। फिर भी यह पता चलता है कि चीन के किसान विद्रोहों अथवा 1381 ई. के इंग्लैंड के किसान विद्रोहों से वर्गीय चेतना सत्रहवीं सदी के भारतीय कृषि विद्रोहों की तुलना में अधिक थी।

जब चीन के किसान विद्रोहों की महान परम्परा में अपने शासकों के विरुद्ध उठ खड़े हुए तो उसकी मुख्य माँगें थीं : ये माँगें 1860 ई. में तेपिंग विद्रोह के समय तक रहीं। इसी बिन्दु पर आकर चीनी विद्रोहियों ने भूमि वितरण में समानता की माँग और जोड़ दी। 1381 ई. में जब इंग्लैंड के किसान वर्ग के विद्रोह में सिर उठाया तो उन्होंने कृषि भू-दासता की समाप्ति की माँग रखी। किन्तु जब हम भारत के वर्ग संघर्षों के इतिहास पर दृष्टिपात करते हैं तो हमें एक भिन्न तसवीर दिखाई पड़ती है। किसान विद्रोह तो हुए किन्तु किसानों द्वारा सत्ता का यह अन्ध विरोध था। उन्हें वर्गबोध नहीं था। उन्होंने जाति अथवा समुदायों के रूप में विद्रोह किया और उन्होंने दूसरी जातियों और समुदायों को लूटा। उनके लिए शत्रु केवल सरकार ही नहीं थी, बल्कि हर वह व्यक्ति उनकी दृष्टि में शत्रु था जो किसी भिन्न जाति अथवा सम्प्रदाय से सम्बद्ध था। उन्होंने ज़मींदारों को अपना नेता माना और बड़ी संख्या में उनका साथ दिया। हमारे किसानों में वर्गबोध का अभाव क्यों था? इस पिछड़ेपन की जाँच-पड़ताल की जानी चाहिए। उदाहरण के लिए, उक्त सन्दर्भ में जाति व्यवस्था की भूमिका की पड़ताल की जानी चाहिए। उक्त कारकों के अध्ययन से हम सबक ले सकते हैं और आज किसानों को संगठित करने में उनका उपयोग कर सकते हैं।

हमें यह नहीं भूलना चाहिए कि वर्ग संघर्ष दो स्तरों पर दिखाई पड़ता है। दलितों के विद्रोह के स्तर पर, उदाहरण के लिए किसानों के रूप में, दूसरे, दो शासक वर्गों के बीच टकराव के स्तर पर, उदाहरण के लिए फ्रांसीसी अभिजात वर्ग तथा क्रान्ति काल से पूँजीपति वर्ग के बीच। पूँजीपति वर्ग अन्य वर्गों की सहायता भी ले सकता है।

हमें यह देखना चाहिए कि क्या यही बात भारतीय विद्रोहों के सन्दर्भ में भी सही नहीं है, जहाँ किसानों को ज़मींदारी ढंग की राज्य व्यवस्था की स्थापना के लिए इस्तेमाल किया गया। उदाहरण के लिए, शिवाजी और उनके वर्गियों ने किसानों का इस्तेमाल ज़मींदारी व्यवस्था की स्थापना के लिए ही किया था।

इस सन्दर्भ में ग्राम्शी की इस अवधारणा को भी परखना चाहिए जिसके तहत वे यह मानते हैं कि किसान अपनी विचारधारा का विकास स्वयं नहीं कर सकते। हम यहाँ यह टिप्पणी अवश्य कर सकते हैं कि प्रोफ़ेसर रणजीत गुहा तथा दूसरे विद्वानों ने (जो 'सबॉल्टर्न स्कूल के अनुयायी हैं') ग्राम्शी की शब्दावली का विचित्र ढंग से इस्तेमाल किया है तथा उन्होंने उसमें 'अभिजात वर्ग' (इलीट क्लासिज) जैसे शब्द और जोड़ दिये हैं। उन्होंने विचारधारा का संस्कृति के क्षेत्र में सबॉल्टर्न वर्गों (समाज में हाशिए पर स्थित) की कथित स्वायत्तता पर विशेष बल दिया है। उन्होंने पाँच भागों में एक विशाल ग्रन्थ तैयार किया है सबॉल्टर्न स्टडीज़ शीर्षक से। इन इतिहासकारों ने सबॉल्टर्न पद का प्रयोग किसी वर्ग विशेष को अभिहित करने के लिए नहीं किया, अपितु जाति, जनजाति अथवा समुदाय के अर्थ में किया है। उन्होंने प्रायः किसानों और ज़मींदारों के बीच फ़र्क़ को स्पष्ट नहीं किया है। ये इतिहासकार तर्क देते हैं कि इन सबॉल्टर्न वर्गों की अपनी विचारधारात्मक तथा सांस्कृतिक स्वायत्तता होती है। जाति और अन्धविश्वास के सन्दर्भ में उनका अपना परिप्रेक्ष्य है और उस परिप्रक्ष्य को तैयार करने का उन्हें हक़ है जिसका हमें सम्मान करना चाहिए। वे आगे तर्क देते हैं कि अपने उक्त विचारों द्वारा ये सबॉल्टर्न वर्ग (वंचित वर्ग) लोक इतिहास (हिस्टरी फ्रॉम बिलो) की रचना करते हैं। सबॉल्टर्न स्कूल का तर्क है कि भारतीय राष्ट्रीय आन्दोलन की एक विशेषता यह थी कि इन सबॉल्टर्न वर्गों ने अपनी स्वायत्तता बनाये रखी तथा उनका प्रतिरोध परम्परागत रूप में सामने आया। इन तथाकथित सबॉल्टर्न (हाशिए पर स्थित) वर्गों का परम्परागत विचारधारा के प्रति एक विशेष प्रकार का (रहस्यात्मक ढंग का) प्रेम दिखाई पड़ता है और इसकी गवाही उन इतिहासकारों के लेखन से भली भाँति मिलती है।

यह स्पष्ट है कि सबॉल्टर्न मत के समर्थक इतिहासकार मार्क्सवाद को एक विदेशी विचारधारा मानते हैं, जिसे वे राष्ट्रीय मार्क्सवाद कहते हैं। एक विद्वान ने तो अपने वक़्तव्य को दोहराते हुए यहाँ तक कहा है कि जब सबॉल्टर्न वर्ग क्षेत्रीयतावाद, जातिवाद तथा साम्प्रदायिकता का समर्थन करते हैं तो इसे विदेशी विचारधारा (अर्थात मार्क्सवाद) के प्रतिपक्ष में उनकी स्वायत्तता की अभिव्यक्ति के रूप में समझा जाना चाहिए। मैं समझता हूँ कि तथाकथित 'सबॉल्टर्न वर्गों' की परिकल्पना ही मार्क्सवाद सिद्धान्त के विरुद्ध है। यह विचार कि इन सामाजिक समूहों ने अनिवार्य रूप से स्वायत्त विचारधाराओं का विकास कर लिया था (जैसे मार्क्सवाद के अनुसार मज़दूर वर्ग ने किया है), विश्वसनीय ढंग से प्रमाणित नहीं होता। वस्तुतः यदि धर्म जनता की अफ़ीम है, वह धर्म जिसका सम्बन्ध केवल

शासक वर्ग से है तथा उसके प्रति शासित वर्ग की कोई निष्ठा नहीं है, तो उस वर्ग की शासक वर्ग के लिए भी कोई उपयोगिता नहीं हो सकती। किसी भी स्थायी सामाजिक संरचना में शासक वर्ग का प्रभुत्व आंशिक रूप से ही शस्त्र शक्ति पर निर्भर करता है। वस्तुतः इस प्रभुत्व का वैचारिक आधार भी होता है। सच्चाई यह है कि जब तक 'सबॉल्टर्न वर्ग' शासक वर्गों के प्रभुत्व, उनके वर्गीय और वैज्ञानिक शोषण को स्वीकार करते हैं, वे कभी स्वायत्त नहीं हो सकते। एक लगान देने वाला किसान अपने ज़मींदार से स्वायत्त कैसे हो सकता है? वर्गीय शोषण पर आधारित तन्त्र में सांस्कृतिक स्वायत्तता की बात करना असंगत है। यह मानना कि सबॉल्टर्न वर्गों ने अपने निजी, गहरी और भूमिगत विचारधाराओं का विकास कर लिया है, जातिगत विचारधारा की सार्वभौमिक व्याप्ति को देखते हुए संगत प्रतीत नहीं होता। जातिगत विचारधारा एक ऐसी विचारधारा है जिसका प्रभाव कथित सबॉल्टर्न वर्गों और शासक वर्गों पर समान रूप से व्याप्त है। वस्तुतः ये इतिहासकार इन वंचित वर्गों (कथित सबॉल्टर्न) की करुण कथा का आनन्दपूर्ण वर्णन तो करते हैं, किन्तु उनकी मुक्ति की कामना नहीं करते।

मैं बलपूर्वक यह रेखांकित करना चाहूँगा कि इतिहास-लेखन के सन्दर्भ में हमारी भूमिका महज़ एक मुंशी की नहीं है। हम चाहते हैं कि जिन सबॉल्टर्न वर्गों को हम मेहनतकश वर्ग कहते हैं, उनकी शोषण से मुक्ति हो। हमें यह स्पष्ट करना चाहिए कि तथाकथित स्वायत्तता की अवधारणा ऐतिहासिक दृष्टि से ग़लत है। इसके साथ ही हमें मेहनतकश लोगों में आधुनिक विचारों तथा आधुनिक संस्कृति का प्रचार-प्रसार करना चाहिए और इन विचारों का सारतत्त्व वैज्ञानिक समाजवाद होना चाहिए। आज स्वायत्तता की अवधारणा का उपयोग पिछड़े हुए विचारों की रक्षा के लिए एक लबादे के रूप में किया जाता है। उदाहरण के लिए, सबॉल्टर्न स्कूल की अवधारणा के तहत मुसलिम स्वायत्तता का आग्रह 'मुसलिम पर्सनल लॉ' के आदेशों के अनुसार मुसलिम महिलाओं के उत्पीड़न को बनाये रखने का एक तार्किक आधार तैयार करता है। जब कि हम यह जानते हैं कि मुसलमानों को ऐसा कोई स्वायत्त अधिकार प्राप्त नहीं है कि वे अपनी महिलाओं के साथ दमन करें। पुरुषों और स्त्रियों के बीच समानता एक प्रकार की कल्पित स्वायत्तता के ऊपर है। मेहनतकश जनता को पुराने ढंग के संकीर्ण विचारों को त्यागना होगा और मज़दूर वर्ग की विचारधारा अपनानी होगी। उसे जनजादी प्रजातन्त्र तथा समाजवाद की स्थापना को ध्यान में रखते हुए जनता के व्यापक वर्गों का एक संयुक्त मोर्चा बनाना होगा तभी उसकी मुक्ति हो सकती है।

पूँजीवाद और उपनिवेशवाद

मार्क्स ने न्यूयार्क ट्रिब्यून के लेखों, कैपिटल तथा अन्य रचनाओं में उपनिवेशों और इंग्लैंड में पूँजीवाद के उद्‌भव के बीच सम्बन्ध पर विशेष ध्यान दिया। उन्होंने पूँजी के प्राथमिक अथवा आदिम संचय के सिद्धान्त का निरूपण यह व्याख्यायित करने के लिए किया कि किस प्रकार उपनिवेशीय पूँजी से औद्योगिक क्रान्ति का जन्म हुआ। दादाभाई नौरोजी के काल से ही राष्ट्रवादी अर्थशास्त्रियों ने शुल्क अथवा धन के अपवाह (ड्रेन ऑफ़ वेल्थ) को ब्रिटेन के विरुद्ध एक गम्भीर असन्तोष के रूप में पेश किया। दुर्भाग्यवश, ब्रिटेन के मार्क्सवादी इतिहासकारों जैसे डॉब तथा हॉब्सबॉम ने या तो उपनिवेशी सम्बन्धों के इस पक्ष को पूरी तरह से नज़र-अन्दाज़ कर दिया है या ब्रिटेन में पूँजीवाद के उद्‌भव और विस्तार के सन्दर्भ में इसकी भूमिका को बहुत कम करके आँका है। यदि पूँजीवादी अर्थव्यवस्था की संरचना में उपनिवेशवाद के महत्त्व का सम्यक मूल्यांकन करना है तो इस भूल को निश्चित रूप से सुधारना होगा।

एक अन्य दृष्टि से भी उन्नीसवीं सदी के उपनिवेशवाद के मार्क्सवादी मूल्यांकन में त्रुटि दिखाई पड़ती है। एक सीमा तक इसका कारण लेनिन की पुस्तक इम्पीरियलिज़्म : दि हाइएस्ट स्टेज ऑफ़ कैपिटलिज़्म, की असाधारण लोकप्रियता रही है। उक्त पुस्तक से यह ध्वनि निकलती है कि साम्राज्यवाद पूँजीपतियों की उस स्पर्धा का एक माध्यम था जिसके तहत वे बाहरी इलाक़ों और धन को हड़पने में मशगूल थे और यह कि वह वित्तीय पूँजी तथा इज़ारेदारी के विकास के साथ अस्तित्त्व में आया। निस्सन्देह, लेनिन ने यहाँ तक कहा :

जब ग्रेट ब्रिटेन में स्वतन्त्र प्रतियोगिता अपने सर्वोच्च शिखर पर थी (अर्थात 1840 तथा 1860 के बीच) तो ब्रिटेन के प्रमुख राजनीतिक उसकी औपनिवेशिक नीति के विरुद्ध थे और उनका मत था कि ग्रेट ब्रिटेन से उपनिवेशों की पूर्ण मुक्ति अनिवार्य तथा वांछनीय है।

मेरा पक्का विश्वास है कि लेनिन ने यह नहीं लिखा होगा यदि उन्हें यह जानकारी होती कि मार्क्स उसी काल के मुक्त व्यापारियों (फ्री ट्रेडर्स) के उपनिवेश विरोधी व्यवसायों को स्वस्थ सन्देह की दृष्टि से देख रहे थे। जब भारत 'अनुबद्ध' किये जाने (एनेक्सेशन) की प्रक्रिया से था तो हर आदमी चुप था और जैसे भारत की प्राकृतिक सीमाओं को समेटने के साथ यह प्रक्रिया पूरी हुई तो ये लोग शान्ति का पाखण्डपूर्ण राग अलापने लगे; और फिर भारत पर अपना धूर्ततापूर्ण परोपकारवाद थोपने के लिए पहले एक तरह से उस पर क़ब्ज़ा किया (यह सब उन्होंने 1853 में लिखा)। 1859 में मार्क्स ने लिखा कि विद्रोह के बाद

भारत की भव्य पुनर्विजय अनिवार्य रूप से मैनचेस्टर के स्वतन्त्र व्यापारियों के लिए भारतीय बाज़ार पर अपना एकाधिकार स्थापित करने के लिए सम्पन्न की गयी। वे बड़े ख़तरनाक ढंग से साम्राज्यवाद की मुक्त व्यापार (फ्री ट्रेड) की अवधारणा के निकट पहुँच गये जिसे जॉन गेलेगर तथा रोनाल्ड रॉबिन्सन ने सौ वर्ष बाद (1953) में प्रस्तुत किया था किन्तु उसमें मार्क्स की आर्थिक अन्तर्दृष्टि नहीं थी।

स्वतन्त्र व्यापारिक पूँजीवाद के सन्दर्भ में उपनिवेशों की क्या भूमिका होती है? यह भी मार्क्सवादियों के लिए एक साधारण सैद्धान्तिक समस्या है। समस्त अतिरिक्त मूल्य मज़दूर द्वारा उत्पन्न होता है। अतः ब्रिटेन से भारत को निर्यात किये गये तैयार माल का जो अतिरिक्त मूल्य था, वह भारतीय नहीं ब्रिटिश मज़दूरों के शोषण का प्रतीक था, किन्तु फिर भी इन निर्यातों द्वारा भारत में बेरोज़गारी बढ़ी तथा कारीगरों को अपार कष्ट हुआ। मार्क्स ने जब असमान विनिमय की अवधारणा पेश की हालाँकि उन्होंने इस शब्द का प्रयोग नहीं किया और यह कहा कि धनी देश निर्धन देशों का शोषण करते हैं तो हो सकता है मार्क्स के दिमाग़ में यही प्रश्न रहा हो। अभी तक एक बात बहुत स्पष्ट नहीं है कि मार्क्स की अपनी सैद्धान्तिकता के अनुसार उस असमान विनिमय का ठीक-ठीक तौर-तरीक़ा क्या था। रोज़ा लक्समबर्ग इस प्रश्न के उत्तर के निकट पहुँच गयी थीं। उन्होंने कहा था कि पूँजी में ग़ैर-पूँजीवादी क्षेत्रों (उपनिवेशों सहित) के साथ विनिमय किये बिना पुनरुत्पादन का विस्तार सम्भव नहीं है जिसके तहत और अधिक अतिरिक्त मूल्य अर्जित किया जा सकता है।

रोज़ा लक्समबर्ग की जो भी सैद्धान्तिक कमज़ोरी रही हो (उसके लिए उनकी सहानुभूतिपूर्ण समीक्षा के लिए देखें जॉन रोबिन्सन तथा कठोर समीक्षा के लिए देखें एन. बुनारिन तथा पाल एम. स्वीजी), लेकिन जो प्रश्न उन्होंने उठाये हैं, वे निरर्थक नहीं हैं। यह वह क्षेत्र है जहाँ अभी भी मार्क्स की किसी एक विशेष परिघटना की ऐतिहासिक समझ का, उनके पूँजीवादी उत्पादन तथा उनके वितरण के सामान्य सिद्धान्त के साथ तालमेल बैठाना है।

अब समय आ गया है कि हम पूँजी के निर्यात के प्रश्न को भी उपनिवेशीय सम्बन्धों का एक महत्त्वपूर्ण तत्त्व मानें। रेलवे के अतिरिक्त, भारत में जो भी ब्रिटिश पूँजी थी, उसे आयात नहीं किया गया था, अपितु अधिकारियों के वेतन तथा अंग्रेज़ों की व्यापारिक गतिविधियों की व्यवस्था हेतु भारत में ही पैदा किया गया है। बाद में, इसका भारत से ब्रिटेश को जो स्थानान्तरण किया गया वह भी वस्तुतः उस पूँजी का अपने देश को प्रत्यावर्तन नहीं था, बल्कि धन के अपवाह (ड्रेन) की प्रक्रिया का ही एक अन्य तत्त्व था।

राष्ट्रीय आन्दोलन

रजनी पाम दत्त की पुस्तक 'इंडिया टुडे' (1940-46) से लेकर अब तक भारतीय राष्ट्रीय आन्दोलन पर काफ़ी कुछ लिखा गया है। हाल ही में, ई.एम.एस. नंबूदिरिपाद ने अपनी पुस्तक 'ए हिस्टरी ऑफ़ इंडियाज फ्रीडम स्ट्रगल' में अपना सर्वेक्षण प्रस्तुत किया है। मुझे ऐसा लगता है कि अब राष्ट्रीय आन्दोलन के बारे में यह सामान्य धारणा बन गयी है कि वह भारतीय जनता के सभी वर्गों का एक संयुक्त मोर्चे था; उसमें किसान, मध्य वर्ग, पूँजीपति वर्ग तथा मज़दूर वर्ग शामिल थे। उसमें वड़े ज़मींदारों और राजे-रजवाड़ों की कोई भूमिका नहीं थी। भारतीय राष्ट्रीय कांग्रेस एक प्रमुख राष्ट्रवादी संगठन था किन्तु वह हमेशा ही उक्त संयुक्त मोर्चा को प्रतिबिम्बित नहीं करता था। किन्तु कभी-कभी, जैसे 1930 के उत्तरार्द्ध में वह उस छवि को चरितार्थ करता हुआ प्रतीत होता है।

निश्चित रूप से इस दृष्टि से राष्ट्रीय आन्दोलन के नेताओं की उस कटु आलोचना पर पुनर्विचार की आवश्यकता है जो हमें 1936 की दत्त बैडले थीसिस के पूर्व के दस्तावेज़ों में तथा कभी-कभी बाद में भी मिलती है। किन्तु उक्त आलोचनापरक दृष्टिकोण में संशोधन का यह अभिप्राय हरगिज़ नहीं है कि कम्युनिस्ट तथा दूसरे वामपन्थी समूहों के सभी बुनियादी दृष्टिकोण ग़लत थे, जैसे 1942 के सन्दर्भ में उनका दृष्टिकोण। मैं जब विद्यार्थी था तो उस समय 1942 में कम्युनिस्ट पार्टी के विश्वासघात की बहुत चर्चा होती है। कम्युनिस्टों के लिए कहा जाता था कि तुमने 1942 में राष्ट्रीय आन्दोलन के साथ विश्वासघात किया और अब तुम स्वाधीनता की बात करते हो। हालाँकि उस घटना को बीते लम्बा अरसा हो गया, लेकिन अभी भी यह प्रश्न बराबर पूछा जाता है। अरुण शौरी जैसे लोग 1942 के भारत छोड़ो आन्दोलन के सिलसिले में दिग्भ्रमित हैं, हालाँकि उन्होंने 1988 के निन्दा विधेयक के सिलसिले में सही दृष्टि अख़्तियार की थी। उन्होंने इस घटना को केवल कम्युनिस्टों को लतियाने के लिए इस्तेमाल किया है। हाल में उन्होंने जो कुछ इस बाबत लिखा है, उसमें कुछ भी नया नहीं है। जिन चीज़ों को लेकर उन्होंने हमें लांछित किया है, मुझे गर्व है कि वे चीज़ें हमने कीं। हमें फ़ख्र है कि हमने हिटलर की जर्मनी और जापान के विरुद्ध अंग्रेज़ों को समर्थन दिया। हमें यह भी फख़्र है कि सोवियत यूनियन तथा चीन की भी जो थोड़ी बहुत मदद हम कर सकते थे, वह हमने की। 1942 में हमने जो रुख़ अख़्तियार किया, हम उसे आज भी बहुत हद तक सही मानते हैं। यदि फ़ाँसीवादी जर्मनी की जीत होती तो आज संसार का मज़बूत आन्दोलन कहाँ होता, कुछ कहा नहीं जा सकता।

प्रोफ़ेसर विपिनचन्द्र सम्पादित पुस्तक 'इंडियन स्ट्रगल फॉर इंडिपेंडेंस' (नयी दिल्ली, वाइकिंग, 1988) में जिस तरह वामपन्थियों की भूलों को पूर्वग्रहग्रस्त होकर प्रस्तुत किया गया है, वह दुर्भाग्यपूर्ण है। उन्होंने राष्ट्रीय आन्दोलन में वामपन्थियों की उपलब्धियों और योगदान को कम करके आँका है। बहरहाल किसान आन्दोलन तथा मज़दूर संगठनों का निर्माण कम्युनिस्टों तथा उनके सहयोगियों का ही काम था, यह तथ्य भुलाना नहीं चाहिए।

मेरा आग्रह है कि हमें राष्ट्रीय आन्दोलन को एक सामूहिक विरासत के रूप में देखना चाहिए। जिन्होंने राष्ट्रीय आन्दोलन में महत्त्वपूर्ण भूमिका अदा की थी, उन लोगों का वैयक्तिक मूल्यांकन इस अहसास के साथ संयमित ढंग से करना चाहिए कि वे लोग ब्रिटिश शासन के विरुद्ध खड़े थे। दादाभाई नौरोजी जैसे व्यक्ति के बारे में हमें नकारात्मक राय पेश करने का क्या अधिकार है जो लन्दन में कठिन परिस्थितियों में रहते हुए भी लाखों लोगों के मौन को अभिव्यक्ति दे रहे थे। उन्होंने भारतीय जनता की ग़रीबी की ओर ध्यानाकृष्ट किया और ब्रिटिश साम्राज्यवाद तथा भारतीय जनता के बीच जो अन्तर्विरोध था उसमें भारतीय जनता की ग़रीबी के उन्मूलन को प्रमुख मुद्दे के रूप में स्थापित किया। प्रायः उनकी आलोचना यह कहकर की जाती है कि उन्होंने अपने रखरखाव के लिए बम्बई के कारख़ानेदारों से पैसा लिया। इसमें कुछ भी ग़लत नहीं था, किन्तु इसके लिए उन्होंने कभी कोई समझौता नहीं किया। उन्होंनें कहा कि बम्बई के मज़दूरों के लिए फैक्टरी ऐक्ट होना चाहिए। उन्होंने भारत में इंग्लैंड के लिए होने वाले धन में अपवाह के विषय में लिखा। महत्त्वपूर्ण यह नहीं है कि वे सशस्त्र संघर्ष के विश्वास नहीं करते थे अथवा उन्होनें मज़दूर संगठन बनाने के लिए मज़दूरों को संघबद्ध नहीं किया। जो महत्त्वपूर्ण बात है, वह यह कि उन्होंने ब्रिटिश साम्राज्यवाद की आलोचना उस समय (1860 से 1890 के बीच) की जब उसकी आलोचला करने वाले बहुत कम लोग थे। हम दादाभाई नौरोजी के वारिस हैं। हमारे उत्तर भिन्न हो सकते हैं, किन्तु भारतीय जनता की दशा और उसकी ग़रीबी के कारणों से सम्बद्ध हमारे प्रश्न समान हैं।

अथवा आप आर.सी. दत्त के मूल्यांकन को लें, चूँकि उन्होंने स्थायी बन्दोबस्त का समर्थन किया था तो क्या इसलिए उन्हें ज़मींदारों का प्रवक्ता ठहराया जा सकता है। हम यह भूल जाते हैं कि उन्होंने पंजाब में बड़े ज़मींदारों (जो ब्रिटिश राज के बहुत बड़े हिमायती थे) के विरुद्ध किसानों के अधिकारों का समर्थन किया था। उन्होंने अंग्रेज़ों के निहित स्वार्थों के विरुद्ध भी आवाज़ उठाई थी।

उसी प्रकार गाँधीजी के आकलन का प्रश्न है। राष्ट्रीय आन्दोलन को गाँधीजी को जो देन रही है उस पर हमें निश्चिय रूप से गर्व होना चाहिए। उन्होंने किसानों को राष्ट्रीय आन्दोलन से जोड़ा। बाद में उन्होंने पुरुषों और स्त्रियों के बीच पूर्ण समानता की वकालत की। उन्होंने साम्प्रदायिक सौहार्द की बात की। पूरे महाद्वीप की जनता के भाईचारे का बल दिया। हमें याद रखना चाहिए कि उन्होंने अपनी भूख हड़ताल को ख़त्म करने के लिए दो शर्तें रखीं : पहली यह कि दिल्ली में मुसलमानों का क़त्ल बन्द होना चाहिए, दूसरी यह कि भारत पाकिस्तान को 55 करोड़ रुपये का भुगतान करे। यदि यह अन्धराष्ट्रवाद के विरुद्ध विवेकसम्पन्न दृष्टिकोण नहीं है तो और क्या है। राष्ट्रीय आन्दोलन के सन्दर्भ में गाँधीजी की जो उपलब्धियाँ रही हैं, जैसे लोकव्यापी एकजुटता, साम्प्रदायिकता के विरुद्ध संघर्ष आदि उन पर हमें अपना हक़ समझना चाहिए। गाँधी से हमारे मतभेद रहे हैं। वे उन बातों से आस्था नहीं रखते थे जिनमें कम्युनिस्ट और सोशलिस्ट रखते थे। किन्तु इन सारे मतभेदों का अपना एक विशिष्ट स्वरूप था। गाँधीजी आज के शासक वर्ग के प्रतिनिधि हरगिज़ नहीं थे। क्या आप आज के शासक वर्ग के किसी भी प्रतिनिधि के बारे में यह सोच सकते हैं कि वह किसी गाँव में जाकर किसी भी हरिजन की जान बचाने के लिए अपनी जान की बाज़ी लगा देगा। ऐसी कल्पना भी निरर्थक है। गाँधीजी ने ऐसे लाखों लोगों को सफलतापूर्वक संघबद्ध किया, हालाँकि उनके तौर-तरीक़ों की अपनी सीमाएँ थीं। जनता के प्रति गाँधीजी की सेवाएँ अमिट हैं, उन्हें कभी भुलाया नहीं जा सकता। मार्क्सवादियों को ऐसे प्रयासों के प्रति सजग रहना चाहिए जो गाँधीजी की उपलब्धियों अथवा सेवाओं को अवास्तविक और महत्त्वहीन मानते हैं। निश्चित रूप से भारतीय इतिहास के कैम्ब्रिज तथा सबॉल्टर्न स्कूल के लेखन में यह विचलन दिखाई पड़ता है। वे बड़े प्रभावशाली ढंग से वामपन्थियों को भी अभिजात नेतृत्व का एक हिस्सा मानते हैं।

हालाँकि राष्ट्रीय आन्दोलन के नेतृत्व ने कम्युनिस्ट आन्दोलन के हमारे पूर्वजों को अलग-अलग रखने की पूरी कोशिश की थी किन्तु आज़ादी की लड़ाई में निर्णायक सफलता वामपन्थियों के योगदान के कारण ही सम्भव हो सकी। इस तथ्य से इनकार नहीं किया जा सकता कि सफलता के सन्दर्भ में बड़ी हद तक पूँजीपति वर्ग की भी भूमिका थी। आज आवश्यकता इस बात की है कि राष्ट्रीय आन्दोलन की उपलब्धियों, उसके बुर्जुआ जनतान्त्रिक मूल्यों जैसे धर्मनिरपेक्षता, महिलाओं के अधिकार, राष्ट्रीय एकता, प्रेस की स्वतन्त्रता तथा संसदीय जनतन्त्र आदि को बलपूर्वक रेखांकित किया जाये क्योंकि इन्हीं प्रारम्भिक बिन्दुओं के आधार पर जनता का जनवादी मोर्चा बन सकता है जो जनतन्त्र और समाज के

लक्ष्य को आगे ले जायेगा। इस प्रकार का मंच ही हमारे राष्ट्रीय आन्दोलन का योग्य उत्तराधिकारी होगा।

मुझे लगता है कि हमारे बड़े-बड़े मार्क्सवादियों ने भी मार्क्सवादी इतिहास-लेखन को राष्ट्रवादी इतिहास-लेखन की परम्परा से अलग मानने की भूल की है। जब सबॉल्टर्न स्कूल मुझ पर राष्ट्रीय मार्क्सवादी होने का आरोप लगाता है तो मैं गर्व से भर उठता हूँ। भारतीय जनता ने राष्ट्रवादी शब्द का प्रयोग एक विभिन्न अर्थ में किया है और उसी अर्थ में लोग उसका प्रयोग भी करते हैं अर्थात साम्राज्यवाद के विरुद्ध संघर्ष करने वाला स्वतन्त्रता सेनानी के सन्दर्भ में एक ऐसे व्यक्ति के लिए जो राष्ट्रीय आन्दोलन का अंग था। मैं इन महाशयों (सबॉल्टर्न इतिहासकारों) को यह बता देना चाहता है कि कम्युनिस्ट राष्ट्रवादी थे। हमें राष्ट्रीय आन्दोलन की साझी विरासत के प्रति अपने सम्बन्ध, अपनी भूमिका तथा अपनी दावेदारी के प्रति गर्व का अनुभव होना चाहिए। मार्क्सवाद इतिहास-लेखन राष्ट्रवादी इतिहास-लेखन की परम्परा में ही उभरा है। उदार राष्ट्रवादी इतिहास-लेखन के बहुत से सामान्य तत्त्व इसमें भी हैं, साम्राज्यवादी इतिहास-लेखन के साथ इसका कोई तालमेल नहीं है।

समाजवाद का इतिहास-लेखन

मार्क्सवादी इतिहास-लेखन की एक स्वीकृत कमज़ोरी यह है कि उसमें समाजवादी समाजों के इतिहास का विश्लेषण नहीं मिलता। ये समाज 1917 की रूसी क्रान्ति के साथ अस्तित्त्व में आये थे। जिस प्रकार हमें मार्क्स के सुप्रसिद्ध ग्रन्थ कैपिटल में पूँजीवादी समाज की गति के नियमों को समझने का एक सैद्धान्तिक प्रारूप मिलता है, वैसा प्रारूप समाजवाद के सन्दर्भ में हमें नहीं मिलता। बहुत दिनों तक यह सोच बनी रही कि यदि उद्योगों को राज्य के अधीन तथा कृषि को सामूहिक् कर दिया जाये तो समाजवाद पैदा हो जायेगा। 1952 में सोवियत संघ में पहली बार स्तालिन के पैम्फलेट 'इकोनॉमिक प्रॉब्लम्स ऑफ़ सोशलिज़्म इन दि यू.एस.एस.आर.' में समाजवादी अर्थव्यवस्था से सम्बन्धित कुछ प्राथमिक प्रश्नों की व्याख्या मिलती है। किन्तु स्तालिन ने भी कुछ समस्याओं को या तो बिना सुलझाये ही छोड़ दिया है या वे उनकी दृष्टि से पूर्णतः ओझल रही हैं।

समाजवाद के लिए उन्होंने जो लक्ष्य निर्धारित किया था, वह उच्च तकनीक पर आधारित उत्पादन का विस्तार था। माओ त्से-तुंग ने पहली बार उस परम्परागत प्रारूप से हटकर एक नये रास्ते की तलाश की। अल्थूसर ने माओ के उस योगदान की प्रशंसा की है जो उन्होंने द्वन्द्ववाद के मार्क्सवादी सिद्धान्त के सन्दर्भ में ऑन

कांट्रेडिक्शन जैसा निबन्ध लिखकर दिया है। 1957 में ऑस्कर लांगे ने माओ के बाबत यह टिप्पणी की थी कि उन्होंने ही बलपूर्वक यह याद दिलाया था कि समाजवादी समाज भी अन्तर्विरोधों से गुज़रकर ही विकसित होता है। निस्सन्देह, स्तालिन के निबन्ध में प्रमुख रूप से जो कमी थी, वह यह कि सोवियत रूप से उस अवधि विशेष के अन्तर्विरोधों की ठीक-ठीक पहचान वे नहीं कर सके थे जिनका वे विवेचन कर रहे थे। 1950 के उत्तरार्ध के अपने भाषणों करेक्टली हैंडलिंग कांट्रेडिक्शन्स अमंग दि पीपुल तथा टेन ग्रेट रिलेशन्स में माओ ने स्पष्ट रूप से समाज की दिशा में की गयी प्रगति का एक सैद्धान्तिक आधार तैयार किया था। किन्तु लगता है कि दुर्भाग्यवश 1960 के मध्य तक उन्होंने अपने विचारों में परिवर्तन कर लिया था और वे यह मानने लगे कि चीन में समाजवाद का अन्तर्विरोध समाज और पूँजीवाद के बीच के अन्तर्विरोधों में परिवर्तित हो रहे हैं। उन्हीं के आधार पर उन्होंने सांस्कृतिक क्रान्ति का सूत्रपात तथा नेतृत्व किया। किन्तु हमारे चीनी मित्र उसे अब एक भूल मानते हैं।

वस्तुतः हमें यह विचार करना चाहिए कि समाजवादी समाज में ऐसे कौन से विशिष्ट अन्तर्विरोध हैं जिसका हल ज़रूरी है। इन अन्तर्विरोधों को समाजवाद के अन्तर्गत दो प्रमुख चरणों में विभाजित करके देखना चाहिए :

1. समाजवाद में संक्रमण
2. समाजवाद अथवा मार्क्स के अनुसार साम्यवाद का निम्न स्तर

पहले स्तर पर स्पष्ट रूप से जो अन्तर्विरोध हैं, वे सर्वहारा तथा भूतपूर्व पूँजीपति वर्ग तथा ज़मींदारों तथा सर्वहारा और मध्यवर्ग (धनी किसान आदि) के बीच के अन्तर्विरोध हैं। इस सन्दर्भ में अब कोई विवाद नहीं है, हालाँकि वह समय अब बीत गया है जब हम रूस तथा अन्य समाजवादी देशों में उठाये गये क़दमों को ही एकमात्र उपाय के रूप में स्वीकार करते थे। सोवियत रूस में सामूहिक़ीकरण के लिए अपनाये गये तरीक़ों तथा चीन में 'सहक़ारिता' और 'कम्यून तन्त्र' के पक्ष में जनमत तैयार करने के लिए अपनाए गये तरीक़ों के बीच तुलना करने पर यह पता चलता है कि दोनों दृष्टियों में किसानों के सन्दर्भ में महत्त्वपूर्ण अन्तर है। इससे समाजवाद के निर्माण में प्रयासरत अन्य देशों को भी महत्त्वपूर्ण शिक्षा मिल सकती है।

दूसरे स्तर पर सोवियत रूस तथा चीन दोनों की मौजूदा स्थिति है। उक्त सन्दर्भ में दो बुनियादी अन्तर्विरोधों को उन लक्ष्यों के सन्दर्भ में परिभाषित किया जा सकता है जिन्हें मार्क्स ने 'गोथा कार्यक्रम की आलोचना' में निर्धारित किया था। ये लक्ष्य 'साम्यवाद की उच्चतर अवस्था' के सन्दर्भ में प्रस्तुत किये गये थे।

यह एक ऐसी अवस्था की परिकल्पना थी जिसे अर्जित करना समाजवादी समाज़ का लक्ष्य था।

1. मानसिक और शारीरिक श्रम के बीच अन्तर्विरोध : यह अन्तर्विरोध अनिवार्यतः नौकरशाहों, प्रबन्धकों, बुद्धिजीवियों की ऊँची आय तथा अधिकार के द्वारा उत्पन्न होता है। किन्तु, समाजवाद में उच्च स्तरीय उत्पादन के लिए उक्त तन्त्र को लम्बे समय बनाये रखना ज़रूरी होता है।

2. शहर और गाँव के बीच अन्तर्विरोध : यह अन्तर्विरोध समाजवादी समाज में प्रायः उस समय जन्म लेता है जब कृषि के ऊपर उद्योग का दबाव बढ़ता जाता है। यही 'समाजवादी आदिम संचय' के सिद्धान्त का बुनियादी आधार था। हालाँकि शाब्दिक स्तर पर इसका परित्याग कर दिया गया था, लेकिन उद्योगीकरण का बढ़ावा देने के लिए व्यावहारिक स्तर पर उसे लागू किया गया।

और भी ऐसे अन्तर्विरोध हैं जिसकी जाँच-पड़ताल की जानी चाहिए। राष्ट्र-राज्यों के तन्त्र में ही समाजवाद का जन्म हुआ है; और जब एक विशाल, आर्थिक रूप से शक्तिशाली समाजवादी राष्ट्र दूसरे राष्ट्रों के साथ व्यवहार करता है तो उस स्थिति में राष्ट्रीय अन्तर्विरोधों का उभरना अनिवार्य है।

इन अन्तर्विरोधों का हल समाजवाद के राजनीतिक तन्त्र की एक समस्या है। एक पुरानी बहस में (जिसमें स्टालिन एंगेल्स के साथ थे) यह प्रश्न उठाया गया था कि क्या सर्वहारा का अधिनायकत्व पार्टी का अधिनायकत्व है, अथवा दोनों एक ही चीज़ हैं। स्पष्टतः सदैव सत्ताधारी पार्टी के नेतृत्व का मज़दूर वर्ग के बीच अन्तर्विरोध रहेगा। इन्हें सर्वहारा वर्ग की पार्टी के नाम पर नज़रअन्दाज़ नहीं किया जा सकता।

इसमें कोई सन्देह नहीं कि जब तक भौतिक सम्पत्ति की प्रचुरता के आधार पर साम्यवाद की स्थापना नहीं हो जाती, तब तक ये अन्तर्विरोध बने रहेंगे। चीन में सांस्कृतिक क्रान्ति के बाद जो क़दम उठाये गये (जिनके तहत व्यक्तिगत खेती को पुनः शुरू किया गया) उनसे भी यह तथ्य भली भाँति प्रमाणित हो चुका है। यह अन्तर्विरोध नं. 2 के सन्दर्भ में विशेष रूप से प्रासंगिक है, क्योंकि कम्यून तथा सहकारी फार्मों, दोनों के अतिरिक्त उत्पादन को किसानों के व्यक्तिगत अतिरिक्त उत्पादन की अपेक्षा (जो प्रत्यक्ष रूप से अधिक उत्पादन करते हैं) उद्योग के लिए अधिक सरलता से प्राप्त किया जा सकता है।

सोवियत संघ में हाल ही में पार्टी तथा जनता के बीच में अन्तर्विरोधों को लेकर चिन्ता व्यक्त की गयी है तथा हमारे द्वारा सन्दर्भित उक्त दोनों प्रकार के अन्तर्विरोधों से सम्बन्धित चीन जैसे उपाय विचाराधीन हैं। फिर भी समाजवाद

में वे अधिकार जारी रहते हैं, जिन्हें मार्क्स बुर्जुआ अधिकार कहते थे। किन्तु जैसे-जैसे उत्पादन बढ़ता जायेगा, उन अधिकारों को भी मर्यादित रखा जायेगा। वितरण भी उतना ही महत्त्वपूर्ण है जितना उत्पादन। इस बिन्दु पर स्टालिन द्वारा विचार नहीं किया गया है। समानता, स्वतन्त्रता तथा भ्रातृत्व आदि अवधारणाओं का महत्त्व समाजवादी समाज में महज़ नारों तक सीमित नहीं रहेगा। समाजवादी समाज में उक्त नारों का महत्त्व उस क्रान्तिकारी फ्रांस से भी ज़्यादा होगा जिसने इन्हें पैदा किया था।

समाजवाद के सन्दर्भ में हम अपने इतिहास-लेखन को समाजवाद के अन्दर पाये जाने वाले विभिन्न अन्तर्विरोधों की पहचान और बोध के आधार पर निर्मित कर सकते हैं। समाजवादी देशों के इतिहासकार इस कार्य को अधिक अच्छे ढंग से सम्पन्न कर सकते हैं, क्योंकि उन देशों के अभिलेखागारों तक उनकी सीधी पहुँच होती है तथा वहाँ के समाजों का उन्हें प्रत्यक्ष अनुभव होता है। किन्तु समाजवादी देशों के इतिहासकारों के लिए भी यह कार्य उतना ही महत्त्वपूर्ण है। चार्ल्स वीतलहाइम ने अपनी पुस्तक 'क्लास स्ट्रगल इन दि यू.एस.एस.आर.' में जो दृष्टिकोण व्यक्त किया है, हो सकता है उससे हमारी असहमति हो किन्तु उक्त पुस्तक में उन्होंने सोवियत अनुभव को मार्क्सवादी दृष्टि से विश्लेषित किया है। उनका यह कार्य निश्चित रूप से श्लाघनीय है। वस्तुतः उन्होंने यह चुनौती उन लोगों के सामने पेश की है जो इस कार्य को अपनी भिन्न दृष्टि के तहत यानी समाजवाद के विकास के सन्दर्भ में पूरा कर सकते थे। हालाँकि पिछले सत्तर सालों का समाजवाद एक ठोस हक़ीक़त रहा है, किन्तु पूँजीवाद की क्रूरताओं और अन्यायों को उद्घाटित करके ही उसके प्रति व्यापक जनमत तैयार करना सम्भव नहीं है। मार्क्सवादी इतिहासकारों को अनिवार्य रूप से समाजवादी समाजों के इतिहास और अनुभव के विश्लेषण के सन्दर्भ में अपना स्वतन्त्र प्रारूप बनाना होगा क्योंकि इसी आधार पर तथा इसी के तहत अर्जित अन्तर्दृष्टियों के द्वारा हम अधिक विश्वसनीय ढंग से उस समाजवाद की रूपरेखा को परिभाषित कर सकते हैं जिसे हम भारत में अपनी आकांक्षा के अनुरूप स्थापित करना चाहते हैं।

अध्याय आठ

भारत के सन्दर्भ में मार्क्स की दृष्टि[1]

कार्ल मार्क्स की मृत्यु शतवार्षिकी के साथ ही मार्क्स की दो रचनाओं की 130वीं वर्षगाँठ भी पड़ रही है। ये रचनाएँ जो न्यूयार्क के एक अख़बार के लिए लन्दन के एक संवाददाता के संवादों के रूप में सामने आयी थीं और आज भारतीय इतिहास के बहुचर्चित दस्तावेज़ों में गिनी जाती हैं। 'न्यूयार्क डेली ट्रिब्यून' में प्रकाशित (10 जून तथा 22 जून 1853 के) अपने दो लेखों 'भारत में ब्रिटिश शासन' तथा 'भारत में ब्रिटिश शासन के भावी परिणाम' में मार्क्स ने सचेत रूप से भारत की पूर्व-औपनिवेशिक सभ्यता की मूलभूत प्रक्रिया, भारत पर ब्रिटिश शासन के प्रभाव और भारत के विकास तथा उसकी मुक्ति की भावी दिशा की व्याख्या का लक्ष्य अपने सम्मुख रखा था। यद्यपि ये रचनाएँ अत्यन्त पारदर्शी हैं। राष्ट्रीय आन्दोलन की प्रेरणा का सशक्त स्रोत रही हैं तथापि उन्हें भारत के सन्दर्भ से मार्क्स के समग्र बोध का परिचायक नहीं माना जा सकता। इसका आंशिक कारण तो यह है कि भारत के विषय में मार्क्स ने अन्यत्र भी लिखा है। और अंशतः यह कि 1853 के अपने उक्त लेखों के बाद भी मार्क्स निरन्तर उस विषय पर अध्ययन और चिन्तन करते रहे।

उन्नीसवीं सदी के समूचे छठे दशक के दौरान मार्क्स ने इसी अख़बार के लिए अमुक लेख लिखे जिसमें उन्होंने भारत के बारे में महत्त्वपूर्ण टिप्पणियाँ की हैं। कुछ महत्त्वपूर्ण अनुपूरक टिप्पणियाँ उन पत्रों में मिलती हैं जो इस दशक में मार्क्स और एंगेल्स ने एक-दूसरे को लिखी थीं और उन लेखों में भी जो मार्क्स के आग्रह पर एंगेल्स ने लिखी थीं।[2]

1857-58 में मार्क्स ने पूँजी की रचना की तैयारी के सन्दर्भ में अपनी स्पष्टता के लिए ग्रुंड्रिसे के नाम से विख्यात अपनी टिप्पणियों को दर्ज किया और यहाँ मार्क्स ने भारत को पूर्व पूँजीवादी संरचनाओं की अपनी योजना में स्थान देने की कोशिश की है।[3]

लेकिन, पूँजी में तथा विशेष रूप से पहले भाग (1867) में ही मार्क्स ने (महत्त्वपूर्ण संशोधनों, चेतावनियों तथा नये विवर्धनों सहित) भारत के बारे में अपनी प्रमुख स्थापनाओं को आंशिक रूप से पुनर्व्यक्त किया है। इसके उनका महत्त्व और बढ़ जाता है कि उन्होंने पूँजीवाद की अपनी व्यापक व्याख्या की क्लासिकीय प्रस्तुति के अन्तर्गत उन स्थापनाओं को स्थान दिया है। मार्क्स की मृत्यु के बाद एंगेल्स द्वारा सम्पादित पूँजी के दूसरे और तीसरे खण्डों में भी जहाँ-तहाँ मूल्यवान टिप्पणियाँ मिलती हैं।[4]

1857 के बाद मार्क्स की प्रकाशित रचनाओं में भारत के सन्दर्भ अपेक्षाकृत कम हो जाते हैं। किन्तु, जैसा कि 1857 के बाद किसी समय ली गयीं भारत के इतिहास पर उनकी विस्तृत टिप्पणियों से स्पष्ट है कि वे भारत के विषय में निरन्तर सूचनाएँ संकलित करते रहे।[5] मॉर्गन तथा कोवालेव्सकी का अध्ययन करने के बाद ग्राम-समुदाय में उनकी नयी सिरे से रुचि पैदा हुई।[6]

भारत के बारे में मार्क्स के विचारों का मूल्यांकन करने के लिए उनकी सारी रचनाओं को ध्यान में रखना होगा जो वस्तुतः तीन दशकों में फैली हुई हैं। यही नहीं हम इन सारे टुकड़ों को सीधे-सीधे एक साथ नत्थी भी नहीं कर सकते क्योंकि यह सम्भव है कि समय के साथ-साथ मार्क्स के विचार भी बदल गये हों। पूर्व-औपनिवेशिक भारत की उनकी व्याख्या के बारे में तो यह विशेष रूप से सच है।

I
पूर्व-औपनिवेशिक समाज : परम्परा के प्राप्त सामान्यीकरण

1853 में जब मार्क्स ने ब्रिटिश विजय से पहले के भारतीय समाज के बारे में लिखा तो सम्भवतः उन्होंने भारतीय सभ्यता की हीगेल द्वारा की गयी व्याख्या के विवरणात्मक तत्त्वों को अपना प्रस्थान बिन्दु बनाया था।

हीगेल ने लिखा था, ''हिन्दुओं का कोई इतिहास नहीं है। वास्तविक राजनीतिक स्थिति का आकार लेता हुआ कोई विकास दिखाई नहीं पड़ता।[7] भारतीय सभ्यता का कथित प्रसार एक जड़ और निष्क्रिय विस्तार भर था। अतः 'भारत के लोगों को कोई विदेशी विजय नहीं मिली' अपितु हर बार वे स्वयं परास्त हुए हैं।''[8] सारतः इसी मूल्यांकन को मार्क्स ने अपने प्रसिद्ध उद्धरण में दोहराया है :

''भारतीय समाज का कोई इतिहास नहीं है, कम-से-कम ज्ञात इतिहास तो बिल्कुल ही नहीं है। जिसे हम उसका इतिहास कहते हैं, वह वास्तव में एक

के बाद एक आने वाली आक्रान्ताओं का इतिहास है जिन्होंने प्रतिरोधहीन और परिवर्तनहीन समाज के निष्क्रिय आधार पर अपने साम्राज्य स्थापित किये।''[9]

हीगेल भारतीय (हिन्दू) संस्कृति की विचारधारा में 'कल्पना का सर्वात्मवाद' देखते थे जिसकी अभिव्यक्ति समग्र असीम अस्तित्त्व के सर्वव्यापी दिव्यीकरण तथा दिव्य का सम्मान घटाने में हुई। मनुष्य जब अपने व्यक्तित्व और स्वाधीनता से वंचित होता है[10] तो उसकी अभिव्यक्ति देखी जा सकती है। इसलिए, हिन्दुओं में मानव जीवन के प्रति आदर में निहित नैतिकता नहीं मिलती है।[11] इसी तरह मार्क्स ने यहाँ तक लिखा कि मनुष्य हत्या तक को हिन्दुस्तान में एक धार्मिक प्रथा बना दिया गया। उसने यह ऐसी प्रकृति पूजा को प्रतिष्ठित कर दिया है जिसमें मनुष्य अपनी मनुष्यता खोता जा रहा है। इस मनुष्य का अधोपतन इस बात से भी स्पष्ट हो रहा था कि प्रकृति का सर्वसत्ताशाली स्वामी मनुष्य घुटने टेक कर वानर हनुमान और गऊ शबला की पूजा करने लगा था।[12]

समाज के वास्तविक संगठन में दैवी रूपों की बहुलता के समान ही जाति-बिरादरियों की बहुलता थी। इसे हीगेल ने एक अविभेदीकृत समाज की तुलना में प्रगति के रूप में स्वीकार किया था किन्तु तुरन्त बाद ही में उन्होंने इसे ख़ारिज कर दिया क्योंकि ये जातियाँ अपनी कट्टरता द्वारा अत्यन्त अपमानजनक आध्यात्मिक दासता स्थापित करती हैं।[13] भारतीय गाँव के संगठन में भी उन्हें ऐसी ही अपरिवर्तनीय कट्टरता दिखाई दी थी—''जैसा कि पहले ही कहा जा चुका है, हर गाँव की सारी आय दो हिस्सों में बाँट ली जाती है जिनमें से एक राजा का होता है और दूसरा किसानों का, लेकिन उस जगह के मुखिया (प्रोवोस्ट), न्यायाधिकारी, जल-सर्वेक्षण, ब्राह्मण—जो धार्मिक पूजा-पाठ का निरीक्षण करता है, ज्योतिषी (जो ब्राह्मण ही होता हैं, लेकिन अच्छे और बुरे शगुन बताता है), लुहार, बढ़ई, कुम्हार, धोबी, नाई, वैद्य, नर्तकियों, संगीतकार, कवि को भी अनुपात के अनुसार हिस्से दिये जाते हैं। यह व्यवस्था निश्चित तथा अपरिवर्तनीय है और इस पर किसी का वश नहीं है। इसलिए आम हिन्दू को सारी राजनीतिक क्रान्तियों से कोई मतलब नहीं है क्योंकि उसके भाग्य में कोई परिवर्तन होने वाला नहीं है।''[14]

ग्राम समुदाय का ऐसा ही विवरण देते हुए मार्क्स ने ये सब दुहराया है और इसके लिए 1812 की चर्चित पाँचवीं रिपोर्ट[15] के एक अवतरण को विस्तार से उद्धृत किया है जो सम्भवतः इस विषय में हीगेल का भी आधार था। मार्क्स इन समुदायों को 'जाति-बिरादरी के भेदों की दासता' से दूषित ही नहीं कहते हैं अपितु राजनीतिक घटनाओं के सन्दर्भ में उनके उपेक्षाभाव को भी बलपूर्वक रेखांकित करते हैं। वे भारतीय गाँवों की 'बर्बर अहंमन्यता' पर गुस्से में लिखते हैं कि ये

गाँव ज़मीन के मामूली से टुकड़े से चिपके हुए चुपचाप साम्राज्यों के बिखरने-टूटने, अवर्णनीय अत्याचारों को होते, बड़े-बड़े शहरों की जनसंख्या के क़त्लेआम को देखते रहे। उन्होंने इनके प्रति प्राकृतिक घटनाओं से भी कम ध्यान दिया।[16]

1830 में हीगेल और 1853 में मार्क्स ने जो कुछ लिखा, उसकी तुलना यह दिखाने के लिए नहीं की जा सकती है कि मार्क्स हीगेल की बातों को ही दुहरा रहे थे। यह तुलना केवल इस तथ्य को रेखांकित करने के लिए की गयी है कि अपनी बहुत ही भिन्न आलोचनात्मक विचार-प्रक्रिया के बावजूद मार्क्स को भारतीय संस्कृति की उस समझ से शुरुआत करनी पड़ी थी जो उनके युग के श्रेष्ठतम पूँजीवादी विचारकों के बीच स्वीकृति थी। निश्चय ही महत्त्व की चीज़ यह है कि उन्होंने इसे कैसे आगे बढ़ाया और एक बिल्कुल भिन्न विश्लेषणात्मक ढाँचे में कैसे रखा।

एक बात निश्चित है कि शुरू से ही मार्क्स ने हीगेलवादी सामान्यीकरणों के केवल उन्हीं तथ्यात्मक स्तम्भों को स्वीकार किया था जो उनकी दृष्टि में पर्याप्त रूप से प्रमाणित थे। 1853 में ही वह पाँचवीं रिपोर्ट (1812) जो एक भारी-भरकम दस्तावेज़ है और 'विल्क्स' की 'हिस्टोरिकल स्केचिज ऑफ़ साउथ इंडिया (1810)' देख चुके थे और शायद ग्राम समुदायों पर उसका एक अवतरण एंगेल्स के नाम अपने एक पत्र में उन्होंने दिया है।[17] जॉन कैपबेल की 'मॉडर्न इंडिया (1852)' और जेम्समिल की 'हिस्ट्री ऑफ़ ब्रिटिश इंडिया (1806-10)'[18] और संसदीय बहसों तथा रिपोर्टों और विशेष रूप से 1855 के चार्टर क़ानून के पहले की बहसों तथा रिपोर्टों के ग्रन्थ के ग्रन्थ वे पढ़ चुके थे। उन्होंने मनुस्मृति (मनु)[19] का भी ज़िक्र किया है जिसे शायद उन्होंने सर विलियम जोन्स के अनुवाद के माध्यम से पढ़ा हो। इसके अतिरिक्त, वे विशेष रूप से फ्रांक्वाँ बर्नियर के यात्रा विवरणों को पढ़ने का ज़िक्र करते हैं जिसमें औरंगज़ेब के समय के मुग़ल साम्राज्य का बहुत सुन्दर विवरण है।[20]

यह पर्याप्त रूप से लम्बी सूची है और हीगेल की अमर्यादित घोषणाओं पर अंकुश लगाने के लिए तो काफ़ी है ही। फिर भी, भारत के बारे में मार्क्स की अवधारणा किसी भी तरह हीगेल की अवधारणा का संशोधित पुनःर्कथन नहीं है। उन्होंने इस महान् दार्शनिक की भारत की व्याख्या के साथ ही वही किया जो उसके द्वन्द्ववाद के साथ किया था—उसे 'उलट' दिया। एंगेल्स के नाम एक पत्र में वह यह सवाल रख भी चुके थे, 'पूर्व का इतिहास धर्मों का इतिहास क्यों लगता है?'[21] धार्मिक विशिष्टताएँ जिन्हें हीगेल भारतीय संस्कृति की विशिष्टताओं के आधार के रूप में देख रहे थे, वास्तव में अपने आप में भारतीय सामाजिक

संगठन तथा मुख्य रूप से ग्राम्य व्यवस्था का परिणाम थी।[22] जैसे कि मार्क्स 1853 में चीज़ों को समझ रहे थे यही एक निर्णायक संस्था थी जिसमें वस्तुतः हर चीज़ की व्याख्या निहित है।

ग्राम समुदाय

इस दौर में भारतीय ग्राम समुदाय की अपनी खोज पर मार्क्स की उत्तेजना आश्चर्यजनक नहीं है। पहले ही वे और एंगेल्स जर्मन विचारधारा में सम्पत्ति के मुख्य प्राक्-पूँजीवादी रूपों के स्पष्टीकरण की कोशिश कर चुके थे। उन्होंने क्रमशः (क) उत्पादन के अविकसित चरण के अनुरूप क़बीलाई सम्पत्ति—शिकार, मछली पकड़ना तथा प्रारम्भिक कृषि (ख) नागरिक तथा दासों का वर्गीय विभाजन पैदा करने वाला 'प्राचीन सामुदायिक या राज्य स्वामित्व' और (ग) भू-दास के रूप में छोटे से किसान वर्ग[23] के साथ सामन्ती अथवा भू-सम्पत्ति के रूप में सम्पत्ति का एक वर्गीकरण प्रस्तुत किया था। ये रूप बहुत हद तक एक परिकल्पना ही थे यद्यपि रूप (ख) मार्क्स की रोमन समाज की समझ पर आधारित था और (ग) पश्चिमी यूरोप की समझ पर। अब भारत वास्तविक अवशेषों के ज़रिये सम्पत्ति तथा सामाजिक-आर्थिक सम्बन्धों की ऐसी व्यवस्था का स्पष्टीकरण करता दिखाई दे रहा था जो सामान्य रूप से रूप (ख)[24] के अन्तर्गत आती है और खुद अंग्रेज़ प्रेक्षकों के विवरणों के आधार पर इस बुनियादी मुद्दे की पुष्टि की जा सकती थी कि पूर्व-पूँजीवादी समाजों की गति के नियम पूँजीवादी समाज से भिन्न होते हैं।

पूँजी, खण्ड-1 (पृ. 404) में मार्क्स ने 'ज़मीन पर सामूहिक़ स्वामित्व' के प्रचलन को भारतीय ग्राम्य समुदाय का पहला लक्षण माना है।[25] इसका ठीक-ठीक क्या अर्थ है? मार्क्स ने अक्सर इसकी चर्चा इस तरह की है जैसे इसका आशय यह हो कि ग्रामवासी, कम-से-कम कुछ स्थानों पर तो अवश्य ही सामूहिक़ रूप से खेती करते थे। इस सन्दर्भ में शायद उनका स्रोत विल्क्स है जिसने लिखा था—"कुछ ऐसे उदाहरण भी मिलते हैं कि गाँव की ज़मीन सामूहिक़ रूप से बोयी जाती है और लगाये गये श्रम से अनुपात उपज बाँट ली जाती है, लेकिन आमतौर पर हर दख़लदार ख़ुद अपनी ज़मीन जोतता है।"[26]

यह कथन पाँचवीं रिपोर्ट में नहीं मिलता है जिसका हवाला मार्क्स ने 1853 के अपने ट्रिब्यून के लेख में भारतीय ग्राम समुदाय के सन्दर्भ में दिया है। लेकिन 14 जून, 1853 के अपने पत्र में वे विल्क्स के विवरण से परिचित होने का संकेत दे रहे थे—

"इन समुदायों में से कुछ से गाँव की ज़मीन सामूहिक़ रूप से जोती-बोयी जाती है। लेकिन ज़्यादातर मामलों में हर दखलदार ख़ुद अपनी ज़मीन जोतता है।"[27]

ग्रुड्रिसे में मार्क्स ने 'भारत के कुछ क़बीलों में श्रम के सामूहिक़ संगठन के अवशेषों की चर्चा की है।'[28] वे विल्क्स की बड़ी सूक्ष्मता के साथ अनुकरण करते हैं और वस्तुतः उन्हें वे स्पष्ट रूप से उद्धृत भी करते हैं तथा इससे आगे बढ़कर सामूहिक़ पैदावार का 'सरलतम रूपवाले' ग्राम समुदायों से जोड़ते हैं।[29]

'ग्रुड्रिसे' (1857-58) में ही मार्क्स सामुदायिक खेती और सामुदायिक स्वामित्व के बीच के ऐतिहासिक सम्बन्ध पर अपनी एक स्थापना दे आये थे। सामुदायिक सम्पत्ति सामुदायिक खेती से ही उत्पन्न हुई। लेकिन एक बार कायम होने के बाद सामूहिक़ सम्पत्ति व्यक्तिगत कृषि के विकास के बाद भी बनी रहने की कोशिश करती है।[30]

ग्रुड्रिसे तैयार करने के दौरान ट्रिब्यून के लिए लिखे अपने लेख में मार्क्स 'हिन्दुस्तान की संस्थाओं के और ज़्यादा पूर्ण अध्ययन' की अपील करते हैं ताकि इस राय की पुष्टि हो सके—"मूल हिन्दुस्तानी संस्थाओं के अन्तर्गत भूमिका स्वामित्व ग्राम निकायों के हाथों में होता था। खेती के लिए व्यक्तिगत लोगों के हाथों में उसे वितरित करने का अधिकार इन्हीं ग्राम-निकायों का होता था।"[31]

स्पष्ट रूप से यहाँ मार्क्स के दिमाग़ में गाँव के मुखिया द्वारा बाहर के लोगों या इच्छुक किसानों को खेती के लिए बंजर ज़मीन बाँटे जाने का आम रिवाज़ है। मार्क्स की नज़र में यह अधिकार सामूहिक़ ग्राम-स्वामित्व को प्रमाणित करता था।

ग्रुड्रिसे में मार्क्स कहते हैं कि ग्राम समुदाय का यह स्वामित्व 'एशियाई ढंग' के समुदाय की उसी संस्था के दो अन्य विकसित रूपों—रोमन (जहाँ भूमि पर शहरी समुदाय का स्वामित्व था) और जर्मन (जहाँ स्वामित्व की इकाई वामभूमि थी) से अलग करता है।[32]

सामूहिक़ भूमि स्वामित्व के अलावा मार्क्स को ऊपरी तौर पर अन्तर्विरोध पूर्ण प्रतीत होने वाली दो प्रक्रियाएँ भारतीय ग्राम-समुदाय में बहुत गहराई से पैठी हुई दिखाई दीं। एक ओर तो श्रम-विभाजन के विकास का अभाव था जिसका परिणाम हुआ—"खेती तथा उद्योग का घरेलू गठबन्धन।" यह कथन 1853 के ट्रिब्यून के एक लेख में है तथा मार्क्स के विश्लेषण में उसका केन्द्रीय महत्त्व है और 'ग्रुड्रिसे' व पूँजी भाग—(1) तथा अन्यत्र भी बार-बार आया है,[33] दूसरी और, ठीक उससे विपरीत अति थी—एक परिवर्तनीय श्रम-विभाजन की स्थापना। यह जाति प्रथा के ज़रिये सम्भव हुआ था जो 'प्राकृतियों के नियमों' की सी अप्रतिहत सत्ता के आधार पर "वंशक्रम कारीगर लुहार, बढ़ई आदि" की आपूर्ति करती है।

इसका आधार था दस्तकार को प्राप्त ग्राम समुदाय का अपरिवर्तनीय बाज़ार जिसमें एक बात तय हो जाने के बाद सामाजिक श्रम-विभाजन में बदलाव नहीं हो सकता था।[34] विभाजन पर क्लासिक कथन तो पूँजी, भाग (1) में ही सूत्रबद्ध हुआ है लेकिन निश्चय की मार्क्स शुरू से ही वंशक्रमागत पेशों और इस ग्राम-समुदाय में जाति प्रथा के प्रचलन से अवगत थे।[35]

1853 में मार्क्स ने कटुतापूर्वक भारतीय समुदाय में अन्तर्निहित 'जड़ निष्क्रिय जीवन' के बारे में लिखा था।[36] 1857-58 में उन्होंने कहा कि खुद समुदाय की अपरिवर्तनशीलता का कारण उसके अपने ढाँचों में, अर्थात घरेलू उद्योग तथा जातियों के विशेषीकरण के उन तत्त्वों में है जिनका पीछे वर्णन किया गया है। उन्होंने लिखा :

"(रोमन तथा जर्मन समुदाय के विपरीत) एशियाई रूप अनिवार्यतः सबसे लम्बे अरसे तक अत्यन्त अपरिवर्तनीय ढंग से जीवित रहता है। इसका कारण वह बुनियादी सिद्धान्त है जिस पर कि वह आधारित है—अर्थात यह कि व्यक्ति समुदाय से स्वतन्त्र नहीं हो पाता और उत्पादन का चक्र आत्मनिर्भर है, कृषि तथा दस्तकारी उत्पादन की एकता होती है आदि।"[37]

एक दूसरी जगह मार्क्स कहते हैं कि एक क़बीले पर दूसरे क़बीले की जीत से, विजित समाज के अन्य अन्दरूनी ढाँचों को यथावत स्वीकार करने पर, सम्पत्ति के स्वरूप को बदलने में मदद मिली है जिसका परिणाम दृढ़ता के कारण ऐसा आधिपत्य उसकी बुनियादी प्रकृति को ख़त्म नहीं कर पाती है[36] : 'दासता और भू-दासता क़बीलाइयत पर आधारित सम्पत्ति का महज़ अगला विकास ही है। वे अनिवार्यतः उसके (सम्पत्ति के) सारे रूपों को बदल देते हैं। एशियाई रूप में वे यह नहीं कर सके हैं।'[38]

यहाँ यह चीज़ याद रखने वाली है कि मार्क्स यह सब ग्राम समुदाय की आन्तरिक स्थितियों के बारे में कहते हैं, पूरे के पूरे समाज के बारे में नहीं। यहाँ तक ग्राम समुदाय के अन्दर भी 1853 के अपने ट्रिब्यून के लेख[39] में दासता की उपस्थिति पर ध्यान देते हैं। यहाँ उनका तात्पर्य यह है कि विजेता ग्राम समुदाय में शामिल व्यक्तियों को सीधे शोषण करने के बजाय समुदाय का भी शोषण करके जो कि आर्थिक दृष्टि सुगठित था, अतिरिक्त उत्पादन का ज़्यादा बड़ा भाग प्राप्त कर सकते हैं।[40] भारतीय ग्राम समुदाय शोषण की जिस व्यवस्था के अधीन बने, उसे मार्क्स ने निरंकुशता का नाम दिया और उसके विवरण के बिना पूर्व-औपनिवेशिक भारत की मार्क्स की तस्वीर पूरी नहीं मानी जा सकती है।

निरंकुश सत्ता, अतिरिक्त उत्पादन और माल

1857 तक मार्क्स बर्नियर को पढ़ चुके थे और एंगेल्स के नाम अपने एक पत्र में उन्होंने विस्तार से उद्धृत किया है। बर्नियर की मुख्य स्थापना यह थी कि मुग़ल साम्राज्य तथा पूर्व के अन्य राज्यों का क्षय हो रहा था क्योंकि वहाँ भूमि में निजी सम्पत्ति नहीं थी। मार्क्स ने बर्नियर के इस कथन पर ग़ौर किया कि राजा 'सारी भूमि का अनन्य और एकमात्र स्वामी होता है।' इसके साथ ही उन्होंने जोड़ा।

"बर्नियर का यह मानना सही है कि पूर्व में उसने टर्की, ईरान, हिन्दुस्तान का उल्लेख किया है—सारी प्रक्रियाओं का बुनियादी रूप इस तथ्य में मिलता है कि भूमि में निजी भूमि का अस्तित्त्व नहीं था (मार्क्स का रेखांकन) पूर्व के स्वर्ग की भी यही वास्तविक कुंजी है।"[41]

बर्नियर का विवरण यह ज़रूर दिखाता है कि भारतीय सम्पत्ति व्यवस्था यूरोप में बहुत भिन्न थी लेकिन भारत में वह सामुदायिक सम्पत्ति के सन्दर्भ में समीचीन प्रतीत नहीं होता। ग्रुड्रिसे में मार्क्स ने इस समस्या को हल करने की कोशिश की। सम्पत्ति चाहे समुदाय की हो या राज्य की, व्यक्ति "वास्तव में सम्पत्तिहीन।" इसके बाद मार्क्स ने 'सम्पत्ति' और 'अधिस्वामित्व' (पजेशन) में भेद किया ताकि इन छोटी-छोटी सामुदायिक संस्थाओं के ऊपर खड़ी सर्वव्यापक एकता उच्चतर या एकमात्र स्वामी प्रतीत हो और वास्तविक समुदाय सिर्फ़ वंशानुगत अधिस्वामी; आगे[42] :

"यहाँ निरंकुश शासन सभी अनगिनत लघुतर समुदाय का पिता लगता है, इस प्रकार सबको आम एकसा के सूत्र में बाँधता है। अतिरिक्त उत्पादन इसी उच्चतम एकता का होता है। अतः पूर्वी निरंकुश सत्ता सम्पत्ति की क़ानूनी अनुपस्थिति तक ले जाती हुई प्रतीत होती है। बहरहाल, इसका असल आधार क़बीलाई या सामुदायिक सम्पत्ति ही है।"[43]

शासक की सम्पत्ति का अपेक्षाकृत रहस्यमय सा यह विचार प्रत्यक्षतः उक्त पंक्तियाँ लिखने के कुछ महीने के अन्तर्गत ही मार्क्स ने छोड़ दिया है। 1858 में भारतीय भूमि अवधियों पर ट्रिब्यून के लेख में वह इस राय को सहमतिपूर्वक उद्धृत करते हैं कि "सरकार में तथाकथित सम्पत्ति होने की बात शायद शासक से प्राप्त अधिकार से कुछ नहीं है। सैद्धान्तिक रूप से इस बात को उन सब देशों में स्वीकार किया जाता है इसके क़ानून सामन्ती व्यवस्था पर आधारित हैं और इस चीज़ को तो बिना किसी अपवाद के बुनियादी रूप से माना जाता है कि तमाम बातों के बावजूद इस बात का सरकार को हक़ है कि अपनी आवश्यकता के अनुसार वह भूमि पर कर लगाये।"[44]

इस उद्धरण के अन्तिम हिस्से में मार्क्स इस बात की ओर इशारा करते हुए प्रतीत होते हैं कि भूमि में सम्प्रभु राजा की सम्पत्ति, भूमि कर की मात्रा के साथ जुड़ी हुई थी अर्थात उसके बराबर थी। यदि अतिरिक्त उपज के एक बड़े भाग का आधार यही (भूमि कर) था अर्थात वस्तुतः यही लगान था तो इसका अर्थ यह हुआ कि राजा वास्तव में भू-स्वामी के हिस्से (अधिकार) का दावेदार था।[45]

यही वह चीज़ है जो सम्प्रभु सत्ता को सम्पत्ति का स्वामी मानने के केन्द्र में थी। पूँजी, खण्ड (3) में, जिसका मसौदा मार्क्स ने 1863-67 में तैयार किया था, यह तर्क पूरी तरह स्पष्ट कर दिया है :

''एशिया में (जहाँ राज्य) उन (प्रत्यक्ष उत्पादनों) के ऊपर भू-स्वामी तथा साथ-ही-साथ सम्प्रभु के रूप में खड़ा है वहाँ लगान तथा भू-कर एक साथ खुल गये हैं अपितु यों क़हा जाये कि भूमि लगान के इस रूप (करदाता सम्बन्ध में परिवर्तित श्रम लगान) से पृथक् वहाँ कोई कर नहीं है। यहाँ सम्प्रभुता राष्ट्रीय स्तर पर संकेन्द्रीय भूमि के स्वामित्व में है। लेकिन, दूसरी ओर भूमि में कोई निजी स्वामित्व नहीं, हालाँकि भूमि के निजी तथा सामुदायिक अधिस्वामित्व दोनों ही है।''[46]

इसलिए मार्क्स के विश्लेषण में 'पूर्वी निरंकुश सत्ता' बुनियादी तौर पर लगान वसूल करने वाली सत्ता है और इसका स्वेच्छाचारी निरंकुश राजतन्त्र के दूसरे सारे राजनीतिक लक्षणों से कुछ नहीं लेना-देना है जो यूरोपीय उदार विचारों ने इसके साथ जोड़ दिये थे।[47]

1858 का ट्रिब्यून का लेख, जिसे हम पीछे उद्धृत कर आये हैं, यह भी दिखाता है कि मार्क्स प्राक्-ब्रिटिश भारत की वास्तविक जटिलताओं से अवगत थे जहाँ किसान तथा राज्य का ''करदाता सम्बन्धन होकर त्रिकोणीय सम्बन्ध था जिसमें, अतिरिक्त उपज के दावेदारों का एक अन्य वर्ग–ज़मींदार भी संलग्न था। मार्क्स यह मानते थे कि ज़मींदार भू-स्वामी होने का दावा भी करते थे (सरकार द्वारा किये जाने वाले कर-निर्धारणों की अधीनता के साथ) और इससे किसानों की हैसियत घटकर 'उनकी मर्ज़ी पर निर्भर काश्तकारों' की रह जाती है।''

तथापि, मार्क्स इसके विरुद्ध आधिकारिक ब्रिटिश मत उद्धृत करते हैं–

''ज़मींदार और ताल्लुकेदार केवल सरकारी अधिकारी होते थे जिसकी नियुक्ति गाँव से प्राप्त होने वाले कर की निगरानी करते, उसे वसूल करने तथा राजा को देने के लिए होती थी।''[48]

दूसरे शब्दों में उसके तथाकथित अधिकार राज्य के अधिकारों का अतिक्रमण थे। फिर भी 'बहुत दिनों से चले आते क़ानून' उसके पक्ष में थे और अवध में

तो इन सामन्ती ज़मींदारों ने सरकार तथा काश्तकार दोनों के अधिकारों को बहुत कम कर दिया था।[49]

इन टिप्पणियों का महत्त्वपूर्ण निहितार्थ यह है कि मार्क्स की दृष्टि में एशियाई राजसत्ता महज़ किसी एक व्यक्ति या कि एक 'उच्चतर समुदाय' की प्रतिनिधि नहीं थी बल्कि एक ऐसा निश्चित सामाजिक वर्ग थी जो कर-लगान की प्रक्रिया के माध्यम से अतिरिक्त उपज को हड़पती थी। अतिरिक्त उपज पर दावों के क्षेत्रीय वितरण की प्रक्रिया में ऐसे किसी वर्ग के अन्दर से ही वे स्थानीय सम्पन्न लोग पनपे—जैसे अवध में, जिन्हें स्वामित्व के ऐसे अधिकार प्राप्त थे कि मार्क्स जैसे सजग लेखक ने उन्हें 'सामन्ती ज़मींदार' के नाम से अभिहित किया।

यदि एक बार यह स्वीकार कर लिया जाय कि अनधिकृत रूप से हड़पने की क्रियाओं के माध्यम से राज्य की ज़मींदीरी द्वारा व्यक्तिगत-भू-स्वामित्व को जन्म दिया जा सकता है तो क्या यह सम्भव नहीं है कि स्वयं राज्य की ज़मींदारी हड़पने की इस क्रिया की चरम परिणति—विजय द्वारा उत्पन्न हुई हो। वस्तुतः, 1853 में मार्क्स का यह विचार था कि 'भूमि में कोई सम्पत्ति न होने' अर्थात राज्य-सम्पत्ति को संस्था, 'पूरे के पूरे एशिया में' शायद मुसलमानों ने स्थापित की हो।[50] इस अनुमान में बड़ी भारी सम्भावनाएँ थीं और यह संकेत था कि अपने पूर्णतम रूप में 'कर-लगान' इसलामी राज्य-व्यवस्थाओं का अपना एक विशिष्ट लक्षण था। मार्क्स ने फिर कभी इस मुद्दे को नहीं उठाया किन्तु इसका आत्यन्तिक महत्त्व इस संकेत में है कि 1853 में भी मार्क्स यह स्वीकार करने के लिए तैयार थे कि अन्ततः भारतीय या एशियाई समाजों के ढाँचों के बुनियादी रूपों के निर्माण में इतिहास की भी एक भूमिका रही है।

ऐसा लगता है कि पूँजी, खण्ड (1) के प्रकाशन के पहले के दसेक सालों के दौरान एक महत्त्वपूर्ण सन्दर्भ में मार्क्स ने अपने विचार संशोधित या परिशोधित किये थे। यह सन्दर्भ पूर्व-औपनिवेशिक भारतीय समाज में विनिमय या माल उत्पादन का है जो उस समाज की एतिहासिक प्रकृति को समझने के लिए एक बुनियादी महत्त्व का प्रश्न है। ग्रुड्रिसे में मार्क्स ने नोट किया कि (भारतीय, रोमन, जर्मन) हर तरह के समुदायों में 'आर्थिक उद्देश्य उपभोग-मूल्य का उत्पादन' है। लिहाज़ा, समुदायों ने विनिमय के लिए बहुत थोड़ा ही पैदा किया होगा।[51] वास्तव में, 'विनिमय पर आधारित उत्पादन की व्यवस्था' उक्त सामुदायिक रूप से 'ऐतिहासिक विघटन' की विशेषता है।[52]

पूँजी, खण्ड (3) में 'भारतीय समुदाय' तथा 'यूरोपीय प्राचीन तथा मध्यकाल' के बारे में कहा गया है कि उनकी उत्पादन प्रणाली ऐसी थी जो, कृषि तथा

हस्तशिल्प के एकीकरण के द्वारा 'प्राकृतिक अर्थव्यवस्था' अर्थात माल-उत्पादन से रहित अर्थव्यवस्था को बनाये रखने में सक्षम थी।[53] पूँजी खण्ड (1) में मार्क्स ने दिखाया है कि विनिमय की मध्यस्थता के बिना भी अतिरिक्त उपज को वसूल किया जा सकता है और उसका उपभोग किया जा सकता है। एक भारतीय रईस व्यक्ति को इसके उदाहरण के रूप में पेश किया गया है। वह खेती की अतिरिक्त उपज को हड़पता है—अंशतः 'खराज या लगान' के रूप में और इसके बाद अंशतः वस्तु-रूप में अतिरिक्त उपज का उपभोग करता है। इसका आंशिक उपभोग वह 'ग़ैर-कृषि-मज़दूरों' के माध्यम से भी कराता है। केवल पूँजी के हस्तक्षेप के बिना ही नहीं, बल्कि जैसा कि मार्क्स ने जो दिया 'किसी तरह के वस्तु विनिमय के बिना ही' यहाँ निरन्तर बढ़ते पैमाने पर उत्पादन और पुनरुत्पादन बराबर होता चलता है।[54]

सम्भवतः इस उदाहरण के सन्दर्भ में मार्क्स का स्रोत रिचर्ड जोंस है और अगर हमारे सामने मार्क्स का लिखा और कुछ न होता तो समझा गया होता कि प्राचीन भारतीय समाज में समुदाय के अन्दर और बाहर, हर क्षेत्र में, माल-विनिमय का अभाव था। लेकिन पूँजी के उसी खण्ड में भारतीय समुदाय पर उनका क्लासिक अवतरण इस मामले में सारे सन्देहों को दूर कर देता है कि रिचर्ड जोंस का भारतीय रईस मार्क्स की दृष्टि में समूचे भारतीय समाज का प्रतिनिधि नहीं था। वह महज़ एक सम्भावना को दिखाता था और कुछ नहीं।

ऐसा हम इसलिए कह रहे हैं कि पूँजी के जिस अवतरण की हम चर्चा कर रहे हैं उनमें मार्क्स गाँव में उत्पादन के इन अन्दरूमी हालात की तुलना मालों के विनिमय के माध्यम से समूचे भारतीय समाज में उत्पन्न श्रम-विभाजन से करते हैं। इस तरह गाँव के बाहर माल का शासन था, प्राकृतिक अर्थव्यवस्था का नहीं। इन समुदायों के बने बृहत्तर समाज का विनिमय के क्षेत्र की विशेषता दिखाने के लिए मार्क्स जिन शब्दों का प्रयोग करते हैं, उन्हीं से यह स्पष्ट हो जाता है—"केवल अतिरिक्त पैदावार ही माल बनती है और यहाँ तक कि इसका भी एक हिस्सा उस वक़्त तक माल नहीं बनता जब तक वह राज्य के हाथों में पहुँच नहीं जाता। अत्यन्त प्राचीन काल से ही यह रीति चली आ रही है कि इस पैदावार का एक निश्चित भाग सदा जिन्स की शक्ल में दिये जाने वाले लगान के तौर पर जब राज्य के पास पहुँच जाता है।"[55]

ये टिप्पणियाँ भारी महत्त्व की हैं यद्यपि उनके निहितार्थों को बहुत कम समझा गया है इसका अर्थ है कि :

(क) किसान अपने उत्पादन का एक हिस्सा ख़ुद अपने ज़िन्दा रहने के लिए पैदा करता था और यह बाज़ार में नहीं जाता था। कृषि और दस्तकारी का

एकीकरण यह सुनिश्चित करता था कि किसान को बाज़ार में कुछ भी ख़रीदना न पड़े। किसान ख़ुद प्राकृतिक अर्थव्यवस्था में जीता था।

(ख) शेष-अतिरिक्त उत्पादन में से एक हिस्सा किसान वस्तु के रूप में लगान के भुगतान में देता था। मार्क्स के विचार में एक एशिया में अतिरिक्त उत्पादन के अधिग्रहण की सामान्य पद्धति थी।[56] किसान के हाथ से निकली हुई यह उपज राज्य के हाथों में पहुँचती थी जिसके बाद उसे बाज़ार में लाया जाता था और इस तरह गाँवों के बाहर मालों में बदल जाता था।

(ग) अतिरिक्त उत्पादन का एक और (सम्भवतः अपेक्षाकृत छोटा) हिस्सा, जिसे किसान नग़द लगान के भुगतान के लिए बाज़ार में लाता था, गाँव के अन्दर माल बनता था। तथापि, उत्पादन के लिए बाज़ार मुख्यतः गाँव के बाहर ही था।

इस प्रकार, प्राकृतिक अर्थव्यवस्था गाँव तक ही सीमित थी। उसके बाहर माल-प्रसार का बोलबाला था और उसने अपनी क्रियाशीलता के आधार पर एक श्रम-विभाजन पैदा कर दिया था। एक ओर, पूर्व-औपनिवेशिक भारत के हालात की मार्क्स द्वारा पेश की गयी यह तस्वीर है और दूसरी ओर है अनेक रोमन जागीरों (लतिफंडिया) या चार्लेमाग्ने के गाँवों की, कमोबेश समस्त मध्ययुगीन यूरोप की स्थिति का मार्क्स द्वारा प्रस्तुत विवरण—दोनों के बीच की गयी तुलना सचमुच आश्चर्यजनक है जहाँ सारा अतिरिक्त उत्पादन अथवा उसका एक बड़ा भाग नहीं बल्कि 'ज़मींदार' के भू-राजस्व का प्रतिनिधित्व करने वाले हिस्से का भी एक अपेक्षाकृत छोटा हिस्सा संरक्षण की प्रक्रिया में पहुँच पाता है।[57] यह अन्तर ग़ौरतलब है। क्या इसका अर्थ यह नहीं होगा कि मार्क्स पूर्ण-औपनिवेशिक भारत में मध्ययुगीन यूरोप के मुक़ाबले उच्चतर मौद्रिकीकरण स्वीकार कर रहे थे?

अफ़सोस की बात यह है कि हमारे पास यह जानने का कोई साधन नहीं है कि भारतीय समाज में माल-संरक्षण का इतना व्यापक क्षेत्र स्वीकार करने के लिए मार्क्स को ये सामान्य शर्तें क्यों जोड़नी पड़ीं? हो सकता है कि पाँचवीं रिपोर्ट में उन्होंने भारतीय किसानों द्वारा कर या लगान को नक़द रूप में भुगतान करने के प्रमाण देखे हों।[58] यही नहीं, ट्रिब्यून के 19 जुलाई, 1853, के अपने एक लेख में वह स्थायी बन्दोबस्त के प्रभाव में बड़े पैमाने पर बंगाल के पुराने ज़मींदारों की जगह 'व्यापारी-सटोरियों' द्वारा लिए जाने की बात लिख आये थे। ये लोग पुराने समाज में मौजूद रहे होंगे और ख़ासी बड़ी व्यापारिक पूँजी के मालिक रहे होंगे, तभी वे बाद में 'बंगाल की सारी भूमि' ख़रीद सके थे।[59]

यही नहीं, मार्क्स को मालूम था कि अतिरिक्त कृषि उत्पादन पर आधारित एक शहरी ढाँचे के अन्तर्गत विनिमय के आधार पर भी अर्थव्यवस्था थी।

मार्क्स द्वारा उद्धृत एक अवतरण में रिचर्ड जोन्स ने दो तरह के भारतीय दस्तकारों का ज़िक्र किया है–(1) शहरी दस्तकार, (जहाँ यूरोपियनों के मिश्रण से कोई बदलाव नहीं आया) जो बाज़ार के स्वेच्छाचारी उतार-चढ़ाव पर निर्भर था तथा दूसरे सीधे-सीधे गाँव पर निर्भर दस्तकार।[60]

पूँजी (1) (पृ. 385-86) पर भारतीय बुनकर के इस विवरण के लिए मार्क्स एक अन्य स्रोत को उद्धृत करते हैं कि "वहाँ तो बुनकर महज़ एक ऐसा 'असम्बद्ध' व्यक्ति होता है जिसे कोई ग्राहक आर्डर देता है तो वह कपड़े बुनता है।"[61] जाति-व्यवस्था यहाँ दस्तकार को समुदाय के साथ स्थायी रूप से बाँधे रखने का काम नहीं करती बल्कि 'विशेष नैपुण्य' के पीढ़ी-दर-पीढ़ी संचित होने की साधन बन जाती है।[62] इसका अर्थ सम्भवतः यह भी है कि भारतीय जाति प्रथा माल-संचरण (कमोडिटी-सर्कुलेशन) के वातावरण में छोटे पैमाने पर स्वतन्त्र उत्पादन से टकराती नहीं थी।

1853 में मार्क्स बर्नियर की सूचना के आधार पर मान रहे थे कि सत्रहवीं शताब्दी के भारतीय शहर "सही अर्थों में फ़ौजी छावनियों से अधिक कुछ नहीं थे।" बर्नियर से लम्बा उद्धरण देकर वह सैनिकों तथा अमले की भारी तादाद और जीवनयापन के स्तर पर गुज़र करने के उनके रुझान पर ज़ोर देते दिखाई देते हैं।"[63] यह विवरण रिचर्ड जोन्स के इस कथन से मिलता-जुलता है कि भारतीय शहरों के दस्तकारों की मज़दूरी, 'भूमि के अतिरिक्त राजस्व' से आती है जिसका वितरण राज्य और उसके अधिकारियों द्वारा होता है। इसलिए दस्तकारों को भी अपने उपभोक्ताओं के पीछे-पीछे, जहाँ भी वे जाते हैं, जाना पड़ता था। मार्क्स ने जोन्स की जो उद्धरण दिया है जोन्स भारतीय दस्तकार की इस भ्रमणशील प्रकृति को 'स्थिर पूँजी'[64] के केन्द्रों पर यूरोपीय मज़दूर की निर्भरता के सामने खड़ा करते हैं। बहरहाल, भारतीय और उत्तर सामन्ती यूरोपीय शहरों के मामले में मुख्य अन्तर दस्तकारों के लिए उपलब्ध बाज़ार की प्रकृति का था। भारत में बाज़ार अभिजात वर्ग तथा उससे सम्बद्ध लोगों तक ही सीमित था जबकि यूरोप में इसमें देहाती रईस तथा उदीयमान मध्यवर्ग भी शामिल थे।

एक प्रश्न था जिसका जवाब खोजने के लिए मार्क्स 1853 के बाद लगातार कोशिश करते हैं। प्रश्न यह था कि भारत या एशिया में राज्य भूमि कर को लगान में तब्दील करने में कैसे सफल हो गया जब कि यूरोप में ऐसा नहीं हुआ। एक सीमा तक इसकी व्याख्या भारतीय समुदाय की अप्रतिरोधी प्रकृति के आधार पर की जा सकती है। किन्तु, एंगेल्स के एक संकेत पर काम करते हुए उन्हें अतिरिक्त उपज पर राज्य के प्रत्यक्ष नियन्त्रण के पीछे एक आर्थिक कारण मिल गया।

यह कारण था कृत्रिम सिंचाई व्यवस्था। जितने बड़े पैमाने पर इसकी आवश्यकता थी उसकी व्यवस्था एक 'केन्द्रीभूत निरंकुश सत्ता'[65] ही कर सकती थी। यह प्रस्थापना उन्होंने 1853 में रखी, इसके बाद ग्रुड्रिसे में तथा बाद में अपेक्षाकृत कुछ बल देकर 'पूँजी' में खण्ड (1) में रख दी गयी।[66] ड्यूरिंग मत खण्डन में[67], जिसे मार्क्स ने प्रकाशन से पहले देखा था, 1878 में एंगेल्स ने फिर यह प्रस्थापना रखी। इसके लिए दिये गये प्रमाण कभी पर्याप्त नहीं थे। फिर भी इसमें इतना पर्याप्त मसाला था कि आगे जाकर कृत्रिम सिंचाई व्यवस्था पर आधारित (हाइड्रोलिक) समाजों को लेकर बड़े पैमाने पर सैद्धान्तीकरण हुआ और यह सैद्ध न्तीकरण कार्ल-ए-विटफोगिल की कृति 'ओरियंटल डेस्पोटिज़्म (1857)' में अपने चरम उत्कर्ष पर है।[68]

एशियाई पद्धति : पुनर्विचार

इस तरह 1857 से काफ़ी पहले मार्क्स भारतीय और (जैसा वह सोचते थे) औपनिवेशिक हमले से पहले के अधिकांश एशिया की आर्थिक तथा राजनीतिक व्यवस्था के मूलभूत तत्त्वों की एक मुकम्मल तस्वीर बना चुके थे। 1859 में वह इस बारे में आश्वस्त लगते हैं कि मानव इतिहास की मुख्य 'उत्पादन पद्धतियों' के वर्गीकरण में 'एशियाई' पद्धति को एक पृथक् स्थान मिलना चाहिए।[69]

इस उत्पादन प्रणाली के जिस रूप में मार्क्स इसे देख रहे थे–स्पष्ट रूप से दो लक्षण हैं, जैसा हम देख आये हैं–ग्राम-समुदाय और पूर्वी निरंकुशवाद। इसमें प्रथम अधिक महत्त्वपूर्ण है चूँकि यह लक्षण श्रम-प्रक्रिया के स्वरूप को स्पष्ट करता था–आत्म-निर्भरता वाला लघु उत्पादन जिसमें व्यक्तिगत दासता तो नहीं थी किन्तु व्यवसाय अपरिवर्तनीय थे। 'निरंकुशवाद' कर तथा लगान की एकरूपता में था अर्थात राज्य के अभिकरण (एजेन्सी) के द्वारा अतिरिक्त उत्पादन को हड़पने के सन्दर्भ में। जहाँ ग्राम समुदाय के अन्दर 'प्राकृतिक अर्थव्यवस्था' का बोलबाला था, वहीं अतिरिक्त उत्पादन की बिक्री के द्वारा गाँव के बाहर माल का संचरण विकसित होता गया।

तब औपनिवेशिक भारतीय समाज (क्लासिकीय एशियाई ढंग का) स्पष्ट रूप से एक विकसित वर्ग समाज था जिसमें अतिरिक्त उत्पादन हड़पने वालों का एक शासक वर्ग था और ग्राम समुदाय के बाहर विनिमय पर आधारित एक श्रम-विभाजन था। अतः हॉब्सवॉम का यह कहना सही नहीं है कि 'मार्क्स की एशियाई पद्धति' और एक वर्ग समाज नहीं है और यदि एक वर्ग समाज है भी तो यह उस (वर्ग समाज) का बहुत ही आदिम रूप है।[70] यह विचार 'एशियाई समाज'

में अतिरिक्त उत्पादन को हड़पने की प्रक्रिया की उपस्थिति मार्क्स की समग्र अवधारणा के विरुद्ध ही नहीं पड़ती है अपितु एंटीड्यूरिंग (1878) में, जिसके पाठ को मार्क्स ने देखा था और अनुमोदित किया था, जो कुछ एंगेल्स ने कहा है, उसके भी विरुद्ध पड़ता है। एंटीड्यूरिंग में एंगेल्स ने 'पूर्वी निरंकुश राजा या तानाशाह' के उदय को स्पष्ट रूप से 'वर्गों के बनने की प्रक्रिया' के उस हिस्से के रूप में प्रस्तुत किया है जिसके तहत अलग-अलग व्यक्ति शासक एक शासक वर्ग के रूप में संगठित हो रहे थे।[71] अतः एशियाई समाज पूर्व विकसित वर्ग-समाज था।

'एशियाई पद्धति' के रूप में प्रस्तुत पूर्व-औपनिवेशिक अर्थव्यवस्था का मार्क्स का विश्लेषण हमें प्रभावी लग सकता है, फिर भी यह मानने के लिए पर्याप्त कारण दिखते हैं कि 1867 के बाद मार्क्स के मन में 'एशियाई अवधारणा' को लेकर ख़ासी आशंकाएँ पैदा हो गयी थीं। एक बात तय थी कि अब भी बहुत सारे प्रश्न अनसुलझे रह गये थे।

पहला सवाल सामाजिक प्रगति के चरणों में एशियाई पद्धति के स्थान से सम्बन्धित था। 1859 में राजनीतिक अर्थशास्त्र की आलोचना के प्राक्कथन में मार्क्स ने इसकी इस तरह चर्चा की है जैसे एशियाई व्यवस्था क्लासिकीय प्राचीनकाल से पहले आती है। इस कृति में मार्क्स यह भी लिखते हैं कि 'भारतीय सामुदायिक सम्पत्ति' में 'रोमन तथा जर्मन क़िस्म की सम्पत्तियों के विभिन्न बीज रूप मिलते हैं।'[72] 1867 के पूँजी, खण्ड (1) के जर्मन संस्करण में मार्क्स प्राचीन (रोमन) समुदाय के उदय को 'भूमि का प्राचीन पूर्वी सामुदायिक स्वामित्व ख़त्म हो जाने के बाद' रखते हैं।[73] 1868 और 1870 के अपने पत्रों में उन्होंने यही विचार दोहराया है।[74] लेकिन, प्राचीन भारतीय समुदाय, जैसा हम देख आये हैं, अतिरिक्त अंश पैदा कर रहे थे जो 'एशियाई निरंकुशता' को बरकरार रखने के लिए आवश्यक था। दूसरी ओर मूल आदिम समुदाय अतिरिक्त उत्पादन करने की स्थिति में बिल्कुल भी नहीं थे जैसा कि एंगेल्स ने एंटीड्यूरिंग में स्पष्ट किया हैं। एंगेल्स के अनुसार उन समुदायों में जैसे ही अतिरिक्त उत्पादन शुरू हुआ, दास व्यवस्था पैदा हो गयी।[75]

लिहाज़ा, एशियाई प्रणाली–लगान वसूलने वाला राज्य–जिसका अनिवार्य तत्त्व था अतिरिक्त उत्पादन–इन समुदायों की पूर्ववर्ती नहीं हो सकती थी। इस सिलसिले में एंगेल्स का और मार्क्स का भी–क्योंकि उन्होंने एंटीड्यूरिंग के मसौदे का अनुमोदन किया था–यही विचार रहा होगा। तभी एंटीड्यूरिंग में 'पूर्वी निरंकुश राजा या बादशाह' के उदय को उसी प्रक्रिया के अंग के रूप में देखा गया है जो मालिक और गुलाम के रूप में समाज को विभक्त करती है।[76]

इस प्रकार जहाँ भारतीय या एशियाई समाज की आदिम प्राचीनता अब समाप्त हो रही थी, वहीं मार्क्स उस प्रक्रिया से अनभिज्ञ नहीं रहे होंगे जिसे वह अब तक मानकर चलते रहे थे लेकिन जिसके निहितार्थों पर उन्होंने पहले ध्यान नहीं दिया था। यदि अपने मूल रूप में भारतीय समाज में सामूहिक़ खेती का चलन था तो व्यक्तिगत लघु उत्पादन के रूप में इसका परिवर्तन (जो अब एक प्रमुख रूप बन गया था)[77] इस 'अपरिवर्तनशील समाज' के सार तत्त्व के रूप में एक बुनियादी परिवर्तन का सूचक होना चाहिए। यही नहीं, सामुदायिक सम्पत्ति का व्यक्तिगत उत्पादन के बीच एक अन्तर्विरोध अवश्य होना चाहिए। यह चीज़ मार्क्स के सामने ज़ोरदार ढंग से भारत नहीं रूस के सन्दर्भ में आयी थी। तथापि, यह तर्क दोनों पर लागू होता है। 'सामूहिक़ स्वामित्व' और विभाजित छोटे पैमाने की खेती के इस युग में—"चल-सम्पत्ति—एक ऐसा तत्त्व है जो कृषि में भी बढ़ती हुई भूमिका अदा करती है, धीरे-धीरे समुदायों के बीच स्तर-विभाजन को जन्म देती है और इसीलिए विशेष रूप से राज्य के वित्तीय दबाव के तहत हितों के टकराव की सम्भावना भी पैदा करती है।"[78]

इसे इस तथ्य के साथ रखकर देखें कि कोवालेव्स्की की कृति 'कम्युनल लैंड होल्डिंग' (1879) पर अपनी टिप्पणियों में भारतीय ग्राम समुदाय में निजी सम्पत्ति के उदय तथा चलते समुदाय में अन्तर्विरोधी के उदय को रेखांकित कर चुके थे।[79] इसलिए उनके लिए अब यह मानना सम्भव नहीं था कि भारतीय समुदाय अन्दर से पूरी तरह एक जड़ संस्था रहा आया था।

कोवालेव्स्की पर की गयी अपनी इन्हीं टिप्पणियों में मार्क्स अपना यह विचार दुहराते हैं कि भारतीय समुदाय, जर्मन-रोमन सामन्तवाद से अलग एक भिन्न व्यवस्था में आते हैं। ग़ौरतलब है कि इनमें अन्तर के मुख्य बिन्दु हैं—भारत में भू-दासता का न होना तथा 'अभिजात-वर्ग' के बाहर के लोगों के लिए भूमि की अहस्तान्तरणीयता की अनुपस्थिति।[80] कम-से-कम ये लक्षण ऐसे नहीं हैं जिनके होते हुए, और माल के संचरण (सर्कुलेशन) तथा निजी सम्पत्ति की दृष्टि से भी, भारतीय समुदायों को निम्नतर ऐतिहासिक चरण में रखा जा सके।

यदि भारतीय समुदाय का ऐतिहासिक विकास हुआ था तो यह बात आर्थिक-राजनीतिक अधिरचना, अर्थात तथाकथित 'प्राच्य-निरंकुशतावाद' की मशीनरी के सन्दर्भ में और भी अधिक प्रासंगिक है। 1853 (अपने 14 जून के पत्र) में मार्क्स ने इस प्रश्न को उठाया था कि क्या सम्पत्ति पर राज्य-सत्ता का दावा इसलामी राजनीतिक प्रणालियों का फल हो सकता है।[81] हो सकता है कि आगे चलकर मार्क्स इस प्रश्न से सम्बन्धित विवाद से परिचित हुए हों।

1879 की अपनी उसी कृति में, जिसे मार्क्स ने पढ़ा था 'मुसलिम सिद्धान्त तथा व्यवहार' को भूमि में निजी सम्पत्ति के कथित अस्वीकार[82] के सन्दर्भ में ज़िम्मेदार ठहराये जाने की आलोचना की थी। इस प्रकार, एशिया में राज्य के भू-स्वामी होने तथा भूमि में निजी सम्पत्ति के अभाव का विचार भी तिरोहित होने लगता है यद्यपि इससे कर तथा अतिरिक्त उत्पादन (लगान) की वास्तविक एकरूपता पर कोई प्रभाव नहीं पड़ा।

भारत के विषय में मार्क्स ने जो आगे अध्ययन किया उसमें एलफिंस्टन की 'हिस्ट्री ऑफ़ इंडिया' भी शामिल थी जिससे उन्होंने (पिछली सदी के) आठवें दशक में किसी समय विस्तृत नोट्स लिए थे। इसमें ज़्यादातर तथ्य सीधे-सीधे राजवंशों के इतिहास से सम्बन्धित हैं। लेकिन, महान् मुग़ल शासक अकबर (1556-1605) के सिलसिले में मार्क्स ने उनके बुनियादी राजस्व-सम्बन्धी उपायों को नोट किया था और उन्हें रेखांकित किया था। उन्होंने नोट किया कि अकबर ने उपज का एक तिहाई भाग मानक मालगुजारी के रूप में तय किया था और इससे भी ज़्यादा महत्त्वपूर्ण बात यह थी कि वह नग़द रूप में मालगुजारी वसूल करता था और उसकी गणना के लिए विगत मूल्यों का औसत लगाया जाता था।[83] जैसा कि हम पीछे देख आये हैं कि पूँजी खण्ड (1), में मार्क्स ने भू-राजस्व के एक हिस्से के नग़द भुगतान की बात स्वीकार की थी। लेकिन उपर्युक्त सूचना ने निश्चय ही पूँजी, खण्ड (3) के इस विचार को कहीं और ज़्यादा बुनियादी रूप से बदल दिया होगा कि वस्तु के रूप में लगान एशिया में गतिहीन सामाजिक स्थितियों का मुख्य आधार है।[84] व्यापक रूप से नग़दी-भुगतान (कैश-नैक्सस) का प्रचलन इस धारणा के दोनों तत्त्वों–(1) वस्तु-रूप में लगान (2) गतिहीन स्थितियाँ, का खण्डन करता था।

अन्ततः 'एशियाई निरंकुशतावाद' भी अपनी घोर व्यक्तिवादिता को खोता जा रहा था। ए.एल.एच. गुणवर्दन ने बताया है कि हेनरी सुमनेर माइने की 'लेक्चर्स ऑन अर्ली हिस्ट्री ऑफ़ इंस्टीट्यूशंस (1875)' पर अपनी टिप्पणियों में मार्क्स ने इस बात पर खुले विरोध का इज़हार किया है कि कहीं भी राज्य समाज के ऊपर हो सकता है और बात पर बल दिया है कि राज्य सामाजिक अन्तर्विरोधों की प्रक्रिया में अस्तित्त्व में आया।[85]

इस प्रकार प्रचुर प्रमाण हैं कि 1867 के बाद भारत के इतिहास के अपने अध्ययन के क्रम में मार्क्स लगातार पूर्व-औपनिवेशितक भारत पर अपने अनेक पिछले विचारों की शक्ति पर पुनर्विचार कर रहे थे। यही नहीं, मॉर्गन के अध्ययन द्वारा पुष्ट हुई आदिम साम्यवाद की नयी सैद्धान्तिक स्थापना, भारतीय समुदाय की

कुछ विशेषताओं (विशेष रूप से कथित मूल सामुदायिक खेती) के सार्वभौमीकरण (यूनिवर्सलाइजेशन) और उन्हें हर जगह एक प्रारम्भिक दौर में रखे जाने की ओर इशारा करती थी। तद्नुसार, इस आदिम अवस्था के बाद सामाजिक विकास की मूल प्रक्रिया भी सार्वभौमीकृत होने की ओर उन्मुख थी। 'जड़ एशियाई पद्धति' अब इस सैद्धान्तिक ढाँचे में नहीं बैठ सकती थी क्योंकि वह इसके आगे विकसित थी और अपेक्षाकृत ज़्यादा गहरी खोज भारतीय समुदायों और उनकी राजस्व-व्यवस्था की पिछली धारणाओं के पुनः सूत्रीकरण की माँग कर रही थी। इसलिए यदि निश्चित है कि एशियाई पद्धति को छोड़ने के लिए शायद अकेले एंगेल्स ही दोषी नहीं हैं।[86]

'एशियाई' की श्रेणी के सन्दर्भ में अपने अन्तिम वर्षों में मार्क्स के संकोच का यह अर्थ नहीं है कि वह भारतीय समाज और उसकी अर्थव्यवस्था के विशेष लक्षणों की अनदेखी करना चाह रहे थे। यह बात भारतीय समुदाय को किसी तरह 'सामन्ती' नाम दिये जाने पर उनकी आपत्ति से स्पष्ट हो जाती है। यह याद रखना चाहिए कि 'भारतीय ग्राम समुदाय' के दो स्तम्भों के रूप में 'कृषि तथा दस्तकारी की एकता' और अपरिवर्तनीय श्रम-विभाजन का उनका सूक्ष्म-विश्लेषण स्थायी महत्त्व की चीज़ है। यही नहीं, आज के आर्थिक इतिहासकार को वही सवाल जो मार्क्स के सामने था, अपने आपसे करना होगा कि भूमिकर के रूप में लगान को वसूल करने का ठीक-ठीक निहितार्थ क्या है? अतिरिक्त उत्पादन की बिक्री पर आधारित 'विनिमय-अर्थव्यवस्था' और उसको आधार प्रदान करने वाली 'प्राकृतिक अर्थव्यवस्था' के जिस अन्तर को मार्क्स ने रेखांकित किया था, वह आज भी वैध है। तथापि, माल उत्पादन के प्रवेश तथा गाँव के अन्दर व्यापक रहा हो सकता है। उनकी दृष्टि से शहरी अर्थव्यवस्था परोपजीवी थी। यहाँ हमारे लिए एक महत्त्वपूर्ण संकेत है कि भारतीय अर्थव्यवस्था में पूँजीवादी विकास की सम्भावनाएँ बाधित क्यों?[87] यह हम सब भारतीय इतिहासकारों के लिए विचारों की बहुमूल्य विरासत है जो शायद इससे इस समाज में परिवर्तन की गति-क्रिया खोजने की दिशा में और भी ज़्यादा प्रेरित होंगे।

II
उपनिवेशवाद और भारत

खिराज

1853 का चार्टर क़ानून बनने से पहले चली संसदीय बहसों में मार्क्स को अंग्रेज़ी ईस्ट इंडिया कम्पनी के बारे में बहुत सारी सूचनाएँ मिल गयी थीं और इतर सामग्री

के अध्ययन से भी उन्होंने इस सूचना को समृद्ध किया। मार्क्स ने अठारहवीं शताब्दी के प्रारम्भ से कम्पनी का प्राक्-उपनिवेश कालीन इतिहास तलाश किया। जब इंग्लैंड में प्राचीन भू-स्वामी अभिजात वर्ग पराभूत हो चुका था तथा पूँजीपति वर्ग (रुपयाशाही अथवा वित्तीय प्रभुता के झंडे के नीचे) उसका स्थान लेने में असमर्थ था।[88] ईस्ट इंडिया कम्पनी इस परवर्ती वर्ग का एक बड़ा सामूहिक संगठन थी जो पूर्वी भारतीय के व्यापार पर इज़ारे का दावा करती थी तथा ख़ज़ाने का निर्यात करने के लिए वाणिज्यिक स्वाधीनता की माँग करती थी। मार्क्स ने इस आश्चर्य पर व्यंग से टिप्पणी की है कि 'इंग्लैंड में मुक्त व्यापार के जो पहले उपदेशक थे, वही अब भारतीय व्यापार के इज़ारेदार बन गये थे।'[89]

विजित इलाक़ों के राजस्व से अपनी पूँजी बढ़ाने की थैलीशाहों की इच्छा को मार्क्स ने 'भारत-विजय' का कारण बताया था। भारत में अपना राज कायम करने और ज़मीन की मालगुजारी को अपनी आय का एक माध्यम बनाने की बात की कल्पना ईस्ट इंडिया कम्पनी के लोगों ने बहुत पहले 1689 में ही की थी। करों के ज़रिये भारत की यह प्रत्यक्ष लूट हमेशा भारत में अंग्रेज़ी शासन की आय का मुख्य लक्षण बनी रही।[90]

"पूरी अठारहवीं शताब्दी के दौरान में जो विशाल धनराशि भरकर भारत से इंग्लैंड लायी गयी थी उसमें बहुत थोड़ा भाग ही अपेक्षाकृत रूप से महत्त्वहीन व्यापार द्वारा अर्जित किया गया था। उसका अधिकांश उस देश के प्रत्यक्ष शोषण द्वारा तथा उन विशाल सम्पत्तियों द्वारा हासिल हुआ था जिन्हें ज़बर्दस्ती वहाँ इकट्ठा किया गया है, इंग्लैंड भेज दिया गया।"[91]

देश के 'प्रत्यक्ष शोषण' से पहला अर्थ तो सरकार की आय हड़प जाने से ही था। कम्पनी ने भारत में पहले से ही स्थापित राज्य का कर-लगान का अधिकार हथिया लिया था तथा उसका बहुत विस्तार कर दिया था। पूँजी, खण्ड (3) में मार्क्स ने प्रत्यक्ष उत्पादनकर्ता के लिए उस स्थिति में विनाशकारी परिणामों की चर्चा की है जबकि एक विजेता व्यापारिक राष्ट्र—जैसे भारत में अंग्रेज़ वस्तु-रूप में लगान को अपने सामने पाता है और उसका दोहन करता है।[92]

वित्तीय शोषण की इस लालसा ने स्वाभाविक रूप से सार्वजनिक कार्यों पर किया जाने वाला व्यय निम्नतम स्तर पर कर दिया। 1 करोड़, 98 लाख पौण्ड के कुल राजस्व में से 1851-52 में सड़कों, नहरों, पुलों तथा दूसरी सार्वजनिक उपयोग की चीज़ों पर केवल एक लाख सत्तर हज़ार पौण्ड ख़र्च किया गया।[93] जहाँ व्यय के मुख्य उद्देश्य का प्रश्न है, मार्क्स ने नोट किया कि स्वयं शासक वर्ग के ऊपर ख़र्च के लिए कहीं भी इतनी अमर्यादित व्यवस्था नहीं की जाती जितनी भारत में।[94]

भारत की लूट सिर्फ़ कराधान के द्वारा ही नहीं अपितु व्यक्तिगत रूप से सम्पत्ति बटोर कर भी की गयी। अठारहवीं शताब्दी में ये निजी सम्पत्तियाँ लूट-खसोट, रिश्वत और इज़ारेदारी के ज़रिये इकट्ठी की गयी थी।[95] पूँजी, (1) में मार्क्स ने 1757-66 के दस सालों में भारतीयों से वसूल किये गये उपहारों का मूल्य अनुमानतः 60 लाख पौण्ड लगाया है और उन्होंने इसका एक उदाहरण भी दिया है कि किस प्रकार कृपापात्र अंग्रेज़ घरेलू व्यापार पर अपने इज़ारे के ज़रिये पैसा बना रहे थे।[96] बड़ी-बड़ी आय उन्नीसवीं शताब्दी तक जारी रहीं लेकिन अब वे मुख्यतः राजस्व पर बोझ थीं। 1857 में मार्क्स इनकी जाँच-पड़ताल करते हुए इस निष्कर्ष पर पहुँचे थे कि 'भारत के साथ अंग्रेज़ों के सम्बन्ध से ब्रिटेन की प्रजा को व्यक्तिगत रूप से भारी लाभ होता है तथा इससे इंग्लैंड की राष्ट्रीय सम्पदा की कुल मात्रा में वृद्धि होती है।' बहरहाल, उन्होंने यह नोट किया कि भारत पर आधिपत्य रखने के लिए होने वाले ख़र्चे का एक हिस्सा अब ब्रिटिश कर दाता के ऊपर भी डाला जाने लगा है।[97]

निश्चय ही मार्क्स भारत की सम्पत्ति के अपवाह (ड्रेन) पर बोलने वाले पहले व्यक्ति नहीं थे। अठारहवीं शताब्दी में ही वर्क जैसे संसदीय नेता और सर जॉन शोर तथा लार्ड कार्नवालिस[98] जैसे ब्रिटिश प्रशासक इसे भारत के साथ ब्रिटेन के सम्बन्धों के आधार के रूप में स्वीकार कर चुके थे। खिराज वसूली के द्वारा भारत की यह बर्बादी जेम्ससिल तथा मार्टिन मांट गूमरी[99] जैसे उदार विचार वालों को बेचैन करती रही थी। मार्क्स ने खुद भारत के वित्तीय शोषण की ब्राइट की आलोचना का भरपूर उपयोग किया था—हालाँकि उन्होंने यह भी जोड़ा था कि—"कम्पनी तथा सरकार की राजस्व वसूली से तबाह भारत की तस्वीर में निश्चय ही मैंचेस्टर तथा मुक्त व्यापार से होने वाली भारत की बर्बादी को जोड़कर नहीं देखा।"[100]

मार्क्स ने 'न्यूयार्क डेली ट्रिब्यून' में एक लेख लिखकर ब्राइट के दृष्टिकोण का विश्लेषण किया कि भारत पर कर का बोझ बहुत ज़्यादा है। ब्राइट की कुछ गणनाओं पर उन्होंने शंका अवश्य व्यक्त की थी किन्तु उन्होंने महत्त्वपूर्ण बिन्दु उठाया था।

"कर-व्यवस्था का भारत का अनुमान लगाते समय इस बात का ध्यान रखना आवश्यक है कि कहीं ऐसा न हो कि उनकी नाममात्र की मात्रा को, उसको वसूलने की प्रणाली तथा उपयोग करने के ढंग से भी भारी मान लिया जाय। भारत में कर वसूलने की प्रणाली घृणित है और उदाहरण के लिए मालगुजारी की शाखा में जितना प्राप्त होता है, सम्भवतः उससे कहीं अधिक व्यय है।

जहाँ तक करों के उपयोग का प्रश्न है तो इतना कहना ही पर्याप्त होगा कि सार्वजनिक उपयोगों के निर्माण कार्यों पर ख़र्च के रूप में उनका कोई भी अंश जनता को वापस नहीं दिया जाता।''[101]

अपनी राजस्व वसूली को अधिक-से-अधिक बढ़ाने के लिए अंग्रेज़ों ने मौजूदा सम्पत्ति-सम्बन्धों को उलटकर 'कृषि-क्रान्तियाँ' की थीं। उन्होंने भूमि पर निजी स्वामित्व के विभिन्न रूप कायम किये थे और इस चीज़ की एशिया में अत्यधिक आवश्यकता थी।[102] लेकिन इसका वास्तविक उद्देश्य देश की कर-क्षमता को बरकरार रखना या बढ़ाना ही था।

''ज़मींदारी और रैयतवारी बन्दोबस्त, दोनों ही कृषि क्रान्तियाँ हैं जो ब्रिटिश हुक्मनामों से हुई हैं—मगर दोनों न तो उस जनता के लिए हैं जो ज़मीन जोतती है और न उस भू-स्वामी के लिए हैं जिसकी वह मिल्कियत है बल्कि उस सरकार के लिए है जो उस पर कर लगाती है।''[103]

ज़मींदारी (या स्थायी) बन्दोबस्त 'अंग्रेज़ी ज़मींदारी का विकृत रूप' था और रैयतवारी 'फ्रांसीसी किसान मिल्कियत की हास्यास्पद नक़ल'।

ज़मींदार एक विचित्र क़िस्म का अंग्रेज़ भू-स्वामी तथा जिसे मालगुजारी का सिर्फ़ दसवाँ हिस्सा मिलता था जबकि नौ हिस्से उसे सरकार को देने पड़ते थे। रैयत एक विचित्र क़िस्म का किसान था जिसे भूमि पर कोई स्थायी अधिकार प्राप्त नहीं था, और कर, हर साल उसकी फ़सल के अनुपात में बदलता रहता था।[104]

निश्चय ही यहाँ स्थिति को कुछ बढ़ा-चढ़ाकर रखा गया है। स्थायी बन्दोबस्त में मालगुजारी में ज़मींदार के ग्यारहवें हिस्से का कोई विशेष अर्थ नहीं था क्योंकि क़ीमतों तथा कृषि क्षेत्र के बढ़ने के साथ मालगुजारी में ज़मींदार का हिस्सा काफ़ी बढ़ गया था। वास्तव में मार्क्स ने खुद एक अन्य स्थान पर स्वीकार किया है कि बन्दोबस्ती ने बंगाल में 'भू-स्वामी कुलीन वर्ग' पैदा कर दिया गया था जिससे सरकार और 'वास्तविक काश्तकारों'[105] दोनों को ही नुक़सान पहुँचता था। ये ज़मींदार 'व्यापारी सटोरिये' थे जिन्होंने पुराने ज़मींदारों का स्थान ले लिया था और 'बिचौलियों का एक सोपानक्रम' पैदा कर दिया था। बिचौलियों या पटनीवारों का यह समूह 'अपने पूरे बोझ के साथ बेचारे काश्तकार की गर्दन पर सवार था।'[106]

जहाँ तक रैयतवारी बन्दोबस्त का सवाल है, इसके बारे में मार्क्स का यह विचार कि मालगुजारी हर साल फ़सल के हिसाब से बदलती थी, अंशत ही सही है। अगर रैयत बंजर ज़मीन को खेती के लायक बनाता था तो उसे ज़्यादा देना पड़ता था और क़ीमतों में उतार-चढ़ाव के हिसाब में मालगुजारी बदलते रहने की व्यवस्था थी। बहरहाल, मार्क्स का यह कहना सही था कि रैयतवारी बन्दोबस्त

में प्रायः मीरास, जागीर आदि उच्चतर अधिकारों को अमान्य किया गया था।[107] और किसान पर लगने वाला लगान भी किसी तरह हल्का नहीं था। वास्तव में उन्होंने मिसाल देकर बताया था कि इन रैयतवारी क्षेत्रों में मालगुजारी वसूल करने के लिए कम्पनी के हाकिम किस तरह किसानों को यातनाएँ देते थे।[108]

मार्क्स का विचार था कि अंग्रेज़ों द्वारा प्रत्यक्ष उत्पादक (किसान) पर थोपा गया लगान का बोझ इतना ज़्यादा था कि उसके पास किसी बचत या मुनाफ़े की गुंजाइश रहना तो दूर उत्पादन को किसी भी तरह विस्तार देना कमोबेश सम्भव हो गया था। जबकि वह ख़ुद जीवन-यापन के साधनों के भौतिक न्यूनतम बिन्दु पर पहुँच गया था।[109] इसके अतिरिक्त, यद्यपि, रैयत एक स्वतन्त्र उत्पादन-कर्ता के रूप में अपने खेत में पैदावार भले करता हो लेकिन महाजन न केवल सूद के ज़रिये उसके सारे अतिरिक्त उत्पादन की लूट कर सकता था बल्कि उसकी मज़दूरी में भी दाँत गड़ा सकता था।[110]

जहाँ तक उच्चतर भू-स्वामी वर्गों का सवाल है, ऐसा नहीं था कि सिर्फ़ रैयतवारी बन्दोबस्त में ही उनके दावों पर चोट हुई हो। जैसा कि मार्क्स ने 1858 के अपने लेख में दिखाया था। उत्तरी भारत में भी उन वर्गों पर दबाव पड़ रहा था। अवध के ताल्लुकेदार इसकी मिसाल थे।[111]

राजस्व वसूली की इसी लालसा के तहत भारतीय रियासतों को हड़पा जा रहा था। उनके सिलसिले में कम्पनी की नीति रोमनों जैसी थी : अपने सहयोगियों को मोटा करने की नीति जैसे कि हम बैलों को तब तक मोटा करते हैं जब तक कि वे भक्षण के योग्य न हो जायें।[112] कुछ बाद के अपने लेख में डिजरायजी के भाषण पर विचार करते हुए मार्क्स ने दिखाया था कि किस तरह 'देशी राजे-रजवाड़ों' को बलपूर्वक ख़त्म करने का अभियान कम्पनी की आर्थिक कठिनाइयों के कारण तेज़ हुआ था और 1843 में अपने शिखर पर पहुँच गया था।[113]

भारतीय राजे-रजवाड़ों के प्रति मार्क्स की कोई स्वाभाविक सहानुभूति नहीं थी, उनमें से ज़्यादातर में प्राचीन काल का गौरव भी नहीं था कि ये सिर से पाँव तक 'अंग्रेज़ निरंकुशता' के सबसे निष्ठावान चापलूस थे।[114] इसके बावजूद ब्रिटिश सत्ता अपने इन पालतूओं से भी जिस तरह का बर्ताव कर रही थी, उससे उन्हें क्षोभ हुआ। इसलिए उन्होंने उन तरीक़ों की कड़ी भर्त्सना की जो अंग्रेज़ों ने अवध को हड़पने (1856) के लिए इस्तेमाल किये। उन्होंने लिखा—"बीस वर्षों तक जो सन्धियाँ पारम्परिक आदान-प्रदान का स्वीकृत आधार रही थीं, उनसे इस तरह मुँह मोड़ लेने, स्वीकृत सन्धियों तक खुलेआम उल्लंघन करके स्वतन्त्र प्रदेशों

पर इस प्रकार हिंसापूर्वक अधिकार कर लेने, पूरे देश की एक-एक एकड़ भूमि के ऊपर अन्तिम रूप से इस प्रकार ज़बर्दस्ती क़ब्ज़ा कर लेने की ये घटनाएँ[115] —भारतीयों के ख़िलाफ़ की गयी। अंग्रेज़ों की ये विश्वासघाती और पाशविक कार्यवाहियाँ।"[116]

अन्तिम बात यह कि भारत का प्रत्यक्ष शोषण जारी रखने के लिए चीन पर लगातार बढ़ता हुआ दबाव ज़रूरी हो रहा था। भारतीय ब्रिटिश सरकार अपनी राजस्व-आय के पूरे सातवें हिस्से के लिए चीन की अफ़ीम बेचने पर निर्भर है।[117] ट्रिब्यून में प्रकाशित लेख में मार्क्स क्षोभ के साथ यह दिखाते हैं कि किस तरह अफ़ीम जिस पर भारत में अपनी कम्पनी का इज़ारा है—संगठित तस्करी और युद्ध के ज़रिये लगातार बढ़ती तादाद में चीन पर थोपी जा रही है।[118]

अफ़ीम का इज़ारा भारत के वित्तीय शोषण का एक अपरिहार्य स्तम्भ ही नहीं था बल्कि चीन के साथ अफ़ीम का व्यापार इंग्लैंड के लिए भारत से खिराज वसूल करने का एक ख़ास ज़रिया भी था। मार्क्स ने आँकड़े देकर दिखाया कि 1858 में ब्रिटेन में 60 लाख पाउण्ड से ज़्यादा का व्यापार घाटा था।

"अब इंग्लैंड, ऑस्ट्रेलिया तथा अमेरिका की ओर निकलने वाले चीन के बकाया (भुगतान) को अब भारत की ओर स्थानान्तरित कर दिया गया है ताकि अफ़ीम और कपास की मद में चीन की ओर भारत के बकाया (भुगतान) को प्रति-सन्तुलित किया जा सके। भारत के लिए चीन का निर्यात अभी तक भी 10 लाख स्टर्लिंग पाउण्ड तक नहीं पहुँचा है जबकि चीन के लिए भारत के निर्यातों से लगभग 1 करोड़ पाउण्ड स्टर्लिग की कमाई होती है।"[119]

इस प्रकार इंग्लैंड चीन से बड़ी तादाद में जो चाय और रेशम मुफ़्त प्राप्त कर रहा था वह मुख्यतः भारतीय खिराज का ही भुगतान था। लेकिन इसके लिए चीन की जनता को कितना भारी नैतिक और सामाजिक मूल्य अदा करना पड़ रहा था।[120]

इसके अलावा, इंग्लैंड से सीधे व्यापार में भारत के निर्यात, इंग्लैंड से होने वाले आयात से ज़्यादा थे। मार्क्स ने संसदीय जाँचों के उपलब्ध आँकड़ों के आधार पर दिखाया है कि 1855 में जब अतिरेक 22 लाख 50 हज़ार पाउण्ड स्टर्लिंग का था तब इंग्लैंड बदले में कोई निर्यात किये बिना ही सीधे-सीधे यह खिराज डकार जाता है।[121] बहरहाल, इन पंक्तियों को लिखते समय मार्क्स सम्भवतः यह भूल गये कि इस दौर में खिराज वसूली का मुख्य ज़रिया बरास्ता चीन था और यदि इसे शामिल कर लेते तो इंग्लैंड को अफ़ीम आदि की व्यवस्था करने वाले भारत में अपनी 'अच्छी सरकार' के बदले ख़ासी मोटी रकम मिल रही थी।[122]

पूँजी, खण्ड (1), में मार्क्स ने भारत से सम्पत्ति के इस अपवाह को आदिम (प्रारम्भिक) संचय तथा महत्त्वपूर्ण स्रोत माना है जिसे वह औद्योगिक पूँजीवाद की उत्पत्ति के लिए ज़रूरी मानते थे।[123] तथापि, खिराज का यह प्रभाव किसी भी अर्थ में व्यापक रूप से स्वीकृत नहीं है और यहाँ तक कि मार्क्सवादी व्याख्या के प्रभाव में आने वाले ब्रिटिश इतिहासकार भी इसे स्वीकार नहीं करते। मॉरिस डॉब की रचना 'स्टडीज़ इन दि डेवलपमेंट ऑफ़ कैपिटलिज़्म' में उपनिवेशों का शोषण प्राथमिक संचय के स्रोत के रूप में न आकर व्यापारिक नीति के तत्त्व के रूप में ही आता है।[124] यह वाकई अचरज की बात है क्योंकि भारत और वेस्टइंडीज से सम्पत्ति की इस भारी लूट से शायद ही कभी इनकार किया गया हो।[125] ऊपरी तौर पर यह लूट ब्रिटेन की कुल राष्ट्रीय आय का एक छोटा-सा हिस्सा, मसलन 1801 से 4.8 प्रतिशत के बराबर लग सकती है। लेकिन, इसी हिसाब से यह हिस्सा ब्रिटेन से सालाना शुद्ध घरेलू निवेश के, 70 प्रतिशत के बराबर होगा।[126] इस सिलसिले में मुख्य तर्क सम्भवतः यह है कि नवाबों आदि के द्वारा जिन्हें उपनिवेश से विशेष लाभ मिला था—प्रत्यक्ष रूप से उद्योगों से पूँजी लगाने की बात देखने में नहीं आयी।[127]

निश्चय ही हम विश्वासपूर्वक यह नहीं कह सकते कि मार्क्स इन आपत्तियों का क्या उत्तर देते। पूँजी, खण्ड (1) में वह संकेत करते हुए प्रतीत होते हैं कि जिस सीमा तक औपनिवेशिक लूट व्यापारिक पूँजी को बढ़ा रही थी, वह ब्रिटिश औद्योगिक विकास का रास्ता साफ़ कर रही थी—"जिसे युक्तियुक्त ढंग से विनिर्माण (मैन्यूफैक्चर) का युग कहा जाता है उस युग में वाणिज्यिक प्रभुत्व औद्योगिक क्षेत्र को प्रधानता प्रदान करता है (यह प्रक्रिया उलट नहीं होती)। यही कारण है कि उस काल में औपनिवेशिक व्यवस्था ने इतनी बड़ी भूमिका अदा की।"[128]

तथापि, इस विषय पर किंचित भिन्न ढंग से भी विचार किया जा सकता है। मुद्रा-पूँजी के स्तर पर भले ही नवाबों की जागीरें ख़रीदी हों या घर ख़रीदे हों; और ख़रीदने मात्र से उद्योगों में पहुँचने वाले दूसरे साधन गति में आये होंगे। औपनिवेशिक शोषण के माध्यम से उपलब्ध मालों की दृष्टि से इंग्लैंड को दूसरे देशों से कच्चा माल तथा मज़दूरी के बदले दी जाने वाली वस्तुएँ मुफ़्त मिल रही थीं। इसलिए इससे वास्तव में औद्योगिक पूँजी में उसी सीमा तक इजाफ़ा हुआ होगा जिस सीमा तक ब्रिटिश अर्थव्यवस्था पर उस पूँजी का वर्चस्व बढ़ा होगा।

इस सम्भावना को देखते हुए अठारहवीं शताब्दी में भारत से मिलने वाले खिराज से प्राथमिक संचय बढ़ा होगा। हमें इस सवाल से भी दो-चार होना पड़ेगा कि क्या उन्नीसवीं शताब्दी में भी खिराज की यही भूमिका रही होगी।

शाब्दिक अर्थ में तो मार्क्स का प्रारम्भिक या प्राथमिक संचय वह संचय है जो पूँजीवादी संचय के पहले आता है जो कि उत्पादन की पूँजीवादी पद्धति का, परिणाम नहीं था बल्कि उसका प्रस्थान बिन्दु था।[129] लेकिन, मार्क्स की दी हुई परिभाषा को शुद्ध कालक्रम के अर्थ में ही लिया जाये, यह ज़रूरी नहीं है।[130] ग़ैर-पूँजीवादी अर्थव्यवस्थाओं से (कर-लगान तथा उनके उत्पादनों की बिक्री के इज़ारे के ज़रिये) अतिरिक्त उत्पादन के प्रत्यक्ष शोषण से 'रक्त बहते जाने' की प्रक्रिया से जिसका डेनियल्सन के नाम 1881 के अपने पत्र में मार्क्स ने उल्लेख किया है, महानगरीय देश में औद्योगिक पूँजी लगातार बढ़ती गयी होगी।

"लगान के रूप में हिन्दुस्तानियों के लिए अनुपयोगी रेलों के लाभांश के रूप में, सैनिक तथा असैनिक कर्मचारियों की पेंशनों के रूप में, अफ़ग़ानिस्तान तथा अन्य युद्धों आदि के (ख़र्चों के रूप में) अंग्रेज़ उनसे (हिन्दुस्तानियों से) हर साल जो कुछ लेते हैं तथा जिसके बदले में उन्हें कुछ नहीं देते हैं—भारत में हर साल जो वे उड़ा जाते हैं उनसे बिल्कुल अलग—अगर हर साल हिन्दुस्तानियों को इंग्लैंड जो माल मुफ़्त भेजने पड़ते हैं, उनके मूल्य की ही बात करें तो वह भारत के 6 करोड़ कृषि तथा औद्योगिक मज़दूरों की कुल आय से ज़्यादा बैठेगा। यह ख़तरनाक परिणाम में रक्त बहते जाने की प्रक्रिया है।"[131]

यह सीधे-सीधे 'आदिम संचय' है और अनेक अर्थों में ग़ैर-पूँजीवादी अर्थव्यवस्थाओं पर पूँजीवादी देशों के राजनीतिक प्रभुत्व के चलते संचय में होने वाली उसी तरह की बढ़ोतरी है जिनका विवरण 1913 में रोज़ा लक्समबर्ग ने दिया था।[132] इस तरह एक बार ब्रिटिश औद्योगिक क्रान्ति शुरू हो जाने के बाद उसकी गति बनाये रखने में भारतीय बाज़ार ही नहीं ब्रिटिश भारतीय साम्राज्य भी मदद कर रहा था।

इस तरह प्रत्यक्ष खिराज चाहने वाले ब्रिटिश थैलीशाहों तथा कुलीन तन्त्र और दूसरी ओर मिलशाहों के हितों के बीच, जो खिराज के बोझ के कारण भारत में अपने बाज़ार को संकुचित पा रहे थे—मार्क्स हितों का जो टकराव देख रहे थे उसके नीचे-नीचे हितों की एकता भी मौजूद थी।[133] तब क्या हम यह नहीं कह सकते हैं कि यह टकराव मूलतः आदिम संचय ही लालसा और ब्रिटिश पूँजीवादी के लिए बाज़ार के विस्तार की आवश्यकता के बीच अन्तर्विरोध को प्रतिबिम्बित करना था? और क्या इस अन्तर्विरोध के परिणाम में ही 'मुक्त व्यापार के साम्राज्यवाद की कुंजी' नहीं है?[134]

क्योंकि यदि बाज़ार के हित को ध्यान में रखते हुए बोझ के बढ़ने को रोकना था तो इसके लिए वह क्षेत्र बढ़ना चाहिए था जिस पर यह कर लगाया जा रहा था।

इस प्रकार 1843-56 के ही वर्षों में जो कि इंग्लैंड में मुक्त व्यापार के सिद्धान्त की विजय का दौर था—भारत में ब्रिटिश विस्तार का सबसे निर्मम दौर भी सामने आया था। याद रहे कि मार्क्स हमेशा से 'मुक्त व्यापारवादियों' के साम्राज्यवाद विरोधी दावों के प्रति स्वस्थ ढंग से संशयालु थे। भारत में जब तक क़ब्ज़ा किये जाने की प्रक्रिया चल रही थी इनमें से हरेक चुप्पी साधे रहा लेकिन जब भारत की प्राकृतिक सरहदें समाप्त हो गयीं तो उन्होंने पाखण्डपूर्ण शान्ति के लिए खूब ज़ोर से ढोंग किया। लेकिन, अपने धूर्ततापूर्ण परोपकारवाद को थोपने के लिए यह आवश्यक था कि पहले उसे अपने क़ब्ज़े में ले।[135]

जैसा कि अनुमान लगाया जा सकता है, यह परोपकारिता लंकाशायर के कपड़े से भारत की औद्योगिक तबाही की ही परोपकारिता थी।

औद्योगिक दोहन

एंगेल्स ने एक बार लिखा था कि किस तरह 'आयातों'—माल रूप में खिराज, की तलाश में हुई 'भारत-विजय' के महानगरीय देश को रूपान्तरित करने में अर्थात 'निर्यातों' की आवश्यकता पैदा करने का बड़े पैमाने के उद्योग के विकास में मदद की थी। सम्भवतः वह आयात और 'निर्यात' के चरणों के बीच सन् 1800 को एक विभाजन रेखा मान रहे थे। यह स्पष्ट रूप से इस प्रश्न पर खुद मार्क्स के विचार के रूप में ही था।[136] मार्क्स ने इस परिवर्तन को 1813 के बाद माना था :

"1813 में व्यापार का मार्ग खुल जाने के बाद बहुत ही थोड़े समय के अन्दर भारत के साथ होने वाला व्यापार तीन गुना से भी अधिक बढ़ गया। परन्तु बात इतनी ही नहीं थी, व्यापार का पूरा चरित्र ही बदल गया था। 1813 तक भारत मुख्यतया निर्यात करने वाला देश था, पर अब वह आयात करने वाला देश बन गया था।"[137]

स्पष्ट रूप से यहाँ आयात तथा निर्यात से मार्क्स का आशय औद्योगिक मालों से ही था, तभी तो भारत को—जो अनादिकाल से सूती कपड़े के उत्पादन के सम्बन्ध में संसार की महान उद्योगशाला बना हुआ था—अब अंग्रेज़ी सूत और सूती कपड़ों से पाट दिया गया था।[138] यही नहीं, मार्क्स ने भारत के लिए सूत उत्पादनों के ब्रिटिश निर्यात में बढ़ोतरी के परिणाम के आँकड़े भी दिये थे—"1818 और 1836 के बीच ग्रेट-ब्रिटेन से भारत आने वाले सूत का परिणाम 5200 गुणा बढ़ गया। 1824 में मुश्किल से 10 लाख गज़ अंग्रेज़ी मलमल भारत आता था, लेकिन 1837 में उसकी मात्रा 6 करोड़ 40 लाख गज़ से भी अधिक पहुँच गयी।"[139]

ब्रिटेन के लिए भारत व्यापार का महत्त्व उसी अनुपात में बढ़ रहा था जिस अनुपात में भारत के लिए ब्रिटेन का निर्यात बढ़ रहा था। मार्क्स हमें बताते हैं कि 1850 में भारत के लिए ग्रेट-ब्रिटेन के निर्यात, उसके कुल-निर्यात के आठवें हिस्से के बराबर था और उसका सूती निर्यात, 'सूती विदेशी व्यापार' के चौथे हिस्से के बराबर। मार्क्स पाठक को याद दिलाते हैं कि सूती उद्योग में ब्रिटेन की आबादी का आठवाँ हिस्सा लगा हुआ है और लिखते हैं—"जिस रफ़्तार से ग्रेट ब्रिटेन के सम्पूर्ण सामाजिक ढाँचे के लिए सूती कपड़े का निर्माण बुनियादी महत्त्व की चीज़ बन गया था, उसी रफ़्तार से ब्रिटेन के सूती कपड़े के उद्योग के लिए पूर्वी भारत भी बुनियादी महत्त्व की चीज़ बन गया था।"[140]

और यदि इंग्लैंड के लिए भारत में अपने सूती निर्यात का इतना भारी महत्त्व था तो भारत पर उसका क्या असर हुआ होगा? मार्क्स उसके इन प्रभावों को सामाजिक तथा आर्थिक हालात के सन्दर्भ में बड़े भारी परिवर्तन का स्रोत बताते हैं—"अंग्रेज़ों के हस्तक्षेप ने सूत कातने वाले को लंकाशायर में और बुनकर को बंगाल में रखकर या हिन्दुस्तानी सूत कातने वाले और बुनकर दोनों का सफाया करके—उनके आर्थिक आधार को नष्ट करके—इन छोटी-छोटी अर्ध-बर्बर, अर्ध-सभ्य बस्तियों को छिन्न-विच्छिन्न कर दिया है और इस तरह उसने एशिया की महानतम और सच कहा जाये तो एक मात्र सामाजिक क्रान्ति कर डाली है।"[141]

मार्क्स जिस आर्थिक उथल-पुथल का ज़िक्र कर रहे थे, वह कितने बड़े पैमाने की उथल-पुथल थी, इसका अन्दाज़ा इससे लगाया जा सकता है कि 1831-35 में अंग्रेज़ी कपड़ा भारत में कपड़े की कुल खपत का सिर्फ़ 3.9 प्रतिशत था। लेकिन, 1856-60 से यह हिस्सा बढ़कर 35.3 प्रतिशत हो गया था और 1880-81 तक और भी बढ़कर 58.4 प्रतिशत हो चुका था।[142] अगर हम यह भी याद रखें कि कपड़े के अलावा सूत का भी आयात होता था हमें यह समझने में कठिनाई नहीं होगी कि परम्परा से चली आती 'खेती और हस्तशिल्प' की एकता को भारत में तेज़ी से नष्ट किये जाने से मार्क्स का तात्पर्य क्या था।[143] किसान लंकाशायर का बना कपड़ा ख़रीद रहा था और यह चीज़ घरेलू कताई करने वाले और गाँव के बुनकर, दोनों को चौपट कर रही थी, और बुनकर लंकाशायर के अपेक्षाकृत सस्ते सूत के सहारे काम चलाने की कोशिश करेगा तो इसकी चोट भी घरेलू कताई पर ही पड़ेगी। इस तरह पहले की प्राकृतिक अर्थ-व्यवस्था बैठ जायेगी। यह नहीं, आयातित मालों को ख़रीदने के लिए किसान को अब तक के अतिरिक्त उत्पादन के मार्क्स के अनुसार अभी तक माल-विनिमय इसी तक सीमित था कहीं बड़े परिणाम में बाज़ार के लिए उत्पादन करना पड़ेगा।[144]

एक बार कृषि का वाणिज्यीकरण हो जाता है तो किसान को कच्चा माल घरेलू या गाँव के स्तर के प्रत्यक्ष उपभोग के बजाय, विश्व बाज़ार के लिए पैदा करना होगा।

"इस प्रकार पूर्वी भारत को ग्रेट ब्रिटेन के लिए कपास, ऊन, सन, जूट आदि पैदा करने के लिए मज़बूर किया गया था।"[145]

स्वाभाविक रूप से सूत कातने वाले और बुनकर दोनों के लिए इस रूपान्तरण के घातक परिणाम निकले। पहले तो यूरोप का बाज़ार हाथ से गया और फिर भारत में लंकाशायर के कपड़े की बाढ़ आ गयी। इससे अपने कपड़े के लिए विख्यात भारतीय शहर बर्बाद हो गये।[146] मार्क्स ने गवर्नर जनरल को 1833-34 में यह कहते हुए उद्धृत किया है कि 'हिन्दुस्तान के मैदान सूती कपड़ा बुनने वालों की हड्डियों से सफ़ेद हो गये।'[147]

बाद में उन्होंने फिर लिखा—"1833 के बाद मनुष्य जाति का विनाश करके हाथ का करघा इस्तेमाल करने वाले हिन्दुस्तानी बुनकरों की पूरी-की-पूरी आबादी मिटाकर एशिया की मंडियों का बलपूर्वक विस्तार किया गया है।"[148]

भारतीय बुनकर के विनाश की बात उस समय तक एक सर्वसम्मत तथ्य की तरह स्वीकृत था जब तक कि एक अमेरिकी विद्वान ने यह कहकर विवाद नहीं खड़ा कर दिया कि आयातित सूत से भारतीय बुनकर की स्थिति मज़बूत हुई थी और कुछ भारतीय माँग बढ़ी थी उससे भारतीय कपड़े की खपत में कमी हुए बग़ैर ब्रिटिश आयातों को उठाना सम्भव हुआ था।[149] बहरहाल, सामान्यतः इन तर्कों को किन्हीं तथ्यों से प्रमाणित नहीं किया गया है जबकि इस प्रस्थापना के सन्दर्भ में की गयी आपत्तियों में काफ़ी दम है।[150] याद रहे कि एलिसन के अनुमान के अनुसार भारत में कपड़े का प्रति व्यक्ति उपभोग 1831-35 के 2.4 पौण्ड से घटकर 1856-60 में 1.6 पौण्ड तथा 1880-81 में 1.0 पौण्ड से ज़रा-सा ही ज़्यादा रह गया था और 1880-81 तक इसमें भारत में फ़ैक्टरी में बना कपड़ा भी शामिल हो चुका था।[151]

एलिसन के आँकड़ों से दस्तकारी उद्योग के विनाश के मार्क्स के विवरण की पुष्टि होती है। लेकिन, इसके साथ ही इससे मार्क्स के इस आग्रह की भी पुष्टि होती है कि (उसके) विघटन का काम बहुत धीरे-धीरे चलता है, क्योंकि—"कृषि तथा हस्तशिल्प की एकता से होने वाली अच्छी-ख़ासी बचत और समय की बचत बड़े उद्योगों के मालों का कड़ा प्रतिरोध करती है जिनकी क़ीमतों में संचरण प्रक्रिया की क़ीमत की शामिल होती है जो उनके साथ चिपकी हुई है।"[152]

भारत पर औद्योगिक मालों के प्रभाव के मार्क्स के विश्लेषण में यह बात अन्तर्निहित है कि बेरोज़गार दस्तकार भूमिहीन मज़दूरों के तब्दील हो गये होंगे और यही माल उत्पादन के प्रसार से—जिस पर उन्होंने इतना ज़ोर दिया था—अनिवार्यतः ग़रीब किसानों का बड़ा हिस्सा ग्रामीण सर्वहारा की पाँतों से धकेल दिया गया होगा। 19वीं सदी के उत्तरार्द्ध से इस वर्ग की संख्या में बढ़ोतरी पर आर.पी.दत्त और सुरेन्द्र जे. पटेल ने अच्छे-ख़ासे प्रमाण इकट्ठे किये हैं,[153] यहाँ तक कि धर्मकुमार द्वारा दिये गये आँकड़े भी 19वीं शताब्दी में भूमिहीनों की संख्या में ज़बर्दस्त बढ़ोतरी की ही पुष्टि करते लगते हैं, हालाँकि धर्मकुमार स्वयं इस प्रस्थापना का विरोध करती हैं।[154]

पुराने सम्बन्धों के विघटन के इन सब रूपों को इस विघटन में अन्तर्निहित पीड़ा से परिचित मार्क्स हमेशा बड़ी हार्दिकता से 'मैंचेस्टर और मुक्त व्यापार से तबाह हुआ भारत' की बात करते हैं।[155] 1847 में बड़े ही मानवीय ढंग से इसका ब्यौरा पेश करते हुए उन्होंने लिखा—"उसी (कपड़ा) उद्योग में इंग्लैंड में लगे 15 लाख मज़दूरों के लिए जिनके लिए साधन जुटाने में भारत के दसियों लाख (कपड़ा) मज़दूरों को ख़त्म हो जाना पड़ा था, (उनके लिए भी) दस साल में सम्पन्नता के तीन साल।"[156]

इस प्रकार ब्रिटिश मालों की बिक्री ने भारत में उसी प्रक्रिया को सम्पन्न किया जो ब्रिटेन में पहले पूरी हो चुकी थी—बड़े पैमाने पर छोटे उत्पादकों के स्वत्वहरण की प्रक्रिया—जिसका पूँजी, खण्ड (1), में 'पूँजीवादी संचय! ऐतिहासिक प्रवृत्ति' नाम के अध्याय में मार्क्स ने विस्तृत विश्लेषण किया था।[157]

लेकिन क्या इस रिश्ते में महानगरीय पूँजीवाद के लिए इससे भी कहीं ज़्यादा बुनियादी चीज़ थी? 1913 में रोज़ा लक्समबर्ग ने पूँजीवादी संचय की मार्क्स की अवधारणा की अपनी आलोचना प्रकाशित की जिसके अनुसार मार्क्स की अवधारणा पूँजीवादी अर्थव्यवस्था के अन्दर ही श्रम द्वारा अतिरिक्त मूल्य के उत्पादन की इजाज़त देती थी। इसके विपरीत, उन्होंने तर्क दिया कि पूँजीवादी उत्पादन में अधिशेष मूल्य पूँजीवादियों द्वारा प्राक्-पूँजीवादी (औपनिवेशिक तथा किसान), अर्थव्यवस्थाओं के साथ ज़बर्दस्ती माल विनिमय की प्रक्रिया के माध्यम से ही प्राप्त हो सकता है।[158] (निश्चय ही इसे सीधे-सीधे आदिम संचय से अलग समझा जाना चाहिए, जैसा हम देख आये हैं, मार्क्स 1881 तक देख रहे थे और इस पर ज़ोर दे रहे थे) बुखारिन को इसका श्रेय जाता है कि जहाँ उन्होंने रोज़ा लक्समबर्ग के सिद्धान्त की बुनियादी धारणाओं की आलोचना की,

वहीं कार्ल मार्क्स के दो अवतरणों की ओर ध्यान खींचा जिसमें मार्क्स स्पष्ट रूप से स्वीकार करते हैं कि किसी पिछड़े देश को अपने माल बेचने (और उससे कच्चे माल ख़रीदने) में 'विकसित' देश एक अतिरिक्त लाभ, एक तरह का अतिरिक्त मुनाफ़ा प्राप्त करता है। मार्क्स ने कहा कि इस मामले में सम्पन्नतर देश, ग़रीब देश का शोषण करते हैं[159] इस प्रकार अगर अतिरिक्त मूल्य उपनिवेशों के माध्यम से प्राप्त न भी होता हो तब भी, यह निश्चित था कि उन्हें पूँजीवादी बाज़ार में तब्दील किये जाने से अतिरिक्त मूल्य लगातार बढ़ रहा था। दूसरे शब्दों में भारत में औद्योगिक दोहन मार्क्स के लिए भी उसी तरह एक उपनिवेश का 'शोषण' था जिस तरह कि रोज़ा लक्समबर्ग के लिए।

प्रतिरोध

1853 के ट्रिब्यून के अपने आरम्भिक प्रसिद्ध लेखों में मार्क्स एक ख़ास दुविधा में हैं। एक ओर वह इसे महसूस कर रहे थे कि ग्राम समुदायों के सदस्य अपनी प्राचीन सभ्यता तथा जीविका कमाने के पुश्तैनी साधनों को खो बैठे हैं। भारत की देहाती जनता का 'विपत्तियों के सागर' में डूब जाना, 'मानव भावना' को किस कदर 'अवसाद में डुबाने वाला' रहा होगा। दूसरी ओर यह भी नहीं कहा जा सकता था कि पुरानी व्यवस्था बनी रहनी चाहिए जिसने 'मनुष्य के मस्तिष्क' को संकुचित सीमाओं में बाँधे रखा, एक तरफ़ की बर्बर अहंमन्यता को जन्म दिया और घोर अन्धविश्वास को जगा दिया था वास्तव में, समाज को 'उसकी समस्त गरिमा तथा ऐतिहासिक ओज' से परिवर्तन की सारी क्षमता से वंचित कर दिया था।[160] पुरानी उत्पादन व्यवस्था तथा संस्कृति को नष्ट होना ही था जैसे कि आधुनिक उद्योग के आने पर छोटे पैमाने का उत्पादन ख़त्म हो जाता है।[161] मार्क्स ने ब्रिटिश शासन द्वारा शुरू की गयी इस परिवर्तन की समूची भयावह प्रक्रिया के पक्ष में गेटे को उद्धृत किया था।[162]

तथापि, 1857 में जब सैनिक विद्रोह वास्तव में फूट पड़ा तो ब्रिटिश शासन के विरुद्ध अपनी गहरी घृणा के कारण मार्क्स अपनी ही सलाह पर न टिक सके। विद्रोहियों के साथ उनकी स्वाभाविक सहानुभूति थी और अपनी पैनी निगाह से उन्होंने सामने वाली घटनाओं का बहुत ही सही विश्लेषण किया, हालाँकि इसके लिए उनके पास उपलब्ध सामग्री बहुत ही कम थी।

एक बात तय है कि मार्क्स विद्रोह को एक फ़ौजी बग़ावत नहीं बल्कि एक राष्ट्रीय विद्रोह के रूप में देख रहे थे।[163]

जहाँ तक हिन्दुओं की उदासीनता[164] की अथवा ब्रिटिश शासन के साथ उसकी सहानुभूति की बात के वह सब महज़ बक़वास है।

वास्तव में, ब्रिटिश सेनाएँ क्रान्ति के लहराते सागर के बीच अलग-थलग चट्टानों पर इधर-उधर टिकी हुई 'छोटी-छोटी चौकियों' से तब्दील होती जा रही थीं।[165]

ब्रिटिशों के अलग-थलग पड़ जाने की असली वजह यह थी कि किसान वर्ग की उनके प्रति कोई सद्भावना नहीं थी।[166]

इस तथ्य को कि विद्रोह किसानों के बीच से शुरू नहीं हुआ था, मार्क्स फ्रांसीसी क्रान्ति के सादृश्य द्वारा समझाते हैं—"फ्रांसीसी राजतन्त्र पर पहला वार किसानों ने नहीं, अभिजात वर्ग ने किया था। भारतीय विद्रोह का आरम्भ अंग्रेज़ों द्वारा पीड़ित, अपमानित तथा नग्न कर दी गयी रैयत ने नहीं किया, अपितु उनके द्वारा खिलाये-पिलाये, वस्त्र पहनाये, दुलराये, मोटे किये और बिगाड़े गये सिपाहियों ने ही किया है।"[167]

यह उद्धरण गहरी अन्तर्दृष्टि का सूचक है क्योंकि विद्रोह में किसानों की भागीदारी का पाठ्य-पुस्तकों में उल्लेख भले न हो, लेकिन इसे लेकर ब्रिटिश प्रशासन आगबगूला हो रहे थे।[168]

बहरहाल, कृषि से सम्बन्धित उच्चतर वर्ग भी इसमें शामिल थे। डिजरायली के एक भाषण पर मार्क्स ने एक लम्बी विज्ञप्ति लिखी थी जिसमें उन्होंने दिखाया था कि किस तरह अधिकारों से वंचित कर दिये गये राजे-रजवाड़ों के अलावा जागीरदार और 'इनामदार' भी अपने अधिकारों पर ब्रिटिश हमले से असन्तुष्ट थे।[169] बाद में उन्होंने कैनिंग की अवध सम्बन्धी घोषणा पर एक लेख लिखा जिसमें उन्होंने अवध के हड़पे जाने के बाद ताल्लुकेदारों के अधिकारों के विवाद की चर्चा की है। इससे उसमें एक असन्तोष की भावना पैदा हो गयी थी और इसी वजह से बाद में वे विद्रोही सिपाहियों के साथ हो गये थे।[170] कम-से-कम इतना तय है कि बाद के कुछ व्याख्याकारों के मुक़ाबले जिन्होंने इसे देशी सामन्तवाद और विदेशी साम्राज्यवाद के विरुद्ध एक किसान युद्ध बताया है, विद्रोह के बारे में मार्क्स का दृष्टिकोण कहीं अधिक यथार्थवादी था।[171]

विद्रोहियों के प्रति मार्क्स की सहानुभूति कई रूपों में व्यक्त होती है। विद्रोहियों से दिल्ली को शीघ्र ही अंग्रेज़ों के क़ब्ज़े में पुनः ले आने के दावों के प्रति घृणास्पद संशय में[172] और विद्रोहियों के अत्याचारों की लोमहर्षक दास्तानों की अतिरंजना की ओर उनका संकेत तथा ऐसी घटनाओं को अपरिहार्य बताकर[173] उसका इस

रूप में औचित्य स्थापित करना कि इस प्रकार के विद्रोहों में वे कहीं भी घटित हो सकती हैं और अन्ततः ब्रिटिश अफ़सरों तथा सेनाओं द्वारा ढाये गये जुल्मों की उनकी भर्त्सना में।[174]

सहज प्रवृत्ति के आधार पर 1857 के विद्रोहियों के प्रति मार्क्स कितने ही सहानुभूतिपूर्ण क्यों न रहे हों लेकिन अपने मस्तिष्क में वे इस सन्दर्भ में पर्याप्त रूप से स्पष्ट थे कि यह विद्रोह भारतीय जनता के बड़े हिस्से के दारिद्रीकरण की प्रक्रिया और पूरी-की-पूरी जीवन पद्धति के विनाश के सन्दर्भ में पुराने वर्गों की प्रतिक्रिया थी। इस अर्थ में यह भारतीय पुनर्निर्माण का नतीजा नहीं था जिसकी ओर वे स्वयं आशाभरी दृष्टि से देख रहे थे। विद्रोह के बारे में उन्होंने स्वीकार किया था—"भारतीय विद्रोह से यह अपेक्षा करना कि भारतीय विद्रोह में भी यूरोपीय क्रान्ति जैसी विशेषताएँ होंगी, अजीब-सा लगता है।"[175] 1853 में मार्क्स ने भारत में धार्मिक अन्धविश्वास को बर्दाश्त करने के लिए अंग्रेज़ों की भर्त्सना की थी[176] जबकि अपने धर्म के प्रति ब्रिटिश शासकों के इरादों को लेकर भारतीयों को शंकाएँ ही थीं जो विद्रोह के लिए फौरी कारण बनी थीं।[177] स्पष्ट रूप से सिपाहियों के अलावा विद्रोहियों की क़तारों में कोई दूसरा आधुनिक तत्त्व नहीं था जिसे मार्क्स रेखांकित करते और जैसा एंगेल्स ने लिखा—"और उनमें (सिपाहियों) भी वैज्ञानिक तत्त्व एकदम अनुपस्थित था जिसके बिना कोई भी फ़ौज आजकल असहाय होती है।[178] अतः विद्रोह असफल रहा यद्यपि मार्क्स और इसे गुरिल्ला युद्ध के रूप में जारी देखते रहना चाहते।"[179]

पुनर्निर्माण

1853 में मार्क्स ने ब्रिटिश शासन की दोहरी ऐतिहासिक भूमिका की व्याख्या की थी—"भारत में इंग्लैंड को दोहरा काम करना है : एक ध्वंसात्मक तथा दूसरा पुनर्रचनात्मक। पुराने एशियाई समाज को नष्ट करने का काम और एशिया में पश्चिमी समाज के लिए भौतिक आधार तैयार करने का काम।"[180]

दोनों भूमिकाएँ एक के बाद दूसरी नहीं बल्कि साथ-साथ चल रही थीं। रचनात्मक भूमिका, ध्वंसात्मक भूमिका के गर्भ में थी और इसीलिए ऊपरी तौर पर कम महत्त्वपूर्ण तथा मुश्किल के दीख पड़ने वाली थी।

"विध्वंस के खण्डहरों में पुनर्रचना के कार्य का मुश्किल से ही कोई चिह्न दिखाई देता है फिर एक कार्य शुरू हो गया है।"[181]

रचनात्मक 'मिशन' वस्तुतः दिशाहीन तथा निरुद्देश्य था। जैसा कि सामान्यतः पूँजीपति वर्ग का आचरण होता है, ब्रिटेन ने भी नये संसार की भौतिक परिस्थितियों

का उसी तरह निर्माण किया जिस प्रकार भू-गर्भ में होने वाली क्रान्तियों ने पृथ्वी के धरातल की सृष्टि की है।[182]

पुरानी भारतीय ग्रामीण अर्थव्यवस्था के विघटन की प्रक्रिया के भारतीय जनता पर परम्परा तथा अन्धविश्वास की जकड़ को ढीला कर पुनर्निर्माण की नींव रखी थी।[183] नकारात्मक प्रभाव के साथ कुछ रचनात्मक उपलब्धियाँ भी थीं। देश की राजनीतिक एकता जिसे इलेक्ट्रिक टेलीग्राफ़ ने और अधिक मज़बूत बनाया था; प्रभावशाली प्रतिरक्षा के लिए एक आधुनिक देशी सेना, एक स्वतन्त्र प्रेस द्वारा उत्पन्न नयी चेतना, भूमि में निजी सम्पत्ति का आरम्भ; सीमित स्तर पर, पश्चिमी शिक्षा की व्यवस्था और रेलवे तथा वाष्प चालित यातायात जिसने देश की पश्चिमी दुनिया के और भी क़रीब ला दिया था।[184] इस तरह एक भारतीय पूँजीपति वर्ग के निर्माण की पूर्व शर्तें पूरी हो रही थीं—"भारतीयों के अन्दर से कलकत्ते में अनिच्छापूर्वक और अपेक्षाकृत कम संख्या में शिक्षित एक नया वर्ग पैदा हो रहा है जिसे सरकार चलाने के लिए आवश्यक ज्ञान और यूरोपीय विज्ञान की जानकरी प्राप्त हो गयी है।"[185]

मार्क्स का कहना था कि देश के अन्दर रेलवे लाइनों का जाल बिछाये जाने का केन्द्रीय महत्त्व था। उस समय तक (1853) बड़े बन्दरगाहवाले शहरों—कलकत्ता, बम्बई और मद्रास—से ये लाइनें बिछनी शुरू हो रही थीं। लेकिन निम्नलिखित अद्वितीय उद्धरण में मार्क्स भविष्य की तस्वीर देख रहे हैं—"मैं जानता हूँ कि अंग्रेज़ मिलशाह (उद्योगपति) केवल इसी उद्देश्य को सामने रखकर भारत में रेलें बनवा रहे हैं कि उनके ज़रिये अपने कारख़ानों के लिए कम ख़र्च में अधिक कच्चा माल और कपास वे हासिल कर सकें। किन्तु, एक बार जब आप किसी देश के—एक ऐसे देश के जिसमें लोहा और कोयला मिलता है—यातायात के साधनों में मशीनों के इस्तेमाल शुरू कर देते हैं तब फिर उस देश को मशीनें बनाने से क्या नहीं रोक सकते। यह नहीं हो सकता कि एक विशाल देश में रेलों का एक जाल आप बिछाये रहें और उन औद्योगिक प्रक्रियाओं को आप वहाँ आरम्भ न होने दें जो रेल यातायात की तात्कालिक और रोज़मर्रा की आवश्यकताओं की पूर्ति के लिए आवश्यक हैं और इन औद्योगिक प्रक्रियाओं के परिणामस्वरूप यह अवश्यंभावी है कि उद्योग की जिन शाखाओं का रेलों से कोई सीधा सम्बन्ध नहीं उसमें भी मशीनों का उपयोग होने लगे। इसलिए रेल-व्यवस्था भारत में आधुनिक उद्योग का अग्रदूत बन जायेगी।"[186]

और यही हुआ भी। 1882 तक भारतीय रेलों की लम्बाई 1871 के 5,000 मील से बढ़कर 10,000 मील तक पहुँच चुकी थी। मार्च 1877 तक भारतीय फ़ैक्टरियों में अनुमानतः 12,13,284 तकुए चल रहे थे और नवजात उद्योग का

गला घोंटने के लिए मैंचेस्टर में सीमा-शुल्क के उपायों की माँग का शोर उठ खड़ा हुआ था।[187]

प्राचीन भारतीय संस्कृति के प्रति अपनी आलोचनात्मक दृष्टि के बावजूद मार्क्स का यह दृढ़ विश्वास था कि भारतीय जनता में एक आधुनिक समाज के निर्माण की पर्याप्त क्षमताएँ हैं। 'बोर्ड ऑफ़ कंट्रोल' के अध्यक्ष (भारतीय मामलों के ब्रिटिश मन्त्री) सर चार्ल्स वुड को यह कहने के लिए उन्होंने अच्छी तरह आड़े हाथों लिया था—"भारत में आपके सामने मनुष्यों की एक ऐसी नस्ल है जो परिवर्तन में धीमी तथा धार्मिक पूर्वग्रहों तथा दकियानूसी विचारों से जकड़ी हुई है। वस्तुतः वहाँ तेज़ी से विकास के मार्ग में तमाम बाधाएँ हैं।"[188]

मार्क्स भारतीय अभिजात वर्ग के पक्ष में मुनरो तथा एलफिंस्टन की अनुकूल राय से भी सहमत न थे। इसके विपरीत, भारत में प्रशासनिक पदों की ज़रूरतें पूरी करने के लिए एक नये वर्ग का निर्माण किया जाना था और मार्क्स ने इसके लिए कैंपबेल को उद्धृत किया है कि "निचले वर्गों की सीखने की क्षमता तथा तीव्रता को देखते हुए भारत में यह काम इस तरह (तेज़ी से) किया जा सकता है जैसे किसी अन्य देश में नहीं।"[189] मार्क्स ने राजकुमार सल्टिकोव का हलवा दिया जिन्होंने पाया कि "निम्न से निम्न वर्गों के 'भारतीय भी इटली निवासियों से अधिक कुशाग्र और कुशल' होते हैं।"[190] और अन्त में एक बार पुनः कैंपबेल का और वह भी सर्वाधिक प्रासंगिक उद्धरण प्रस्तुत करते हुए कहा कि—"भारतीय जनता के बहुसंख्यक समुदाय में ज़बर्दस्त औद्योगिक क्षमता मौजूद है, पूँजी जमा करने की उसमें अच्छी योग्यता है और गणित सम्बन्धी उसके मस्तिष्क की कुशाग्रता अद्भुत है तथा हिसाब-किताब और तथ्य-विज्ञान में वह बहुत सुगमता से दक्षता प्राप्त कर लेता है। उनकी बुद्धि बहुत तीक्ष्ण होती है।"[191]

मार्क्स का कहना था कि भारतीयों को बिल्कुल नये ढंग का काम सीखने और मशीनों का आवश्यक ज्ञान प्राप्त करने में कोई वास्तविक कठिनाई नहीं होनी चाहिए।[192]

इस प्रकार पूँजीपति और औद्योगिक मज़दूर दोनों ही बनने के लिए भारतीय काफ़ी उपयुक्त थे। भारतीय औद्योगिक सर्वहारा एक बार अस्तित्त्व में आने के बाद जाति-बिरादरी के विभाजनों से मुक्त होगा—"रेलवे व्यवस्था से उत्पन्न होने वाले आधुनिक उद्योग-धन्धे उस पुश्तैनी श्रम-विभाजन को भंग कर देंगे जिस पर भारत की तरक्की और उनकी ताक़त के बढ़ने के रास्ते की सबसे बड़ी रुकावट—भारत की वर्ण-व्यवस्था—टिकी हुई है।"[193]

यह एक आस्थापूर्ण भविष्यवाणी थी और मज़दूर वर्ग ने बहुत हद तक उसे पूरा भी किया है, भले ही उस हद तक न किया हो जिस हद तक मार्क्स को उम्मीद थी।

जहाँ ब्रिटिश उद्योग के प्रभाव से भारत में एक आधुनिक समाज के निर्माण की भौतिक परिस्थितियाँ पैदा हो रही थीं, वहीं ब्रिटिश शासन में यह प्रक्रिया अपनी पूर्णता तक नहीं पहुँच सकती थी। इसकी वजह यह थी कि ब्रिटिश पूँजीपति वर्ग और भारतीय जनता के बीच हितों का बुनियादी टकराव था—"अंग्रेज़ पूँजीपति वर्ग मज़बूत होकर चाहे जो कुछ करे, इससे न तो भारत की आम जनता को आज़ादी मिलेगी, न उसकी सामाजिक हालत में कोई विशेष सुधार होगा क्योंकि ये चीज़ें केवल इस बात पर निर्भर नहीं करतीं कि उत्पादक शक्तियों का विकास हो, बल्कि इस बात पर निर्भर करती हैं कि इन शक्तियों पर जनता का स्वामित्व हो।"[194]

इन परिस्थितियों में ब्रिटिश प्रभुत्व के अन्तर्गत भारत में आधुनिक तत्त्वों की उत्पत्ति, नये वर्गों तथा ब्रिटिश शासकों के बीच लम्बे अरसे तक के किसी समझौते की ज़मीन तैयार नहीं करती है। इसके विपरीत पुनर्निर्माण की प्रक्रिया नये अन्तर्विरोध पैदा कर रही थी।

1858 में ही मार्क्स उदीयमान भारतीय पूँजीपतियों और इंडिया कम्पनी के दृष्टिकोणों की भिन्नता को लक्षित कर रहे थे। कम्पनी ने जब कलकत्ते में एक ऋण जारी किया तो उसे कोई विशेष ग्राहक़ नहीं मिले—"यह बात सिद्ध करती है कि भारत में अंग्रेज़ों के प्रभुत्व के भविष्य को भारत के पूँजीपति उस आशावादिता के साथ बिल्कुल नहीं देखते जैसे लन्दन के अख़बार उन्हें देखते हैं।"[195]

1857 के विद्रोह को कुचलने के बाद सिपाही-सेना बिखर गयी और इसके साथ ही परम्परागत तथ्यों के तत्त्वावधान का प्रतिरोध भी बिखर गया। लेकिन, असन्तोष को पैदा करने के लिए हालात अब भी बने हुए थे। 1971 में 'इंटरनेशनल वर्किंग मेंस एसोसिएशन' को मार्क्स जिसकी मुख्य संचालक शक्ति थे, कलकत्ते से एक पत्र मिला था जिसमें 'जनता में व्याप्त भारी असन्तोष' और भारत में 'मज़दूरों के बुरे हाल' के बारे में ध्यान खींचा गया था।[196] 1881 के एक पत्र में मार्क्स ने भारत का 'रक्त बहते जाने की प्रक्रिया' और अकालों की भयावहता का ज़िक्र किया था। इसके बाद उन्होंने कहा कि भारत में एक वास्तविक षड्यन्त्र चल रहा है, जिसमें हिन्दू और मुसलमान सहयोग कर रहे हैं और जिसके वास्तविक आकार का ब्रिटिश सरकार को अन्दाज़ा भी नहीं है।[197] निश्चित रूप से यह गम्भीर जन-असन्तोष का दौर था। 1875 में दक्षिण में किसानों के दंगे हुए थे और 1878 में पूँजीपति वर्ग के नेतृत्व में कपड़े के मालों पर से आयात कर उठाने के

विरुद्ध आन्दोलन उठा था। ए.ओ. ह्यूम भी इन वर्षों में व्यापक 'असन्तोष' और 'सरकार के लिए ख़तरा' महसूस कर रहे थे।[198] ये थीं वे परिस्थितियाँ जिनकी पृष्ठभूमि में 1885 में भारतीय राष्ट्रीय कांग्रेस की स्थापना हुई थी–जिस घटना के बाद से भारतीय राष्ट्रीय आन्दोलन का औपचारिक इतिहास शुरू होता है।

हम यह तो नहीं कह सकते कि 1885 की साधारण-सी शुरुआत ने मार्क्स को सन्तुष्ट किया होता या नहीं, लेकिन 1947 में उसके अन्तिम चरण तक जो कुछ हुआ उसमें निश्चय ही बहुत कुछ ऐसा था जिससे उन्हें सन्तोष होता क्योंकि सब कुछ 1853 में उनके द्वारा रखे परिप्रेक्ष्य में ही था–"अंग्रेज़ पूँजीपति वर्ग ने भारतवासियों के बीच नये समाज के जो बीज बिखेरे हैं, उनके फल भारतीय तब तक नहीं चख सकेंगे जब तक कि स्वयं ग्रेट ब्रिटेन में आज के शासक वर्गों का स्थान औद्योगिक सर्वहारा वर्ग न ले ले अथवा स्वयं भारतीय जनता इतनी शक्तिशाली न हो जाये कि अंग्रेज़ी की गुलामी के जुए को एकदम उतार फेंके।"

आधुनिक इतिहास में यदि कोई एक नाम ऐसा है जिसके लिए किसी विशेषण की आवश्यकता नहीं है तो वह नाम कार्ल मार्क्स का है और इस उद्धरण के लिए क्या कोई उपयुक्त प्रशस्ति हो सकती है?

1853 में औपनिवेशिक सुधार नहीं अपितु औपनिवेशिक मुक्ति को यूरोपियन समाजवादी आन्दोलन का लक्ष्य निर्धारित करना, और यही नहीं, भारतीय जनता द्वारा स्वयं संघर्ष करके अंग्रेज़ों की गुलामी के जुए को उतार फेंक कर स्वतन्त्रता प्राप्त करने–अर्थात एक ऐसी घटना के रूप में आशा करना जो यूरोपीय मज़दूर वर्ग की मुक्ति से पहले भी हो सकती है...ऐसी अन्तर्दृष्टि और दूरदर्शिता मार्क्स की ही हो सकती थी।

सन्दर्भ और टिप्पणियाँ

1. प्रस्तुत लेख 'फ्रीड्रिख-ईबर्ट स्तिफटुंग, ट्रायर' के तत्त्वावधान में आयोजित संगोष्ठी–*मार्क्स सेंटीनरी कांग्रेस : मार्क्स एंड दि थर्ड वर्ल्ड* (*मार्च*, 1993) में पढ़ा गया।
2. इस लेख में मार्क्स और एंगेल्स के लेखों के लिए दो संकलनों का इस्तेमाल किया गया है–कार्ल मार्क्स और फ्रेडरिख एंगेल्स *ऑन कॉलोनियलिज़्म, फॉरेन* लैंग्वेजिज पब्लिशिंग हाउस, मास्को; आदिनांकित तथा *मार्क्स एंड एफ एंगेल्स, द फस्ट वार ऑफ़ इंडिपेंडेंस,* 1857-1859 *फोरेन* लैंग्वेजिज पब्लिशिंग हाउस, मॉस्को, आदिनांकित'। दोनों को 'ऑन कॉलोनियलिज़्म' तथा 'एफ.आई.डब्लू.आई.' के रूप में उद्धृत किया गया है। भारत विषयक उन कुल लेखों के लिए जो इन संग्रहों में नहीं हैं मैंने कार्ल मार्क्स : *ऑन कॉलोनियलिज़्म एंड मॉडर्नाइजेशन,* सं शोल्गो ऐवेनेरी, ऐंकर बुक्स, यूयार्क 1969 (ऐवेनेरी के नाम से उद्धृत) का प्रयोग किया है।

एक और संकलन, *कार्ल मार्क्स : आर्टीकल्स ऑन इंडिया*, पीपुल्स पब्लिशिंग हाउस, बम्बई, प्रथम संस्करण जिसमें रजनी पामदत्त की भूमिका है, अब महज़ ऐतिहासिक रुचि की वस्तु है।

उनके पत्रों के लिए मैंने *मार्क्स-एंगेल्स : सेलेक्टिड कॉरेसपोंडेंस*, 1846-1895 का इस्तेमाल किया। सं. डोनोटोर, नेशनल बुक एजेन्सी, कलकत्ता, 1945। जहाँ कहीं भी इस संग्रह में कोई पत्र छूट गया है या उसका पाठ अपूर्ण है तो अन्य प्रकाशनों का उपयोग किया गया है।

3. इसके लिए कार्ल मार्क्स-ग्रुड्रिसे, मार्टिन निकोलस की प्रस्तावना सहित अनुवाद, पेंग्विन बुक्स, लन्दन, 1973, का उपयोग किया गया है। ग्रुड्रिसे के ऐतिहासिक हिस्सों को जैक कोहेन द्वारा अनुवाद किया गया तथा जो ई.जे. हॉब्स बॉम की भूमिका के साथ *प्री-कैपिटलिस्ट इकोनॉमिक फॉरमेशंस* के रूप में लारेन्स एंड विशार्ट, लन्दन (1964) से प्रकाशित है। जहाँ बाद वाली पुस्तक से सम्बन्धित हिस्से का उदाहरण है, उसके अनुवाद का ही अनुसरण किया गया है।
4. कैपिटल खण्ड-1 के लिए मैंने डोनाटोर द्वारा सम्पादित मूर एवलिंग के अनुवाद के मानक पुनर्मुद्रण को उद्धृत किया है, प्रकाशन, (जॉर्ज एलन तथा अन्विन, लन्दन, 1938) भाग-II और III के लिए मैंने फॉरेन लैंग्वेजिज पब्लिशिंग हाउस, मास्को, 1957 (वॉल्यूम II) तथा 1959 (वॉल्यूम III) के अनुवादों का उपयोग किया है।
5. कार्ल मार्क्स *नोट्स ऑन इंडियन हिस्ट्री* (1664-1858), फॉरेन लैंग्वेजज पब्लिशिंग हाउस, मॉस्को, आदिनांकित (पृ. 186, बिना सूचकांक)। दुर्भाग्यवश प्रकाशकों ने यह स्पष्ट नहीं किया है कि मार्क्स ने ये नोट्स कब लिए। किन्तु शायद 1870 के बाद लिए हों, जब स्वेल की पुस्तक *दि एनालिटीकल हिस्ट्री ऑफ़ इंडिया*, 1841 में प्रकाशित हुई थी। एक अन्य पुस्तक जिसका इस्तेमाल किया गया है वह है, ऐल्फिस्टन की *हिस्ट्री ऑफ़ इंडिया* जो 1841 में प्रकाशित हुई। हालाँकि इसका नया संस्करण 1874 में प्रकाशित हुआ था।
6. मार्क्स के सन्दर्भ में रुचि के इन नये स्रोतों के लिए देखें डेनियल थॉर्नर *मार्क्स ऑफ़ इंडिया एंड एशियाटिक मोड ऑफ़ प्रोडक्शन—कॉन्ट्रीब्यूशन टू इंडियन सोशियोलॉजी*—9, (दिसम्बर 1966), पृ. 58-63
7. जी.डब्ल्यू. फ्रेड्रिख हीगेल, *फिलोसफ़ी ऑफ़ हिस्ट्री*, अनुवाद जे. सिब्री, डोबर पब्लिकेशन्स, न्यूयार्क, 1956, पृ. 163
8. वही, पृ. 142
9. *ट्रिब्यून* में प्रकाशित लेख दिनांक 22 जुलाई, 1853, *ऑन कॉलोनियलिज़्म*, पृ. 761। इस निर्णय की ऐतिहासिकता की आलोचना के लिए देखें, डी.डी. कोसम्बी *एन इंट्रोडक्शन टू दि स्टडी ऑफ़ इंडियन हिस्ट्री*, पोपुलर बुक डिपो, बम्बई, 1956, पृ. 141
10. हीगेल, पूर्वोक्त, पृ. 141
11. वही, पृ. 150
12. *ट्रिब्यून* में प्रकाशित लेख, 10 जून, 1853 *ऑन कॉलोनियलिज़्म*, पृ. 36-7

13. हीगेल, पूर्वोक्त, पृ. 144
14. वही, पृ. 154
15. *फिफ्थ रिपोर्ट फ्रॉम दि सिलेक्ट कमेटी ऑन दि अफेयर्स ऑफ़ दि ईस्ट इंडिया कम्पनी* 1812 (फ़ोटो स्टेट ऑफ़सेट संस्करण, आयरिश यूनिवर्सिटी प्रेस, सीरीज़ ऑफ़ पार्लियामेंटरी पेपर्स, कॉलोनीज, ईस्ट इंडिया, 3 शेनोन, 1969), पृ. 85। मार्क्स इस उद्धरण को *ट्रिब्यून* के लिए लिखे एक लेख, 10 जून, 1853 (ऑन कॉलोनियलिज़्म, पृ. 35-36) में प्रस्तुत करते हैं।
16. *ट्रिब्यून* में प्रकाशित लेख पूर्वोक्त *ऑन कॉलोनियलिज़्म,* पृ. 36-37
17. फिफ्थ रिपोर्ट के उदाहरण में कुछ जोड़ने के लिए जिसे उन्होंने एंगेल्स को लिखे एक पत्र, 14 जून, 1853, (*ऑन कॉलोनियलिज़्म,* पृ. 279-80) में प्रस्तुत किया है। मार्क्स विल्क्स के अवतरण को उद्धृत करते हैं—(हिस्टोरिकल स्केचिज सम्पादन : मुरे हैमिक, मैसूर, 1930, I, पृ. 136-9)। ग्राम समुदाय के विवेचन के सन्दर्भ में विल्क्स को कैपिटल, I (पृ. 352 पाद टिप्पणी) में प्रमाण के रूप में उद्धृत किया गया है।
18. न्यूयार्क *डेली ट्रिब्यून* के लेखों में कैंपबेल के उदाहरण बार-बार आते हैं—*ऑन कॉलोनियलिज़्म,* पृ. 66, 68, 74, 75, 80। देखें कैपिटल, खण्ड I, पृ. 352 पाद टिप्पणी मार्क्स 1853 में मिल की हिस्ट्री को भी उद्धृत किया है (ऑन *कॉलोनियलिज़्म,* पृ. 43)।
19. 14 जून, 1853 के एक पत्र में मार्क्स 'मनु' का सन्दर्भ देते हैं—(*सेलेक्टिड कॉरेसपोंडेंस,* पृ. 62, *ऑन कॉलोनियलिज़्म*), पृ. 281
20. *सेलेक्टिड कॉरेसपोंडेंस,* पृ. 57-58। मार्क्स ने *ए कॉन्ट्रीब्यूशन टू दि क्रिटीक ऑफ़ पोलीटिक्स इकोनॉमी* में बर्नियर को उद्धृत किया है।
अंग्रेज़ी अनुवाद प्रोग्रेस पब्लिशर्स मॉस्को, 1970, पृ. 130। बर्नियर ने उचित ही मार्क्स की प्रशंसा प्राप्त की थी चूँकि उसने सचेत रूप से मुग़ल साम्राज्य के विघटन के कारकों को विश्लेषित करने का प्रयास किया है। बर्नियर के सन्दर्भ में एंगेल्स की टिप्पणी के लिए देखें—(*सेलेक्टिड कॉरेसपोंडेंस,* पृ. 60)।
21. 8 जून, 1853 का एक पत्र *सेलेक्टिड कॉरेसपोंडेंस,* पृ. 57, मार्क्स द्वारा रेखांकित।
22. *ट्रिब्यून* में प्रकाशित लेख, 10 जून, 1853 (*ऑन कॉलोनियलिज़्म,* पृ. 36-37)
23. कार्ल मार्क्स एंड फ्रेड्रिख, *द जर्मन आयडियोलॉजी,* प्रोग्रेस पब्लिशर्स, मॉस्को, 1964, पृ. 32-36
24. एंगेल्स के इस प्रश्न में मान लिया गया है (6 जून का एक पत्र) कि सामन्ती व्यवस्था के अन्तर्गत भी 'पूर्वी' लोग भू-सम्पत्ति की अवस्था तक नहीं पहुँच पाते हैं (*सेलेक्टिड कॉरेसपोंडेंस,* पृ. 59)।
25. *कैपिटल, खण्ड*-I, पृ. 350, ई. तथा सी. पॉल के अनुवाद में भूमि का सामुदायिक स्वामित्व (*ऐवरीमेन्स लायब्रेरी,* 1930, भाग-I, पृ. 377) और भी देखें, *कैपिटल खण्ड*-1, पृ. 235 जहाँ मार्क्स उत्पादन के साधनों के सामूहिक् स्वामित्व के सन्दर्भ में भारतीय समुदायों को उत्तरदायी ठहराते हैं।

26. लेफ्टिनेंट कर्नल विल्क्स *हिस्टोरिकल स्केचिज ऑफ़ साउथ इंडिया* तथा (मूल रूप से लन्दन से प्रकाशित, 1810) सं. मुरे हैमिक, मैसूर, 1930, भाग-I, पृ. 137
27. 14 जून, 1853 का एक पत्र (*ऑफ़ कॉलोनियलिज़्म*, पृ. 280)।
28. *प्रीकैपिटलिस्ट फॉरमेशंस*, पृ. 68-69, ग्रुड्रिसे, अनु., पृ. 473
29. *कैपिटल खण्ड*-I, पृ. 35
30. *प्रीकैपिटलिस्ट फॉरमेशंस*, पृ. 68-69, ग्रुड्रिसे, अनु., पृ. 472
31. प्रकाशित मई, 25, 1958 (*ऑन कॉलोनियलिज़्म*, पृ. 163)
32. *प्रीकैपिटलिस्ट फॉरमेशंस*, पृ. 71-82, ग्रुड्रिसे, अनुवाद, पृ. 474-86
33. *ऑन कॉलोनियलिज़्म*, पृ. 35-36, *प्रीकैपिटलिस्ट फॉरमेशंस*, पृ. 70, 83, 91, ग्रुड्रिसे, अनु. पृ. 473-486, 493, *कैपिटल*, I, पृ. 350
34. *कैपिटल*, पृ. 351-2, जातियों के बारे में जो किसी व्यक्ति के आंशिक कार्य का जीवन भर के पेशे के रूप में तब्दील हो जाने के आधार पर बनीं। देखें, *कैपिटल*, I, पृ. 33
35. जीविका निर्वाह के वंशानुगत साधन तथा जातिभेद के सन्दर्भ के लिए देखें 'ट्रिब्यून में प्रकाशित लेख', 10 जून, 1873 (*ऑन कॉलोनियलिज़्म*, पृ. 36-37)।
36. *प्रीकैपिटलिस्ट फॉरमेशंस*, पृ. 83, ग्रुड्रिसे, अनु., पृ. 486
37. *प्रीकैपिटलिस्ट फॉरमेशंस*, पृ. 91, ग्रुड्रिसे, अनु., पृ. 486
38. *प्रीकैपिटलिस्ट फॉरमेशंस*, पृ. 91, ग्रुड्रिसे, अनु., पृ. 493
39. 10 जून, 1853, *ऑन कॉलोनियलिज़्म*, पृ. 37
40. *कैपिटल, खण्ड*-III, पृ. 771-2 से उद्धृत जहाँ मार्क्स कहते हैं कि जहाँ राज्य भू-स्वामी होता है जैसे एशिया में, वहाँ भू-दासता के रूप में व्यक्तिगत दासता आवश्यक नहीं होती। इस प्रकार की परिस्थितियों में सर्वसाधारण के लिए राज्य की पराधीनता ही काफ़ी है उससे अधिक किसी शक्तिशाली राजनीतिक अथवा आर्थिक दबाव का होना अनिवार्य नहीं है।
41. 2 जून, 1953 का एक पत्र *सेलेक्टिड कॉरिसपोंडेंस*, पृ. 58। विवादास्पद वक्तव्य, फ्रांक्वाँ बर्नियर में आते हैं—*ट्रेवेल्स इन दि मुग़ल एम्पायर*, ए.डी. 1656, 1668। अनु. ए. कॉन्स्टेबुल, सं. वी.ए. स्मिथ, ऑक्सफोर्ड, 1916, पृ. 5, 204, 226, 232, 338
42. *प्रीकैपिटलिस्ट फॉरमेशंस*, पृ. 69, ग्रुड्रिसे, अनु., पृ. 472-3
43. *प्रीकैपिटलिस्ट फॉरमेशंस*, पृ. 69-70, ग्रुड्रिसे, अनु., पृ. 473
44. 25 मई, 1858 को प्रकाशित, *ऑन कॉलोनियलिज़्म*, पृ. 162। *ट्रिब्यून* में प्रकाशित एक अन्य लेख में (3 अप्रैल, 1858) मार्क्स ने यहाँ तक लिखा—''तथापि ज़मीन सरकार की नहीं होती थी। इसका अधिकांश उसी तरह व्यक्तिगत सम्पत्ति होता था जैसे इंग्लैंड में बहुत से देशवासी पाँच-पाँच सौ छह-छह सौ पुराने अधिकार पत्रों के आधार पर अपने जागीरों पर क़ब्ज़ा बनाये हुए हैं (आविनेरी, पृ. 278)।
45. अठारहवीं शताब्दी से पहले किसी भी भारतीय अधिकारी विद्वान ने यह नहीं कहा कि राजा ही भूमि का स्वामी होता है जब कि सोलहवीं शताब्दी के बाद से ही यूरोपियन

प्रेक्षकों के मुँह से यह वक्तव्य सामान्य रूप से निकलता रहा है। स्पष्ट भूमिकर के कारण जिसके लिए उन्होंने 'लगान' शब्द का प्रयोग किया तथा जिसके कारण वे समझते थे कि सर्वव्यापी शाही सम्पत्ति का अस्तित्त्व भूमि में है (देखें, इरफ़ान हबीब, *एग्रेरियन सिस्टम ऑफ़ मुग़ल इंडिया*, बम्बई, 1963, पृ. 112-113)

46. *कैपिटल, भाग*-III, पृ. 771-2
47. देखें—मैकॉले, जिसने लॉर्ड विलियम बैंटिक के निधन के अवसर पर 'प्राच्य निरंकुशतावाद' की 'ब्रिटिश स्वतन्त्रता' से तुलना की थी।
48. *ट्रिब्यून* में प्रकाशित लेख 7 जून, 1858 (*ऑन कॉलोनियलिज़्म*, पृ. 123)।
49. *ट्रिब्यून* में प्रकाशित लेख पूर्वोक्त *ऑन कॉलोनियलिज़्म*, पृ. 163-4
50. 14 जून, 1853 का एक पत्र (*सेलेक्टिड कॉरसपोंडेंस*, पृ. 62)।
51. *प्रीकैपिटलिस्ट फॉरमेशंस*, पृ. 80-81, ग्रुंड्रिसे, अनु., पृ. 485
52. ग्रुंड्रिसे, अनु., पृ. 882
53. *कैपिटलिस्ट, भाग*-III, पृ. 767
54. *कैपिटल, भाग*-I, पृ. 610
55. *कैपिटल, भाग*-I, पृ. 35
56. *वही, भाग*-III, पृ. 776
57. *कैपिटल, भाग*-III, पृ. 767
58. सर जॉन शोर 18 जून, 1789 के अपने सुप्रसिद्ध विवरण में जो *फिफ्थ रिपोर्ट* का परिशिष्ट (भाग-I) है, में कहते हैं कि सारे बंगाल में सामान्यतः किसान लगान को मुद्रा के रूप में देते हैं। (पृ. 192, अनुच्छेद, 226)।
59. 9 जुलाई, 1853 को प्रकाशित *ऑन कॉलोनियलिज़्म*, पृ. 73
60. *थियरीज ऑफ़ सरप्लस वैल्यू*, प्रोग्रेस पब्लिशर्स, मास्को, 1971, भाग-III, पृ. 434-5
61. *कैपिटल, भाग*-I, पृ. 331-2। यह उद्धरण (बल हमारा) मार्क्स के ह्यूमुरे तथा जैम्स विल्सन (हिस्टोरिकल एंड डेस्क्रिप्टिव अकाउंट ऑफ़ ब्रिटिश इंडिया, एडिनबरा, 1832, वॉल्यूम, भाग-II) से लिया है।
62. *कैपिटल, भाग*-I, पृ. 331-2
63. *सेलेक्टिड कॉरसपोंडेंस*, पृ. 57-58 (जो उद्धरण मार्क्स देते हैं वे बर्नियर की ट्रेवेल्स (अंग्रेज़ी अनुवाद द्वारा ए. कॉस्टेबुल, सम्पादन, बी.ए. स्मिथ, ऑक्सफोर्ड, 1916, पृ. 219-20, 251-2, 381-20) के फ्रांसीसी अवतरणों से मिलते-जुलते हैं। मार्क्स *थियरीज ऑफ़ सरप्लस वैल्यू, भाग*-III, पृ. 435, में भी इस प्रसंग में बर्नियर का एक संक्षिप्त सा सन्दर्भ देते हैं।
64. *थियरीज ऑफ़ सरप्लस*, भाग-III, पृ. 435
65. मार्क्स को सम्बोधित 6 जून, 1853 के अपने एक पत्र में एंगेल्स ने सहारा से लेकर भारत तथा तातारी तक के विस्तृत क्षेत्र में 'कृत्रिम सिंचाई व्यवस्था' को खेती के लिए पहली शर्त बताया है। उन्होंने पूर्वी संस्कारों के तीन विभाग बताये हैं—वित्त, युद्ध और सार्वजनिक निर्माण (*सेलेक्टिड कॉरसपोंडेंस*, पृ. 59)। मार्क्स ने *ट्रिब्यून* में

प्रकाशित अपने लेख 10 जून, 1853 में इन विचारों को यथावत रूप में लिया है, *ऑफ़ कॉलोनियलिज़्म*, पृ. 33-34

66. *प्रीकैपिटलिस्ट फॉरमेशंस*, पृ. 70-71, ग्रुंड्रिसे, अनु. 473-4, तथा *कैपिटल, भाग*-I, पृ. 523
67. *एंटीड्यूरिंग*, अनु. फोरेन लैंग्वेजिज पब्लिशिंग हाउस, मॉस्को, 1947, पृ. 269
68. *एंक्वायरी*, दिल्ली, संख्या-6, पृ. 54-73, में मैंने इस पुस्तक की समीक्षा की है।
69. अपने व्यापक प्रारूप में एशियाटिक प्राचीन, सामन्ती तथा पूँजीवादी उत्पादन पद्धतियों को सामाजिक विकास के सन्दर्भ में आर्थिक प्रगति के युग-चरणों के रूप में अभिहित किया जा सकता है। (*कॉन्ट्रीब्यूशन टू दि क्रिटीक ऑफ़ पोलिटिकल इकोनॉमी* की भूमिका, प्रोग्रेस पब्लिशर्स, मॉस्को, 1970, पृ. 21)
70. ई.जे. हॉब्स बॉम *प्रीकैपिटलिस्ट फॉरमेशंस*, की भूमिका पृ. 34। यदि वर्ग नहीं तो वर्ग संघर्ष नहीं। अतः विटफोगिल के अनुसार 'कृत्रिम सिंचाई व्यवस्था' वाले समाज का इतिहास यह बताता है कि वर्ग-संघर्ष सम्पूर्ण मानवता की पुरानी बीमारी नहीं, बहुकेन्द्रीय और खुले (पश्चिमी) समाजों की ऐय्याशी है—(*ओरियंटल डेस्पोटिज़्म*, पृ. 71)।
71. *एंटीड्यूरिंग*, पृ. 268-69
72. मार्क्स *ए कॉन्ट्रीब्यूशन टू दि क्रिटीक ऑफ़ पोलिटिकल इकोनॉमी*, अंग्रेज़ी अनु. प्रोग्रेस पब्लिशर्स, मॉस्को, 1970, पृ. 21-23
73. *कैपिटल, भाग*-I, अनु. ई. तथा सी. पॉल, ऐवरीमेन्स लायब्रेरी सं. 1930, पृ. 35 (पाद टिप्पणी, ओरियंटल शब्द 'मूर' ऐंवलिंग के अनुवाद में छूट गया है—(कैपिटल, I, पृ. 325, पाद टिप्पणी)।
74. सम्पत्ति के एशियाई और भारतीय रूप यूरोप में हर जगह प्रारम्भिक रूप हैं (14 मार्च, 1868 का एक पत्र, *प्रीकैपिटलिस्ट फॉरमेशंस* (अंग्रेज़ी अनुवाद), पृ. 139। इसी पत्र में मार्क्स यह भी कहते हैं कि मोरेर के अध्ययन ने इस विचार को पुष्ट किया है। 17 फ़रवरी, 1870 के एक पत्र में वे और भी अधिक निश्चयात्मक ढंग से कहते हैं कि सामुदायिक सम्पत्ति का मूल, चाहे वह स्लाविक हो या अन्य, भारतीय ही है। (मार्क्स लेटर्स टू कुगेलमान, अंग्रेज़ी अनुवाद, मार्टिग न लारेन्स, लन्दन, आदिनांकित (1935), पृ. 99
75. *एंटीड्यूरिंग*, पृ. 167-71
76. वही, पृ. 168-9
77. मार्क्स की 1853 की रचनाओं से ही यह पता चलता है कि वे इस स्थिति को स्वीकार करते हैं। (देखें उपयुक्त)।
78. राज सुलिच को लिखे पत्र का द्वितीय प्रारूप, 8 मार्च, 1881, *प्रीकैपिटलिस्ट फॉरमेशंस*, पृ. 143
79. डी. थॉर्नर, *कॉन्ट्रीब्यूशंस टू इंडियन सोशियोलॉजी*-II, 1966 में, पृ. 60-62। यह कल्पना रोचक है कि मार्क्स को अगर मिलिन्द पान्हों (ईसा की प्रथम शताब्दी) में संगृहीत भारतीय ग्राम समुदाय के कामकाज का विवरण देखने को मिला होता—

जो अब तक प्राप्त प्राचीनतम विवरण है तो मार्क्स क्या कहते। गाँव का मुखिया जब सारे गाँववासियों को सभा के लिए बुलाता है तो अर्थ 'गृहपतियों' (हैड्स ऑफ़ हाउसेज) से होता है। औरतें और मर्द, दासियाँ तथा दास, भाड़े के मज़दूर, नौकर, किसान (शाब्दिक ग्रामीण), रोगी, बैल-भैंस, भेड़-बकरी तथा कुत्ते आदि बहुत हैं जो नहीं आते हैं। लेकिन उन सबसे कोई फ़र्क़ नहीं पड़ता है। (*क्वेश्चंस ऑफ़ किंग मिलिन्द*, अनु. रॉइट डेविड्स, भाग I, पृ. 208-9)।

80. हॉब्सबॉम की भूमिका में उद्धृत, *प्रीकैपिटलिस्ट फॉरमेशंस*, पृ. 58
81. 14 जून, 1953 का एक पत्र (*ऑन कॉलोनियलिज़्म*, पृ. 62)
82. देखें–रोज़ा लुक्जमबर्ग, *दि एक्यूम्युलेशन ऑफ़ कैपिटल*, अनु. ए. स्वार्जचाइल्स, रूटलेज, लन्दन, 1952, पृ. 372, 3 (पाद-टिप्पणी)।
83. कार्ल मार्क्स, *नोट्स ऑन इंडियन हिस्ट्री* (1864-1958), फोरेन लैंग्वेजिज पब्लिशिंग हाउस, मॉस्को, आदिनांकित, पृ. 42
84. *कैपिटल, भाग*-III, पृ. 776
85. *इंडियन हिस्टोरिकल रिव्यू, भाग*-II, (2), पृ. 387। गुणवर्दन इससे यह निष्कर्ष निकालते हैं कि इन टिप्पणियों में मार्क्स का ग्रुंड्रिसे में पूर्वीराज्य की प्रकृति के सन्दर्भ में बनायी गयी अपनी अवधारणा के प्रति असन्तोष झलकता है।
86. अब 1884 में एंगेल्स ने अपनी पुस्तक *ओरिजिन ऑफ़ दि फेमिली, प्राइवेट प्रॉपर्टी एंड दि स्टेट* लिखी तो उन्होंने इस व्यवस्था का कोई क्षीण-सा भी संकेत नहीं दिया। विशेष रूप से वह अंश देखें जहाँ उन्होंने सभ्यता के तीन महान चरणों की चर्चा की है (अंग्रेज़ी, सं. मॉस्को, 1948, पृ. 240) एंगेल्स द्वारा इस छोड़े जाने के लिए हॉब्सबॉम ने जो स्पष्टीकरण दिया है वह किंचित खींचतान-सी ही लगती है (भूमिका, *प्रीकैपिटलिस्ट फॉरमेशंस*, पृ. 52), विटफोगिल की *ओरियंटल डेस्पाटिज़्म* भी देखें, पृ. 386
87. निश्चय ही यह भारतीय इतिहासकारों के बीच बहस का एक मुद्दा है। *एंक्वायटी* 3 (3), पृ. 1-56, *पोटेंशियलिटीज ऑफ़ कैपिटलिस्टिक डेवलपमेंट इन दी इकोनॉमी ऑफ़ मुग़ल इंडिया* में मैंने इस विषय पर अपने विचार रखे हैं। मध्ययुगीन भारतीय समाज को सामन्ती नाम देकर कुछ भारतीय तथा सोवियत इतिहासकार यह मानने की ओर बढ़े हैं कि पूँजीवादी विकास की सम्भावनाएँ तो थीं लेकिन वे ब्रिटिश विजय के कारण अल्पावस्था में ही मुरझा गयी। *हिस्टोरिकल प्रिमाइसिज फॉर इंडियाज ट्रांजीशन टू कैपिटलिज़्म* (नौका प्रकाशन, मॉस्को, पृ. 4-159) में वी.आई. पावलोव ने कहीं ज़्यादा प्रत्यक्ष रूप से इस्तेमाल करते हुए इस बहस का सर्वेक्षण किया है।'
88. ट्रिब्यून में प्रकाशित लेख 24 जून, 1853 (ऑन कॉलोनियलिज़्म, पृ. 41)।
89. ट्रिब्यून में प्रकाशित लेख पूर्वोक्त *ऑन कॉलोनियलिज़्म*, पृ. 46। वाणिज्यवाद से सम्बन्धित विवाद में मार्क्स कम्पनी के दो पक्षधरों का सन्दर्भ देते हैं *ए डिस्कर्स, ऑफ़ ट्रेड, फॉम इंग्लैंड अन्टू दि ईस्ट इंडीज* (1621) के लेखक थॉमसन तथा सर जोसिया चाइल्ड जिन्होंने एक विशेष निबन्ध लिखा जिसमें उन्होंने यह दिखाया है कि ईस्ट इंडिया कम्पनी का व्यापार सभी विदेशी व्यापारों में सर्वाधिक राष्ट्रीय है। (1668)।

90. *ट्रिब्यून* में प्रकाशित लेख पूर्वोक्त *ऑन कॉलोनियलिज़्म*, पृ. 44
91. वही, पृ. 47
92. *कैपिटल, भाग*-III, पृ. 777
93. यह मार्क्स ब्राइट के एक भाषण का उल्लेख कर रहे हैं। *ट्रिब्यून* में प्रकाशित लेख 22 जून, 1853 *ऑन कॉलोनियलिज़्म*, पृ. 27-30। 19 जुलाई, 1853 *ट्रिब्यून* में प्रकाशित लेख (*ऑन कॉलोनियलिज़्म*, पृ. 72) को भी विभिन्न प्रान्तों में कुल राजस्व के बहुत छोटे हिस्से के ख़र्चे के सन्दर्भ में देखें।
94. *ट्रिब्यून* में प्रकाशित लेख 23 जुलाई, 1858 (*ऑन कॉलोनियलिज़्म*), पृ. 180
95. भारत में जब अंग्रेजों की लिप्सा साधारण भ्रष्टाचार से सन्तुष्ट नहीं हो सकी तो उस खूँख्वार लुटेरे क्लाइव के ही शब्दों में उन्होंने लूट-खसोट शुरू नहीं कर दी। (*ट्रिब्यून* में प्रकाशित लेख 22 जुलाई, 1853 *ऑन कॉलोनियलिज़्म*, पृ. 81)।
96. *कैपिटल, भाग*-I, पृ. 77
97. *ट्रिब्यून* में प्रकाशित लेख 21 सितम्बर, 1857 (*ऑन कॉलोनियलिज़्म*, पृ. 140, 144) तथा एक अन्य लेख, 8 अप्रैल, 1859 (*आविनेरी*, पृ. 366-74)।
98. आर.सी. दत्त, *इकोनॉमिक हिस्ट्री ऑफ़ इंडिया इन अर्ली ब्रिटिश रूल*, लन्दन संस्करण, 1906, पृ. 49-50 में बर्क को उद्धृत किया गया है। सर जॉन शोर की टिप्पणियाँ, 18 जून, 1789 के अनेक विवरण में संकलित है, अनुच्छेद 131-142 (फिफ्थ रिपोर्ट, पृ. 183) कॉर्नवालिस ने 10 फ़रवरी, 1790 के अपने विवरण में यूरोप के सन्दर्भ में भारत के वार्षिक पूँजीनिवेश के महत्त्व तथा उसके भारतीय कृषि तथा वाणिज्य पर पड़ने वाले दुष्प्रभाव तथा इंग्लैंड को जाने वाले धन की चर्चा की है। (फिफ्थ रिपोर्ट, पृ. 493)।
99. दादा भाई नौरोजी *पावर्टी एंड अनब्रिटिश रूल इन इंडिया* (मूल रूप से लन्दन से 1901 में प्रकाशित पब्लिकेशन्स डिवीजन, भारत सरकार, 1962, पृ. 35-36) में उद्धरण देखें तथा आर.सी. दत्त इकोनॉमिक हिस्ट्री ऑफ़ इंडिया इन दि विक्टोरिया एज, ग्यारहवाँ संस्करण, लन्दन, 1950, पृ. 115-16 भी देखें।
100. *ट्रिब्यून* में प्रकाशित लेख 23 जून, 1853 *ऑन कॉलोनियलिज़्म*, पृ. 29
101. *ट्रिब्यून* में प्रकाशित लेख 23 जुलाई, 1858 *ऑन कॉलोनियलिज़्म*, पृ. 175-80
102. *ट्रिब्यून* में प्रकाशित लेख 22 जून, 1853 *ऑन कॉलोनियलिज़्म*, पृ. 77
103. *ट्रिब्यून* में प्रकाशित लेख 5 अगस्त, 1853 *ऑन कॉलोनियलिज़्म*, पृ. 73
104. *वही कैपिटल*, भाग-III, 328 भी देखें।
105. *ट्रिब्यून* में प्रकाशित लेख 7 जून, 1858 *ऑन कॉलोनियलिज़्म*, पृ. 163
106. *ट्रिब्यून* में प्रकाशित लेख 5 अगस्त, 1853 *ऑन कॉलोनियलिज़्म*, पृ. 73
107. वही।
108. *ट्रिब्यून* में प्रकाशित लेख 17 सितम्बर, 1858 *ऑन कॉलोनियलिज़्म*, पृ. 134-39
109. *कैपिटल, भाग*-III, पृ. 777
110. वही, पृ. 211

111. *ट्रिब्यून* में प्रकाशित लेख 7 जून, 1858 *ऑन कॉलोनियलिज़्म*, पृ. 211
112. *ट्रिब्यून* में प्रकाशित लेख 25 जुलाई, 1853 *ऑन कॉलोनियलिज़्म*, पृ. 66
113. *ट्रिब्यून* में प्रकाशित लेख 25 जलाई, 1853 *ऑन कॉलोनियलिज़्म*, पृ. 127-8
114. उनके मन में इस गति के प्रति भी सहानुभूति थी कि राजकुमार ही इस मौजूदा घृणास्पद अंग्रेज़ी व्यवस्था के मज़बूत आधार हैं तथा भारतीय प्रगति के मार्ग में सबसे बड़ी रुकावट। वे देशी अभिजात वर्ग की ओर से मुनरो और ऐल्फिंस्टन द्वारा की जाने वाली वकालत को साफ़ तौर से सन्देह की दृष्टि से देख रहे थे। (*ट्रिब्यून* में प्रकाशित लेख 25 जुलाई, 1853 *ऑन कॉलोनियलिज़्म*, पृ. 67-8)।
115. यह अवध के ताल्लुकेदारों की ज़मीन को ज़ब्त की जाने वाली केनिंग की घोषणा के सन्दर्भ में है।
116. *ट्रिब्यून* में प्रकाशित लेख 28 मई, 1858 *ऑन कॉलोनियलिज़्म*, पृ. 6
117. *ट्रिब्यून* में प्रकाशित लेख 14 जून, 1855 *ऑन कॉलोनियलिज़्म*, पृ. 21, 18, 58 में यह अनुपात छठवाँ हिस्सा है। सन्दर्भ के लिए अगला नोट देखें।
118. *ट्रिब्यून* में प्रकाशित लेख 25 सितम्बर, 1858 *ऑन कॉलोनियलिज़्म*, पृ. 190-91
119. *ट्रिब्यून* में प्रकाशित लेख 10 अक्टूबर, 1859 *ऑन कॉलोनियलिज़्म*, पृ. 214-5
120. ग़ौरतलब है कि 1880 में लिखते हुए भारत के महान प्रवक्ता दादाभाई नौरोजी भी अफ़ीम के व्यापार को उसी नज़र से देख रहे थे जिस नज़र से मार्क्स उसे देख रहे थे और उससे उतने ही क्षुब्ध भी थे। ''अब क्योंकि भारत इस पश्चात्तापहीन अपवाह को भर नहीं सकता इसलिए इसे पूरा करने के लिए चीन को इसमें खींचा जा रहा है और वह भी ज़हर खिलाकर। यह अफ़ीम का व्यापार इंग्लैंड के सिर पर एक पाप है और भारत के लिए एक शाप क्योंकि साधन के रूप में भारत भी इसका भागीदार है—*पावर्टी एंड अनब्रिटिश रूल इन इंडिया*, पब्लिकेशन डिवीजन, भारत सरकार, 1962, पृ. 190
121. *कैपिटल, भाग*-III, पृ. 569-70
122. पार्लियामेंटरी कमेटी के सम्मुख गवाह के रूप में चार्ल्स बुड द्वारा एक प्रश्न तब, ईस्ट इंडिया कम्पनी के ड्राफ्टों से जिस निर्यात की आप बात करते हैं, वह एक अच्छी सरकार का निर्यात है, माल का नहीं, (मार्क्स द्वारा उद्धृत), *कैपिटल*-III, पृ. 569
123. *कैपिटल भाग*-I, पृ. 777, मूर ऐवलिंग के अनुवाद के 'प्रिमिटिव' शब्द को प्रचारित किया है जब कि बेहतर अनुवाद (जैसा कि.ई. तथा सी. पॉल के अनुवाद में है) 'प्राइमरी' होगा।
124. औपनिवेशिक लूट के सन्दर्भ में डॉब *स्टडीज़ इन दि डेवलपमेंट ऑफ़ कैपिटलिज़्म* रूटलेज लन्दन, 1946, पृ. 208-9। आदिम संचय की चर्चा पृ. 177-186 पर की गयी है। ई. जे. हॉब्सबॉम *इण्डस्ट्री एंड एम्पायर, पेनीकन इकोनॉमिक हिस्ट्री वॉल्यूम*, 3, 1969, पृ. 54 भी देखें जहाँ हमारी औद्योगिक अर्थव्यवस्था के विकास के पीछे विजित उपनिवेशों की प्रत्यक्ष लूट को नहीं अपितु अपराधी दुनिया के साथ वाणिज्य का एक महत्त्वपूर्ण उपकरण बताया गया है।

125. फिलिस डीन तथा डब्ल्यू.ए. कोल (*ब्रिटिश इकोनॉमिक ग्रोथ,* 1688-1959, कैम्ब्रिज, 1962, पृ. 34) यह कहते हैं कि 1797-98 में अंग्रेज़ी निर्यातों में उपनिवेशों का हिस्सा 9 प्रतिशत था और आयातों में 24 प्रतिशत (इसमें पुनर्निर्यात भी सम्मिलित है)।

126. सायरा आई. हबीब, *प्रोसीडिंग्स ऑफ़ दि इंडियन हिस्ट्री कांग्रेस,* 36वाँ सत्र (अलीगढ़, 1975), चौथा अनुभाग, पृ. XXII-XXIV।

127. देखें फ्रांक्वाँ क्रूजे (सं.) *कैपिटल फॉरमेशन इन दि इण्डस्ट्रियल रेवोल्यूशन,* मथुएन एंड कं. लन्दन, 1972, पृ. 175-177

128. *कैपिटल,* I, पृ. 779

129. वही।

130. मिशाल के तौर पर डॉब की रचना *स्टडीज़ इन डेवलपमेंट ऑफ़,* पृ. 178 में जैसा पूँजी खण्ड-I, पृ. 857 की मार्क्स की टिप्पणी से स्पष्ट है, मार्क्स ख़ुद आदिम संचय की ऐसी प्रक्रिया नहीं मानते थे जो जड़ हो चुकी हो। राजनीतिक अर्थशास्त्र की मातृभूमि पश्चिमी यूरोप में आदिम संचय की प्रक्रिया न्यूनाधिक रूप से सम्पूर्ण हो चुकी है (लेकिन उपनिवेशों की बात दूसरी है। उपनिवेशों में अंग्रेज़ी सरकारों द्वारा आदिम संचय के लिए इस्तेमाल किये गये विशिष्ट ढंग के समकालीन वितरण के लिए देखें, वही, पृ. 798-9)।

131. एफ. डेनियल्स को लिखा एक पत्र, 19 फ़रवरी, 1881 (मार्क्स द्वारा रेखांकित), *सेलेक्टिड कॉरेसपोंडेंस,* पृ. 340-41

132. *ए. श्वारत्सचाइल्ड,* लन्दन, 1951, विशेषतः पृ. 369-70, लुक्समबर्ग का भी यही मानना है कि मार्क्स आदिम संचय को पूँजीवाद की उत्पत्ति के दौर तक ही सीमित मानते थे, वही, पृ. (364-65)। यह शायद भारत और चीन के बारे में मार्क्स के लेखों और विशेष रूप में *ट्रिब्यून* के लेखों की उनको जानकारी न होने के कारण रहा होगा। शायद उन्हें मालूम न था औपनिवेशिक शक्तियों द्वारा पूर्व का गुलाम बनाये जाने पर उनका क्षोभ, किस कदर ख़ुद मार्क्स की ही परम्परा का ही हिस्सा था।

133. विशेष रूप से देखें ट्रिब्यून में प्रकाशित लेख 14 जून, 1853 *ऑन कॉलोनियलिज़्म,* पृ. 48-9। अन्तर्विरोध का इतिहास बड़ा पुराना है। इसी लेख में मार्क्स ईस्ट इंडिया कम्पनी द्वारा भारतीय कपड़े के आयात के ख़िलाफ़, 'औद्योगिक वर्ग' द्वारा संसदीय हस्तक्षेप कराये जाने का ज़िक्र करते हैं और जॉन पोलेक्स फेन की इंग्लैंड की *इंग्लैंड एंड ईस्ट इंडिया इन कांसिसटेंट इन देयर मैन्युफैक्चर,* (1697) का हवाला देते हैं। रचना का शीर्षक डेढ़ शताब्दी बाद विचित्र रूप से सही सिद्ध हुआ था। किन्तु बिल्कुल दूसरे अर्थ में, *ऑन कॉलोनियलिज़्म,* पृ. 46

134. इसके कारणों में लिए नहीं बल्कि इस संवृत्ति के लिए इसी शीर्षक से जॉन गालेगर तथा रॉबिन्सन का लेख देखिए। *इकोनॉमिक हिस्ट्री रिव्यू सेकेण्ड सीरीज* 4 (1), 1953 आर.जे. मूर का *इम्पीरियलिज़्म एंड फ्री ट्रेड पॉलिसी इन इंडिया,* वही, 167 (1964) भी देखिए। दोनों लेख ए.जी.एल. शॉ की *ग्रेट ब्रिटेन एंड दि कॉलीलीज,* 1815-1865 मैथुएन, लन्दन 1970 में (पृ. 142-163 तथा 184-196) में पुनः प्रकाशित।

135. *ट्रिब्यून* में प्रकाशित लेख 24 जून, 1853 *ऑन कॉलोनियलिज़्म,* पृ. 45 में मार्क्स ने एक और महत्त्वपूर्ण लेख लिखा जिसमें उन्होंने विद्रोह के बाद के वित्तीय संकट का विश्लेषण किया है इस संकट को बढ़ाने में मुक्त व्यापारवादियों के दबाव में स्वीकार किये गये रेलवे कम्पनियों के भुगतानों ने और पर्याप्त योगदान दिया। मार्क्स ने व्यंग्य करते हुए यह सार प्रस्तुत किया भारत की शानदार विजय के वित्तीय फल इंग्लैंडवासियों की बुनियादी तौर पर 'मेनचेस्टर के मुक्त व्यापारवादियों के लिए भारतीय बाज़ार का इज़ारा हासिल करने के लिए' चखने पड़ रहे हैं। (*ट्रिब्यून* 30 अप्रैल, 1859 को प्रकाशित *एविनेरी,* पृ. 374)।

136. कॉनरेड स्मित को एंगेल्स का पत्र (27 अक्टूबर, 1890 *सेलेक्टिड कॉरेसपोंडेंस,* पृ. 420-421)।

137. *ट्रिब्यून* में प्रकाशित लेख 24 जून, 1853 *ऑन कॉलोनियलिज़्म,* पृ. 47

138. *ट्रिब्यून* में प्रकाशित लेख पूर्वोक्त *ऑन कॉलोनियलिज़्म,* पृ. 47-48

139. *ट्रिब्यून* में प्रकाशित लेख 7 जून, 1853 *ऑन कॉलोनियलिज़्म,* पृ. 34

140. *ट्रिब्यून* में प्रकाशित लेख 24 जून, 1853 *ऑन कॉलोनियलिज़्म,* पृ. 48

141. *ट्रिब्यून* में प्रकाशित लेख 10 जून, 1853 *ऑन कॉलोनियलिज़्म,* पृ. 36

142. थॉमस ऐलीसिन, *दि कॉटन ट्रेड ऑफ़ ग्रेट ब्रिटेन* (प्रथम संस्करण, 1886), लन्दन, 1968, पृ. 62-63

143. *ट्रिब्यून* में प्रकाशित लेख 10 जून, 1853 *ऑन कॉलोनियलिज़्म,* पृ. 34, *कैपिटल, भाग*-III, पृ. 328

144. चीन, भारत और अरब जैसे राष्ट्रों पर पूँजीवादी विश्व वाणिज्य के प्रभाव के लिए देखें *कैपिटल, भाग*-II, पृ. 34। अनुवाद में एक्सिस पढ़ा जाता है जहाँ मार्क्स *का स्पष्ट* मंशा 'सरप्लस' है।

145. *कैपिटल, भाग*-I, पृ. 453

146. *ट्रिब्यून* में प्रकाशित लेख 10 जून, 1855 *ऑन कॉलोनियलिज़्म,* पृ. 34, मार्क्स बताते हैं कि ढाका की आबादी 1,50,000 से घटकर 20,000 ही रह गयी थी (सम्भवतः 1824-37 के बीच), आँकड़े डब्ल्यू.डब्ल्यू. हंटर के आधारित *स्टेटिस्टिकल अकाउंट्स ऑफ़ बंगाल'*, लन्दन, 1975, खण्ड 5, पृ. 68 में दी गयी गणना। सन् 1800 से 2,00,000 निवासी (टेलर का अनुमान); 3,00,000 निवासी (हेवर का अनुमान जो सम्भवत बढ़ा-चढ़ाकर लगाया गया) और 1830 में 68,989 (शहरी जनगणना); 1871 में 51,656 (अधिकाधिक अनुमान); 1872 से 69,213 (जनगणना) से पूरी तरह मेल नहीं खाते हैं। बहरहाल, इन आँकड़ों से भी स्पष्ट है कि शहर की आबादी में कैसी गिरावट आयी थी।

147. *कैपिटल, भाग*-I, पृ. 432। मैं वह स्रोत तलाश नहीं कर सका जहाँ से मार्क्स ने यह उद्धरण लिया है।

148. *कैपिटल, भाग*-I, पृ. 461। लघु कोष्ठक उसी तरह जैसे मूल में है।

149. मॉरिस डि. मॉरिस, *इंडियन इकोनॉमिक एंड सोशल हिस्ट्री रिव्यू (आई.ई.एस.एच. आर.) खण्ड* V, (I) पृ. 8-9

150. *आई.ई.एस.एच.आर.* 5 (I) में विपिन चन्द्र, पृ. 52-68। *आई.ई.एस.एच.आर.* में मेघनाथ देसाई, VII (4), पृ. 317-61। संयोग से मार्क्स को भारतीय जुलाहे द्वारा लंकाशायर का सूत इस्तेमाल किये जाने की जानकारी थी। *ट्रिब्यून* में प्रकाशित लेख 10 जून, 1853 *ऑन कॉलोनियलिज़्म,* पृ. 36। इसके बावजूद मार्क्स यह कहनेवालों का मजाक बनाते हैं कि कताई की मशीन के आविष्कारक ने हिन्दुस्तान को बर्बाद कर दिया है। मार्क्स कहते हैं कि असल अपराधी तो शक्ति से चलने वाला करघा है। *कैपिटल भाग*-I, पृ. 443 (पाद टिप्पणी)।

151. *एलिसन, दि कॉटन ट्रेड ऑफ़ ग्रेट ब्रिटेन,* पूर्वोक्त, पृ. 63 (तालिका)।

152. *कैपिटल, भाग*-III, पृ. 328, इससे पहले 1859 में भी मार्क्स यह कह चुके थे।

153. रजनी पाम दत्त *इंडिया टुडे,* बम्बई 1947, पृ. 198-200। सुरेन्द्र जे. पटेल, *एग्रीकल्चरल लेबरर्स ऑफ़ इंडिया एंड पाकिस्तान,* बम्बई, 1952, पृ. 1-20। पटेल की व्याख्याएँ कुछ सफ़ाई की माँग करती हैं। फिर भी उनका काम अपने क्षेत्र में एक नयी राह खोलने वाला काम है।

154. धर्म कुमार, *लैंड एंड कास्ट इन साउथ इंडिया,* कैम्ब्रिज, 1965, पृ. 166-82, उन्होंने दक्षिण भारत की कुल कृषि आबादी में खेत मज़दूरों की संख्या 17 या 19 फ़ीसदी से या 27 या 29 फ़ीसदी हो जाने की बात स्वीकार की है। फिर भी वे कृषि व्यवस्था में कोई मूलगामी परिवर्तन स्वीकार करने को तैयार नहीं हैं।

155. ये शब्द *ट्रिब्यून* में प्रकाशित लेख 22 जून, 1853 *ऑन कॉलोनियलिज़्म,* पृ. 29 से लिए गये हैं।

156. मार्क्स, *पावर्टी ऑफ़ फिलॉसफ़ी,* फोरेन लैंगवेजिज पब्लिशिंग हाउस, मास्को, पृ. 113

157. *कैपिटल,* I, पृ. 780-9

158. रोज़ा लुक्समबर्ग *दि एक्यूमुलेशन ऑफ़ कैपिटल,* पूर्वोद्धत (इस अनुवाद के साथ जॉन रोबिसन की एक अच्छी और सहानुभूतिपूर्ण प्रस्तावना भी है) संक्षिप्त आलोचना के लिए देखें, पालस्वीजी *थियरी ऑफ़ कैपिटलिस्ट डेवलपमेंट,* डेनिंस डौब्सन, लन्दन, 1946, पृ. 202-7

159. *कैपिटल, भाग*-III, पृ. 232-3 और *थियरीज ऑफ़ सरप्लस वैल्यू,* खण्ड 3, पृ. 105-6 और देखें निकालस बुखारिन, *इम्पीरियलिज़्म एंड दि एक्यूमुलेशन ऑफ़ कैपिटल* अंग्रेज़ी अनुवाद, सं. के.जे. टरबुक, मन्थली रिव्यू, प्रेस न्यूयॉर्क, 1972, पृ. 244-45

160. *ट्रिब्यून* में प्रकाशित लेख 10 जून, 1853 *ऑन कॉलोनियलिज़्म,* पृ. 36-37

161. वही, पृ. 30

162. *ट्रिब्यून* में प्रकाशित लेख 10 जून, 1853 *ऑन कॉलोनियलिज़्म,* पृ. 37

163. *ट्रिब्यून* में प्रकाशित लेख 28 जुलाई, 1857 (स्वीकृतिपरख ढंग से डिजरायली को उद्धृत करते हुए) *फस्ट वार ऑफ़ इंडिपेंडेंस* 1857-1859 (*एफ.आई.डब्ल्यू.आई.*) मॉस्को, अदिनांकित, पृ. 53। 31 जुलाई (*एफ.आई.डब्ल्यू.आई.*) का लेख भी देखें, पृ. 56

164. *ट्रिब्यून* में प्रकाशित लेख 14 अगस्त, 1857 (*एफ.आई.डब्ल्यू.आई.*), पृ. 65, मार्क्स ने हिन्दू शब्द का प्रयोग आम हिन्दुस्तानी के लिए किया है (अपने विशिष्ट अर्थ के अतिरिक्त) और यह प्रयोग अपने समय के अंग्रेज़ी प्रयोग के अनुरूप है।
165. *ट्रिब्यून* में प्रकाशित सम्पादकीय, 5 सितम्बर, 1857 *एफ.आई.डब्ल्यू.आई.*, पृ. 85
166. *ट्रिब्यून* में प्रकाशित लेख 14 अगस्त, 1857 *एफ.आई.डब्ल्यू.आई.*, पृ. 65
167. *ट्रिब्यून* में प्रकाशित लेख 5 सितम्बर, 1857 *एफ.आई.डब्ल्यू.आई.*, पृ. 91-92। मार्क्स सही अर्थों में एक भविष्यवक्ता के रूप में ब्रिटिश ड्रिल सार्जेंट द्वारा संगठित और प्रशिक्षित देशीसेना को भारतीय मुक्ति के लिए आवश्यक बता चुके थे। (*ट्रिब्यून* में प्रकाशित लेख, 22 जुलाई, 1853 *ऑन कॉलोनियलिज़्म*, पृ. 77
168. कितना ही विडम्बनापूर्ण क्यों न लगे लेकिन यह सच है कि खेतिहर मेहनतकश वर्ग–वह वर्ग जिसे दूसरे सभी वर्गों के मुक़ाबले हमारे शासन में सबसे ज़्यादा लाभ मिले हैं उसके (हमारे शासन के जारी रहने के सबसे ज़्यादा ख़िलाफ़ था) जबकि बड़े सम्पत्तिशाली (भू-स्वामी) जिन्हें हमारे शासन में तकलीफ़ पहुँची थी, लगभग पूरी तरह हमारे साथ थे। ब्रिटिश सरकार के लिए नुस्खा, 'बड़े सम्पत्तिशालियों की पीठ पर हाथ रखे और किसानों का दमन करे।' (15 नवम्बर, 1858 का मार्कस थॉर्नहिल का कथन ए. स्टाक्स, की *दि पीजेंट एंड दि राज*, कैम्ब्रिज, 1978 में पृ. 195-96 पर उद्धृत) बहरहाल, बड़े भू-भाग भी उसी तरह वफ़ादार नहीं थे जैसाकि थार्नहिल ने दिखाने की कोशिश की है।
169. *ट्रिब्यून* में प्रकाशित लेख 28 जून, 1857 *एफ.आई.डब्ल्यू.आई.*, पृ. 51-2 *ऑन कॉलोनियलिज़्म*, पृ. 128-29
170. *ट्रिब्यून* में प्रकाशित लेख 7 जून, 1858 *एफ.आई.डब्ल्यू.आई.*, पृ. 159
171. *तल्मीज खाल्दून रिबेलियन*, 1857, सं. पी.सी. जोशी, पीपुल्स पब्लिशिंग हाउस, 1957, पृ. 52
172. *ट्रिब्यून* में प्रकाशित लेख 29 सितम्बर, 1857 *एफ.आई.डब्ल्यू.आई.*, पृ. 63-65
173. *ट्रिब्यून* में प्रकाशित लेख, 1857 *एफ.आई.डब्ल्यू.आई.*, पृ. 91, 93, 94 *ऑन कॉलोनियलिज़्म*, पृ. 130-132, 133
174. *ट्रिब्यून* में प्रकाशित सम्पादकीय, 4 सितम्बर, 1857 *एफ.आई.डब्ल्यू.आई.*, पृ. 92, 93 (*ऑन कॉलोनियलिज़्म*, पृ. 132-2) और 5 अप्रैल, 1858, का लेख भी (*ऐविनेरी*, पृ. 280-84) देखें, फ्रे. एंगेल्स, *ट्रिब्यून* में प्रकाशित लेख 25 मई, 1858 तथा 26 जून 1858 *एफ.आई.डब्ल्यू.आई.*, पृ. 145, 48, 164, 66 (*ऑन कॉलोनियलिज़्म* पृ. 151-153-166-68
175. *ट्रिब्यून* में प्रकाशित लेख, 14 अगस्त, 1857 *एफ.आई.आर.डब्ल्यू.आई.*, पृ. 65
176. *ट्रिब्यून* में प्रकाशित लेख, 22 जुलाई, 1853 *ऑन कॉलोनियलिज़्म*, पृ. 81
177. *ट्रिब्यून* में प्रकाशित सम्पादकीय, 4 तथा 14 अगस्त, 1857 *एफ.आई.आर.डब्ल्यू.आई.*, पृ. 40-50 (*ऑन कॉलोनियलिज़्म*, पृ. 118, 127)।
178. फ्रे. एंगेल्स, *ट्रिब्यून* में प्रकाशित सम्पादकीय, 5 सितम्बर, 1857 *एफ.आई.डब्ल्यू.आई.*, पृ. 117, बहरहाल यह दिलचस्प बात है कि एंगेल्स ने दिल्ली की रक्षा के लिए

सिपाहियों की कुछ योजनाओं का अनुमोदन किया था कि 'युद्ध संचालन की कुछ वैज्ञानिक धारणाएँ सिपाहियों के अन्दर प्रवेश कर गयी थीं। एंगेल्स ने यह प्रश्न भी किया कि इनकी कल्पना स्वयं भारतीय ने की थी या कुछ यूरोपियनों ने जो उनके साथ हैं? निश्चय ही विद्रोहियों के साथ कोई यूरोपियन नहीं थे।' (*ट्रिब्यून* में प्रकाशित सम्पादकीय, 5 सितम्बर, 1857)।

179. फ्रे. एंगेल्स, *ट्रिब्यून* में प्रकाशित लेख, 25 मई, 15 तथा 26 जून, 6 जुलाई, 1858 *एफ.आई.डब्ल्यू.आई.*, पृ. 149, 163, 166, 168, 175, 80

180. इस दोहरी भूमिका को भारत के प्रारम्भिक राष्ट्रवादी भी स्वीकार करते थे। 1870-71 में दादाभाई नौरोजी ने लिखा था : "अगर इंग्लैंड के ज़रिये भारत का पुनर्निर्माण होता है तो भारत को इसका मूल्य अदा करने के लिए तैयार रहना चाहिए" (*राइज एंड ग्रोथ ऑफ़ इकोनॉमिक नेशनलिज़्म इन इंडिया*) में विपिन चन्द्र द्वारा उद्धृत, नयी दिल्ली, 1966, पृ. 638)।

181. *ट्रिब्यून* में प्रकाशित लेख, पूर्वोक्त *ऑन कॉलोनियलिज़्म*, पृ. 77

182. *ट्रिब्यून* में प्रकाशित लेख, पूर्वोक्त *ऑन कॉलोनियलिज़्म*, पृ. 82

183. *ट्रिब्यून* में प्रकाशित लेख, 10 जून, 1853 *ऑन कॉलोनियलिज़्म*, पृ. 36, 37 में यह संकेत निहित है।

184. *ट्रिब्यून* में प्रकाशित लेख, 22 जुलाई, 1853 *ऑन कॉलोनियलिज़्म*, पृ. 77-78

185. *ट्रिब्यून* में प्रकाशित लेख, पूर्वोक्त *ऑन कॉलोनियलिज़्म*, पृ. 77

186. *ट्रिब्यून* में प्रकाशित लेख, पूर्वोक्त *ऑन कॉलोनियलिज़्म*, पृ. 79

187. बहुत से तकुओं के लिए देखें, आर.सी. दत्त, *दि इकोनॉमिक हिस्ट्री ऑफ़ इंडिया इन दि विक्टोरियन इज़*, लन्दन, 1950, पृ. 411

188. मार्क्स ने इसके साथ कोष्ठक में यह भी जोड़ा, "शायद भारत में भी विग गठजोड़ पार्टी (सत्ता में) है। उन्होंने यह भी कहा कि शायद चार्ल्सबुड में इनकी विशेष प्रतिमा है कि उन्हें इंग्लैंड के पक्ष में हर चीज़ अच्छी और भारत के पक्ष में हर चीज़ बुरी दिखाई देती है।" (22 जून, 1853 के *ट्रिब्यून* में प्रकाशित लेख, पूर्वोक्त *ऑन कॉलोनियलिज़्म*, पृ. 27)।

189. *ट्रिब्यून* में प्रकाशित लेख, 25 जुलाई, 1853 *ऑन कॉलोनियलिज़्म*, पृ. 68

190. *ट्रिब्यून* में प्रकाशित सम्पादकीय, 22 जुलाई, 1853 *ऑन कॉलोनियलिज़्म*, पृ. 80

191. वही।

192. वही।

193. वही।

194. वही।

195. *ट्रिब्यून* में प्रकाशित लेख, 22 जुलाई, 1885 *ऑन कॉलोनियलिज़्म*, पृ. 147 तथापि, कलकत्ते के मध्यवर्ग ने विद्रोह का विरोध किया था।

196. काउंसिल की बैठक के ब्यौरे में से सम्बन्धित उद्धरण तथा पत्र के बारे में समाचार-पत्रों की ख़बरों के लिए देखें, पी.सी. जोशी तथा के. दामोदर, *मार्क्स कम्स टु इंडिया*, मनोहर, दिल्ली, 1995, पृ. 2। काउंसिल के कलकत्ता, संवाददाता को

(जिसका पता नहीं लग सका है) सलाह दी कि एसोसिएशन की एक शाखा शुरू करे जिसमें देशी लोगों को भर्ती करने पर ध्यान दिया जाये।

197. एन बाई डेनियल्सन के नाम 17 फ़रवरी, 1881 का पत्र, *सेलेक्टिड कोरेसपोंडेंस,* 340-41, (*ऑन कॉलोनियलिज़्म,* पृ. 304) मुमकिन है कि इसके लिए मार्क्स का स्रोत भारत सचिव के लिए 1880 का दादाभाई नौरोजी का ज्ञापन रहा हो। ज्ञापन में नौरोजी ने बढ़ते हुए असन्तोष की ओर ध्यान खींचा था और कहा था, ''सुरक्षा की मूर्खतापूर्ण नींद में सोने वाले अंग्रेज़ों को पता नहीं है कि यहाँ क्या चल रहा है।'' हिन्दू, मुसलमान और फ़ारसी सभी यह सवाल कर रहे हैं कि ब्रिटिश शासन एक वरदान बनेगा या शाप (*पावर्टी एंड अनब्रिटिश रूल इन इंडिया,* पूर्वोक्त, पृ. 182-3)। डेनियल्सन के नाम अपने उसी पत्र में मार्क्स के भारतीय सम्पत्ति की लूट का ब्यौरा दिया गया है जो शायद नौरोजी के पिछले ज्ञापन (13 सितम्बर, 1880) पर आधारित हो जिसमें नौरोजी ने भारत की सालाना क्षति (3 करोड़ पौण्ड) के आँकड़े दिये थे (वही, पृ. 176) मुमकिन है कि यह सूचना मार्क्स को एच.एम. हाइडमान से मिली हो जिन्हें नौरोजी ने भारत का हमदर्द बताया है (वही, पृ. 184) और जो 1881 की गर्मियों में मार्क्स के घर अक्सर आते-जाते रहे थे। (*सेलेक्टिड वर्क्स,* पृ. 244-331)

198. सर विलियन वैडरबर्न, *एलन ऑक्टेवियनह्यूम फादर ऑफ़ इंडियन नेशनल कांग्रेस,* 1913, पृ. 50, 80-81, रजनी पामदत्त द्वारा *इंडिया टुडे,* बम्बई, 1947, पृ. 258-59

❐❐